▲ 全国政协副主席孙家正、文化部部长蔡武、国家文物局局长单霁翔参观北京新文化运动纪念馆

▲ 北京新文化运动纪念馆副馆长郭俊英在"纪念五四运动 90 周年学术研讨会"上讲话

▲ 中国社会科学院近代史研究所教授耿云志在"纪念五四运动 90 周年学术研讨会"上做主题发言

▲ 有关高等院校、科研机构、博物馆的专家、学者在研讨会上

纪念五四运动90周年
学术研讨会论文集

北京新文化运动纪念馆
北京鲁迅博物馆 编

文物出版社

编委会名单

主　编：郭俊英　孙　毅

副主编：何　洪　黄乔生

编　委：（按姓氏笔画顺序排列）

刘　静　李金光　陆　成　陈　翔

赵丽霞　姜异新　秦素银　高嵩巍

目　录

文化与文学研究

五四人物研究

五四史料研究

"纪念五四运动90周年学术研讨会"综述

陆　成（北京鲁迅博物馆）　秦素银（北京新文化运动纪念馆）

　　2009年4月21日，由北京新文化运动纪念馆和北京鲁迅博物馆联合举办的"纪念五四运动90周年学术研讨会"在北京康铭大厦举行，来自全国各地的五十多名专家学者参加了会议。

　　中国社会科学院近代史所的耿云志先生做了题为《五四运动：现代中国的新起点》的报告。五四运动是近代中国历史上一次极为重大的事件，影响极为深远，至今仍有说不尽的话题，耿先生着重从三个方面论述了五四运动作为现代中国新起点的意义：五四运动是中国近代民族觉醒的新开端；五四运动开启了中国政治革命的新局面；五四运动极大地推动了新文化运动的迅猛发展，造成了中国民族文化复兴的重大契机，或者说，造成了近代中国文化转型的一大枢纽。耿先生进而分析了五四运动、新文化运动发生的负面影响，主要表现在激进主义、泛政治化和迷信群众运动这三个方面，并对激进主义的问题作了重点论述。但耿先生也指出，我们不能因为这两个运动有其局限和比较负面的影响，而否定这两个运动的积极意义，不赞成最近数十年来有人把负面作用夸大成为主流的倾向。

　　北京大学的欧阳哲生教授在《论陈独秀对新文化运动的思想贡献》的报告中，概括了陈独秀以下四方面的贡献：第一，揭橥青年人生观的话题，塑造"新青年"人格，明确将新文化运动的重心指向青年，从而使这一运动与青年的命运紧密结合在一起。第二，反对康有为提出的以孔教为国教、并编入宪法的建议，认定孔教不适宜现代生活，孔教与宪法精神不符，从而将孔教排除在现代公共道德生活、政治生活之外。第三，倡导革命的思想观念，力图在道德、文学、政治各个领域开展革命，推动近代中国从传统到现代的换型。第四，推崇法国、俄国革命，有意识地将新文化运动引向法俄型的革命道路，为马克思主义在中国的兴起开辟了道路。陈独秀思想具有现实性、现代性、批判性的特征，但同时又具有思想粗犷的特点，与同时代的其他思想家相比，陈氏理论修养相对不足，激情有余而理性思考不足，破坏太甚而实际建树却少，行动果敢而思想并不周全。新文化运动之转变为一场政治运动，与他的个人取向有着相当密切的关系。

　　鲁迅博物馆馆长孙毅在《〈新青年〉的个性表达》的报告中，提出《新青年》之所以能够摆脱士大夫的话语方式，与大量译介域外的思想与文学作品有关。陈独秀的文章写译结合，东西方韵味难分，有些文字甚至是翻译后的偶得。在他主持杂志的几年里，推出了一批翻译家。开始的时候，那些译文还是古文句式，留有旧式文人的语气，到胡适开始用白话文翻译，在翻译中迈出了一大步。鲁迅和周作人兄弟一生执著于译介，且在翻译理念上自成一家，他们用翻译体和母语的嫁接写成新的文章，对后世读书人形成了辐射力。

中央党校教授刘晶芳做了题为《五四运动与马克思主义在中国的传播》的报告。刘教授认为在五四运动前，马克思主义还只是零星地传入中国，而在五四运动之后，马克思主义传播途径拓宽了、传播的阵地扩大了、传播的内容丰富深化了。马克思主义之所以会在五四运动后得到广泛传播，是因为五四运动揭穿了资产阶级民主的本质，而让知识分子关注到信奉马克思主义的苏俄；五四运动引起共产国际的关注，给马克思主义在中国的传播提供了方便条件；中国的先进分子在五四运动中看到中国工人阶级的力量，坚定了只有社会主义才能救中国的信念，进而形成了马克思主义者群体。

中国社会科学院近代史所陈铁健在《有关陈独秀研究的几个问题》的报告中指出，在陈独秀研究中要更新观念，采取回避、贬低、丑化的态度都是不可取的。对于陈独秀的几个错误，如"反对农村包围城市"确实是他一个错误，但大革命的错误不能都归咎于陈独秀，要看到斯大林、共产国际的问题。

北京大学教授郭建荣做了题为《中庸调和是大智慧——关于新文化运动中"调和论"的思考》的报告，他认为我们不但要看到新文化运动中关于各种问题的激烈争论，还要看到也有人坚持"调和论"，主张中和、调和，坚持中庸之道，代表人物有梁启超、杜亚泉、李大钊、章士钊等。这种调和论调常常受到批评，但时至今日，我们应该看到"调和论"的价值。

中共上海一大会址纪念馆副研究馆员徐云根报告的题目是《中共一大代表与五四运动》。徐云根认为，目前学界把13位一大代表与五四运动一起拿来研究的还不多，他对一大代表与五四运动的关系进行了分类，一大代表中有积极参与五四运动的，如张国焘、刘仁静、王烬美；有参与指导型的，如毛泽东、何叔衡；有漠不关心型的，如陈公博；还有身居海外的，如李达、周佛海。总体上说五四运动对他们的发展成长都有重要意义，促进了他们思想的转化。

蔡元培之子蔡英多先生做了题为《论蔡元培的教育思想》的报告，他在报告中简明地叙述了蔡元培的"兼容并包"思想不仅贯彻在北大，也延续到中央研究院，甚至西南联大。他补充了一条史料：蔡元培曾经打算请邵力子来担任北大预科学长，邵力子在上海的五四运动中起到很大作用。

在下午的分组讨论中，与会专家就五四新文化运动的分期、特点、影响、五四代表人物的历史贡献、五四运动研究的深入等问题进行了讨论。

关于五四新文化运动的分期，苏州大学文学院教授汪卫东认为学术界之所以对分期有不同的说法，其实来自对五四不同的阐释。如起始时间，如果我们把五四看作启蒙运动，就不能忽视《青年杂志》的创办；如果要从声势扩大算起，就得注重一校一刊的碰撞。5月4日可以看作新文化运动的成果或后果。说高潮、标志，不能低估5月4日这一天的作用。这一天之后，全国学生响应，走上街头，气氛热烈。在现代民族国家的动员意义上，是不能低估的。

关于五四新文化运动的特点，南开大学教授张晓唯认为，五四有反潮流的一面，也有理性的一面。五四的悖论是追求自由，却形成了新的独尊。中共中央党史研究室的李蓉认为五四时期反孔教与反对袁世凯有关，是有针对性的，然后才有了思想启蒙，有了新青年、新国民的塑造。

关于五四新文化运动的影响，张晓唯认为，五四是开放的、思想多元的时代，也是中国文化人扬眉吐气的时代。虽然时间不长，但有蔡元培在北京大学进行教育改革，提出"兼容并包，思想自由"方针，造就了一代文化人群体，影响可以说是方方面面的。五四涵盖内容大，是近现代历史的分水岭，一个新的起点。李蓉认为五四是新文化运动的一个重要组成部分，是新文化运动的一个高潮，一个产物，但又有其独特的内涵。五四是划时代的，气势磅礴的历史从这里开始，有丰富的内容可以研究。汪卫东认为无论好坏功过，五四都是一个爆炸性的起点，我们现在仍然还在这一爆炸的影响之中。他认为文学革命是五四、是新文化运动中最重要、最成功的方面。

关于五四新文化运动的代表人物，北京大学孟昭容教授强调了蔡元培先生的人格、智慧，认识的透彻，对五四有巨大推动作用。五四和蔡元培创造了一个时代，没有蔡元培，没有他到北大后提倡的"兼容并包，思想自由"，向西方学习，要有世界眼光等，情形会很不一样。李蓉也指出蔡元培对于五四运动有难以估量的作用，据刚刚披露的材料，是蔡元培第一个把巴黎和会的消息透露给学生，在五四运动发生后对学生更是关怀备至。汪卫东认为蔡元培对五四的作用，有一个重要的问题是自由，他的宽容博大为五四提供了一个平台。没有蔡元培，有没有五四就成了问题。只有提供了自由的环境，才能够在这样的环境中发现真理。

陕西安康学院中文系主任戴承元介绍了安康学院、"三沈"纪念馆对五四运动参与者、出生成长于安康地区的沈士远、沈尹默、沈兼士三兄弟的研究情况，指出三沈兄弟具有以下精神：（1）勤勉的学风；（2）开阔的眼界；（3）科学的精神；（4）高尚的人格；（5）爱国的情怀。这也是五四时代精神的体现。傅斯年陈列馆副馆长刘慧玲指出五四运动游行总指挥傅斯年在五四新文化运动中，大力提倡白话文，傅斯年国学基础深厚而提倡白话文，说服力更强。江阴博物馆业务部副主任邬红梅谈到新文化运动主将刘半农在语言文字学上的贡献，关于女性人称指代用词，周作人曾依照浙江方言作"伊"，胡适写成"一个女人"，都不如刘半农创造的"她"好，"她"的创造使用丰富了中国的语言文字宝库。汪卫东认为思考二十世纪的文学问题，不能离开鲁迅的示范效应。90年代后文学遭遇危机，需要我们重新考虑鲁迅的文学主义立场，会遇到一系列问题：如文学能否拯救民族？文学作为启蒙方式的优劣何在？更根本的问题：文学何为？而鲁迅仍然可以为新的文学提供合法性资源。

关于五四运动研究如何深入等问题，厦门鲁迅纪念馆的唐琰认为研究五四不应局限于运动中心、领袖人物，五四运动从北京、上海，波及整个中国，还可以向更小的地方发掘，研究影响和波及的整个过程。武汉革命博物馆馆长周斌谈到武汉与五四运动的关系，恽代英、陈潭秋、董必武等都在武汉学习、生活过。董必武曾为宣传五四运动，筹办武汉中学。田子瑜的《五四运动在武汉》一书推动了这个领域研究的深入。新民学会旧址纪念馆副研究员赵丛玉指出五四运动与新民学会有很大关系，新民学会成立于1918年，开始是个互助进步团体，经过五四洗礼逐渐转变为革命团体，为中共成立做了大量工作，长沙共产党早期组织就是从新民学会的先进分子中秘密诞生的。

会议特别邀请了国家文物局副局长张柏先生做了题为《坚持创新，提升革命类纪念馆管理服务水平》的主题报告。许多来自博物馆、纪念馆的专家也在讨论中就这一话题进行了交流，强调了目前我们处在一个开放的好时机，博物馆展陈要充分吸收学术界的研究成果，促进学术成果向文化成果的转化。各博物馆要加强联系，通过各种合作方式，共同促进博物馆事业，特别是五四新文化类博物馆、纪念馆的发展。

思潮研究

五四运动：现代中国的新起点

耿云志（中国社会科学院近代史研究所研究员）

五四运动，作为包含新文化运动和五四爱国运动在内的一场持续数年的伟大历史运动，确实是近代中国历史上一次极为重大的事件，其影响极为深远，以至 90 年后，我们对它仍有说不完的话，仍有许多问题还要继续深入研究。

各位朋友，我今天报告的题目是：五四运动——现代中国的新起点。

为什么说，五四运动是现代中国的新起点呢？

我准备从三个方面来论述这个问题。

一

五四运动是中国近代民族觉醒的新开端。

近代中国的民族觉醒是从清末开始的。那时，因受众多帝国主义列强的侵略、压迫和掠夺，严重威胁到中华民族的生存，为图自救，中国人的民族意识被激活起来，并且逐步由以"华夷之辨"为基础的旧的民族主义转变到以建立近代民族国家为目标的近代民族主义。在清末，无论是革命党人，还是立宪派，还是其他开明官绅，事实上都是为建立近代民族国家而同帝国主义列强和国内专制统治者进行斗争的。

但在五四运动前，中国人的民族主义带有明显的被动性特征。只是在被侵略，被压迫到不能忍受的时候，民族意识才得以复苏，才有民族自卫的行动。1917 年，中国加入对德、奥两国的战争，从此，中国人开始主动地参与国际事务，开始在世界上主动地为争取民族权力而斗争，并有机会在战后举行的巴黎和会上，说出中国人自己的主张。而且，最重要的是，中国再也不像以前那样，完全听从列强的摆布。中国与会代表在中国民众的强烈要求下，拒绝在损害中国主权的和约上签字，为后来争取国家主权独立和领土完整而进行的斗争，留下充分的合法性空间。

这是由五四运动激发起来的中国人民的民族主义的第一个新特点。

其次，在五四运动中觉醒起来的民族主义，已不再仅仅局限于自己一个国家的范围，由于中国人主动参与世界事务，对世界大局，对世界各国增加了了解，感受到世界规模的反帝国主义，反殖民主义的民族解放运动的伟大潮流，认识到世界各被压迫民族历史命运的共同性。所以，五四运动所带动起来的民族主义，是与世界主义，或者说是与国际主义联系在一起的。从此，中国人民的反抗帝国主义的斗争，便与世界一切被侵略，被压迫民族的斗争紧密联系在一起。

所以我们说，五四运动把中国人民的民族主义推进到一个新的历史阶段。

二

五四运动开启了中国政治革命的新局面。

由于新文化运动唤醒了中国的青年一代。他们在个性解放的潮流中多少摆脱了旧伦理的束缚，使他们在新的政治革命高潮到来的时候，能够不受羁縻地选择自己的道路。

在第一次世界大战结束的前夕，发生在俄国的布尔什维克革命，是令全世界都刮目相看的一种新事物，他的劳农主义给人最为突出的印象。五四运动后不久，俄国政府宣布放弃沙皇时代强加给中国的一切不平等条约所赋予的权利。这使数十年来苦苦寻求中国自救的出路的中国人眼前一亮，他们以为终于找到了一位可信的老师，一位可靠的朋友。于是许许多多热血充盈的青年纷纷以俄国布尔什维克为榜样，很快就组织起中国共产党。中国共产党的诞生和迅速发展壮大，是五四运动后中国政治革命步入新阶段的最重要的标志。

五四运动以后，孙中山吸收了来自苏俄的组党和动员群众的一些观念和方法，在此基础上，加上有苏俄和中国共产党的推动，孙中山着手改组国民党，使之获得新的生机和活力。由此，相当一批受过五四运动洗礼的青年被吸收到国民党的队伍中来。改组后的国民党顺理成章地实现了与中国共产党的联合。

五四运动中最核心的口号是"外争国权，内惩国贼"。"外争国权"就是反对帝国主义列强的侵略和压迫；"内惩国贼"是就是打倒国内反动军阀及其所操控的政府官吏。随着斗争的发展，人们越来越清楚地认识到帝国主义和国内反动军阀统治集团，是人民求解放的主要敌人。所以在改组后的中国国民党的宣言中，在新诞生的中国共产党的纲领中，都明确地把反对帝国主义和国内军阀统治集团列为自己革命的主要目标。

明确革命的目标，认清革命的敌人，这是革命的第一大问题。正因为在这个重大问题上，国民党与共产党有了共识，这才为两党的合作创造了共同的基础。

1924年国共合作的实现，立即引导中国革命进入高潮。

革命之所以能够迅速进入高潮，还因为，新文化运动造就的一大批觉悟起来的青年，他们深入工厂、农村、兵营，把广大的工农兵发动起来，为新的革命高潮准备了广阔而深厚的群众基础。当国共合作的国民革命军发动北伐的时候，由于有广大的工农群众的支持与支援，因而节节胜利，很快就结束了北洋军阀的统治。

三

五四运动极大地推动了新文化运动的迅猛发展，造成了中国民族文化复兴的重大契机，或者说，造成了近代中国文化转型的一大枢纽。

由于五四运动的爆发，广大的知识分子、青年学生走向社会，与广泛的社会阶层发生联系，于是造成以知识精英、青年学生为先导，社会各阶层首先觉悟的人士积极跟进，在新思想、新观念指引下的空前广泛的社会动员。在广泛的社会动员的基础上，新文化运动在几个重要方面取得巨大进展，以此形成中国近代民族文化转型和文化复兴的一大枢纽。

（一）文学革命运动造成创造民族新文化的利器。

人们知道，新文化运动首先是从文学革命切入的。而文学革命最重大的成就是白话国语的形成和广泛应用。它极有利于推动新教育的发展；极有利于打破精英文化与大众文化之间的严格界限，极有利于各种人群之间，各种文化之间的沟通和互动。特别是极有利于中国和世界各国，主要是西方发达国家之间的文化交流。这都是文化的创造与发展所需要的条件。所以，白话国语成为一种最方便的创造民族新文化的利器。语言文字是一种精神生产的工具。历史上凡是生产工具的革新，都会大大地解放生产力和提高生产力，在物质生产领域是如此，在精神生产领域也是如此。白话国语的盛行，是五四前后一段时期文化繁荣的重要前提条件。

（二）新教育的迅速发展。

由于白话国语的推行，由于人们观念的更新，大大促进了新教育的发展。中国从清末开始办新式学堂或称新教育，但事实上，大部分学堂的教育方式与教育内容并未发生根本的变化。因为许多学堂都是由旧的私塾或书院改成的，其教员、教材、教学方法，大多未发生实质性的变化。民国初期，这种情况仍没有太大的改善。但新文化运动使这种情况发生了根本性的变化。五四时期，由于引进了新的教育观念，使教育与社会生活发生较密切的联系，加上有大批受过新教育或留学归来的读书人充当教员，于是，教材、教学方法都有了不同程度的革新，受新观念影响的家长们也比较愿意将自己的子弟送到新的学校里去读书。尤其是，1922年中国的新教育家们为中国制定出一个比较合乎近代标准，又比较适合中国国情的新的学制系统，使中国教育事业真正走上比较健全的发展轨道，有力地推动了新教育的发展。从这些新教育出身的学生中产生了大批政治、经济、军事、学术、教育等各领域的新式领袖和骨干人才，成为推进中国近代化事业的主要力量。

（三）在中西文化沟通中产生民族文化复兴的自觉意识和必要的精神条件。

原来，自明清之际以来，中国部分先觉分子已逐渐地对传统文化产生一些批评性的反省意识，但因为没有适当的比较参照，始终不能突破传统文化的核心——君主专制与儒家一尊相结合的主体架构。到鸦片战争以后，中国累次的失败与耻辱，一方面有人强烈地排斥西方文化，另一方面，则有人产生深刻的反思，逐渐意识到中国固有文化可能存在某种根本性的问题需要解决。于是，由科技工艺到议会制度，由民主共和再到深层的文化精神，都发现有可以向西方学习的地方。

在这个文化变动过程中间，最重要的是，中国人强化了两个基本的新观念：一个是世界化的观念；一个是个性主义的观念。

先讲世界化的观念。

在清末，世界化的观念已经萌生，人们已经知道中国不是世界的中心，只是世界"万国"之中普通的一个国家。但是对于中西文化的认识，绝大部分人仍然在不同程度上存在着盲目的优越感。到了五四时期，由于有了主动参与世界事务的经验，由于有大量受过系统的西方教育的留学生归国，由于大量的西书翻译，人们对世界，对西方文化有了更多的了解，对中国固有文化也多了几分批评性的反省意识。由此造成了开放的，世界化的文化意识，使中国与世界文化相互密接和良性互动的局面之产生成为可能。

再说个性主义。

个性解放，个人的独立，这是中国数千年来老师宿儒们所坚决反对的。在五四时期，先觉分子们最用力的，就是批判专制主义对于人们精神的压制与毒害。陈独秀所说"吾人最后之觉悟"，就是指，要使人们从专制主义的宗法伦理的束缚中解脱出来。胡适借易卜生之口宣传，作为人，最尊贵处，是必须有个人意志的自由，并对自己的言行负责任。否则，就与奴隶没有区别。由个性主义，个人独立，而产生对个人与集体，个人与国家的关系的全新的理解。从而使人们认识到，个性主义与民主制度之间的紧密联系。这一点极端重要，从清末以来，屡次的改革与革命都归于失败，原因之一就是民主只被当作一种制度设计和制度安排，而没有认识到，只有建立在个人独立，个人自由权利的基础上，民主制度才能落到实处。个性主义的提倡，直接导致人的创造精神和创造力得到解放。这对于中国社会的进步，对于中国民族文化的振兴是极端重要的条件。

（四）社会公共文化空间的进一步扩展。

我在近著《近代中国文化转型研究导论》中首次提出社会公共文化空间的概念，用以表示社会文化传播、交流、汇聚与创新的公共场域。近代社会公共文化空间是由有组织的社会群体造成的，例如新式教育系统，社会团体组织，以及公共传媒系统等等。这种社会公共文化空间，从清末开始逐渐形成起来，到五四时期得到蓬勃发展。

"五四"时期，新学堂和在校学生的数量都有极大的增加。学校不但是传播知识的场所，而且是积累知识、汇聚知识，促使知识更新的场所，它不仅直接关系到国民知识、技能的进步，而且是改变国民精神面貌和整体素质的重要机制。五四时期，青年学生在社会上发挥巨大影响，充分说明新教育系统在社会公共文化空间中的重要地位。

至于社会团体组织，在五四时期则有空前的扩展。很遗憾，现在还没有人对此做过统计的研究。但我们有理由推断，五四时期社会团体的数量，较之清末民初，会有成倍的增加。大家知道，五四时期学生团体极为发达。各城市差不多都有学生联合会的组织，而各学校内部又有自己的学生团体组织。例如，北京大学校内各种学生团体就有30多个。其他学校自然不能和北京大学相比，但可以肯定，在绝大多数中等以上学校，至少会有一个以上的学生团体。如此说来，单是各地、各学校的各种学生团体组织，就是一个相当庞大的数量。还有一个值得注意的新现象，就是五四运动发生后，各地的工人也纷纷组织团体，这是前所未有的。因此我想，我的推断大体上应与事实相距不远。

不仅如此，我们还必须注意到，这时期的社会团体，比以前的社会团体有很大的不同。第一，从前，比如清末时期的社会团体，多半是针对特定的事件和特定的斗争目标而成立，如为争回利权，为实行立宪，为推翻帝制，等等。"五四"时期的社会团体，大多数都提出一个更为远大的目标，如变革人心，改造社会之类。看似笼统，实际上反映出组织者们有了很重要的新觉悟：中国所最缺乏的是"社会的结合"，只有社会成为有组织的社会，国家才有进步，民族才有希望。这是一种非常深刻的觉悟。这时期的社会团体的另一个特点是，团体的结合是建立在"个人自觉"的基础上。我们前面指出，新文化运动一个极重要的新观念就是个性解放，要每个人自觉到自己是一个堂堂的人，应有自己的责任，自己的事业，自己的价值。由如此觉醒了的个人结合成团体，其精神面貌，其追求的目标，其所释放的能量，就大不相同了。所以我们说五四时期的社会团体在数量上、性质上，及其所发挥的社会影响上，都比以前大不相同了。

构成社会公共文化空间的另一个重要的方面是社会传媒系统的发展。

由于新的社会团体大量增加，许多团体为宣传自己的主张，都办有自己的小报或期刊。当时人统计，新办的各种白话报纸、刊物至少有400种以上。此外，出现了许许多多新的出版机构和发行系统。至于其他公共文化设施，如公共图书馆、阅书报社、剧场戏院等等都比以前有巨大的发展。所有这些，对于新思想、新观念的传播，对于人们之间的思想交流，对于各种思想间的互相辩论和催生新的思想萌芽，起到很大的推动作用。

四

最近数十年来，一直有人对五四运动、新文化运动持否定的态度。其实，我们肯定五四运动和新文化运动的人并非完全否认这两个运动有其局限和比较负面的影响。只不过，我们不赞成因此否定这两个运动的积极意义，不赞成把其负面作用夸大成为主流。今天，我想稍微谈一谈这两个运动的负面影响的问题，并说明为什么不应夸大这些负面作用，以致否定这两个伟大的历史运动。

按我个人的研究和观察，我觉得，五四运动、新文化运动发生的负面影响主要表现在三个方面：激进主义；泛政治化；迷信群众运动。这里我想主要谈谈激进主义的问题。

在近代中国的历史上，激进主义实在有其深厚的社会政治根源。因为外受列强侵略、欺凌，内受专制主义的压制和摧残，有志救国和忧时之士，无不忧愤迫切，其情绪之急进，可想而知。所以，近代伊始，历次的政治改革与政治革命运动，都或多或少犯有急进的毛病。同时，这也就决定了，一切激进主义都首先来源于政治运动。我们看在新文化运动领袖分子中，凡比较激进的，都与其政治背景有关。如陈独秀是清末的革命党，他曾组织暗杀团。钱玄同在清末有一段时间与革命留学生们在一起，又是激烈反满的革命家章太炎的学生。鲁迅也是大家公认的比较激进的人物。他在清末也参与了留日学生的革命刊物，也是章太炎的门生。还有另一个著名的激进主义者吴稚晖，也是清末的老革命党，还是一个无政府主义者。这些例子说明，新文化运动中及其后所表现的激进主义是跟中国的政治有密切的关系的。

中国是个后发展国家，在西方发达国家，他们由中世纪到近代的过渡，差不多都经历过三四百年甚至更多的时间。他们在几百年的时间里，各种思想、思潮和流派以及各种社会运动从容发育、生长并且互相辩论，经受社会实践的检验和磨洗。但在中国，这些东西都是在非常短暂的时间里，一下子就涌进来了。一方面，人们不暇捡择，不辨其是非，往往陷于困惑；一方面，凭兴趣所近，认定一种，便以为是绝对真理，极力排斥其他。于是呈现出异说蜂起，诸流并进，各逞意气，唯我独尊，没有从容讨论的风气，没有妥协磨合的余地。在这种氛围里，激进主义自然是最容易滋生的。

有趣的是，有些保守派批评和攻击新文化运动的一个重要的理由，就是责备提倡新文化、新思想的人太偏激和太激进。但他们反对新文化的态度、手段本身却同样是非常偏激，非常激进的。例如严复骂白话文提倡者们是"人头畜鸣"。林纾，除了上书蔡元培，上纲上线地攻击白话文和新思想、新观念的提倡者之外，还编写影射小说，发泄自己的怨愤与痛恨之情。当时在北大读书的张厚载，也是一位反对白话文与新文学的干将。他不愿写文章与胡适等人讨论，而宁愿偷偷地将他认为可以攻击新文化运动的材料提供给林纾去炮制影射小说，或直接给报纸提供不实消息，以达造谣惑众的目的，如他炮制的所谓当局要把陈独秀、胡适、钱玄同等驱逐出京的消息即是一例。后来由梅光迪、吴宓、胡先骕等人在南京创办的《学衡》杂志，其最初几期几乎是专门攻击新文化运动的。例如该刊创刊号上最有代表性的文章《评提倡新文化者》，通篇只列罪名，没有罪证，很像是旧时文人为当道者讨伐异端而写的檄文的腔调。此外，更有人直接使用恐吓手段，寄匿名信，以炸弹相威胁。

守旧派的这种做法，不能不激起人们强烈的反驳。人们知道，在激烈的争辩中双方都难免会讲出一些偏激和激烈的话。所以，五四时期及其以后延续下来的激进主义，守旧派也是要负担相当一部分责任的。

激进主义在近代中国的社会中和近代中国的文化中，长期延续，不肯退出舞台，甚至不肯退居边缘，"左倾"教条主义和极"左"思潮甚至把它变本加厉，为国家民族造成很大的损害，人们对它反感，痛恨，是非常可以理解的。我个人是一贯反对激进主义的。但有些人把激进主义说成是新文化运动和五四运动种下的祸根，或把整个的新文化运动和五四运动归结为激进主义，我是无论如何不能同意的。

近代中国激进主义实在是源远流长，其根源，一是因国家民族面临的威胁，救国的任务十分迫切；二是中国长期处于极端专制主义的压制下，全无自由发表的机会，也没有各种力量公开较量，然后通过妥协来解决问题的机制。所以，一旦原有的统治机器面临崩坏之时，各种力量一下子如洪水泛滥，野火燎原，无法控制，各不相容，只认自由，而不知容忍。

为了克服激进主义，首先要使中国的政治走上健全发展的轨道，关键是要使民主在中国社会扎根落实。其次是在搞好教育的基础上，尽力恢复、弘扬传统的忠恕美德。忠与恕，其实就有自由与容忍的意味。什么时候，人们都能充分领略并实行忠恕之道，什么时候，激进主义便不再行时了。

关于泛政治化和迷信群众运动的问题，我这里不详谈了。大家可参阅我的论文。

五四新文化运动开启了现代中国发展的新方向，它所高扬的科学民主的旗帜，永不褪色。继承和发扬"五四"精神，是我们作好各项事业必需的条件。

以上报告，敬请各位批评。

谢谢！

五四运动与马克思主义在中国的传播

刘晶芳（中央党校中共党史教研部教授）

在建党前后马克思主义在中国传播问题的研究上，长期以来流行的说法是"十月革命一声炮响，给我们送来了马克思主义"[1]。研究者充分肯定了十月革命对马克思主义在中国的传播所起的积极作用，而对五四运动在马克思主义传播中的作用和意义，研究尚不够充分。本文试图在对五四前后马克思主义在中国传播状况进行考察的基础上，对运动本身在传播中的作用作一分析。

一 五四运动前马克思主义的零星传入

马克思主义传入中国既不是自十月革命始，更不是自五四运动始。早在 19 世纪末 20 世纪初，马克思和他的主义就已被介绍到中国。

1899 年，英国传教士李提摩太在其译文《大同学》[2]中提到马克思、恩格斯，称"德国讲求养民学者，有名人焉。一曰马克思。一曰恩格斯"[3]；马克思为"百工领袖著名者"，"主于资本者也"[4]，简要介绍了马克思对资本主义社会矛盾的认识及其安民救世思想。

20 世纪的最初十年，留学日本和欧美的中国新型知识分子在学习和接受西方资产阶级思想的同时，较多接触了社会主义思想，并把它传到中国。其中留日学生贡献最大。据不完全统计，仅在 1900 年至 1906 年间，中国留日学生翻译自日文的有关社会主义的著作即达 20 种左右。较著名的有村井知至著、罗大维译的《社会主义》[5]，福井准造著、赵必振译的《近世社会主义》[6]，幸德秋水著、中国达识社译的《社会主义神髓》[7]、《二十世纪之怪物帝国主义》等。在这些书中初步介绍了马克思的代表著作和一些基本观点。留日学生办的刊物，如《译书汇编》、《游学译编》、《江苏》、《浙江潮》等刊物，也刊登了不少介绍和同情社会主义的文章，称颂社会主义是光明奇伟之新主义，是"大中至正、尽善尽美、天经地义、万世不易之道"[8]，其中亦有一些内容谈及马克思的科学社会主义。

中国人在自己的著述中最早提到马克思的，是资产阶级改良派代表人物梁启超。1902 年，他在《新民丛报》上发表的文章中，称"麦喀士日耳曼人，社会主义之泰斗也"，"麦喀士喟，今日社会之弊，在多数之弱者为少数之强者所压服"[9]。梁启超认为，社会主义是"近百年来世界之特产物"，社会主义的"最要之义，不过曰土地归公、资本归公，专以劳力为百物价值之源泉"[10]。据此，他认为中国古代的井田制度与近世社会主义有同一立脚点。梁启超到美国纽约考察，亲眼所见社会黑暗，贫富差距悬殊，认为"社会革命其终不免"，但对马克思主义持否定态度。在同美国的社会主义者交流对社会主义的看法时，梁启超把社会主义分成极端社会主义和国家社会主义，认为前者在"今日之中国不可行，即欧美亦不可行，行之其流弊交不可胜言"，后者"其思想日趋于健全，中国可采用者甚多，且行之亦有较欧美更易者"。认为中国人现在的程度不足以谈社会主义[11]。这表明梁启超虽然介绍了马克思及他的一些思想，但并不信仰马克思主义。

在这一时期向西方寻求救国之道的政党和政派中，较多接触和介绍马克思主义主要是资产阶级革命派和无政府主义者。

资产阶级革命派孙中山 1905 年春在欧洲旅行时，曾在比利时的布鲁塞尔访问第二国际书记处，在交谈中表示"中国社会主义者要采用欧洲的生产方式，使用机器，但要避免其种种弊端"，设想中国将"由中世纪的生产方式直接过渡到社会主义的生产阶段，而工人不必经受资本家剥削的痛苦"[12]，其民生主义中不乏马克思学说的启发。辛亥革命后，孙中山多次谈到社会主义和马克思学说，称赞马克思的《资本论》"发阐真理，不遗余力，而无条理之学说，遂成为有统系之学理，研究社会主义者，咸知所本，不复专迎合一般粗浅激热之言论矣"[13]。孙中山崇敬马克思，在学理上赞同马克思的土地公有和资本公有，同情受资本家剥削的工人，认为劳动应得报酬，主张平均分配。孙中山认为社会主义是"拯救社会疾苦之学说"，故提倡中国实行社会主义。但孙中山不接受马克思主义的阶级斗争学说，不赞成用激烈的革命方式推翻统治阶级消灭剥削，即"师马克思之意则可，用马克思之法则不可"。

廖仲恺、宋教仁、朱执信、马君武等曾以《民报》为主要阵地，著文谈论社会主义，谈其对马克思主义的理解。1905 年 11 月 26 日，朱执信在同盟会机关报《民报》第 2 号上，以蛰伸为笔名，发表《马尔克 Marc》[14]一文，介绍了马克思、恩格斯的生平和事迹，并首次介绍了《共产党宣言》的十个要点和《资本论》的部分内容。他认为马克思主义与他之前的社会主义不同，"马尔克之意，以为阶级争斗，自历史来，其胜若败必有所基"；"马尔克之谓资本基于掠夺，以论今之资本真无毫发之不当也"；"马尔克素以阶级争斗为手段，而救此蚩蚩将为饿殍之齐氓"。上述认识表明作者是抓住了马克思学说的一些基本点的。1906 年 5 月 1 日，《民报》第 4 号登载了民报社员译自日本巡耕社的《欧美社会革命运动之种类及评论》，其中第一节介绍了马克思主义的社会主义，主张"社会主义之大目的，在以土地、资本（此二者，人民生活所由产也）公诸社会，使政府掌治之，而民以其劳，自易其利，不容各人私有，……谋人类财产及权利一律平等。"雯斋的译文《万国社会党大会略史》[15]和渊实的译文《社会主义史大纲》[16]，则分别从国际共产主义运动的实践和理论的发展方面介绍了马克思主义。

无政府主义者刘师培等在接受无政府主义的过程中也介绍和翻译过一些马恩的著作。他们在出版社会主义书籍的广告中，列入了马克思恩格斯著《共产党宣言》，在

《天义报》上刊登了1888年《共产党宣言》英文版序言、《共产党宣言》第一章和第二章关于家庭的婚姻的部分译文、恩格斯的《家庭、私有制和国家的起源》的部分内容[17]。申叔（即刘师培）认为《共产党宣言》"其要归，则在万国劳民团结，以行阶级斗争，固不易之说也"，"欲明欧洲资本制之发达，不可不研究斯篇；复以古今社会变更均由阶级之相竞，则对于史学发明之功甚巨，讨论史篇亦不得不奉为圭臬。"但他明确表示不赞成宣言阐述的国家学说，认为宣言"之所谓共产者，系民主制之共产，非无政府制之共产也。故共产主义渐融于集产主义中，则以既认国家之组织，致财产支配不得不归之中心也。由是共产之良法美意亦渐失其真，此马氏学说之弊也。"[18]

辛亥革命后，掀起了一轮宣传社会主义的高潮。孙中山等革命党人认为推翻清廷，建立民国，政治革命已获得成功，接下来将实行社会革命，致力于民生主义的实行，因此不遗余力地宣传社会主义。与此同时，江亢虎等成立了中国社会党，也标榜和鼓吹社会主义。当时鼓吹社会主义的刊物众多，有《新世界》、《社会世界》、《民立报》、《新世纪》等，其宣传的社会主义是五花八门的。马克思的科学社会主义只是其中的一种。当时无论是资产阶级革命派还是中国社会党人，其学说的主体都不是科学社会主义，但或多或少吸收了一些马克思的思想。但是这一轮社会主义的宣传并没有持续多久。袁世凯专制政府对社会主义学说的禁止和对"过激党"的迫害，使一度兴盛的社会主义宣传沉寂下来。

1917年俄国十月革命的胜利是一个影响重大的事件。毛泽东曾作出"十月革命一声炮响，给我们送来了马克思列宁主义"的论断，肯定它在中国马克思主义的传播史上的意义。它的重大意义在于用事实证明马克思主义的无限生命力，使中国先进分子找到了方向，看到了民族解放的新希望，开始以马克思主义为理论武器，用无产阶级宇宙观作为观察国家命运的工具。十月革命后的一年多时间里，李大钊发表的《法俄革命之比较观》、《庶民的胜利》、《BOLSHEVISM的胜利》和《新纪元》等文章，代表了中国先进分子对马克思主义的新认识。但是十月革命并没有立即使马克思主义在中国传播的状况发生大的变化，到五四运动前马克思主义的信仰者不多，国内报刊介绍马克思主义的文章仍很少。

综上所述，五四前中国人了解马克思及其学说，主要是通过留学日本的知识分子译自日本社会主义者的著作。传播渠道单一，介绍的内容少，多是零碎的、片面的、肤浅的，甚至有不少误解。马克思主义只是当时流行的国家社会主义、无政府社会主义、激进的社会主义、基尔特社会主义、合法的社会主义等五花八门的社会主义流派中的一种，而且并不占优势。更重要的是受时代和阶级局限，当时热衷于社会主义的宣传者虽然对马克思主义作了一些介绍，却并不信仰，也不是把它作为指导思想，作为观察国家前途命运的工具。但社会主义思想的介绍，却为中国的思想界打开了一扇窗户，为五四运动后马克思主义在中国的广泛传播打下了基础。

二　五四运动后马克思主义的广泛传播及其特点

五四运动开启了马克思主义传播的新局面。马克思主义由社会主义思潮中的一支涓涓细流，变成了磅礴的大潮，在中国思想界澎湃激荡。马克思主义的广泛传播主要表现在以下几个方面：

一是传播的途径拓宽了。

五四运动后，马克思主义传入中国的途径由一条变为多条。

日本仍是传播的主渠道。精通日文的李大钊、陈独秀、李达、李汉俊、施存统、陈望道、陈溥贤等源源不断地将日文的马克思主义著作文章译介到中国。据不完全统计，仅 1919 年 5 月至 1922 年 1 月，登载在《晨报》副刊、《时事新报》副刊、《民国日报》副刊上的译自日本著名社会主义理论家河上肇的文章即有 8 篇之多。李大钊的《我的马克思主义观》的许多内容也借鉴了河上肇《社会问题研究》一书中的许多观点。

与五四前的传播不同的是，除东方的日本渠道外，又增加了西欧渠道和俄国渠道。

西欧渠道主要是第一次世界大战期间和战后赴欧洲勤工俭学的中国留学生担任媒介。他们中的初具共产主义思想的蔡和森、周恩来、赵世炎、李维汉等接受了马克思主义，在其出版的《少年》、《赤光》杂志上登载宣传马克思主义的文章，并通过向国内报刊发通讯的方式介绍马克思主义。如周恩来旅欧期间在天津《益世报》、《新民益报》发表的 100 余篇通讯中，就有一部分是宣传科学社会主义思想的。蔡和森在同毛泽东等新民学会会员的通信中介绍了马克思主义的社会革命理论和党的学说。此外，1920 至 1922 年间翻译出版的 4 本马恩原著，有 3 本是直接由西文翻译的，一本是以日文本为主，参照英文本翻译的，说明自西方渠道传来的马克思主义越来越多了。

俄国渠道开辟较晚，主要原因是缺少传播的媒介。十月革命前，在旅俄华人中，多数是第一次世界大战期间到俄国做工的华工，鲜有去俄国留学的知识分子和青年学生。旅俄华工大多没有文化或文化水平低下，本身接触和理解的马克思主义有限。他们中的先进分子参加了俄国共产党，办《华工报》、《共产主义旬刊》、《震东报》，在华工中宣传马克思主义，但很难担负向中国国内传播马克思主义的任务。俄国十月革命胜利后，最先向国内传递消息的是一些报纸的驻俄罗斯记者。报刊连篇累牍的报导，引起了中国先进分子的关注。青年学生中响起了"以俄为师"，"到俄国去"的呼声。由上海的共产党组织举办了外国语学校送到苏俄的刘少奇、任弼时、萧劲光等，由旅欧留学生转到莫斯科东方大学的赵世炎、陈延年、陈乔年、熊雄、聂荣臻、王若飞、刘伯坚、李卓然等以及从不同的渠道到俄国学习和工作的瞿秋白、王淮舟、张西曼等，在列宁主义的故乡系统学习马克思主义和俄国革命经验，成为传播马克思主义的主要力量。据不完全统计，从五四运动到 1923 年底，国内报刊宣传介绍马克思主义的 300 余篇文章中，有 40 余篇是译自俄文的，在传播中发挥了重要作用。

二是传播的阵地扩大了。

十月革命后到五四运动前，新思潮的刊物只有几种，介绍社会主义的文章寥寥无几。五四后，全国各地出版的刊物猛增至 400 余种，其中相当数量的刊物以介绍新思潮，改造社会为己任。在新思潮的传播中，马克思主义一枝独秀。

　　当时中国的三大报纸——《晨报》、《民国日报》、《时事新报》在马克思主义宣传中起了重要作用。资产阶级改良派进步党的机关报《晨报》副刊在 1919 年 5 月 5 日至 11 月 11 日增辟了"马克思研究专栏",译载了马克思的《劳动与资本》(今译作《雇佣劳动与资本》)、《新共产党宣言》(即《第三国际第一次代表大会宣言》)等原著和文献,以及当时西方和日本的社会主义名家考茨基、幸德秋水等的文章。上海《民国日报》则在 1919 年 6 月 16 日推出《觉悟》副刊,译载了《见于〈共产党宣言〉的唯物史观》、列宁的《从战争到和平》等文章,发表了早期马克思主义者李大钊、陈独秀、李达、施存统、李汉俊等的文章,报导学生运动工人运动妇女运动的情况。这些报纸虽然不是马克思主义者办的,其内容芜杂,但因其发行量大,覆盖面广,因此在马克思主义传播中的作用是比较大的。

　　各地办的《星期评论》、《中华新报》、《国民》、《曙光》、《东方杂志》、《广东群报》、《今日》等报刊也登载了不少马克思恩格斯和列宁著作的译文,及宣传马克思主义的文章。

　　"五四"后,初具共产主义思想的知识分子主办的刊物,成为传播马克思主义的主阵地。如 1919 年 5 月(实际出版时间为 9 月)李大钊将其任执行主编的《新青年》第六卷第五号编为《马克思主义研究专号》,集中登载了一系列介绍和讨论马克思学说的文章,其中就有中国马克思主义的宣言书——李大钊的《我的马克思主义观》。1920 年中国共产党发起组在上海成立后,《新青年》自第八卷第一号起成为中共上海发起组的公开理论刊物,至 1922 年 7 月第九卷第六号休刊的近一年时间里,刊载了较多马列著作的译文,共产党人撰写的介绍马克思列宁生平、基本理论观点及与各种非马克思主义观点论战的文章。与此同时,陈独秀李大钊创办的《每周评论》,用通俗的语言宣传马列著作,重视报导中国劳工问题,调查工人阶级状况,向工人灌输马克思主义,启发他们的觉悟。这时期最重要的是中国共产党有了自己的机关刊物——《共产党》月刊。《共产党》月刊自 1920 年 11 月创刊至停刊,前后只有 8 个月,共出了 7 期。时间不长,期数不多,但在共产党人李达的主持下,在宣传马列主义中的影响是巨大的。它第一次在中国树起了共产党的旗帜,明确以马列主义为指导思想,清除无政府主义及其他错误思想的影响,为建党作了必要的理论准备。党正式建立后出版的《向导》周报和《前锋》亦是与《共产党》性质相近的中共中央机关刊物。此外上海、北京、广州、武汉等地的党组织还创办了《劳动界》、《劳动音》、《劳动者》等刊物,向工人通俗地宣传马克思主义的一些重要观点,启发工人觉悟,促进了马克思主义与工人运动的结合。

　　除办刊物外,为扩大马克思主义宣传,中共中央还成立了专门的出版机构——人民出版社。出版社在成立通告中,明确说明办社的目的是为了满足新主义新学说研究者的需要,"本社出版品的性质,在指示新思潮的趋向,测定潮势的迟速,一面为信仰不坚者祛除根本上的疑惑,一面和海内外同志谋图精神上的团结。"[19] 为此计划在两年内出版马克思全书 15 种、列宁全书 14 种、康民尼斯特丛书 11 种,及其他相关图书 9 种。从计划所列书目，可以看出人民出版社的主要任务就是印发马克思主义的著作。

三是传播的内容丰富深化了。

"五四"前传入中国的马克思主义是零星的，内容既少，又不准确。绝大部分是转译自日本学者研究社会主义的著作，译自马恩原著的极少，而且都是一些片断。列宁主义还基本没有介绍。五四运动后这种状况有很大改变。

马克思主义能否广泛传播，并成为指导思想，重要的环节是要大量引进经典作家的著作，并将其翻译出版，提供思想材料。五四运动后，马列原著的引进和翻译出版受到重视，并且初见成效。在原著的引进方面，北京大学马克思学说研究会专门成立了亢慕义斋，从不同途径搜集了几十种英、德、日、法、俄文的马克思恩格斯和列宁的著作。这些原版的著作对中国先进分子准确理解马克思列宁主义是非常有用的。1920 年 8 月，陈望道译的《共产党宣言》单行本出版。该书的出版反响强烈，首印一千册很快销售一空。同年 9 月第二次印刷，到 1926 年 5 月就已经印了 17 版，可见传播之广。之后，上海群益书社伊文斯图书公司 1920 年 8 月出版了恩格斯著、郑次川译的《科学的社会主义》[20]；人民出版社 1921 年 12 月出版马克思著、袁让译《工钱劳动与资本》[21]，1922 年 1 月出版的列宁著《共产党礼拜六》；商务印书馆 1922 年 10 月出版的马克思著、李季译的《价值价格与利润》[22]。总的看全文翻译出版的马列著作单行本数量尚不多。大量的是登载在报纸杂志上的对马列重要著作内容的摘译。涉及的马列原著主要有马恩的《共产党宣言》；马克思的《〈政治经济批判〉序言》，《雇佣劳动与资本》，《资本论》第一、三卷中关于唯物史观、剩余价值的若干段落和第一版序言，《法兰西内战》，《哥达纲领批判》，《马克思致约瑟夫·魏德迈》；恩格斯的《社会主义从空想到科学的发展》，《恩格斯致瓦·博尔吉乌斯的信》，《家庭、私有制和国家的起源》，《反杜林论》第三编第二、三章，《论权威》；列宁的《俄罗斯之政党》、《俄罗斯的新问题》、《过渡时期的经济和政治》、《国家与革命》等。从传入的内容看，是比五四运动前丰富多了。

马克思主义是否广泛传播，并成为指导思想，还要看当时的先进分子接受了哪些内容，关注点是什么。

从翻译出版的马克思主义著作和中国先进分子发表的宣传马克思主义的文章看，马克思主义哲学、经济学和科学社会主义的一些最基本的观点已传入中国，并被接受。

首先，唯物史观得到了普遍认可。唯物史观是马克思主义的理论基石。介绍到中国的主要是以下 4 个观点：（1）社会存在决定社会意识的观点。李大钊在《我的马克思主义观》等多篇文章中，着力介绍了马克思主义的物质财富的生产方式决定社会发展的历史唯物主义的基本观点，认为生产力决定生产关系，"生产力一有变动，社会组织必须随着他变动"；经济基础决定上层建筑，"凡是精神上的构造，都是随着经济的构造变化而变化"。而经济基础"自己进化的最高动因，就是生产力"。生产力"发展的力量愈大，与那不适应他的社会组织间的冲突愈迫，结局这旧的社会组织非崩坏不可，这就是社会革命"[23]。（2）人民群众是历史创造者的观点，他们认识到"社会主义的实现，离开人民本身，是万万做不到的"[24]。要改造社会"根本的一个方法，就是民众的大联合"[25]。（3）阶级和阶级斗争的观点。马恩《共产党宣言》开头的一句话："到目前为止的一切社会的历史都是阶级斗争的历史"被广泛引用，认为它"恰如一条金线"，把马克思主义三个组成部分"从根本上联络起来"[26]。用阶级和阶级斗争观点看中国现实，马克思主义者肯定中国存在无产阶级和资产阶级，认为"阶级斗争实是解放无产阶级的方便法门"[27]，"若忽视这种阶级的心理和阶级的自觉，不去助长阶级斗争的运动，社会革命是不可期待的"[28]。（4）国家是阶级统治工具的观点。马克思主义者认识到自远古至近代的国家"都是所有者的国家。这种国家的政治、法律，都是掠夺的工具"，因此"用革命的手段建设劳农（即生产阶级）的国家，创造那禁止对内对外一切掠夺的政治、法律，为现代社会第一需要"[29]。唯物史观的传播，为中国的先进分子寻找解决中国问题的出路，提供了科学依据，从世界观和方法论方面，为建立共产党奠定了基础。

第二，接受了剩余价值学说。剩余价值学说是马克思主义经济理论的基石，也是科学社会主义的核心理论。中国马克思主义者接受了这一理论，并通俗地宣传。李大钊把剩余价值称作"余值"。即"资本家获得工人十小时的工力，而仅以五小时的代价还给工人"，其余五小时就是对工人一文不值的工力，即"余工"，也即是生产"余值"的额外时间，从而揭露了资本积累的源泉和工人阶级贫困的根源。同时，他们也接受了剩余价值在资本主义兴衰中的作用的理论，认为"剩余价值替资本阶级造到这样强盛的地位，而资本阶级必然崩溃不可救的危机也正含在这剩余价值里面"[30]。

第三，接受了科学社会主义理论。主要有以下内容：一是关于资本主义必然灭亡社会主义必然胜利的理论。马克思主义者接受了资本私有、剥削工人剩余价值、生产过剩导致资本主义危机，直至"必然崩溃"的同时，也接受了解决资本主义的危机，"只有采用社会主义的生产方法"，因此认定"社会主义要起来代替共和政治，也和当年共和政治起来代替封建制度一样，按诸新陈代谢底公例，都是不可逃的运命"[31]。二是接受了暴力革命和无产阶级专政的学说。暴力革命是无产阶级革命的主要手段，无产阶级专政则是无产阶级革命胜利后，镇压被推翻的阶级的反抗，改造旧的生产关系，建立新的生产关系，解放和发展生产力，消灭阶级，创造向更高的共产主义阶段过渡的条件，所必须采用的新的国家形式。是否接受这个理论，是当时马克思主义和非马克思主义，科学社会主义和其他社会主义的分水岭和试金石。马克思主义者接受了这一理论，认识到"阶级战争是阶级社会必然的结果；阶级专政又是阶级战争必然的结果"[32]，"若是不主张用强力，不主张阶级战争"，"便再过一万年，那被压迫的劳动阶级也没有翻身的机会"[33]，"所以工人要得到完全解放，非先得政权不可。换言之，就是要把中产阶级那架国家机关打破（无论君主立宪或议院政治），而建设一架无产阶级机关——苏维埃"[34]。三是接受了无产阶级政党理论。无产阶级政党是科学社会主义事业的领导力量，是科学社会主义理论的重要组成部分。中国的先进分子接受了马恩的无产阶级革命必须由无产阶级政党领导，党必须要以实现共产主义为最终奋斗目标，必须有明确的纲领和策略；列宁的党是无产阶级的先锋队和有组织的部队，必须实行民主集中制原则等思想，认为在无产阶级革命运动中的四种利器，党、工团、合作社、苏维埃中，党是首要的。党是无产阶级革命运动的"发动者、宣传者、先锋队、作战部"，是"神经中枢"[35]。中国革命要成功，"非组织与俄一致的（原理方法都一致）共产党，则民众运动、劳动运动、改造运动皆不会有力，不会彻底"。党应当"严格的物色确实党员"[36]。他们明确提出中国"共产主义者的目的是要按照共产主义的理想，创造一个新的社会"[37]，在组织上赞同第三国际所属各党派实行的民主主义的中央集权的原则，"厉行中央集权制"[38]。

从上述传播的内容看，主要是马克思主义哲学、经济学和科学社会主义的一些最主要的理论观点，与解决中国的民族独立、民主解放以至实现现代化密切相关的马克思主义关于落后国家的革命和社会发展理论、列宁的无产阶级对待资产阶级民主革命的理论和策略，以及民族殖民地学说都还没有传入中国。已传入的这些理论对指导中国这个特殊国家的革命来说是远远不够的，有很大的局限性。理论准备的不足，是新民主主义革命出现大曲折的重要原因。但是已传入的这些理论，对中国先进分子实现由激进民主主义者到马克思主义者的转变，明确以马克思主义为指导思想，选择社会主义，建立共产党，有着重要的指导意义。

三 五四运动在马克思主义传播中的特殊意义

如上所述，马克思主义在中国的传播以五四运动为分水岭，前后大不相同。五四后马克思主义在中国广泛传播，有深刻的国际国内背景，其原因是多方面的。国际上，第一次世界大战集中显现的帝国主义的腐朽没落，十月革命的胜利和苏维埃政权的巩固呈现的社会主义的生机活力，国内北洋军阀专制统治下国家的衰败，资产阶级政党欲改造中国而无能为力的现实，都使先进的中国人更多地把目光转向马克思主义，把它作为救中国的真理。但是上述因素并不是在五四运动中才出现的，它早已存在。五四运动后马克思主义能广泛传播，与五四运动本身有重要的关系。笔者认为五四运动至少有以下几个方面对马克思主义的广泛传播产生了影响。

一是作为五四运动导火线的巴黎和会进一步暴露了帝国主义强权、专制、侵略压迫殖民地半殖民地人民的本性，揭穿了资产阶级民主的本质。

1918年11月，历时5年的第一次世界大战结束。中国作为协约国集团的成员，战胜的一方，在欢呼"公理战胜强权"的同时，期望中国的国际地位能得到改善，被帝国主义国家攫取的权益能够归还。于是在1919年1月召开的巴黎和会上，中国代表提出废除外国的势力范围，撤退外国在中国的巡警、撤销领事裁判权、归还租界、取消中日"二十一条"及换文等正当要求，但均遭到拒绝。特别不能容忍的是，战败国德国在中国山东攫取的各项特殊权益本应直接归还中国，但是和会却接受日本的提议，将其无条件让与日本。深重的民族危机凸显了救亡的必要性和迫切性，"中国民族几十年受剥削，到今日才感受殖民地化的况味。帝国主义压迫的切骨的痛苦，触醒了空泛的民主主义的噩梦"[39]，促进了中国先进分子由爱国主义者向社会主义者的转变。他们对帝国主义列强的幻想破灭了，对西方民主大失所望，进而开始怀疑以至放弃资产阶级共和国的方案，积极寻找新的救国良方。

二是五四运动中苏俄发表对华宣言受到中国人民的欢迎，引起先进分子的关注和向往。

1917年十月革命后的一段时间里，新生的社会主义苏俄遭到帝国主义国家的武装干涉和国内白匪叛乱，处境极端困难。中国人得到的苏俄的消息有不少是负面的。经过了两年的奋斗，苏俄政权得到巩固，秩序得到恢复，显示了马克思主义的生命力。特别是1919年7月，苏俄发布了第一次对华宣言，宣布废除沙皇政府同中国签订的不平等条约，放弃在中国的特权。这种政策与帝国主义的掠夺压迫形成的强烈对比，使中国的先进分子对苏俄的好感和兴趣大增。爱屋及乌，自然对苏俄奉行的主义给予更多的关注，进而认可马克思主义的科学社会主义是救中国的良方。

三是五四运动引起共产国际的关注，促进了世界革命重心由西方向东方的转移，给马克思主义在中国的广泛传播提供了必要的方便条件。

1919年3月，列宁领导的第三国际（即共产国际）成立。共产国际主张马克思主义的阶级斗争、无产阶级专政，是与主张改良的第二国际完全不同的革命的国际，是各国共产党和世界革命的领导中心。共产国际成立时，正当欧洲社会主义革命出现高潮。但是这场涉及了几个国家的社会主义革命很快失败了。而东方的革命运动正在兴起。中国的五四运动，韩国的三一运动，日本的马克思主义在渡过了"社会主义的严冬时期"后的再次高涨，引起了共产国际的关注。特别是中国的五四运动发生后，共产国际"曾接到海参崴方面电报，知道中国曾发生几百万人的罢工、罢课、罢市的大革命运动"[40]，其革命战略开始由西方向东方转移，希望借鉴苏俄一国在帝国主义统治薄弱环节首先胜利的经验，在帝国主义统治薄弱的殖民地和半殖民地打开缺口，使之与西方的社会主义革命配合，推翻帝国主义的统治，夺取世界革命的胜利。为此，俄共于1920年4月正式派维经斯基来华，了解中国革命运动的情况，推进共产主义的宣传和帮助建立中国共产党。稍后，1920年8月，共产国际二大通过了列宁的《民族殖民地提纲》，确定殖民地国家的民族解放运动是世界无产阶级革命的同盟军，争取占世界人口70%的被压迫民族和人民参加反帝斗争，是最重要的任务之一，并设立了共产国际执委会远东书记处和第三国际东亚书记处，有组织地在中国开展工作。

四是中国工人阶级在五四运动中登上历史舞台，使中国的先进分子找到了改造旧世界的物质力量，坚定了只有社会主义才能救中国的信念。

中国工人阶级先于中国资产阶级产生，并在第一次世界大战中，随着中国近代工业的发展而发展壮大。到1919年五四运动前后，全国产业工人约有288.5万人[41]。但是中国工人阶级作为独立的政治力量登上历史舞台，却经历了近80年的历程。五四运动前，中国工人阶级除进行自发的经济斗争外，也曾参加过历次反帝反封建斗争，包括参加反对外国侵略者的斗争；参加太平天国农民战争和其他抗清斗争；参加资产阶级领导的辛亥革命；参加反对北洋军阀的革命斗争，在斗争表现出强烈的爱国主义和民主主义精神，是反帝反封建的生力军。但是，工人阶级并不是作为一个独立的政治力量参加革命斗争的，只是农民和资产阶级的追随者。五四运动中，中国工人阶级发挥了特别重要的作用。他们不仅积极支持学生斗争，而且在运动的关键阶段，于6月5日由上海工人阶级发起，进行了席卷全国的反帝爱国大罢工，成为"三罢"（罢工、罢课、罢市）斗争中的主力军，对运动的胜利起了决定性的作用。工人阶级在斗争中第一次显示了坚决、彻底的革命精神和有组织的力量。五四运动中工人阶级的表现证明了马克思主义在中国有实行的阶级基础，极大地鼓舞了马克思主义者，使他们看到了以马克思主义为指导，夺取中国民族民主革命胜利，进而实行社会主义的物质力量，从而坚定了信念，增强了信心。

五是五四运动推动了中国先进分子的思想转变，促进了马克思主义者群体的形成。

五四运动是一场全新的革命运动。它以辛亥革命所不曾有的彻底的不妥协的反帝反封建的姿态，开辟了中国革命的新纪元。新的革命需要新的理论指导。革命的实际需要催生了空前的思想解放运动。五四运动后，旧的资产阶级民主主义思想被冷落，各种社会主义思想纷至沓来。无政府主义、工团主义、空想社会主义、日本武者小路实笃的新村主义、托尔斯泰的泛劳动主义、工读主义、基尔特社会主义等各种流派都在中国思想的橱窗里展示出来。正在寻找改造社会的理论武器的先进分子，广泛地接触各种社会主义思想，进行了各种实验，在实践中进行分析、比较和选择，最终接受了马克思主义。中国马克思主义者的来源广泛，有以陈独秀、李大钊为代表的新文化运动的领袖；有以毛泽东、蔡和森、周恩来、张闻天为代表的五四运动中的骨干；有以董必武、林伯渠、吴玉章为代表的老同盟会员；也有以李达、李汉俊、杨匏安为代表的留日学生和恽代英、赵世炎、何孟雄、张太雷、俞秀松、彭湃、罗章龙、张国焘等其他先进青年。他们思想转变的环境和途径是不同的，有各自的思想轨迹，但是他们中的多数都是在五四运动后至1920年8月中国共产党早期组织建立前，完成了民主主义者到马克思主义者的转变。这一事实说明了五四运动对他们思想转变的影响是巨大的。

注释：

[1] 毛泽东：《论人民民主专政》（1949年6月），《毛泽东选集》第4卷，人民出版社，1991年，第1471页。

[2] 本书共10章，前4章于1889年2～5月刊载在广学会办的刊物《万国公报》第121～124期上。

[3] 李提摩太译，蔡尔康笔述：《大同学》第8章，1899年。

[4] 李提摩太译，蔡尔康笔述：《大同学》第1、3章，载《万国公报》第121、123期，1899年2月、4月。

[5] 上海广智书局，1902年4月。

[6] 广益书局，1903 年 2 月。

[7] 《浙江潮》编辑所，1903 年 10 月。

[8] 《敬告中国之民》，《大陆报》第 6 期。

[9] 梁启超：《进化论革命者颉德之学说》，《新民丛报》第十八号，1902 年 9 月 15 日。

[10] 梁启超：《中国之社会主义》，《新民丛报》第四十六、四十七、四十八号合刊，1904 年 2 月 14 日。

[11] 梁启超：《新大陆游记》，新民丛报社 1904 年 3 月出版。

[12] 广东省社会科学院历史研究所等编：《孙中山全集第一卷》（1890～1911），中华书局，1981 年，第 273 页。

[13] 广东省社会科学院历史研究所等编：《孙中山全集第二卷》（1912），中华书局，1982 年，第 506 页。

[14] 此文为其所著《德意志革命家小传》中的第一个传记。

[15] 即宋教仁。见《民报》第 5 号，1906 年 6 月 26 日。

[16] 即廖仲恺。见《民报》第 7 号，1906 年 9 月 5 日。

[17] 分别见《天义报》第 13、14 卷；第 15 卷；16～19 四册合刊，1908 年春。

[18] 申叔：《〈共产党宣言〉序》，《天义报》第 16～19 四册合刊，1908 年春。

[19] 《新青年》第九卷第五号，1921 年 9 月 1 日。

[20] 摘译自恩格斯的《社会主义从空想到科学的发展》第 3 节。

[21] 即马克思的《雇佣劳动与资本》。

[22] 即马克思的《工资、价格与利润》。

[23] 《新青年》第六卷第五号，1919 年 5 月。

[24] 李大钊：《我的马克思主义观》，《李大钊选集》，人民出版社，1959 年，第 191 页。

[25] 毛泽东：《〈湘江评论〉创刊宣言》，1919 年 7 月。

[26] 《新青年》第六卷第五、六号，1919 年 5 月、11 月。

[27] 《劳动节祝词》，《北京大学学生周刊》第十四号。

[28] 李达：《马克思还原》，《新青年》第八卷第五号，1921 年 1 月。

[29] 陈独秀：《谈政治》，《新青年》第八卷第一号，1920 年 9 月。

[30] 陈独秀：《社会主义批评》，《广东群报》，1921 年 1 月 19 日。

[31] 陈独秀：《国庆纪念底价值》，《陈独秀文章选编》（中），生活·读书·新知三联书店，1984 年，第 32 页。

[32] 蔡和森：《马克思学说与中国无产阶级》，《蔡和森文集》上，湖南人民出版社，1979 年，第 55 页。

[33] 陈独秀：《谈政治》，《新青年》第八卷第一号，1920 年 9 月。

[34] 《蔡林彬给毛泽东》，1920 年 9 月 16 日，《蔡和森文集》上，湖南人民出版社，1979 年，第 28～29 页。

[35] 《蔡林彬给毛泽东》，1920 年 8 月 13 日，《蔡和森文集》上，湖南人民出版社，1979 年，第 24 页。

[36] 《蔡林彬给毛泽东》，1920 年 9 月 16 日，《蔡和森文集》上，湖南人民出版社，1979 年，第 33、34 页。

［37］《中国共产党宣言》，1920 年 11 月，《中共中央文件选集》第 1 册，中共中央党校出版社，1989 年，第 548 页。

［38］《中共中央执行委员会书记陈独秀给共产国际的报告》，1922 年 6 月 30 日，《中共中央文件选集》第 1 册，中共中央党校出版社，1989 年，第 53 页。

［39］瞿秋白：《饿乡纪程》，《瞿秋白诗文选》，人民文学出版社，1982 年，第 34 页。

［40］向青：《共产国际与中国革命关系史稿》，北京大学出版社，1988 年，第 9～10 页。

［41］刘明逵、唐玉良主编：《中国工人运动史》第一卷，广东人民出版社，2001 年，第 73 页。

中庸调和是大智慧

——关于新文化运动中"调和论"的思考（论纲）

郭建荣（北京大学校史馆教授）

首先引用蔡元培先生的一段话：

> 就是书里面的短处，我不大去搜寻他，我止注意于我所认为有用的或可爱的材料。

蔡元培：《我的读书经验》

今年是五四运动90周年，五四运动是新文化运动的一个峰点，它将新文化运动向前推进并扩展了。新文化运动内容纷繁丰富，本文不做全面讨论，仅就其中有关"调和论"作些分析。

一 新文化运动 五四运动 五四新文化运动

人们一般认为陈独秀1915年9月15日创刊的《青年杂志》（1916年9月1日改为《新青年》）是新动文化运兴起的标志，而实际上新文化运动的开始应该早得多。胡适关于"中国的新文化运动起于戊戌维新运动"[1]的观点，得到了相当的支持。不管怎样，早在五四运动之前新文化运动已经开展起来是历史事实。新文化运动的发起与参与者们举起科学与民主的旗帜，要通过文化的革新达到政治体制的革新，从而使国家由弱变强，人民由贫变富。

正是这样的思想理念的传播，和不少先觉分子的大力活动，当1919年1月在法国召开的"巴黎和会"上中国代表团提出撤退各国驻华军队、归还租界地、取消领事裁判权、关税及邮政自主等合理要求遭到各帝国主义国家的无理拒绝，"和会"变成了帝国主义的分赃会议的消息传来时，经过新文化运动启蒙的青年学生愤怒了。他们的爱国热情爆发了，他们高喊"外争国权，内惩国贼"的口号，高举旗帜走上街头，演为轰轰烈烈的、震惊中外的五四运动。

1919年五四爱国运动的直接导因是外交问题，但不可否认是新文化运动的开展为其作了思想上的发动，而五四运动又反过来给新文化运动以巨大推动。作为新文化运动主阵地的《新青年》七卷一号（1919年12月1日出版）发表本志宣言，主张开展民众运动改造社会创造新时代；号召尊重科学，破除迷信；倡导尊重女子的人格和权利，开创新社会新生活等等。胡适在本号撰文提出研究问题、输入学理、整理国故、再造文明的主张。如此种种可以看出，发扬学术，传播文化，新文化运动由文学革命推进到了思想、政治、社会领域。历史证明，五四运动是新文化运动的一个峰点，它把新文化运动推向一个新的局面，从而发挥了重大的历史作用。因此，孙中山先生曾热情赞扬五四运动："吾党欲收革命之成功，必有赖于思想之变化，兵法'攻心'，语曰'革命'，皆此之故。故此种新文化运动，实为最有价值之事。"[2]毛泽东主席也曾给予很高的评价，认为"五四运动是当时无产阶级世界革命的一部分……五四运动是在思想上和干部上准备了一九二一年中国共产党的成立，又准备了五卅运动和北伐战争"[3]，是新民主主义革命的开端。但是，如果没有五四运动之前的新文化运动的宣传与启蒙，在思想上所作的准备与铺垫，五四运动可能不会那样发生，即使发生也可能不会有那样广泛而深入的影响力。其实五四运动与新文化运动关系密切，是一而二，二而一的。不过是新文化运动时间跨度大，内容丰富，而五四运动则相对内容单纯，时间也短。不少人称之为五四新文化运动的所指范围应小于新文化运动，但也有人以五四新文化运动指称五四时期新文化运动的。

二　新文化运动中的"调和论"

一定社会的文化是一定社会的经济、政治的反映，同时文化又反作用于经济、政治。因此，在社会变革时期，作为思想发动的文化敏感往往更为显著。清末的维新变法运动以来，围绕如何才能使国家由弱变强争论不断，一波连一波。由于对国外的真实情况了解不多，大都像雾里看花，模模糊糊，而一旦争论起来又各走极端，不顾偏激地强调自己的论点，强批对方。有时也知道对方并不全错，有可取之处，但争论的勇士毫不相让，只管挥刀向前，把自己和对方推向更远的两端。这时有谁看出极端不可取，应取各家之长交流融合，走中庸之道，谁就成了两边攻击的靶子，两边不讨好。因此，敢于提出中和、调和，坚持中庸之道，是要有勇气的。我们看到，历史往往是在极端之间艰难地走过曲折的中间道路的。

在新文化运动中，调和之声一直不断，第一次世界大战后更为高涨，其中既了解中国文化又了解西方文化的梁启超、杜亚泉、李大钊、章士钊等的调和论影响最大。

早在1902年，梁启超在《新民说》中就认为："世界上万事之现象，不外两大主义：一曰保守，二曰进取。人之运用此二主义者，或偏取甲，或偏取乙，或两者并起而相冲突，或两者并存而相调和。偏取其一，未有能立者也。有冲突则必有调和，冲突者，调和之先驱也。善调和者，斯为伟大国民……"[4]

1917年4月，伧父（杜亚泉）在《东方杂志》上发表《战后东西文明之调和》一文认为："此次大战，使西洋文明，露显著之破绽。"然而，东洋文明亦有劣点，他"平情而论，则东西洋之现代生活，皆不能认为圆满的生活；即东西洋之现代文明，皆不能许为模范的文明。"他希望东西文明交融调和，能互取所长，弃其所短，创生出一种新文明。不过对于皆呈病态的东西文明，"缺点之补足，病处之治疗，乃人类协同之事业，不问人种与国民之同异"，当一致觉悟，共同努力才能收效[5]。一年以后，杜亚泉又在《迷乱之现代人心》（载《东方杂志》十五卷四号）中指出，不要一味拒绝、阻遏西洋文明，应该"尽力输入西洋学说，使其融合于吾固有文明之中"[6]。

1917 年 8 月，李大钊针对激烈的争论提出自己的看法："调和云者，即各人与其一群之中，因其执性所近，对于政治或学术，择一得半之位，认定保守和进步为其确切不移之信念；同时复认定此等信念，宜为并存，匪可灭尽，正如车有两轮，鸟有两翼，而相牵相挽以驰驱世界于进化之轨道也。"[7]在李大钊看来，世界的进化不管政治与学术，都是新与旧，保守与进步共同相互作用的结果："旧云保守云者乃与新云进步云者比较而出，其中绝无褒贬之意，亦无善恶之分；如必以新者为善、旧者为恶，进步为褒、保守为贬，则非为客感所中，即不谙进化之理者也。盖进化之道，非纯恃保守，亦非纯恃进步；非专赖乎新，亦非专赖乎旧。试观社会或政治上之种种企图，问有徒谋改进而毫不顾固有之秩序而有改进之成功者乎？问有徒守固陋而不稍加改良而能永存者乎？历史所诏，欲兴其一，二者必当共起。"[8]李大钊确信宇宙和人类社会的进化离不开新旧的相互挽进与推演，他反复阐述这一观点："宇宙进化的机轴，全由两种精神运之以行，正如车有两轮，鸟有两翼，一个是新的，一个是旧的。但这两种精神活动的方向，必须是代谢的，不是固定的；是合体的，不是分立的，才能于进化有益。"[9]"宇宙进化，全仗新旧二种思潮，互相挽进，互相推演，仿佛像两个轮子运着一辆车一样；又像一个鸟仗着两翼，向天空飞翔一般。我确信这两种思潮，都是人群进化所必要的，缺一不可。我确信这两种思潮，都应该知道须和他反对的一方面并存共进，不可妄想灭尽反对的势力，以求独自横行的道理。我确信万一有一方面若存这种妄想，断断乎不能如愿，徒得一个与人无伤、适以自败的结果。我又确信这二种思潮，一方面要有容人并存的雅量，一方面要有自信独守的坚操。"[10]在这里李大钊连用四个"我确信"，可见他是经过深思熟虑的，坚定不移的信念，而不是随便说说的一时之见。

1918 年底，密切注视国际、国内形势的梁启超前往欧洲游历考察，这时第一次世界大战刚刚结束不久。他"出游之主要目的，在考察战后世界文明变迁之迹，以归饷国民。"[11]"非仅欲一饱眼界，实欲亲历战事最烈之地，亲见于斯役任绝大牺牲之民族，藉以吸取此互助之新精神，领略此世界之新文化也……余此行颇愿发抒我华人民之心理，使他民族之领会；并愿挹取欧美、日本互助之新空气，携归我国，藉与世界之新文化，有所尽力也。"[12]在欧洲梁启超接触到、看到的人和事，归国后写成《游欧心影录》，其中他描写了欧战后，欧洲各国人民生活必需品处处缺乏，交通大半停摆，物价飞涨，生活日难一日，罢工风潮此伏彼起，不少人以为世界末日到了，悲观情绪到处可见，可闻"等你们把中国文明输进来救拔我们"之声[13]。出生于美国的英国诗人、诺贝尔文学奖获得者托马斯·艾略特的《荒原》（The Waste Land）就尖刻地描绘、无情地暴露了第一次世界大战后西方世界的荒唐、贫乏、幻灭的精神生活。因此，梁启超感到中国人要引用西洋的科学方法，研究我们自己文化，互相补充，建造出一种新文化。我们要解放思想，应该"拿西洋的文明来扩充我的文明，又要拿我的文明去补助西洋的文明，叫他化合起来成一种新文明"[14]。我以为他这里"化合"的意思是要两种文明交流融合，然后产生一种新的文明。正与李大钊的"调和"的意思相同。

在张君劢与丁在君关于科学与人生观的争论中，梁启超再一次指出："在君过信科学万能，正和君劢之轻蔑科学同一错误。""觉得他们各有偏宕之处"，虽都能各明一义，"可惜排斥别方面太过"[15]是不可取的。

1925年，章士钊重申他在1919年的观点，认为社会是在不断调和中发展进化的，所谓"调和者社会进化至精之义也。社会无日不在进化之中，即社会之利益、希望、情感、嗜好，无日不在调和之中。……挹彼注此，逐渐改善，新旧相衔，斯成调和。"[16]他认为文化与国民生活状况息息相关，它与地域、人种、时代等有关。而所谓新旧，则不仅是犬牙交错，互相衔接的，而且"新者早无形孕育于旧者之中"，人类在"厌常与笃旧"的矛盾中，"时乃融会贯通而趋于一"。[17]

此外，得风气之先的先行者孙中山，因深知近代西方文明的弊端，而一贯主张把西方现代文明与中国传统文明相结合，以创造出超过欧美的新文明。他说："欲使外国之资本主义，以造成中国之社会主义，而调和此两种人类进化之经济能力，使之互相为用，以促进将来之文明也。"[18]此乃调和之强音。

三　对"调和论"的历史回应

在新文化运动中不断发出调和之声并不奇怪，因为调和、中和、中庸思想本来就是中国传统文化中的重要组成部分。我国先哲认为"不偏谓之中，不易谓之庸。中者天下之正道，庸者天下之定理。"又说："中也者天下之大本也，和也者天下之达道也。致中和，天地位焉，万物育焉。"[19]也就是说中庸是指不偏不倚、无过无不及、恰当适度的行为规范。显然这一要求是很高的，也是不易做到的。虽然如此，人们还是把调和、中和、中庸作为追求的目标，因为人类历史正是在不断调和中演进的。远的不说，现代大家蔡元培、冯友兰等先生就一再推崇中庸之道。蔡元培先生在《中华民族与中庸之道》中不赞成托尔斯泰的极端不抵抗主义；也不赞成尼采的极端强权主义；不赞成卢梭的极端放任论；也不赞成霍布斯的极端干涉论。他指出凡是与中庸之道不合的极端学说，"一经试验，辄失败；而为中庸之道，常为多数人所赞同，而且较为持久。"[20]所以，他在出任北京大学校长之后，一再引用《中庸》的重要命题"万物并育而不相害，道并行而不相悖……"[21]来说明办大学就是要对各家学说兼容并包。蔡元培的思想自由，兼容并包的办学方针，取得了巨大成功，备受称赞。冯友兰先生更把中庸之道看作极高明的境界而自期，手书"阐旧邦以辅新命，极高明而道中庸"条幅悬挂堂中。

很长一段时间以来，不知为什么，中庸之道似乎成了贬义词，只要不跟着极端走，便被斥为中庸之道，被冷落、排斥，甚至被批判。实际上在前述的几人中，除李大钊、孙中山之外，都不同程度遭到批判。蔡元培虽礼赞中庸之道，却未受到批判，是因为他没有参加东西文化的大论战。在当年的争论中，持调和论者也许如批判者所指"实为守旧"另有目的，但在今天看来，他们的调和论不无可取之处。在今天的改革大潮中，新文化运动中的调和之声，听来颇觉有些意味。

例如，当年批判旧文化旧道德的一个口号"打倒孔家店"，对此李大钊就曾声明"余之掊击孔子，非掊击孔子之本身，乃掊击孔子为历代君主所雕塑之偶像的权威也；非掊击孔子，乃掊击专制政治之灵魂也。"[22]在中国历史上，批孔的时候少，尊孔的时候多，今天仍在大祭孔，可见人们的认识是会反复的。胡适也曾说："新文化运动的一件大事业就是思想的解放。我们当日批评孔孟，弹劾程朱，反对孔教，否认上帝，为的是要打倒一尊的门户，解放中国的思想，提倡怀疑的态度和批评的精神而已。"[23]至于一般人所说的东西文明，在李大钊看来是各有长短，不分高低的："平情论之，东西文明，互有长短，不宜妄为轩轾于其间。……将来二种文明，果常在冲突轧轹之中，抑有融会调和之日，……"[24]这里我们看到，李大钊内心是希望东西文明互相交流融合的，不过李大钊认为东西文明之调和是有条件的。他说："愚确信东西文明调和之业，必至二种文明本身各有彻底之觉悟，而以异派之所长补本身之所短，世界新文明始有焕扬光彩、发育完成之一日。"[25]今天是否到了李大钊所说的各自正确认识自身，彻底觉悟到需用"异派之所长补本身之所短"的时候了呢？

在金融海啸冲击下，西方发达国家一些报刊载文称，马克思对不受约束的资本主义的批判正在得到确证，同时又出现了《资本论》热销的情况。《环球时报》描述了"欧美人学中国人过日子"的情形，表示要学习中国式的理财观念，放弃美国式的超前消费，希望过踏踏实实的日子。美国富商索罗斯抨击了美国消费者的过度享乐，认为美国消费习惯应该做出重大调整……这些都是西方文明的重要方面。于是我们有些人以为看到了市场经济失败的证据，又加重了对市场经济的怀疑，希望政府的计划和管理作用加大。对此有人担心计划思维回潮、政府管理强化，甚至私营经济遭到排斥，于是表示"我们依然信奉市场经济"（《文摘报》2008 年 10 月 23 日）。其实，自有人类历史以来，一直是自然经济、市场经济，计划经济只不过在部分国家存在了才几十年的历史，相对于发育了几百年的市场经济应该算是新事物。按照有些人的观点，新的总比旧的好，推论起来，自然得到计划经济优于市场经济的结论。然而，实践证明各有利弊，否则难以解释 1949 年以前（市场经济）和以后（计划经济）的中国的经济状况。新中国的单一的计划经济是对旧中国的自由市场经济的反动，在开始实施的最初一段时间，曾显示过巨大的威力，生产发展，人们安居乐业，社会一派繁荣向上。然而随着生产的发展，经济状况的变化，发现单一的计划经济与单一的自由市场经济一样各有长短，需要互补。于是进行改革，提出中国特色的市场经济，实际是在寻找一种新的经济模式，或可称为"新的亚细亚生产方式"。正如清人龚自珍所指出的"一祖之法无不敝"，"自古及今，法无不改，势无不积，事例无不变迁，风气无不转移。"[26]改革开放三十年的经验表明，中国特色的市场经济，应该是吸取自由市场经济与计划经济各自的合理部分而融合之。三十年的改革实践，还是处于幼稚期，但是已经显示出它的生命力。不可能回到单一的计划经济，同样，也不可能走向单一的自由市场经济。正如李大钊所说："宇宙进化，全仗新旧二种思潮，互相挽进，互相推演，仿佛像两个轮子运着一辆车一样；又像一个鸟仗着两翼，向天空飞翔一般。我确信这两种思潮，都是人群进化所必要的，缺一不可。我确信这两种思潮，都应该知道须和他反对的一方面并存共进，不可妄想灭尽反对的势力，以求独自横行的道理。我确信万一有一方面若存这种妄想，断断乎不能如愿，徒得一个与人无伤、适以自败的结果。我又确信这二种思潮，一方面要有容人并存的雅量，一方面要有自信独守的坚操。"

我们不妨略作回顾，更能了解先哲们深邃睿智的思想。1933 年，《申报月刊》曾就中国现代化问题发动讨论，公开征文，各界名流踊跃参加，共收到各种论文 26 篇，并于 7 月份刊出"中国现代化问题号"特辑。据统计："完全赞成走私人资本主义道路即个人主义道路的，只有 1 篇；倾向于社会主义方式的约有 5 篇；认为应兼采资本主义与社会主义两者之长，或主张采取既非资本主义又非社会主义形式，即主张混合方式的，约有 9 篇；未正面回答采取何种方式而强调或专论工业化、产业革命、国民经济改造为先决条件的文章也有 5 篇之多；没有明确回答问题或讨论其他问题的，有 3 篇。"[27]可见赞成调和方式的占大比例。这说明什么呢？

远的不说，从 1970 年代起，由于"台湾"、"香港"、韩国、新加坡经济的高速发展，被称为亚洲四小龙，而这些地区都是儒家文化占支配地位的，于是不少学者认为儒家思想有利于现代化，开始否定 Max Weber 的学说；与此同时，有人把中国经济的落后的原因归之于儒家文化传统的过于强大，归之于计划经济，然而，随着金融危机的到来，人们又开始反思，又重新捧读起《资本论》来……不同国家的现代化过程都反映了一个共同点，那就是"没有一个社会能与其传统截然分开"，"所有社会多是过渡及二元的；他们代表传统与现代融合的各种程度，在现代化过程中不是一切传统的特质都该摧毁。最成功的现代化也是能将传统及现代因素融合的最好的过程。"所以，"在现代化的过程中，为求社会的稳定，某些传统的特质必须维持下去，而且这些特质还可能更受到重视。"[28]对于中国近百年来现代化思潮演变作过深入研究的罗荣渠教授曾指出，虽然历史上各种折中调和观点一直受到批判，"但中国的现实思想生活却正是沿着折中的道路在走着……成功的现代化是一个双向运动过程，传统因素与现代因素相反相成。失败或不成功的现代化则是一个单向运动过程。"[29]

1970 年代，美国政治家萨缪尔·亨廷顿指出，民主的不足与过度均不可取，即符合中庸的观点。

现今的中国正在迈向现代化，不仅经济模式改革不久，还存在种种不能尽如人意之处，其实社会的各个方面，如公平与效率；竞争与互助；生产与分配；利他与利己等等到底该怎么进行，都有争论，都需要不断探索创新。只不过采取怎样的态度才有利于事业的前进，是需要考虑的。在这里，我再次推荐蔡元培"多闻，择其善者而从之”的做法，做事也和读书一样，“就是书里面的短处，我不大去搜寻他，我止注意于我所认为有用的或可爱的材料。”[30]认真考虑一下不同意见、不同理论、不同体制中的合理因素，将其吸收过来，为我所用不好吗？加强沟通，消除隔膜，不要再“彼有此求两不知”。

轰动全球的美国的伯纳德·麦道夫事件、中国的三鹿奶粉事件、危及全球的金融海啸等等害人害己事件的发生，促人思考。有人认为其原因之一，可能与个人主义不加约束，恶性膨胀，导致不计后果，只顾追求利润的最大化有关。那么是否有合理的利润呢？为什么不求合理的（中庸的）利润而要最大（极端的）呢？不要计划，看到什么赚钱就干什么，一窝蜂地上，导致低水平重复建设，结果是不可避免的浪费和倒闭。这是我们需要的吗？

现如今，西方人学习汉语的热潮高过以往，希望到中国发展和居住的人越来越多，资金大量投入中国市场等现状，是否从不同侧面说明他们认同中国特色的，即调和计划和市场的经济模式呢？我们万不可盲目乐观，以目前的状况为满足。我们不能再像多年以来，急于摆脱贫困只知道达尔文的《物种起源》中“物竞天择”、“适者生存”（由严译《天演论》转知），而对其续篇、强调人伦的 Descent of Man（《原人》）一无所知[31]；亦不宜急于求成，只赞赏亚当·斯密的《国富论》，而忽略了他的《道德情操论》。因为“社会不可能存在于随时准备互相伤害的那些人之间。那种伤害开始之时，就是互相怨恨与憎恶发生之时，所有维系社会的绳子就会被拉扯得四分五裂，而组成社会的各个不同成员也将因为他们的情感不调和所产生的激烈倾轧与对抗，而被逼得四处散落飘零。”[32]其实人类仍在不成熟阶段，东西方互相雾里看花，朦朦胧胧，并未把到对方的真脉。出路只能是加强交流，相互借鉴，不断调和，不断创新出适合各自国家民族特点的新模式。而不是互相攻击，妄想灭尽反对的势力，以求独自横行。李大钊的忠告在今天看来是何等的智慧：“万一有一方面若存这种妄想，断断乎不能如愿，徒得一个与人无伤、适以自败的结果。”我们应该解放思想，冲破习惯，不必一听调和二字顿生恐惧和反感。其实只有大智慧、高境界才能做到中庸调和。对于国内的生产与分配、公平与效率等也是如此，必须找到调和平衡点，正如温家宝总理所说：“如果一个社会的经济发展成果不能真正分流到大众手中，那么它在道义上将是不得人心的，而且是有风险的，因为它注定会威胁到社会的稳定。对于我们来说，第一是发展，第二是协调发展。我们要特别重视社会公正与正义。”因为我们的目标是建成又有集中又有民主、又有纪律又有自由、又有共同目标又有个人心情舒畅、国家富强人民幸福的现代化民主国家。

注释：

[1] 胡适：《新文化运动与国民党》，《胡适文集·5》，北京大学出版社，1998 年 11 月，第 581 页。

[2] 孙中山：《关于五四运动》，《孙中山选集·上》，人民出版社，1956 年 11 月，第 29 页。

[3] 毛泽东：《新民主主义论》，《毛泽东选集》合订本，人民出版社，1964 年 4 月，第 660 页。

［4］梁启超：《新民说》，《新民时代：梁启超文选》，百花文艺出版社，2002 年 1 月，第 50 页。

［5］伧父：《战后东西文明之调和》，《五四前后东西文化问题论战文选》，中国社会科学出版社，
　　　1985 年 2 月，第 26～27 页。

［6］伧父：《迷乱之现代人心》，《五四前后东西文化问题论战文选》，中国社会科学出版社，1985 年
　　　2 月，第 47 页。

［7］李大钊：《辟伪调和》，《李大钊文集·上》，人民出版社，1984 年 10 月，第 503 页。

［8］李大钊：《辟伪调和》，《李大钊文集·上》，人民出版社，1984 年 10 月，第 504 页。

［9］李大钊：《新的！旧的！》，《李大钊文集·上》，人民出版社，1984 年 10 月，第 537 页。

［10］李大钊：《新旧思潮之激战》，《李大钊文集·上》，人民出版社，1984 年 10 月，第 660 页。

［11］梁启超：《在巴黎万国报界联合会欢迎会演说词》，《饮冰室合集》集外文（中），北京大学出
　　　版社，2005 年 1 月，第 812 页。

［12］梁启超：《在协约国民协会演说词》，《饮冰室合集》集外文（中），北京大学出版社，2005 年
　　　1 月，第 799 页。

［13］梁启超：《游欧心影录》，《五四前后东西文化问题论战文选》，中国社会科学出版社，1985 年 2
　　　月，第 349 页。

［14］梁启超：《游欧心影录》，《五四前后东西文化问题论战文选》，中国社会科学出版社，1985 年 2
　　　月，第 371 页。

［15］梁启超：《人生观与科学》，《中国现代思想史资料简编·二》，浙江人民出版社，1982 年 1 月，
　　　第 276～279 页。

［16］孤桐：《新旧》，《五四前后东西文化问题论战文选》，中国社会科学出版社，1985 年 2 月，第
　　　625、627 页。

［17］孤桐：《评新文化运动》，《五四前后东西文化问题论战文选》，中国社会科学出版社，1985 年 2
　　　月，第 633～635 页。

［18］孙中山：《建国方略》，《孙中山选集·上》，人民出版社，1956 年 11 月，第 338 页。

［19］《中庸》，《四书五经·中庸》，中国书店，1985 年 11 月，第 1 页。

［20］蔡元培：《中华民族与中庸之道》，《蔡元培全集》第 6 卷，浙江教育出版社，1997 年 10 月，第
　　　74 页。

［21］《中庸》，《四书五经·中庸》，中国书店，1985 年 11 月，第 15 页。

［22］李大钊：《自然的伦理观与孔子》，《李大钊文集·上》，人民出版社，1984 年 10 月，第 264 页。

［23］胡适：《新文化运动与国民党》，《胡适文集·5》，北京大学出版社，1998 年 11 月，第 579 页。

［24］李大钊：《东西文明根本之异点》，《李大钊文集·上》，人民出版社，1984 年 10 月，第 560 页。

［25］李大钊：《东西文明根本之异点》，《李大钊文集·上》，人民出版社，1984 年 10 月，第 571 页。

［26］《龚自珍全集·前言》，上海人民出版社，1975 年 2 月，第 7 页。

［27］罗荣渠：《中国近百年来现代化思潮演变的反思》，《从“西化”到现代化》，北京大学出版社，
　　　1990 年 3 月，第 14～15 页。

［28］高慕轲：《中国政治现代化运动中的改革与革命》，《中国现代化历程的探索》，北京大学出版
　　　社，1992 年 1 月，第 265 页。

［29］罗荣渠：《中国近百年来现代化思潮演变的反思》，《从“西化”到现代化》，北京大学出版社，
　　　1990 年 3 月，第 33 页。

［30］蔡元培：《我的读书经验》，《蔡元培全集·8》，浙江教育出版社，1997 年 12 月，第 32 页。

［31］郭建荣：《竞争与竞赛》，《北京大学学报》（哲社版）2006 年第 5 期，第 160 页。由于严复忧心中国不变将亡，为使国人读后"怵焉知变"，他精译天演，略去人伦，结果达尔文为避免由此引起误解，有人走上弱肉强食，恃强凌弱的错路，又著成 Descent of Man（《原人》）一书，申明天演之真意，以仁爱、忠诚、勇敢三者为美德。

［32］亚当·斯密：《论"正义"》，《文摘报》，2008 年 9 月 21 日。

革命语境中的历史认知

——建国前中国共产党人对五四的认识历程

陈亚杰（中共中央党史研究室）

英国著名历史学家雅各布·布克哈特指出："历史是对一个时代在另一个时代中发现的值得关注的事物的记录。"[1] 在中国近代历史上占据重要地位的五四运动，自发生时起，就引起了后来者持续不断的关注。"五四话语的历史几乎同五四运动本身的历史一样长久。"[2] 在不同的历史主体那里，五四呈现出不同的历史面貌，形成了形形色色的"记录"、认识和评价[3]。后来者往往从对五四运动的理解中，获得当前行动的意义和价值；或者说，正是他们所追求的目标及其现实行动，决定了他们对五四运动的理解。

建国前中国共产党人对五四运动的认识，是众多五四观中非常有影响的一种，也是理论阐述和逻辑架构最为复杂的一种。这一阐释模式，不是一种简单的历史认知，而且作为中国共产革命的起始点，在整个 20 世纪中国共产革命意识形态中被赋予重要意义。在这一阐释模式的形成过程中，革命的现实利益追求和革命理论发展，影响了对历史本原状态的认识，最后甚至决定了这一模式的基本面貌。本文拟描述和分析这一阐释模式的演变进程。

一 在反思五四中走向新信仰的中共党人

五四运动一般分为发端于 1915 年（或 1917 年）的新文化运动和开始于 1919 年 5 月 4 日的救国运动。新文化运动经由五四政治事件的放大，其势如潮如虹，迅速发展成全国范围的政治、文化运动。新文化运动同人，也渐渐发生分化。其左翼，由激进的民主主义走向了马克思主义，由文化运动转向了政治运动，成为中国最早的一批组建共产党的骨干成员。其代表是陈独秀、李大钊、瞿秋白、恽代英、毛泽东等人。他们走向马克思主义的过程，也是一个不断评价和反思自身发起和参与的五四运动的历程。

早期中国共产党人，对五四政治运动的意义给予很高评价。李大钊将五四运动在中国革命史上的意义与辛亥革命类比，断言"双十"与"五四"这两个日子，在中国革命史上是有同一价值的纪念日[4]。他高度赞扬五四运动开辟了一个全新时代。五四新文化运动对旧文化的冲击是卓有成效的，五四之后"知识阶级的运动层出不已"，说明这一运动对于"知识阶级"来说已取得了胜利[5]。李大钊还将五四运动视为世界革命潮流的一部分。他认为,"此番运动仅认为爱国运动,尚非恰当,实人类解放运动之一部分也。"[6]在青年毛泽东那里,是把五四运动作为 1910 年代世界革命浪潮汹涌至中国的标志性事件来讴歌的,"更有中华长城渤海之间,发生了五四运动。旌旗南向,过黄河而到长江,黄浦汉皋,屡演活剧,洞庭闽水,更起高潮。天地为之昭苏,奸邪为之辟易。"[7]面对革命潮流的到来,他感到欢欣鼓舞。

可以说,五四政治运动所激发出来的民众力量,确实增强了陈独秀、李大钊等人对知识分子影响社会能力的自信心,使他们不再满足于润物无声的文化启蒙运动,而期望于开展一场轰轰烈烈的社会改造运动。在五四运动高潮过后,他们反思新文化运动的局限性,并流露出了对其作用和影响力的怀疑和不满。李大钊指出,新文化运动是狭隘的,它仅仅局限于知识界,而未能与民众相结合。而且,新思潮虽然在青年中引起很大反响,但它似乎并没有为青年运动提供多大动力。事实上,"如今各处的青年运动,已竟到了山穷水尽的地步,再没有可走的路了"[8]。这也是一些参与五四运动的激进青年的看法。恽代英认为新文化运动是失败的,它事实上成了一些"爱国家"即兴表演的舞台,"闹到过后,变成一个新式政客"[9]。瞿秋白观点类似:"真不能知道这些运动有什么样的结果","仅仅是比较旧社会里多了许多在街上演讲爱国的学生,多了许多次游街大会"而已[10]。

不满于坐而论道式的文化运动的另一方面,是对实际革命行动的向往和重视。五四运动中最为醒目的是青年学子激情奔放的牺牲精神,担当天下兴亡的意识。如毛泽东奋力呼喊:"我们知道了!我们醒觉了!天下者我们的天下。国家者我们的国家。社会者我们的社会。"[11]这使对新文化运动不满的左翼知识领袖们看到了改造社会的行动力量在成长。1920 年 4 月,陈独秀在阐释新文化运动时,提出"要注重团体的活动",要扩大运动内涵,"影响到别的行动上面"[12]。曾直接上街散发传单并因此身陷囹圄的陈独秀,对五四运动中青年学生表现出来的"直接行动"和"牺牲精神"百般推崇,视之为五四运动区别于历次民族运动的特有精神[13]。经历了五四的这种直接行动的洗礼,这批运动参与者对自己的力量增强了自信。李大钊期盼着"知识阶级作民众的先驱,民众作知识阶级的后盾"[14]。

理论的反思马上被付诸实际行动。"注重团体活动"方面:陈独秀于 1920 年 5 月发起组织马克思主义研究会,8 月在上海正式成立共产党组织。不久,北京、武汉、长沙、济南、广州等地,共产党组织纷纷成立。"扩大影响"方面:形形色色的改造社会思潮和行动开始勃兴,信奉马克思主义的知识分子进而提出了与工人运动相结合的诉求。1921 年纪念五四运动两周年时,李大钊把五四与"五一"劳动节的意义相提并论,称赞道:"五月四日这一天,是中国学生界的'May Day'",学生界"用一种直接行动,反抗强权世界,与劳动界的五月一日,有同一的意味"[15]。把青年知识分子与工人阶级并提,表明李大钊等人在价值坐标上开始将前者向后者靠拢。不久,这些主张与工人运动结合的知识分子,在共产国际的帮助下,成立了中国共产党。

新文化运动的左翼知识领袖在接受社会主义思想的转变过程中，对五四新文化运动赋予带有马克思主义色彩的新内涵，如对运动所倡导的"德先生"和"赛先生"进行反省，开始从阶级的角度来理解民主，强调必须铲除少数人的阶级特权，改变"大多数的无产劳动者困苦不自由"这种"不合乎'德谟克拉西'"的状况[16]；而"科学"也有了新的含义，不仅仅包括自然科学，而且包括"科学社会主义"，包括作为"科学"的历史唯物论。

总之，正是在反思五四的直接行动精神之时，早期共产党人增强了改造社会的热情和投身革命的动力，最终走向了组党行动；正是反思新文化运动"不谈政治"的不足，促使他们转向了新的理论追求，靠近社会主义，经过种种尝试之后，选择了马克思主义。这批五四的参与者，在跨越五四之后，通过自己的新的目标追求，赋予五四新文化运动新内涵，带着对"走向行动"的五四的关注，投入了实际革命斗争。

二　大革命洪流中的中共"五四"观

在共产国际的帮助下，幼年的中国共产党与国民党合作，联手推动了大革命的高潮到来。在大革命的洪流中，在革命的洪流中，早期共产党人在斗争中遇到新的问题，对中国革命理论也有了新的认识，这些问题和理论同样影响了他们对五四的认识。

国民革命中提出了"打倒列强除军阀"口号的中国共产党人，特别强调五四的"反帝"性质和民族主义内涵。在他们看来，五四运动是"中国近代民族运动的发端"[17]，是"一个完全反对日本帝国主义的运动"，"中国的民族运动自从五四运动才渐渐变成近代的民族运动——有组织的群众的反帝国主义与军阀的运动"[18]。1924年4月，陈独秀与毛泽东联名发出中共中央通告指出，五四运动的精神（意义）是："（一）恢复国权运动；（二）新文化运动"，"此时国外列强之压迫，国内旧思想之反攻，都日甚一日，因此，五四运动之精神仍有发挥之必要"[19]。1926年4月，中共中央的宣传通告指出，"'五四'是中国民众第一次自觉的反对帝国主义的纪念日"[20]。

在中共第四次全国代表大会提出"无产阶级革命领导权"的背景下，领导权问题又成为共产党人分析五四运动时一个自觉使用的概念。他们从直观的历史原貌出发，承认青年学生是五四运动的直接领导阶层。1924年4月，中共中央的通告要求五四纪念须"以学生为中心"[21]。1926年4月的宣传通告，则明确断言"领导这个运动的是青年学生"[22]。到1927年中共"五大"宣言发表时，对这一问题的判断更进了一步，上升到了阶级分析的高度："五四运动的主力，就是城市的民权派，当时的领导者是小资产阶级式的智识界，特别是学生。"[23]他们把学生视为小资产阶级。中共中央的这种论断，代表许多人的共识。瞿秋白进而指出，五四新文化思想是资产阶级民族自觉的先驱和后盾[24]，"五四运动"则是义和团式平民本能民族意识和资产阶级民主要求的结合[25]。他从阶级分析的角度揭示了这场运动在革命性质谱系上的归属，初步将五四运动定性为资产阶级革命运动。那时，中共中央认为工人阶级并没有参与五四的领导，因为"无产阶级尚未引进中国的民族解放运动"[26]。

国民革命尤其是北伐进军过程中，中国共产党花费很大的气力从事群众动员工作（他们拥有五四时期成功动员社会各界的经历和资本）。回望历史，他们对五四时期民众表现出来的政治参与意识和革命行动精神极为称道。陈独秀认为五四运动的优点之一，是"纯粹的市民反抗外国帝国主义之压迫及以直接行动的手段惩罚帝国主义者之走狗"[27]。李大钊认为五四是"学生加入政治运动之纪念日"[28]。瞿秋白强调五四运动是"中国社会里各阶级努力以行动干预政治，而从带着群众性质的第一次"[29]，"表面上五四运动仍旧不过是排日的民族运动，而内容上却实现了民权主义的真原则（革命的独裁制）"[30]。他们不仅看到了五四运动中群众的合作和参与在当时取得的直接成绩，而且看到了其长远影响。中共"五大"宣言指出，"近五六年来从事工农运动的先锋，大都是由五四运动后逐渐训练出来的"。五四运动"将小资产阶级和无产阶级结合在一起。现在的革命，需要城市小资产阶级和无产阶级的共同合作，所以五四运动的先例，很值得我们回忆"[31]。

大革命时期，苏俄大力援助了中国的国民革命，列宁的殖民地半殖民地理论逐渐为中国共产党人使用和掌握。在苏俄革命理论的直接指导下，中共党人断言五四运动已不仅仅是一场单纯的民族主义运动，同时也是世界革命的一部分。与建党时期直观地与世界革命比较不同，大革命时期的共产党人开始自觉运用阶级分析的观点，把"五四运动"纳入世界革命的潮流中予以解释。"五四运动的爆发，在世界史上实在是分划中国之政治经济思想等为前后两时期的运动。"[32]这种断言，实际上成为后来赋予五四"分水岭"意义之滥觞。瞿秋白认为五四运动"是很明显的资产阶级与无产阶级以及小资产阶级的联合战线，反抗宗法封建社会"[33]。中国马克思主义语系意义上的"封建社会"一类概念，也开始被应用于对五四的分析上来了。

大革命风起云涌的农工运动、金戈铁马的北伐进军，给予中共党人全新的革命体验，与之相比，五四的群众运动，未免显得相形见绌。大革命中喊出的口号是"打倒列强除军阀"，而五四运动"对象仅限于日本，而且在运动中有亲美的倾向，因而是狭隘和不彻底的"[34]。"抵制仇货的运动确实打击了帝国主义，但是，并没有提出扫除封建势力及一切反动分子之要求"[35]。这批拥有双重党员身份的共产党人，在从事阶级联合的革命斗争中对资产阶级的妥协性有了深刻的认识，并把这种认识伸延到了对五四运动的认知。在他们看来，五四运动中"中国资产阶级太幼稚与软弱，没有维持这运动的力量"，没有"有主义的政党领袖"[36]，缺乏强有力的政党领导。作为运动主体的学生，"多浪漫性"，也缺乏纪律性[37]。

概言之，这一时期，中国共产党人以民族主义热情和实际革命行动为准则来分析和评判五四运动。他们不满足于仅仅将五四理解成单纯的新文化运动或学生运动。他们高度关注五四政治运动中"直接行动"的精神，支持学生参与政治运动。他们也开始注意并批评五四运动中所出现的自由主义、无组织纪律性对政治运动的消极影响。

中共作为一个起源于"知识分子搞革命"[38]而形成的政党，在投身革命洪流之后，需要对自身的合法性来源和历史进行总结。大革命使五四在中国共产党成立史上开始被赋予重要意义。1924 年五四运动五周年之时，瞿秋白撰文指出，五四运动的发展，"急转之下，以至于社会主义"，"劳工运动也是自然的事"[39]。1926 年，蔡和森在《中国共产党史的发展（提纲）》的讲课提纲中指出：五四运动"上海的码头工人和日本纱厂工人是参加了的"，工人阶级登上了反对帝国主义的政治舞台并展示了力量，"在中国工人阶级发展史上对于党的产生是有很大的意义的"。知识分子开始"实行和工人阶级接触而作工人运动了。社会主义的倾向在中国阶级分子思想上有地位了"，"青年的中国共产党就是十月革命后与中国工人阶级发展的一个产物。"[40]这一认识也体现在中共"五大"的宣言中："五四运动的确对于那些无确定阶级的智识分子给了一个有价值的革命课程，使他们的视线移转到劳苦的群众，使他们认识无产阶级是当时革命势力的后备军"，"小资产阶级在客观上（不是自觉的），趋向于无产阶级去了。"[41]蔡和森等人提到了五四时期"由美国的思想变为俄国的思想"[42]，认为这某种程度上为党的成立作了思想上的准备。尽管这种说法不十分准确，但是开启了从运动主导思想的变化和分化方面分析五四运动之先河，一段时间内得到一部分人的赞同。直到 1930 年前后，瞿秋白和李立三还仍然注意五四时期"美国思想与苏俄思想的斗争"问题[43]。

三　革命低潮中的中共"五四"观

大革命失败后，中国共产党所处的环境和状况发生了改变，革命斗争的对象和方式也出现变化。这一时期共产党人对五四的认知，正是这种变化的反映，其思想导向是与他们对革命性质和革命任务的判断紧密联系在一起的。

就政治运动层面的五四而言，在国共破裂之后，五四的记忆，似乎离实际斗争已太遥远。转入武装斗争的中国共产党，将革命重心逐步转向农村，远离了五四影响所及的大城市和青年知识分子，五四在革命动员中的利用价值越来越淡化了。与农村如火如荼的革命根据地斗争相反，城市的五四，只是作为当时的"红五月"纪念的一部分，宣传动员的实际效果非常有限了。1930 年，上海总行动委员会发起"红五月"运动，组织大规模的集会和游行示威，暴露了革命骨干力量，遭到政府当局的镇压。此后一段时间，中国共产党已没有太大可能发起有影响的五四纪念活动。农村革命根据地的五四纪念部署，也仅限于"识字运动"之类的活动而已[44]。

就新文化意义上的五四而言，不少共产党人认为，大革命失败后，中国的资产阶级已经退出革命队伍，中国的政治运动进入新的无产阶级领导农民独立进行革命的阶段，因此，在他们看来，五四新文化运动作为资产阶级的启蒙运动已经结束。如文化战线的领导人之一彭康就认为，现在的文化运动有了新的任务，须站在"马克思主义的立场"，凸现"阶级的意识和斗争的精神"[45]，划清五四文化运动和"左"翼文化运动的界线。瞿秋白判断"五四是中国资产阶级的文化革命运动"，由于资产阶级对革命的背弃，"中国资产阶级在文化运动方面，也已是绝对的反革命力量"。五四时期已宣告结束，即使"无产阶级决不放弃五四的宝贵的遗产"，但终究"五四是过去的了"，

"文化革命的领导已经落到了新的阶级手里","这是几万万劳动民众自己的文化革命"[46]。直接从事左翼文化运动的人对五四的现实价值的批判更为激烈。茅盾认为,"在无产阶级争取政权的现阶段","'五四'在现今却只能发生了反革命的作用"。"扫除这些残存的'五四',也是目今革命工作内的一项课程"[47]。这种看法影响深远。还有更极端的说法,如成仿吾把新文化运动说成是"一种浅薄的启蒙"[48],北方左翼运动人士林锡认为,"求真正的民族解放的斗争,我们是不需要五四精神的"[49]。

虽然土地革命初期的中国共产党人对五四运动的现实价值采取了否定态度,但这种否定并非没有积极作用,因为它无意中扩大了将五四视为历史转折点的地位和影响。这对毛泽东等人后来将五四运动视为新旧民主主义的转折点,至少在致思倾向上做了重要的铺垫。

需要注意的是,20年代末30年代初的中国,虽然共产主义革命运动暂时处于低潮,马克思主义的传播却出现了高潮。艾思奇当时曾用"唯物辩证法风靡了全国"[50]来描述30年代左翼文化的盛况。据统计,从1928年到1937年,马克思、恩格斯、列宁、斯大林的译著达113种之多[51]。这一时期,单就对马克思主义经典文本及其基本原理的掌握水平而言,中国共产党应该说提高了很大的幅度。学术界发生的中国社会性质问题等论战,更推动了中国马克思主义者有意识地去提高运用历史唯物主义分析历史与现实问题的能力。马克思主义传播深度所及,自然影响到共产党人对五四的认识。如1930年李立三发表的《党史报告》,邓中夏著成的《中国职工运动简史》,1934年1月,张闻天写成的《中国革命基本问题》,都充分体现了共产党人分析水平的提高。这一时期中共对五四的认知,主要体现了以下几点。

其一,对五四运动背景进行了全景式分析。张闻天运用阶级分析方法和历史唯物论,揭橥了五四运动发生的原因:第一,帝国主义的侵略激起了群众的反帝斗争;第二,欧战后中国民族工业相当发展,民族资产阶级的力量"相当加强",所以能领导这场运动;第三,苏联革命胜利后,在苏联援助弱小民族的号召下,爆发了许多民族解放运动,五四运动便是其中一种[52]。张闻天对五四运动背景的分析,为后来者分析这一问题定下了基调。新启蒙运动者和毛泽东本人,基本上都没有脱出这一论述范围。李立三还从经济基础的角度分析了五四运动的来源:"正因为有了新的生产关系,即近代工业的产生,所以就发生和旧的生产关系的冲突,因此反映到思想上就发生了一个极伟大的新文化运动。"[53]

其二,对五四性质的判断,在历史唯物论基础上形成定论。李立三指出,"新文化运动是资产阶级思想反对旧的封建思想的运动",《新青年》的内容,主要是反对封建制度,宗法关系,反对旧礼教,主张婚姻自由和白话运动等,是完全代表新的生产关系反对旧的生产关系的斗争[54]。这种用历史唯物论的原理对五四运动的资产阶级革命性质的明确判定,逐渐成为一种定论。否定五四者也不讳言这一点。茅盾认为:"'五四'是中国新兴资产阶级企图组织民众意识的资产阶级的'文化运动','五四'的口号完全是资产阶级性"[55]。林锡也认为五四运动"是中国新兴资产阶级进行争取政权时，必要的一种手段"[56]。

李立三还分析了五四领导权问题，他从"学生"和"小资产阶级"，又前进了一步，明确断言："五四运动的思想上领导是属于资产阶级的"。这一分析，实际上开创了领导权分析上的一个新思路：即不是从具体某一阶层（学生或知识分子），而是从阶级角度来分析；不是强调具体的革命参与，而是着眼于运动的"思想"归属。这种相对超拔的观点，启发了后来者从新的角度去定性五四领导权和运动的性质。张闻天特意强调运动的阶级联盟（统一战线）性质，指出五四运动是资产阶级领导下取得学生、贫民、商人和部分工人参加的广大群众运动[57]。

其三，对五四历史地位的认识更深入。如邓中夏重点评价了五四运动中的工人罢工的意义，分析了罢工对于工人、知识分子和资产阶级的启示作用。他强调，"中国工人阶级的政治罢工开始于这一次"，对于后来中国工人阶级能形成独立力量与独立斗争有重要影响[58]；五四工人运动启示了资产阶级，喊出了"劳工神圣"的口号，并开始"争取对于工人阶级的影响"[59]。他还指出，最初一批知识分子，正是受了工人运动启发，"自然接近于无产阶级，后来趋向于共产主义，以至于加入共产党"[60]。邓的这种论述在某种程度上是对其自身心路历程的刻画。当年，他正是认识到了工人的力量，才毅然决然投身工人运动，成为著名的工人运动领袖。邓中夏的分析，丰富了对五四运动中工人运动历史的理解。张闻天主要重视五四的革命动员和思想解放作用。"他吸引了更广大的群众参加反帝运动，他把反帝运动的思想，更广泛的散布到群众的脑海中去"，"把中国青年从封建思想中解放出来，向着资产阶级的新思想方面走去"，"他们提倡研究科学，反对封建思想，主张德莫克拉西，主张自由平等，而且不久在这一文化运动中，一部分中国青年的思想走向了社会主义的道路"[61]。作为亲身经历了这一历程的张闻天，作这样的判断是可以理解的。

其四，全面分析了运动失败的原因。这一时期的共产党人认为，五四运动最终失败了，原因在于：第一，这一运动没有一个坚强的政党来领导；第二，目标和方式过于单一；第三，力量过于单薄，"没有在反对帝国主义走狗军阀口号下动员最广大的群众到革命战线上来"，"没有组织工人和农民来参加，主要的群众力量便是学生，依靠这些学生分子的五分钟热血的争斗，是没有法子驱逐帝国主义出中国的"[62]。

1930年代的左翼文化运动扩大了历史唯物论在社会科学领域的声势，影响到许多学术界人士。伍启元1933年写成的《中国新文化运动概观》、陈端志1935年的专著《五四运动之史的评价》，对于五四的分析，都受到了历史唯物论影响。如伍著征引了《共产党宣言》等文献，采纳了"经济的结构是社会的基础"[63]等历史唯物论的观点，陈著虽然同意胡适所说的"东方的文艺复兴"说法[64]，但同时使用的"封建势力"、"帝国主义"、"民族解放运动"等分析话语，与中国马克思主义者意义近似。

总之，1920年代末1930年代初的中国共产党人眼中的五四运动，凸现出两个特点：一是强调作为文化运动意义的五四运动已经"过时"；二是逐渐娴熟地用历史唯物论分析五四运动，将其纳入共产党人的革命话语体系。——构建一种新的属于中国共产党自身的意识形态体系，是离不开这些细部工程的。

四　新启蒙运动与"回到五四"

"九一八"事变后，日本军国主义对中国的侵略步步加深，中华民族再一次处在日本殖民主义的鲸吞威胁之下，民族危机空前严重。而国民党的党治文化政策，大兴文化专制主义，使中国文化界处在一个"黑暗"时期。此时的中国又仿佛回到五四前夕。相似的历史境遇重新点燃了人们对五四运动的认识热情，要求对其价值重新进行阐释和评价。新启蒙运动无疑属于这种评价中影响最大的一种。

新启蒙运动在中共北方局领导下，由一部分马克思主义知识分子和"左"翼自由主义知识分子发起。他们以"五四的儿子"[65]自居，提出再开展一次新的思想文化运动。他们仍然记得新文化运动对于发起五四政治运动，动员社会各界群起响应，反对日本强占山东发挥的重要作用。面对同一敌国咄咄逼人的侵略野心，他们致力于开展同样的文化救亡工作。参与新启蒙运动的马克思主义知识分子写了大量论述五四运动的文章，如陈伯达的《论五四新文化运动》、胡绳的《五四运动论》等，何干之的专著《近代中国启蒙运动史》，也花大量篇幅对五四启蒙运动进行了详细的描述和分析。

新启蒙运动者主要关注的是五四的思想文化方面，十分推崇五四的"启蒙"意义。据余英时先生考证，正是新启蒙运动者最早将五四称为"启蒙运动"[66]。他们分析了五四启蒙运动的社会基础，"新的思想文化时代在人类历史上出现，都有它的社会的根据"，将五四运动定性为"最典型的资本主义文化运动"[67]。五四运动的兴起反映了"布尔乔亚的抱负"[68]，"欧洲几百年的文艺复兴及启蒙运动，在中国仅短缩为五六年的五四文化运动"[69]。他们肯定五四"启蒙"精神的内核，即理性的精神、个性解放和思想自由的原则，称"新启蒙运动是文化思想上的自由主义运动"[70]。

新启蒙运动者从五四新文化运动中寻找当前可供使用的资源，发现新文化运动的内涵竟然如此宏富。何干之当时的论述最为周详："文化运动的标帜是提倡民主，提倡科学，提倡白话文，提倡怀疑精神，提倡个人主义，提倡废孔孟，铲伦常"[71]。

新启蒙运动者认为，在新的历史时期，五四所倡导的科学和民主仍然需要。他们对五四时期的民主和科学非常关注。胡绳指出，"在'五四'运动的战士们的面前，飘扬着一面战斗的旗帜，在旗帜的正面写着'民主'，反面写着'科学'。"[72]。胡绳这一说法得到新启蒙运动倡导者的普遍赞同。陈伯达承认：德赛二先生（Democracy and Science）——这是《新青年》当时的基本口号——也即是五四文化运动的基本口号[73]。当时身处沦陷区的王元化认为，五四"两个主要的口号：第一是民主，第二是科学"[74]。《北平新报》也有文章指出："五四提出了打倒孔家店，搬出了德谟克拉西和赛因斯"[75]。

新启蒙运动者高度评价五四的意义。陈伯达眼中的五四运动，主要有两大"劳绩"（功绩）：第一个"劳绩"是"打倒孔家店"，"敢于公开地向数千年来神圣不可侵犯的孔教，进行自觉的挑战"。第二个"劳绩"是提倡白话文。五四启蒙运动对于旧思想之大胆的解放，在其形式上，便是对于古文之大胆的解放。五四思想运动之所以能给旧社会以极大的震动，能成为文化上的群众运动，主要是因为白话文的提倡，"戊戌的启蒙运动还只是文化上的改良运动，五四的启蒙运动却真正已是文化上的革命运动"[76]。艾思奇等人高度肯定五四的"反封建"意义："五四运动是比较彻底的新文化运动，新文化在这里有了自己的科学方法，它反对迷信与独断，对于一切都要问为什么！这样和封建的文化明确地对垒起来"[77]。陈北鸥指出："五四运动推翻了中国千古供奉的'孔家店'，怀疑了四书五经，否定了文言，对于封建势力给了有力的打击"，"是一个猛烈的反封建运动"[78]。

新启蒙运动对"文化能够救亡"的能力有着充分的自信，明确将五四新文化运动和五四爱国运动联合在一起讨论："当时新文化运动的战士，都同时是爱国运动的战士，而爱国运动的战士，同时也都成了新文化运动的战士。"[79]"五四时代及其以前的文化运动，从根本上来说，也是带着爱国主义的意义的。"[80]"五四的思想文化运动也可以说是一九二五年时代革命的前哨。"[81]

新启蒙运动者自豪地用辩证论一分为二的观点来分析社会事物。他们既有对五四的肯定和继承，更有对五四的反思和超越。他们认为五四新文化运动有不少缺点。而这些缺点大都源于这场运动的资产阶级性质，源于半殖民地的社会环境[82]。这种局限性体现在五四新文化运动各个方面。例如五四的"反儒教运动"，不是做得太过火，而是还做得不够，"没有从揭发儒教的不合理进而揭发社会基本生活的不合理"，没有"阐发吃人的社会实质"[83]。五四运动在群众性更有很大的欠缺，"新文化运动上的一些主要人物，却是脱离群众的"[84]。

新启蒙运动者还批评了五四时期西方思想的庞杂，并分析了新文化运动后来的分化。艾思奇和胡绳等人就文化输入的意义上，赞同把五四运动称为中国的文艺复兴运动[85]。但是，"中国的文艺复兴却只是纷乱地从西方输入了各种学说"，"五四时代从西方搬来了各种派别的学说、各种的主义来充实自己的理论，但是这许多主义本是代表了不同的时代、不同的社会阶层的。最初，他们在中国的宣传者还可以在反帝反封建的共同目标下立在一条战线上，但是终于这种无批判的杂乱的介绍态度增加了中国思想的庞杂"[86]。值得一提的是，他们这种指责，意味着他们看到了五四思想的丰富和杂芜、对冲和对立，很大程度上是为1980年代以后中国知识界所称道的五四"现代性的诸神之争"[87]的开端。

新启蒙运动的倡导者认为，五四运动的种种欠缺，主观上的原因在于指导思想的贫乏。胡绳指出："民主和科学只是当时的战斗的旗帜，而还没有能力成为解决一切问题的理论基础"[88]。陈伯达指出：五四主要启蒙人物的"哲学观点，却主要是二元论的"[89]。

他们认为，正是因为五四运动有不可克服的局限性，所以，其失败就是不可避免的了。"五四运动在未唱完一曲进军歌的时候，已不能不鸣起退兵的号子了，它还没有把自己的后防布置得非常稳固的时候，已经从前方全面地崩溃下来了。"[90]

　　因此，以继承五四，再来一场新文化运动为职志的新启蒙运动者，在部署新的文化运动时，一直不忘对五四的"奥伏赫变"（扬弃）。至少体现在两个方面：其一，在指导思想上，坚持以"新哲学"、"动的逻辑"为理论武器。"新哲学者乃是目前新启蒙运动的主力"[91]，"唯物论与动的逻辑是今日的文化运动的坚实的基础"[92]，虽然新启蒙运动是文化上的联合战线，但新哲学"研究者应该站在这运动的前头"[93]。其二，在运动的群众性方面力求有所扩大。"不仅是上层分子的结合，不仅是文化人的文化工作，更重要的就是广大民众的结合，他们智识的普及和提高，换句话说，就是注重民众的运动"[94]。这一点，成为后来共产党人号召知识分子与工农群众相结合的先声。

　　概言之，对文化救国有着充分自信心的新启蒙运动者，在"要挽救民族危亡，必须再来一次新文化运动"的追求下，对五四运动的意义作了新的肯定，对如何扬弃五四新文化运动作了新的探索。这无疑扭转了土地革命初期中国共产党人对五四运动弃之如敝屣的态度和做法，对于后来毛泽东等人重视五四的意义，发掘五四的价值，做了重要的基础工作。

五　延安的"五四"观与毛泽东的定论

　　随着抗日战争由局部到全局爆发，五四运动的历史和现实价值，越来越受到中国共产党的重视。这种重视，首先源于青年知识分子再次成为可以公开结合的革命力量。

　　1935年冬，以唤起全国抗日为职志的一二九运动爆发，青年学生再度焕发出参与政治的热情并显示了其力量。中共中央对这场学生运动非常重视，自觉将其与五四运动类比。国难日亟的形势下，国民党政府当局过分镇压青年学生的爱国运动，将陷入更深的统治合法性危机。中共重新高度重视国统区青年运动的机会已经来临。

　　一二九运动不久，1935年12月20日，中国共产主义青年团中央委员会发出《为抗日救国告全国各校学生和各界青年同胞宣言》，追溯了青年学生参与五四的历史，"中国学生在抗日救国事业上是有极伟大光荣的传统！""壮烈的五四运动，伟大的五卅运动之成为中国民族革命中最光荣的伟绩，是由于当时学生表现了伟大的爱国精神，喊起了全国人民的同情，推进了工农兵商学各界同胞的大联合。"[95] 1936年11月，中共中央还作出了加强青年工作的决定，提出"建立为发扬文化与争取民主自由的广大的青年运动"[96]。

　　全面抗日战争爆发后，大批革命知识青年前往延安，据统计，仅在1938年5月至8月，经八路军西安办事处转赴延安的各地知识青年就有2288人[97]。随着青年知识分子的增加，中国共产党开始面临在自己控制的领地中，如何吸引、团结和使用大批青年知识分子的问题。这时，中共中央对青年工作格外的重视。1937年，周恩来对新来的革命青年发表了《青年运动的性质和方向讲话》。1938年五四的第二天，中共中央即作出关于成立"青年工作委员会"的决定，"发展全国青年运动与集中统一党领导下各青年团体的领导"[98]。1939年，中央青委决定接受西北青年救国会的提议，将五四确立为青年节。同年5月4日，举行了盛大的五四二十周年暨首届青年节活动[99]。延安的《中国青年》等杂志，在五四前后，还推出了由毛泽东、王明、张闻天等人撰文的五四纪念专刊[100]。这一时期，中国共产党人对五四运动的认识，也达到了一个新的高度。

如1937年张闻天召集理论工作者写成的《中国现代革命运动史》，比较全面深刻地论述了五四运动。该书从日本对中国的侵略、中国的内战和分裂、中国资本主义发展、新文化运动、世界革命运动的影响等5方面系统分析了五四运动的背景。在此基础上，该书描述了从学生罢课到商人罢市和工人罢工，"成为工商学联合的广大群众运动"的发展过程，第一次明确提出五四运动是"反帝反封建的民族民主的群众革命"，是"民族独立运动，同时也是主张自由平等、反对封建思想与封建势力的一种民主运动"，揭示了五四爱国运动与新文化运动的关系：五四运动是"新文化运动和群众爱国运动的合流，新文化运动是整个爱国运动的重要组成部分，是爱国运动意识上的表现，而又在爱国运动狂流中广大地开展起来"[101]。该书还继续从思想解放的角度评价了五四运动的历史地位。

张闻天的论述总结了以往的成果，其论著作为教材出版，在党内影响深远。到1940年，华岗在写作《中国民族解放运动史》时，其对五四的评价，明显受到张闻天论著的影响。张著的观点，可以说就是华著的模本。如华岗对五四背景的分析："第一次帝国主义战争，俄国十月革命，日本帝国主义的加紧的疯狂侵略——这是五四运动前夜中国所处的国际环境的最主要的标志"[102]，几乎就是张著语言的翻版。

这一时期，毛泽东在中共党内的领袖地位逐渐巩固。他在领导着延安各条战线的工作，同时也有意识地建构属于自己的理论体系，十分重视对五四的现实意义和理论价值的研究。1939年后，毛泽东多次论述五四运动。在五四运动20周年纪念之际，毛泽东既为刊物撰写文章，又在纪念大会上发表演讲。在这些著述中，毛泽东在充分吸收前人探索的基础上，以其新民主主义理论为基点，对五四运动做了一番周密的分析。随着毛泽东思想在这一时期达到成熟，中国马克思主义的五四运动观也得以发展成型。延安整风运动和中共七大期间，毛泽东在多次场合再次论及五四运动，代表了中国共产党对五四的评价。在此前后，中共中央其他高层领导人，尤其是张闻天，对五四新文化运动也多有论述，分析更为详尽，但其基本观点和毛泽东并无二致[103]。

毛泽东等人的五四观，大略包括以下几个方面：（1）背景。"五四运动是在当时世界革命号召之下，是在俄国革命号召之下，是在列宁号召之下发生的。'五四'运动是当时无产阶级世界革命的一部分。"[104]（2）性质。"五四运动之成为文化革新运动，不过是中国反帝反封建的资产阶级民主革命之一种表现形式。"[105]五四运动属于资产阶级民主革命的一部分，其历史意义为"这就是彻底的不妥协的反帝国主义与彻底的不妥协的反封建"[106]。正因为有这种姿态，因此，五四"比之辛亥革命进了一步"[107]，"更深刻"[108]。（3）过程和内容。毛泽东指出，五四运动是广泛的统一战线，内部有左翼、右翼和中间势力。五四运动的发展道路上分成了两个潮流，一部分人继承了五四运动的科学与民主的精神，并在马克思主义的基础上面给了改造，这就是共产党人及若干党外马克思主义者所做的工作。另一部分人则走到资产阶级的道路上去，这就是右翼，是形式主义向右翼的发展[109]。（4）功绩和意义。与胡适肯定新文化运动，而将五四运动视为"一场不幸的政治干扰"不同[110]，也与蒋介石肯定学生爱国热情，但斥责新文化运动"太幼稚"、"太危险"不同[111]，毛泽东肯定了五四运动作为政治运动和文化运动的双层意义。就政治运动而言，"五四运动替中国共产党准备了干部"[112]，"五四运动的的确确给第一次大革命准备了舆论，准备了人心，准备了干部"[113]。就文化运动而言，"当时以反对旧道德提倡新道德，反对旧文学提倡新文学，为文化革命的两大旗帜，建立了伟大的功劳"[114]。从更高远的意义上说，"五四运动之成为新文化运动是为中国资本主义发展所决定，它反过来又推动中国资本主义的发展"[115]。（5）缺点。毛泽东继承了新启蒙运动对五四的批评，明确指出，"五四运动也是有缺点的"，所以最后"遭受失败"[116]，其原因在于"形式主义地看问题的方法，就影响了后来这个运动的发展。"

毛泽东对五四的阐释，凸现了三个明显的特点：

一是赋予五四在新民主主义理论中重要地位。在毛泽东的民主革命理论中，五四具有分水岭意义："中国从五四运动起，由旧民主主义革命转到了新民主主义革命"。划分旧民主主义革命和新民主主义革命的关键是领导权问题。五四是毛泽东分析的起点。他指出，五四运动是民族资产阶级和无产阶级的统一战线，带着自发的性质。但是这种自发性和以前的不同，它多少有些觉醒，许多人赞成十月革命，赞成列宁的革命[117]。也就是说，这种领导权，从五四开始发端。五四的分水岭意义，更充分地表现在文化运动上。毛泽东指出，五四以前中国的新文化，是旧民主主义性质的文化，是资产阶级的新文化与封建阶级的旧文化的斗争，是资产阶级领导的，"属于世界资产阶级的资本主义的文化革命的一部分"。在五四以后，中国的新文化，是新民主主义性质的文化，属于世界无产阶级的社会主义的文化革命的一部分。资产阶级的文化思想比它的政治上的东西还要落后，绝无领导作用，至多在革命时期在一定程度上充当一个盟员，至于盟长资格，就不得不落在无产阶级文化思想的肩上[118]。在毛泽东作此论断之前几月，张闻天也曾指出："'五四'是新文化运动转变点。在五四以前，新文化运动是在资产阶级的领导下，'五四'以后，则一般的在工人阶级的领导之下了。"[119]毛泽东把五四时期学生的反日运动和新文化人的批判传统分别阐释为反帝反封建，从而纳入了无产阶级文化革命之中，成为新民主主义文化革命的第一个环节。

二是对五四运动一些问题的分析，明显受新民主主义理论的影响。如分析十月革命与五四运动的关系。毛泽东指出，"五四运动是在十月革命的影响之下发生的。十月革命对世界的觉醒，对中国的觉醒，影响是很大的"[120]。除了这种"直接影响"之外，毛泽东还从新民主主义"时代观"的高度来分析这一问题。"五四运动是发生在欧洲大战、十月革命之后，这时的世界殖民地半殖民地革命运动，已不是世界资产阶级革命后备军，而是世界无产阶级革命后备军了"。在毛泽东那里，这种时代的背景，对于判断运动的性质更为重要。在新民主主义理论中，毛泽东将中国资产阶级分为大资产阶级和民族资产阶级，前者是革命的对象，而后者是革命的同盟军。在分析五四运动的领导人时，毛泽东也把知识分子分为两类，一类属于他提出的"大批的赞成俄国革命的具有初步共产主义思想的知识分子"[121]，另一类属于"资产阶级知识分子"。毛泽东指出，"起领导作用的是一些进步的知识分子。大学教授虽然不上街，但是他们在其中奔走呼号，做了许多事情"（他还作了一个判断：陈独秀是五四运动的总司令，五四运动实际上是陈领导的）[122]。在毛泽东看来，资产阶级知识分子是五四运动的右翼，大部分后来与敌人妥协，站在反动方面了[123]。国民党没有在五四运动中起领导作用，它是站在旁边的[124]。毛泽东高度赞扬了青年学生在五四运动中的作用，五四时期"英勇出现于运动先头的则是数十万的学生"[125]。

三是高度重视五四的现实意义。作为五四运动的参与者，毛泽东等人从亲身经历出发，揭示了五四运动的现实启示。其中主要有两点：一是政治运动方面，青年学生一定要到工农大众中去，把工农大众动员起来，组织起来。青年学生只有与工农大众结合在一起，"才能形成一支强有力的军队"，"才能攻破敌人的坚固阵地，才能攻破敌人的最后堡垒"。因为，中国革命光靠青年学生这个"方面军"还不够，因为它不是"主力军"。"主力军"是工农大众。这是"革命的、或不革命的、或反革命的知识分子之最后的分界"[126]。二是文化方面，毛泽东指出：文艺要有一个总司令，否则就会走错方向。鲁迅、高尔基就相当于总司令[127]。鲁迅的方向，就是中华民族新文化的方向。整风运动期间，毛泽东更强调五四的文学革命对于反对党八股的启示，他指出："揭穿这种老八股，老教条的丑态给人民看，号召人民起来反对老八股老教条"，这是五四运动时期的一个"极大的功绩"。而党八股，就是五四运动的一个反动[128]。

值得一提的是，虽然艾思奇、陈伯达等人到延安后，新启蒙运动作为一场影响极大、地位极重要的运动得到宣传。但毛泽东却没有使用"启蒙运动"来指称五四运动[129]。这或许是因为当时新启蒙运动口号遭到国民党当局的禁止；也或许是不需要使用"启蒙"概念，用新民主主义理论也足以表达五四运动的内涵和意义；还或许是这一时期对毛泽东影响甚大的艾思奇本人当初对"启蒙运动"的提法接受得比较勉强。许多中共理论人士开始注意并自觉靠拢毛泽东的选择。艾思奇在1940年5月论及五四时，不再使用"启蒙"的字眼，只强调五四是"文化上的革命运动"[130]。周扬在1941年还称"伟大的'五四'启蒙时代"，并说"个性解放"是"'五四'留下的光辉业绩"[131]。不久后，他指出，"在这个新的时代，解放个性的斗争，应当从属于解放民族，解放社会的斗争"，"尤其在我们共产主义者来说，个性应当从属于集体，最好的个性是应当集体性表现得最强的"[132]。

延安时期经毛泽东等人重新诠释过的马克思主义五四观，一直到建国前都没有太大的修改，并逐渐被各根据地和国统区的中共知识分子所接受。随着整风运动中毛泽东和毛泽东思想指导地位的最终确立，毛泽东关于五四的观点也成了全党对五四认识的定论。

到1949年5月，五四运动爆发30周年之际，新民主主义革命即将在全国取得胜利。中国共产党又一次隆重纪念五四运动。这一次五四纪念，一项非常重要的内容就是普及毛泽东的五四观。《人民日报》为此专门摘编发表了毛泽东论述五四的文章段落，并且对五四运动按照毛泽东的观点作了详细的解读[133]。此后共产党在各地出版的五四纪念文辑，都收录了毛泽东关于五四的论述。全党对五四的认识，从此在毛泽东的理论权威意义上实现了统一。如华岗在建国前后修订《中国民族解放运动史》（其中五四部分作为《五四运动史》单独抽编出版），除在使用"启蒙运动"的提法上与毛泽东略有出入外，其对五四的论述几乎就是毛泽东五四观的展开[134]。此后的相当长一段时间内，毛泽东对五四的论述，成为主导大陆理论和学术界五四阐释的经典"范式"。

注释:

［1］［英］艾伦·阿克赛尔罗德：《历史学家箴言录》，海南出版社，2003 年，第 138 页。

［2］顾昕：《中国启蒙的历史图景》，牛津大学出版社，1992 年，第 3 页。

［3］一般分为马克思主义、自由主义和民族主义三种，参见［美］周策纵：《五四运动：现代中国的思想革命》（周子平等译，江苏人民出版社，1996 年）第十四章；汪晖：《中国的五四观》，载其《无地彷徨》（浙江文艺出版社，1994 年）；欧阳哲生：《被解释的传统——五四话语在现代中国》，载其《新文化的传统》（广东人民出版社，2004 年）。

［4］李大钊：《双十与五四》（1919 年 10 月 26 日），《李大钊文集》（下卷），人民出版社，1984 年，第 107 页。

［5］李大钊：《知识阶级的胜利》（1920 年 1 月 25 日），《李大钊文集》（下卷），第 208 页。

［6］李大钊：《在〈国民〉杂志周年纪念会上的言说》（1919 年 10 月 12 日），《李大钊文集》（下卷），第 101 页。

［7］毛泽东：《民众的大联合》（三）（1919 年 8 月 4 日），《毛泽东早期文稿》，湖南出版社，1990 年，第 390 页。

［8］李大钊：《山穷水尽的青年》（1920 年 2 月 8 日），《李大钊文集》（下卷），第 210 页。

［9］恽代英：《致少年中国学会全体同志》（1920 年 4 月 22 日），《恽代英文集》（上卷），人民出版社，1984 年，第 144 页。

［10］瞿秋白：《文化运动——新社会》（1920 年 3 月 6 日），《瞿秋白文集：政治理论编》第 1 卷，人民出版社，1987 年，第 70 页。

［11］毛泽东：《民众的大联合》（三）（1919 年 8 月 4 日），《毛泽东早期文稿》，湖南出版社，1990 年，第 390 页。

［12］陈独秀：《新文化运动是什么?》（1920 年 4 月 1 日），《陈独秀著作选》第 2 卷，上海人民出版社，1993 年，第 128 ~ 129 页。

［13］陈独秀：《五四运动的精神是什么?》（1920 年 4 月 22 日），《陈独秀著作选》第 2 卷，第 130 ~ 131 页。

［14］李大钊：《知识阶级的胜利》（1920 年 1 月 25 日），《李大钊文集》（下卷），第 208 页。

［15］李大钊：《中国学生界的"May Day"》（1921 年 5 月 4 日），《李大钊文集》（下卷），第 464 页。

［16］陈独秀：《答柯庆施（劳动专政）》（1920 年 11 月 1 日），《陈独秀著作选》第 2 卷，第 199 页。

［17］张太雷：《五四运动的意义与价值》（1925 年 5 月 2 日），《张太雷文集》，人民出版社，1981

年，第 86 页。

[18] 张太雷:《五四纪念告广东学生》(1926 年 5 月 4 日),《张太雷文集》,第 139 页。

[19] 中共中央通告 (1924 年 4 月),团中央青运史研究室、中央档案馆:《中共中央青年运动文件选编》,中国青年出版社,1988 年,第 30 页。

[20] 中共中央通告 (1926 年 4 月),团中央青运史研究室、中央档案馆:《中共中央青年运动文件选编》,第 101 页。

[21] 中共中央通告 (1924 年 4 月),团中央青运史研究室、中央档案馆:《中共中央青年运动文件选编》,第 30 页。

[22] 中共中央通告 (1926 年 4 月),团中央青运史研究室、中央档案馆:《中共中央青年运动文件选编》,第 101 页。

[23]《中国共产党第五次全国代表大会宣言》(1927 年 5 月),《中共中央文件选集》第 3 册,中共中央党校出版社,1989 年,第 96 页。

[24] 瞿秋白:《国民革命运动中之阶级分化》(1926 年 1 月 29 日),《瞿秋白选集》,人民出版社,1985 年,第 248 页。

[25] 瞿秋白:《自民族主义至国际主义——五七 - 五四 - 五一》(1924 年 5 月 4 日),《瞿秋白选集》,人民出版社,1985 年,第 141 页。

[26]《中国共产党第五次全国代表大会宣言》(1927 年 5 月),《中共中央文件选集》第 3 册,第 96 页。

[27] 陈独秀:《二十七年来国民运动中所得教训》(1924 年 12 月 20 日),《陈独秀著作选》第 2 卷,上海人民出版社,1993 年,第 816 页。

[28] 李大钊:《纪念五月四日》(1923 年 5 月 4 日),《李大钊文集》(下卷),第 656 页。

[29] 瞿秋白:《五四纪念与民族革命运动》(1925 年 4 月),《瞿秋白文集:政治理论编》第 3 卷,人民出版社,1987 年,第 156 页。

[30] 瞿秋白:《自民族主义至国际主义——五七 - 五四 - 五一》(1924 年 5 月 4 日),《瞿秋白选集》,第 141 页。

[31]《中国共产党第五次全国代表大会宣言》(1927 年 5 月),《中共中央文件选集》第 3 册,中共中央党校出版社,1989 年,第 96 ~ 97 页。

[32] 瞿秋白:《五四纪念与民族革命运动》(1925 年 4 月),《瞿秋白文集:政治理论编》第 3 卷,第 156 页。

[33] 瞿秋白:《国民革命运动中之阶级分化》(1926 年 1 月 29 日),《瞿秋白选集》,人民出版社,1985 年,第 248 页。

[34] 陈独秀:《二十七年来国民运动中所得教训》(1924 年 12 月 20 日),《陈独秀著作选》第 2 卷,第 817 页。

[35]《中国共产党第五次全国代表大会宣言》(1927 年 5 月),《中共中央文件选集》第 3 册,第 96 页。

[36] 张太雷:《五四运动的意义与价值》(1925 年 5 月 2 日),《张太雷文集》,第 87 页。

[37] 恽代英:《中国民族革命运动史》(1926 年),《恽代英文集》下卷,人民出版社,1984 年,第 954 页。

[38] 陈永发:《中国共产革命七十年》上,联经出版事业股份有限公司,2001 年,第 55 页。

[39] 瞿秋白:《自民族主义至国际主义——五七－五四－五一》(1924年5月4日),《瞿秋白选集》,第141、142页。

[40] 蔡和森:《中国共产党史的发展(提纲)》(1926年),《中共党史报告选编》,中共中央党校出版社,1982年,第11页。

[41]《中国共产党第五次全国代表大会宣言》(1927年5月),《中共中央文件选集》第3册,第96页。

[42] 蔡和森:《中国共产党史的发展(提纲)》(1926年),《中共党史报告选编》,第8页。

[43] 瞿秋白:《中国党史纲要大纲》(1930年1月),李立三:《党史报告》(1930年2月),《中共党史报告选编》,第200、205页。

[44]《苏维埃区域红五月运动的工作决议案》(1931年3月),《中共中央文件选集》第4卷,第198页。

[45] 彭康:《新文化运动与人权运动》,姜义华编:《中国现代思想史资料简编》第三卷,浙江人民出版社,1982年,第109页。

[46] 瞿秋白:《五四和新的文化革命》(1932年5月),《瞿秋白文集:政治理论编》第7卷,人民出版社,1991年,第523、522、531页。

[47] 茅盾:《"五四运动"的检讨》,《茅盾全集》第19卷,人民文学出版社,1991年,第247页。

[48] 成仿吾:《从文学革命到革命文学》,《创造月刊》第1卷第9期(1932年2月1日)。

[49] 林锡:《五四运动的意义及其在文学上影响》,谢荫明主编:《北方左翼文化运动资料汇编》,北京出版社,1991年,第133页。

[50]《艾思奇文集》第1卷,人民出版社,1981年,第66页。

[51] 中共中央党史研究室:《中国共产党历史》第一卷(上),中共党史出版社,2002年,第469页。

[52] 张闻天:《中国革命基本问题》(1934年),《中共党史报告选编》,第384页。

[53] 李立三:《一九二五年至一九二七年中国大革命的教训》(1930年1月),《中共党史报告选编》,第280~282页。

[54] 李立三:《一九二五年至一九二七年中国大革命的教训》(1930年1月),《中共党史报告选编》,第280~282页。

[55] 茅盾:《"五四运动"的检讨》,《茅盾全集》第19卷,第247页。

[56] 林锡:《五四运动的意义及其在文学上影响》,谢荫明主编:《北方左翼文化运动资料汇编》,第131页。

[57] 张闻天:《中国革命基本问题》(1934年),《中共党史报告选编》,第384页。

[58] 邓中夏:《中国职工运动简史》(1930年),《邓中夏文集》,人民出版社,1983年,第430页。

[59] 邓中夏:《中国职工运动简史》(1930年),《邓中夏文集》,第431页。

[60] 邓中夏:《中国职工运动简史》(1930年),《邓中夏文集》,第431页。

[61] 张闻天:《中国革命基本问题》(1934年),《中共党史报告选编》,第385页。

[62] 张闻天:《中国革命基本问题》(1934年),《中共党史报告选编》,第384~385页。

[63] 伍启元:《中国新文化运动概观》,黄山书社,2008年,第25、23页。

[64] 陈端志:《五四运动之史的评价》,上海生活书店,1936年,第19页。

[65] 陈伯达:《论五四新文化问题》,《认识月刊》创刊号(1937年6月)。

[66] 参见余英时:《重寻胡适历程》,广西师范大学出版社,2004年,第246页。

[67] 艾思奇:《论思想文化问题》,《认识月刊》创刊号(1937年6月)。

[68] 胡绳:《"五四"运动论》(1937年),《胡绳全书》第1卷(上),人民出版社,1998年,第33~34页。

[69]《艾思奇文集》第1卷,人民出版社,1981年,第57页。

[70] 何干之:《近代中国启蒙运动史》,上海生活书店1938年2月版,第234页;《何干之文集》,中国人民大学出版社,1989年,第417页。

[71] 何干之:《近代中国启蒙运动史》,上海生活书店1938年2月版,第9页;《何干之文集》,中国人民大学出版社,1989年,第286页。

[72] 胡绳:《"五四"运动论》(1937年),《胡绳全书》第1卷(上),人民出版社,1998年,第35~36页。

[73] 陈伯达:《真理的追求》,新知书店1937年,第16页。

[74] 王元化:《论抗战文艺的新启蒙意义》,载《集外旧文钞》,上海文艺出版社,2001年,第50页。

[75] 穆伽:《新启蒙运动与妇女》,《北平新报》1937年5月20日。

[76] 陈伯达:《论五四新文化运动》,《认识月刊》创刊号(1937年6月)。

[77] 艾思奇:《中国目前的文化运动》,《生活》星期刊第1卷第19期(1936年10月)。

[78] 北鸥:《五四和新启蒙运动》,《北平晨报》1937年5月4日。

[79] 陈伯达:《论五四新文化运动》,《认识月刊》创刊号(1937年6月)。

[80] 艾思奇:《中国目前的文化运动》,《生活》星期刊第1卷第19期(1936年10月)。

[81] 陈唯实:《抗战与新启蒙运动》,扬子江出版社,1938年,第6页。

[82] 胡绳:《"五四"运动论》(1937年),《胡绳全书》第1卷(上),人民出版社,1998年,第38页。

[83] 陈伯达:《论五四新文化运动》,《认识月刊》创刊号(1937年6月)。

[84] 陈伯达:《论五四新文化运动》,《认识月刊》创刊号(1937年6月)。

[85] 余英时认为文艺复兴和启蒙运动分别代表自由主义者和马克思主义者分析五四运动的两种观点,这种说法需要进一步分析。事实上,马克思主义者并不排斥五四运动是文艺复兴的说法(虽然理解上和胡适等自由主义者有偏差),而非马克思主义者也不排斥用"启蒙"来分析五四运动。

[86] 艾思奇:《什么是新启蒙运动》,《国民周刊》第8期(1937年6月)。

[87] 高力克:《五四的思想世界》,学林出版社,2003年,导论第12页。

[88] 胡绳:《"五四"运动论》(1937年),《胡绳全书》第1卷(上),人民出版社,1998年,第39页。

[89] 陈伯达:《论五四新文化运动》,《认识月刊》创刊号(1937年6月)。

[90] 胡绳:《"五四"运动论》(1937年),《胡绳全书》第1卷(上),人民出版社,1998年,第40页。

[91] 陈伯达:《论新启蒙运动》,《新世纪》第1卷第2期(1936年10月)。

[92] 胡绳:《"五四"运动论》(1937年),《胡绳全书》第1卷(上),人民出版社,1998年,第41页。

［93］陈伯达：《哲学的国防动员》，《读书生活》第 4 卷第 9 期（1936 年 9 月）。

［94］陈唯实：《抗战与新启蒙运动》，第 37 页。

［95］《中国共产主义青年团中央委员会为抗日救国告全国各校学生和各界青年同胞宣言》（1935 年 12 月 20 日），《中共中央文件选集》第 10 卷，中共中央党校出版社，1991 年，第 804 页。

［96］《中央关于青年工作的决定》（1936 年 11 月 1 日），《中共中央文件选集》第 11 卷，中共中央党校出版社，1991 年，第 110 页。

［97］见郭贵儒：《青年运动史话》，社会科学文献出版社，2000 年，第 113 页。

［98］《中央关于成立青年工作委员会的决定》（1938 年 5 月 5 日），《中共中央文件选集》第 11 卷，中共中央党校出版社，1991 年，第 513 页。

［99］团中央青运史研究室、中央档案馆：《中共中央青年运动文件选编》，第 469～474 页。

［100］《中国青年》第 1 卷第 2 期。

［101］张闻天：《中国现代革命运动史》（1937 年），中国人民大学出版社，1987 年，第 131 页。

［102］华岗：《中国民族解放运动史》，1940 年，第 236 页。

［103］抗日根据地的有些人在论及五四时，常常毛洛二人的论述并提。如沙可夫：《目前边区文艺工作者努力的方向》，《晋察冀日报》1941 年 4 月 29 日。

［104］毛泽东：《新民主主义的政治与新民主主义的文化》，《中国文化》创刊号（1940 年 2 月 15 日）。

［105］毛泽东：《五四运动二十年》（1939 年 5 月），《中国青年》第 1 卷第 2 期。

［106］毛泽东：《新民主主义的政治与新民主主义的文化》，《中国文化》创刊号（1940 年 2 月 15 日）。

［107］毛泽东：《五四运动二十年》（1939 年 5 月），《中国青年》第 1 卷第 2 期。

［108］毛泽东：《如何研究中共党史》（1942 年 3 月），《毛泽东文集》第 2 卷，第 403 页。

［109］毛泽东：《反对党八股》，《解放日报》1942 年 6 月 18 日。

［110］唐德刚译注：《胡适口述自传》，华东师范大学出版社，1993 年，第 183 页。

［111］转引自〔美〕周策纵：《五四运动：现代中国的思想革命》，第 474 页。

［112］毛泽东：《中国共产党第七次全国代表大会的工作方针》，《毛泽东文集》第 3 卷，第 294 页。

［113］毛泽东：《一二九运动的伟大意义》（1939 年 12 月），《毛泽东文集》第 2 卷，第 251～252 页。

［114］毛泽东：《新民主主义的政治与新民主主义的文化》，《中国文化》创刊号（1940 年 2 月 15 日）。

［115］《毛泽东哲学批注集》，中央文献出版社，1988 年，第 377 页。

［116］毛泽东：《妇女们团结起来》（1939 年 3 月），《毛泽东文集》第 2 卷，第 170 页。

［117］毛泽东：《如何研究中共党史》（1942 年 3 月），《毛泽东文集》第 2 卷，第 404 页。

［118］毛泽东：《新民主主义的政治与新民主主义的文化》，《中国文化》创刊号（1940 年 2 月 15 日）。

［119］洛甫：《抗战以来中华民族的新文化运动与今后任务》（1940 年 1 月 5 日），《张闻天文集》第 3 卷，中共党史出版社，1994 年，第 53 页。

［120］毛泽东：《如何研究中共党史》（1942 年 3 月），《毛泽东文集》第 2 卷，人民出版社，1993 年，第 403 页。

［121］毛泽东：《中国共产党第七次全国代表大会的工作方针》（1945 年 4 月），《毛泽东文集》第 3 卷，第 290 页。

［122］毛泽东：《中国共产党第七次全国代表大会的工作方针》（1945 年 4 月），《毛泽东文集》第 3 卷，第 290 页。

［123］毛泽东：《新民主主义的政治与新民主主义的文化》，《中国文化》创刊号（1940 年 2 月 15 日）。

［124］毛泽东：《如何研究中共党史》(1942 年 3 月)，《毛泽东文集》第 2 卷，第 403 页。

［125］毛泽东：《五四运动二十年》(1939 年 5 月)，《中国青年》第 1 卷第 2 期。

［126］毛泽东：《五四运动二十年》(1939 年 5 月)，《中国青年》第 1 卷第 2 期。

［127］毛泽东：《文艺工作者要与工农兵相结合》(1942 年 5 月 28 日)，《毛泽东文集》第 2 卷，第 431 页；毛泽东：《新民主主义的政治与新民主主义的文化》，《中国文化》创刊号 (1940 年 2 月 15 日)。

［128］毛泽东：《反对党八股》，《解放日报》1942 年 6 月 18 日。

［129］意义最近的一次，也仅限于毛泽东在评价陈独秀时，将其类比于俄国的普列汉诺夫，"作了启蒙运动的工作"而已。参见《毛泽东文集》第 3 卷，第 294 页。

［130］艾思奇：《五四文化运动的特点》(1940 年 5 月 25 日)，《艾思奇文集》第 1 卷，第 488 页。

［131］周扬：《郭沫若和他的〈女神〉》(1941 年)，《周扬文集》第 1 卷，人民文学出版社，1984 年，第 350、352 页。

［132］周扬：《王实味的文艺观与我们的文艺观》(1942 年)，《周扬文集》第 1 卷，第 397 页。

［133］《人民日报》1949 年 5 月 4 日。

［134］参见华岗：《中国民族解放运动史》第 1 卷，三联书店，1951 年，第 576～577 页。

关于"两个口号"论争的重新检讨

田　刚（陕西师范大学文学院）

　　所谓的"两个口号"论争，指的是 1936 年 5 月到 8 月"左联"内部发生的关于"国防文学"和"民族革命战争的大众文学"的激烈论争。这场可以说是新文学诞生以来规模最大、论争最激烈的一次论战，也是鲁迅临终前的一桩重大的历史公案。由于"两个口号"之争夹缠着"左联"解散问题、抗日战争统一战线的原则问题等重要的历史事项，其重要性更是超出了文学事业的范围。特别是在 1940 年代后，也就是"鲁迅的方向"成为"我们中华民族新文化的方向"之后，发生在鲁迅晚年的这段历史公案，不但没有因此而成为历史的陈迹，反而以变本加厉的方式延续着，演化为一次次的政治或文化的"地震"、一幕幕历史的悲喜剧。研究这个由"两个口号"引发的文学思潮，历来都是文学史家所面对的敏感而颇感棘手的事情。

　　以往关于"两个口号"性质的评判，大致都是沿着以下两个思路进行的：一是政治性质的评判，即从政治层面来判别"两个口号"所涉内涵的是与非。二是人事关系的纠缠，即从"两个口号"双方的"宗派情绪"和"行帮作风"来探讨论争的缘起和性质。应该说，从上述两种思路来探讨"两个口号"都是合理的，因为这场论争自始至终确实掺杂着相当浓郁的政治色彩和个人恩怨及宗派情绪。但研究者似乎忘记了，这毕竟是一场关于"文学"的论争，而不仅仅是一个政治立场的判定和人事纠葛的是非。从上述两个思路来讨论"两个口号"的是与非，恰恰遮蔽或忽略了这场论争的"文学"性质，给人的感觉好像是，这纯粹是一场政治论争和宗派恩怨，跟文学又有何干呢？

　　本文所要做的，就是试图从"文学"的视角来探讨这场文学论争的是非曲直，进而揭示其在中国现代文学思想史上价值和意义。

一

　　"两个口号"论争的缘起无疑来自于政治方面。

　　首先是因为这场论争本身就是一种特殊的政治背景下的产物。"九·一八事变"后，国内反日情绪高涨，中、日两国的民族矛盾逐渐压倒国内的阶级矛盾而上升为时代的主要矛盾。新的政治形势必然对文学提出了新的要求。这也就是说，文学如何适应新的时代，如何反映时代的要求，如何担当历史的重托，是一个有良知有责任的文学家和理论家必须予以重视的重大的理论问题，也是时代给予文学的强烈的历史吁求。而事实上，当时的文学界也为此做出了积极的努力和理论上的探索。在全国抗日浪潮的推动和"左联"的具体组织下，许多作家参加了抗日的宣传活动，并积极创作以抗日为题材的作品。不少革命作家加入"中国文化界反帝联盟"组织，并起着核心的作用。《文艺新闻》、《十字街头》等刊物都以反帝抗日为主要内容。《文艺新闻》在"一·二八"战争中出版了战时特刊《烽火》，激励上海军民的斗志。随着爱国浪潮的不断扩展，在文坛上出现了各种服务于民族解放斗争的文学口号，如"革命战争的文学"[1]、"革命民族战争的大众文学"[2]、"民族革命文学"[3]、"民族的革命战争文学"[4]等。1934年周扬以"企"为笔名所发表的《国防文学》一文，则介绍了苏联的"国防文学"，并认为在中华民族"生死存亡的今日"，"国防文学"就是"目前中国所最需要的"[5]。这些口号虽然表现出了作家和批评家回应时代和历史要求的强烈愿望，但由于当时党内的分歧和"左联"的矛盾还没有充分的暴露，这些口号并没有引起广泛的注意和讨论。

其次，"两个口号"论争也是当时中共党内两条路线斗争或两种政治策略分歧的结果。我们知道，周扬等是在读了在巴黎出版的《救国报》上季米特洛夫在共产国际七大上的报告，还有王明以中共驻莫斯科代表团团长名义起草的"八一宣言"以及在王明的督促下萧三给"左联"的来信后，才正式提出"国防文学"的口号的[6]。周扬之所以这样做，一方面是由于政治上的敏感和快速的反应，另一方面也是"奉命"执行。因为当时正处于国民党的白色恐怖之中，周扬所代表的上海文艺界党组织与正在"长征"中的党中央机关失去了联系。在这样的情况下，当时身为中共中央政治局委员和中共驻共产国际代表团团长的王明，在周扬们的心目中无疑就成了党中央的代表和"正宗"。党中央的"精神"和"指示"，哪有不遵守之理！所以，就此而言，"文革"中的《林彪同志委托江青同志召开的部队文艺工作座谈会纪要》指责"三十年代的中期，那时左翼的某些领导人在王明的右倾投降主义路线的影响下，背离马克思列宁主义的阶级观点提出了'国防文学'的口号"，基本上还是符合历史事实的，尽管这时候王明的"右倾投降主义路线"实际上还没有形成。

而作为"两个口号"论争的另一方，提出"民族革命战争的大众文学"的冯雪峰，在政治上则代表了另外一个"党中央"。本来，自周扬提出"国防文学"口号后，一时受到文学界的热议，多数人拥护，但也有一些人有不同看法，这其中就包括鲁迅、茅盾和胡风等人。但开始的争论鲁迅、胡风等并没有介入，而是保持沉默，所以一开始双方并没有形成冲突。而引起冲突并使形势趋于恶化的标志乃是胡风的文章《人民大众向文学要求什么？》发表之后。但实际上，虽然"挑起"论争的人是胡风，但背后真正的主使者却是冯雪峰。据冯雪峰、胡风共同的回忆，"民族革命战争的大众文学"这一口号，是由冯雪峰同胡风会商后，经鲁迅同意而由胡风在《人民大众向文学要求什么？》一文提出的[7]。胡风提出新的口号后，周扬方面不明就里，以为是胡风故意与他们作对，遂奋勇反击并大加挞伐，"两个口号"之争蔚然形成。

　　冯雪峰为什么要提出与周扬们相左的文学口号呢？对此，冯雪峰自己在"文革"期间的交代材料——《有关一九三六年周扬等人的行动以及鲁迅提出"民族革命战争的大众文学"口号的经过》一文有详细的描述。该文记述道，冯雪峰1936年4月25日从陕北奉中央指示到达上海后，先暂时住在鲁迅家里。胡风获悉后，即到鲁迅家里求见。冯雪峰回忆道：

　　　　我即下去引他上三楼谈话。胡风谈了不少当时文艺界情况，谈到周扬等的更多。他当时是同周扬对立得很厉害的。于是谈到"国防文学"口号，胡风说，很多人不赞成，鲁迅也反对。我说，鲁迅反对，我已知道，这个口号没有阶级立场，可以再提一个有明白立场的左翼文学的口号。胡风说，"一二八"时瞿秋白和你（指我）都写过文章，提过民族革命战争文学，可否就提"民族革命战争文学"。我说，无需从"一二八"时找根据，那时写的文章都有错误。现在应该根据毛主席提出的抗日民族统一战线政策的精神来提。接着，我又说，"民族革命战争"这名词已经有阶级立场，如果再加"大众文学"，则立场就更加鲜明；这可以作为左翼作家的创作口号提出。胡风表示同意，却认为字句太长一点。我和他当即到二楼同鲁迅商量，鲁迅认为新提出一个左翼作家的口号是应该的，并说"大众"两字很必要，作为口号也不算太长，长一点也没什么。[8]

　　这就是"民族革命战争的大众文学"出笼的经过。在谈到提出新的口号的缘由时，冯雪峰特别强调的主要有两点：第一、周扬们提出的"国防文学""没有阶级立场"，这是个原则性的问题，必须要有一个新口号来代替它。第二、新的口号"应该根据毛主席提出的抗日民族统一战线政策的精神来提"。这就明确告诉胡风、鲁迅等同人，他这次来上海，是带有"尚方宝剑"，即"毛主席提出的抗日民族统一战线的精神"而来的。而鲁迅、胡风本来就对"国防文学"口号有不同的看法，加之他们与"国防文学"口号的提出者周扬等的隔阂和积怨已是"冰冻三尺，非一日之寒"，所以，当冯雪峰主张提出新的文学口号以代替"国防文学"口号时，他们的态度当然是积极促成并加以推动了。

　　那么，冯雪峰在上面所提到的"毛主席提出的抗日民族统一战线的精神"是什么呢？这还得从冯雪峰这次来上海的缘起说起。我们知道，冯雪峰这次是受当时的陕北党中央负责人张闻天和周恩来的派遣，从陕北来上海的。在此之前，也就是1935年10月19日，中共中央随中央红军到达陕北，并于同年12月17日至25日在那里召开了著名的"瓦窑堡会议"。会议讨论通过了《中央关于目前政治形势与党的任务决议》，确定了在当时这个抗日民族革命运动面临新高潮的形势下党的基本策略路线："在发动、团结与组织全中国全民族一切革命力量去反对当前主要的敌人——日本帝国主义与卖国贼头子蒋介石"，即"反蒋抗日"的基本策略[9]。这个基本策略与远在莫斯科的王明在1935年9月以后所采取的"联蒋抗日"的战略不但是不一样的，而且是对立的[10]。为贯彻瓦窑堡会议的精神，1936年初，中央红军组成"中国人民红军抗日先锋军"，由毛泽东任总政委、彭德怀为总司令，发布《东征宣言》，宣告红军"为实现抗日，渡河东征"。在东征期间，中共中央收到以鲁迅、茅盾署名的拥护红军东征的"贺信"后，为了联合全国的统一战线，"反蒋抗日"，遂决定派冯雪峰到上海开展工作。据冯雪峰回忆，他临行前，中央交给他四个主要任务：（1）在上海设法建立一个电台，把所能得到的情报较快地报告中央。（2）同上海各界救亡运动的领袖沈钧儒等取得联系，向他们传达毛主席和党中央的抗日民族统一战线政策，并同他们建立关系。（3）了解和寻觅上海地下党组织，取得联系，替中央将另派到上海去做党组织工作的同志先做一些准备。（4）对文艺界工作也附带管一管，首先是传达毛主席和党中央的抗日民族统一战线政策[11]。这里姑且不论前三项工作，单说第四个。冯雪峰来上海后，首先在鲁迅家里就知道了当时已在文坛上已闹得沸沸扬扬的"国防文学"口号以及"左联"内部的矛盾。在他看来，"国防文学"口号的精神，不但原则性不强，而且也容易引起歧义。"国防文学"中的"国防"，到底是谁的"国防"？是国民党南京政府的"国防"吗？如果是的，那还"反蒋"干什么？显然，这与"瓦窑堡会议"所提出的"反蒋抗日"的口号精神不符。而由他提议并由胡风发布的"民族革命战争的大众文学"的口号，更强调的是在独立和斗争中的"统一战线"，显然更符合党中央"瓦窑堡会议"的"反蒋抗日"的精神。

由此看来，所谓的"两个口号"之争，表面看起来是两种话语的表述方式之争，实际上是两种政治策略之争，更是中共中央的两个权力中心之争，也是以王明为代表的"莫斯科中央"和以毛泽东为代表的"陕北中央"之争。在文学的话语背后，表达的乃是各自的政治诉求。但也应该看到，"两个口号"之争的政治内涵，只是绑缚在"文学"这一战车上的内在诉求，其本身是一种隐性的外在的主导的因素，还需要文学话语本身得以实施的。时代和政治向"文学"提出的新的挑战和要求，其最终还需要文学本身来回答。

二

"两个口号"论争的真正内涵，主要是在文学的批评中展开的。

虽然冯雪峰出自于政治方面的考虑而提出了"民族革命战争的大众文学"的口号，但毕竟这一口号还是"文学"口号，接下来的问题就出现了：文学如何实施或落实政治上的"统一战线"？文学毕竟不同于政治，文学更多的是观念意义上的。政治上的"联合"促进了文学组织上的"联合"，但是否意味着文学观念或方法上的"联合"？甚至还意味着文学的分歧和斗争也随之被消解等等。围绕着上述这些问题，"两个口号"的争论双方进行了激烈的论辩。但总括起来，双方的论辩主要还是集中在下面三个核心的问题上：

第一，文学的"统一战线"与"革命文学"的关系问题。"无产阶级革命文学"是三十年代左翼文学的旗帜。在这个旗帜下，以鲁迅为代表的"左翼"作家同三十年代各色文艺团体和主张进行了旗帜鲜明、立场坚定的斗争。"国防文学"的提出，使得以往左翼作家为之殊死战斗过的"革命文学"的合法性也成了问题。这也就是说，原来处于敌对状态的双方的"联合"，是否就意味着"革命作家"当初的"起义"是不合法的行为？

但"国防文学"的倡导者似乎无暇顾及这些更为深在的问题，在他们看来，仿佛大家一"联合"并"共同对敌"，其乐融融，以前的争论和问题就一笔勾销了。但是，这又该如何看待和评价"左联"以前的"无产阶级革命文学"呢？对此，鲁迅深为忧虑。他说："也要联合国民党，那些先前的投敌的份子，是最欢迎了"，"要一下子将压迫忘记得干干净净，是到底做不到的"，"不念旧恶，什么话！"[12] 而对于将来的"联合战线"，鲁迅有更深的考虑。他专门发表了《论现在我们的文学运动》，开宗明义即阐明新的形势下的文学运动与以前的"无产阶级革命文学"运动之间的承接关系：

> "左翼作家联盟"五六年来领导和战斗过来的，是无产阶级革命文学的运动。这文学和运动，一直发展着；到现在更具体底地，更实际斗争底地发展到民族革命战争的大众文学。民族革命战争的大众文学，是无产阶级革命文学的一发展，是无产阶级革命文学在现在时候的真实的更广大的内容。……因此，新的口号的提出，不能看作革命文学运动的停止，或者说"此路不通"了。所以，决非停止了历来的反对法西主义，反对一切反动者的血的斗争，而是将这斗争更深入，更扩大，更实际，更细微曲折，将斗争具体化到抗日反汉奸的斗争，将一切斗争汇合到抗日反汉奸斗争这总流里去。决非革命文学要放弃它的阶级的领导的责任，而是将它的责任更加重，更放大，重到和大到要使全民族，不分阶级和党派，一致去对外。[13]

这里，鲁迅认定了当前的"民族革命战争的大众文学"运动是"无产阶级革命文学"的"一发展"，"是将这斗争更深入，更扩大，更实际，更细微曲折，将斗争具体化到抗日反汉奸的斗争，将一切斗争汇合到抗日反汉奸斗争这总流里去"。这样，原来的"无产阶级革命文学"与现在的新的"民族革命战争的大众文学"之间就有历史和逻辑的连续性。这既避免了"国防文学"口号本身在理论上的疏漏，又维护了以往左翼作家为之浴血奋斗的"无产阶级革命文学"的合法性。

第二，文学的"统一战线"下的文学的个性、流派及其争论等的关系问题。"国防文学"提出后，新的文学格局问题遂突显出来，即文学上的"联合战线"形成后，文学上的各类作家、各种流派、各种文学类别以及各种文学风格等应该如何相处呢？这也就是说，还有没有不同的文学个性和流派？不同作家及文学流派之间还需不需要原则性的争论？等等，都需要文学界给予切实的回答。

但"国防文学"的倡导者们，正如鲁迅所指责的那样，不但没有更深入的考虑到这些深层次的问题，而且"还非常浓厚的含有宗派主义和行帮情形"。在组织上，他们所组织的"文艺家协会"，鲁迅说："不看别的，单看那章程，对于加入者的资格就限制得太严；就是会员要缴一元入会费，两元年费，也就表示着'作家阀'的倾向，不是抗日'人民式'的了。在理论上，如《文学界》创刊号上所发表的关于'联合问题'和'国防文学'的文章，是基本上宗派主义的；一个作者引用了我在一九三〇年讲的话，并以那些话为出发点，因此虽声声口口说联合任何派别的作家，而仍自己一相情愿的制定了加入的限制与条件"[14]。这里鲁迅所说的《文学界》创刊号上发表的关于"联合问题"的文章，就是何家槐的《文艺界联合问题我见》[15]。这篇文章在论述文艺界的"统一战线"时，采用的就是政治的标准和艺术的标准合一的眼光来看待文艺界的"统一战线"的。比如，他认为，文艺界的"统一战线"就是要"有一个共同的目标，那就是在文学领域内进行救亡的工作"。这实际上就意味着，文学创作就须有一个共同的"救亡"的"主题"，那除了"救亡"之外，我们的文学就不表现了吗？看似有了一个"统一战线"，实则的"条件"和"限制"是极严苛的。

对此，还是鲁迅有更为深入的考虑。他认为应该把政治意义上的"国防文学"与文学意义上的"国防文学"分开使用，所以他同意郭沫若对"国防文学"的解释："国防文艺是广义的爱国主义的文学"，"国防文艺是作家关系间的标帜，不是作品原则上的标帜"。他说："我以为文艺家在抗日问题上的联合是无条件的，只要他不是汉奸，愿意或赞成抗日，则不论叫哥哥妹妹，之乎者也，或鸳鸯蝴蝶都无妨。但在文学问题上我们仍可以互相批判"[16]。在创作于同一时期的《半夏小集》中，他极为沉痛地告诉国人："用笔和舌，将沦为异族的奴隶之苦告诉大家，自然是不错的，但要十分小心，不可使大家都得着这样的结论：那么，到底还不如我们似的做自己人的奴隶好"[17]。这里，鲁迅坚持的是他原先的"文艺与政治的歧途"的文艺观点，认为政治的标准不能作为更不能取代艺术上的标准，文艺有不同于政治的特殊性，政治上的联合，并不意味着艺术上的一致性，即使在政治上目标一致的情况下，文艺上的争鸣仍然是正常的，更何况大家在政治上还有诸多不同甚至不一致的取向呢？显然，鲁迅的表述更具原则性。

第三，文学"统一战线"下的文学"主题"、"题材"及"方法"等关系问题。"国防文学"口号提出来以后，紧接着的理论问题就随之而来。"国防文学"是特殊的政治形势下的产物，那"国防文学"是否就是"文学题材"或"文学主题"呢？在"国防文学"的大旗下需要什么样的"创作方法"呢？"国防文学"妨害"创作自由"了吗？这些问题可以说是"两个口号"争论双方辩论的有一个焦点。

"国防文学"的始作俑者周扬，在其著名的《关于国防文学》一文中是这样论述上述这些文学要素之间的关系的：

> 国防文学运动就是要号召各种阶层、各种派别的作家都站在民族的统一战线上，为制作与民族革命有关的艺术作品而共同努力。国防的主题应当成为汉奸以外的一切作家的作品之最中心的主题。这不但没有缩小作家的创作的视野，反而使它扩大了。现在和过去的现实中所包含的一切有国防意义的主题必须具

体地广泛地去发现。为民族生存的抗争存在于政治的、经济的、文化的、日常生活的——一切场面。主题的问题是和方法的问题不可分离的，国防文学的创作必须采取进步的现实主义的方法。[18]

周扬这里实际上就是对于"国防文学"具体内含的进一步解释。在他看来，"国防文学"的具体所指并不是单单一个政治的组织的概念，而主要指的是一种创作的方法。其政治内涵与其文学意义应该是统一的，即："国防文学"的内涵与文学的题材、主题和方法应该是一致的。这也就是说其在文学题材和文学主题上是有规定的"中心的"主题，在文学的创作方法上"必须"要采用"进步的现实主义的方法"。

周扬对于"国防文学"的进一步阐释立即招致了诸多的批评。茅盾本来还是"国防文学"的拥护者，在周扬他们的"国防文学"口号提出之后，茅盾立即以"波"的笔名发表《需要一个中心点》一文表示响应。但当他看了周扬的上述阐释之后，即刻写出《关于引起纠纷的两个口号》一文进行反驳，指出周扬上述把"国防文学"作为"创作"口号的主张存在着关门主义和宗派主义的危险，认为："国防文学"是作家们在抗日旗帜下联合起来的口号而不是一般的创作口号。在联合抗日的旗帜下作家们应有更大的创作自由[19]。而鲁迅则在那篇著名的《答徐懋庸并关于抗日统一战线问题》的"万言长文"里特别予以纠正："我以为应当说：作家在'抗日'的旗帜，或者在'国防'的旗帜之下联合起来；不能说：作家在'国防文学'的口号下联合起来，因为有些作者不写'国防为主题'的作品，仍可从各方面来参加抗日的联合战线；即使他像我一样没有加入'文艺家协会'，也未必就是'汉奸'。'国防文学'不能包括一切文学，因为在'国防文学'与'汉奸文学'之外，确有既非前者也非后者的文学，除非他们有本领也证明了《红楼梦》，《子夜》，《阿Q正传》是'国防文学'或'汉奸文学'"[20]。茅盾和鲁迅这里都点到了"国防文学"在理论上的"死穴"，即"国防"与"文学"之间不能是一种"同一"的关系，"国防"只能是政治和组织意义上的所谓的"国防"，其对于文学创作中的"题材"、"主题"和"方法"等因素，并没有根本的"决定"作用。

实际上，上述三个问题的根本还在于讨论"统一战线"结成后的文学格局问题。而其中的关键还是对于文学与政治的关系的处理上，即是"政治"统领"文学"，决定"文学"，还是"文学"在表现"政治"之余仍然保持其独立的意志和价值？"联合"不仅仅是政治意义上的，而且还意味着文学的分歧和斗争也随之被消解。这不仅仅是"左翼"文学的消解和泯灭，同样也是作家的和文学"自主性"的丧失问题。从上述的讨论我们可以看到，"国防文学"的倡导者们大多采用了文学与政治的同一的文学观念，在强调政治上的"联合"之余，大多忽视甚至抹杀了文学自身的独特和独立的感性特质，而把文学看成了随"政治"而动的"风向标"和"感应器"，但他们没有想到，虽然文学的认识功能带来的是文学与政治之间千丝万缕的联系，但文学毕竟是文学，是主体性、精神性的事业，是想象、激情和文字的表达本身。如果离开了这些来谈社会性和政治性，那就没有"文学"而只有政治了。而鲁迅维护并捍卫的，正是文学不同于政治的这种"独立"的价值。

三

"两个口号"的论争，还夹缠着双方早已有之的个人和宗派情绪。

以往关于"两个口号"论争的研究，多从这种个人和宗派恩怨来讨论其在论战中的激发和催化作用，这种分析也是符合史实的。但我以为，不必渲染甚至夸大论战双方的个人和宗派恩怨在其中的作用，实际上，"两个口号"之争，主要是思想理论上的原则分歧。由思想理论上的原则分歧，激化了本来就已形成的个人恩怨和宗派情绪，而本来就有的个人恩怨和宗派情绪，使论战双方的思想对峙及论战态势更趋白热化。这也就是说，论战双方的个人恩怨和宗派情绪，在论战中主要还是起到了"火上浇油"的作用，而理论原则的话语争夺则是问题的核心所在，而夹缠于其中个人恩怨和宗派情绪，并不构成事情的主因，只是这场理论原则的争论的延续和附属物而已。关于"两个口号"论争中的人事纠葛和宗派恩怨的具体情形，已有多种当事人的回忆录及研究著作、论文对此做了详细描述。因此，本文在此不拟重复，而重在论述和揭示这场论争的深在原委和动机。

关于以周扬为代表的"国防文学"派与鲁迅之间的龃龉和冲突，在周扬他们看来，主要是胡风"挑拨"的结果。但问题在于，要指出胡风在其间"挑拨"的证据，则似乎很难，因为除了鲁迅和胡风二人之外，谁又能确切地知道胡风是怎样"挑拨"的呢？笔者以为，胡风是否在其间"挑拨"其实并不重要，主要的还是鲁迅忍受不了周扬们那种以"指导家"的身份来"鞭笞"作家的"横暴"作风。其具体表现如下：

第一，鲁迅派与周扬派之间的矛盾，其根源还在于以鲁迅为代表的一批"同路人"作家不能忍受周扬们以政治"指导家"的身份对他们的"鞭笞"之苦。其实，周扬和鲁迅，分属于两类不同的政治和人格范型。鲁迅有着强烈的政治和道德使命，是抱着"为人生"的目的而从事文学启蒙的文学家。在鲁迅看来，政治与文学分属于两种"歧途"，分别有各自不同的目的和行为方式。虽然鲁迅有着强烈的政治诉求，但他从不以政治家自命，鲁迅之参与政治，更多的是出于一种道义的责任。对于革命，尤其是当时正方兴未艾的共产主义革命，鲁迅不过是一个"同路人"而已。周扬则不同，他首先是革命家，然后才是文学家。他是出于政治的目的而从事文学事业的，文学只不过是他革命生涯的具体表现而已。他把自己绑在"文学"与"政治"两只船上，以政治统文学，又以文学促政治，对文学界行使"指导"的权力。以周扬为代表的诸多"左联"领导人，多是以文学家身份从事政治活动的革命者，其所从事的文学事业大多带着极其浓厚的政治色彩，这就决定了他们在考量文学的价值时多是从政治的要求和目的出发的精神趋向。他们在对待以鲁迅为代表的文学家时，多是从政治的视角出发，以行其"指导"之责的。但在鲁迅等看来，文学中的"政治性"并不可怕，可怕的是"政治统领文学"，文学成了政治意志的附属物。这种"政治权力"对于"文学"的

"侵入",鲁迅是保持相当的警惕,甚至是极为反感的。他从"林默"(廖沫沙)、"绍伯"(田汉)、狄克(张春桥)等"左翼"批评家对自己或别的作家的无端攻击中已嗅出了这种强烈的"指导"气息。因此,在私下里就曾多次以"元帅"、"奴隶总管"、"小英雄们"等绰号来指称这些人,并认为"他们自有一伙,狼狈为奸,把持着文学界,弄得乌烟瘴气"[21]。这样,周扬们对文学家的"指导"和"批评",在鲁迅那里则成了一种"鞭笞":"以我自己而论,总觉得缚了一条铁索,有一个工头在背后用鞭子打我,无论我怎样起劲的做,也是打,而我回头去问自己的错处时,他却拱手客气地说,我做得好极了,他和我感情好极了,今天天气哈哈哈……。真常常令我手足无措……"[22]所以,晚年的鲁迅在遭受了周扬们的"鞭笞"之苦后,时常会感到一种"横站"的悲愤:"叭儿之类,是不足惧的,最可怕的确是口是心非的所谓'战友'。因为防不胜防。例如绍伯之流,我于今还不明白他是什么意思。为了防后方,我就得横站,不能正对敌人,而且瞻前顾后,格外费力"[23]。而后期的"左联"与鲁迅等的矛盾,也由此而肇始。

　　第二,"两个口号"论争之发生并趋向白热化,固然是冯雪峰、鲁迅、胡风等对周扬提出的"国防文学"口号有不同的看法所致,但更主要的原因还是周扬等认为胡风提出的新的口号挑战了自己的权威。最早提出"国防文学"口号的,是周扬以"企"为笔名在 1934 年 10 月 2 日《大晚报》副刊"火炬"发表的《"国防文学"》一文。"国防文学"口号提出后,立即在文学界引起热烈的反响,多数作家纷纷撰文支持这一口号,但也有一部分作家如鲁迅、胡风等对其有不同的看法。1936 年 4 月底,冯雪峰衔命来到上海,当时正是"国防文学"口号在文坛上被炒得沸沸扬扬之时。出于政治路线的考虑,冯雪峰在同鲁迅、胡风等商量后,决定提出新的口号,即"民族革命战争的大众文学",并由胡风以《人民大众向文学要求什么?》的题目在 1936 年 6 月 1 日的《文学丛报》第 3 期发表了出来。胡风的文章发表后,"国防文学"派以为胡风故意提出一个新口号与他们作对,纷纷起来围攻,"两个口号"论争呈现出白热化的局面。本来,在文学上对一种观点提出不同的看法应该是文坛的正常生态,没有争鸣、没有流派,那还叫"百花齐放、百家争鸣"的文坛?即使在文艺上的"统一战线"建立后,也是可以"和而不同"的吗!但胡风的文章《人民大众向文学要求什么?》发表后 10 天,徐懋庸即以相同的题目撰文还击,批评胡风的文章绝口不提"国防文学"及"统一战线"等口号,只是在"标新立异"、"混淆大众视听",所以是犯上"分化整个新文艺运动的路线"的罪名[24]。这就清楚地表明,在"国防文学"派的心目中,"国防文学"就是统一战线,不支持"国防文学",就是不支持统一战线。这种"非此即彼"的"争正统"的思维方式,就充斥在"国防文学"派的文章中。例如:"国防的主题应当成为汉奸以外的一切作家的作品之最中心的主题"[25],"目前的主要的斗争,为汉奸作家与非汉奸作家的斗争"[26],"从今以后:文艺界上的各种繁多的问题,有了一种裁判的法律了,那就是国防文艺的标准。凡反对、阻碍或曲解国防文学的都是我们的敌人!"[27]这种以"正统"自居,容不得别人的异见的独断论的思维方式,实际上是开了在政治大旗下对文学的异见"党同伐异"的先河。

第三，更为可怕的是，周扬们在率先拥有了"国防文学"的"话语权"之后，就仿佛抢得了一面"统一战线"的大旗。在此大旗下，所有的反对者或不合作者，都成了他们党同伐异、"以理杀人"的牺牲品。"国防文学"派在提出"国防文学"的口号的同时，还在组织上试图筹建了文艺界"统一战线"的组织——"中国文艺家协会"，并希望鲁迅参与发起和筹建工作。但由于鲁迅与他们之间的隔阂日益加深，鲁迅不但协同冯雪峰、胡风等提出了新的"统一战线"的文学口号，而且还拒绝加入"中国文艺家协会"，遂使得周扬他们的工作顿时陷入被动，同时这也为周扬他们在理论上陷鲁迅等以"不义"落下了口实。例如，何家槐就在一次有关"国防文学"的座谈会上，抨击"有批作家——特别是资格较老的作家们——却冷淡得很，漠不关心的样子"[28]，而周扬则在《关于国防文学》一文中在攻击徐行时，还带出了一批"到现在还是保持着超然的沉默的态度"的作家，认为"他们的宗派主义对于文艺上的统一战线或多或少地发生了阻碍的力量"[29]。对此，鲁迅曾在私下的书信中多次提及："近日这里在开作家协会，喊国防文学，我鉴于前车，没有加入，而英雄们即认此为破坏国家大计，甚至在集会上宣布我的罪状"[30]；"又有一大批英雄在宣布我破坏统一战线的罪状，自问历年颇不偷懒，而每逢一有大题目，就常有人要乘这机会把我扼死，真不知何故，大约的确做人太坏了"[31]；"当病发时，新英雄们正要用伟大的旗子，杀我祭旗"[32]；"因为不入协会，群仙就大布围剿阵，徐懋庸也明知我不久之前，病得要死，却雄赳赳首先打上门来也"[33]；"这里有一种文学家，其实就是天津之所谓青皮，他们就专用造谣，恫吓，播弄手段张网，以罗致不知底细的文学青年，给自己造地位；作品呢，却并没有。真是惟以嗡嗡营营为能事。如徐懋庸，他横暴到忘其所以，竟用'实际解决'来恐吓我了，则对于别的青年，可想而知"[34]。对于这种以"统一战线"的"公意"侵害"个人"权利的方式和行为，鲁迅随即在给徐懋庸的信中进行了一针见血的揭露："因为据我的经验，那种表面上扮着'革命'的面孔，而轻易诬陷别人为'内奸'，为'反革命'，为'托派'，以至为'汉奸'者，大半不是正路人；因为他们巧妙地格杀革命的民族的力量，不顾革命的大众的利益，而只借革命以营私，老实说，我甚至怀疑过他们是否系敌人所派遣"[35]。因此，若从整个中国革命事业发展的视野来看，鲁迅认为："首先应该扫荡的，倒是拉大旗作虎皮，包着自己，去吓唬别人；小不如意，就倚势定人罪名，而且重得可怕的横暴者"[36]。这里，鲁迅的眼光是锐利的。他在这里所捍卫的，乃是自己免于政治"污蔑"和"陷害"的权利，或者说，是一种个人的自由意志的权利，说到底，是一种文学的自我选择和表达的权利。他不仅仅考虑的是中国文学的事业，还有中国革命事业发展的前途。特别是在中国历史和文学在经历了巨大的历史劫难，尤其是政治对文学的严酷压榨和捆绑之后，我们更能够深切感知到鲁迅上述的惊人之语所蕴含的巨大而沉痛的预见性。

由上所述，我们可以看到，所谓的"两个口号"之争，即使是充满着个人和宗派之间的恩怨和情绪，也是围绕着政治与文学的关系而引发的。这也就是说，"两个口号"中的"意气之争",说到底还是"政治与文学的歧途"之争,是鲁迅们为了捍卫文学的"独立性"而进行的"护法"之战。由这场惨烈的文学论战,不仅直接导致了中国现代"左翼"文学的分裂,而且对于后来的文学思潮乃至文学事业都产生了重大而深远的影响。弄清楚这场文学论争事情原委和理论纠葛,对于进一步理解随之而起的中国现当代文学思潮乃至革命事业,将具有深刻的启示意义。

注释:

[1] 同人(瞿秋白):《上海战争和战争文学》,见左联出版的小册子《文学》1932 年 3 月。

[2] 《文艺新闻》社评:《榴花的五月》,1932 年 5 月 2 日。

[3] 茅盾:《"五四"与民族革命文学》,《文艺新闻》,1932 年 5 月 2 日。

[4] 丹仁(冯雪峰):《民族革命战争的五月》,《北斗》第 2 卷第 2 期,1932 年 5 月 20 日。

[5] 企(周扬):《国防文学》,《大晚报》(上海)1934 年 10 月 2 日。

[6] 周扬:《关于国防文学·作者附记》,见《周扬文集》第 1 卷第 175~176 页,人民文学出版社,1984 年。

[7] 冯雪峰:《有关一九三六年周扬等人的行动以及鲁迅提出"民族革命战争的大众文学"口号的经过》,见《新文学史料》第二辑(1979 年 2 月),收入《雪峰文集》第 4 卷第 513~514 页;又见胡风:《回忆录》,《胡风全集》第 7 卷第 335 页,湖北人民出版社,1999 年。

[8] 冯雪峰:《有关一九三六年周扬等人的行动以及鲁迅提出"民族革命战争的大众文学"口号的经过》,见《新文学史料》第二辑(1979 年 2 月),收入《雪峰文集》第 4 卷第 513~514 页;又见胡风:《回忆录》,《胡风全集》第 7 卷第 335 页,湖北人民出版社,1999 年。

[9] 《中共党史教学参考资料》(二)第 50 页,人民出版社 1957 年 9 月内部发行。

[10] 本来,由王明在 1935 年 8 月 1 日起草的《八一宣言》的基本精神还是主张"反蒋抗日"的,但从 1935 年 9 月开始,他的文章里大部分都没有斥骂蒋介石及国民党的字眼,相反来说,他还时常强调中共本身力量的不足及错误,同时多次强调与蒋介石南京政府联合的可能。详情见王宏志:《鲁迅与左联》第 200~201 页,新星出版社,2006 年。

[11] 冯雪峰:《有关一九三六年周扬等人的行动以及鲁迅提出"民族革命战争的大众文学"口号的经过》,见《新文学史料》第二辑(1979 年 2 月),收入《雪峰文集》第 4 卷第 513~514 页;又见胡风:《回忆录》,《胡风全集》第 7 卷第 335 页,湖北人民出版社,1999 年。

[12] 冯雪峰:《回忆鲁迅》第 130~132 页,人民出版社,1981 年。

[13] 鲁迅:《且介亭杂文末编·论现在我们的文学运动》,《鲁迅全集》第 6 卷第 590 页,人民文学出版社,1981 年(以下同)。

[14] 鲁迅:《且介亭杂文末编·答徐懋庸并关于抗日统一战线问题》,《鲁迅全集》第 6 卷第 529~537 页。

[15] 何家槐:《文艺界联合问题我见》,《文学界》1936 年 6 月 5 日创刊号,收入《"两个口号"论争资料选编》(上)第 235 页,人民文学出版社,1982 年。

[16] 鲁迅:《且介亭杂文末编·答徐懋庸并关于抗日统一战线问题》,《鲁迅全集》第 6 卷第 529~537 页。

[17] 鲁迅:《且介亭杂文末编·半夏小集》,《鲁迅全集》第 6 卷第 595 页。

[18] 周扬:《关于国防文学——略评徐行先生的国防文学反对论》,《文学界》1936 年 6 月 5 日创刊

号，收入《"两个口号"论争资料选编》（上）第 231～235 页。

［19］茅盾：《"左联"的解散和两个口号的论争》，见茅盾：《我走过的道路》下册，第 75 页，人民文学出版社，1997 年。

［20］鲁迅：《且介亭杂文末编·答徐懋庸并关于抗日统一战线问题》，《鲁迅全集》第 6 卷第 529～537 页。

［21］［34］《致王冶秋》1936 年 9 月 15 日，《鲁迅全集》第 13 卷第 426 页。

［22］《致胡风》1935 年 9 月 12 日，《鲁迅全集》第 13 卷第 211 页。

［23］《致杨霁云》1934 年 12 月 18 日，《鲁迅全集》第 12 卷第 606 页。

［24］徐懋庸：《"人民大众向文学要求什么？"》，《光明》1936 年 6 月 10 日创刊号，收入《"两个口号"论争资料选编》（上）第 276～279 页。

［25］周扬：《关于国防文学——略评徐行先生的国防文学反对论》，《文学界》1936 年 6 月 5 日创刊号，收入《"两个口号"论争资料选编》（上）第 231～235 页。

［26］何家槐：《文艺界联合问题我见》，《文学界》1936 年 6 月 5 日创刊号，收入《"两个口号"论争资料选编》（上）第 235 页，人民文学出版社，1982 年。

［27］胡洛：《国防文学的建立》，《客观》第 1 卷第 12 期（1936 年 2 月 5 日），收入《"两个口号"论争资料选编》（上）第 29 页。

［28］《国防文学问题——〈文学青年〉文艺座谈第一回》，《文学青年》创刊号（1936 年 4 月 5 日），收入《"两个口号"论争资料选编》（上）第 118 页。

［29］周扬：《关于国防文学——略评徐行先生的国防文学反对论》，《文学界》1936 年 6 月 5 日创刊号，收入《"两个口号"论争资料选编》（上）第 231～235 页。

［30］《致王冶秋》1936 年 5 月 4 日，《鲁迅全集》第 13 卷第 370 页。

［31］《致曹靖华》1936 年 5 月 14 日，《鲁迅全集》第 13 卷第 378 页。

［32］《致杨之华》1936 年 7 月 17 日，见《鲁迅研究月刊》2003 年第 6 期。

［33］《致杨霁云》1936 年 8 月 28 日，《鲁迅全集》第 13 卷第 416 页。

［34］《致王冶秋》1936 年 9 月 15 日，《鲁迅全集》第 13 卷第 426 页。

［35］鲁迅：《且介亭杂文末编·答徐懋庸并关于抗日统一战线问题》，《鲁迅全集》第 6 卷第 529～537 页。

［36］鲁迅：《且介亭杂文末编·答徐懋庸并关于抗日统一战线问题》，《鲁迅全集》第 6 卷第 529～537 页。

从民主主义到马克思主义

——李大钊思想的发展轨迹

王　洁（北京李大钊故居）

李大钊是中国共产主义先驱、伟大的马克思主义者、杰出的无产阶级革命家、中国共产党的主要创始人之一，在中国共产主义运动和民族解放事业中，占有崇高的历史地位。他既是中国共产党早期卓越的领导人，又是一位学识渊博、勇于开拓的著名学者。在"五四"前后中国社会的大变革时期，他同许多的中国先进知识分子一道热切寻求救国救民的真理。回顾李大钊短暂的人生，可以清晰地看出，他用其行动画出了一条从民主主义到马克思主义的思想轨迹。

放弃民主主义

李大钊出生于清王朝加速走向灭亡的 1889 年。其家乡冀东，是民族矛盾和阶级冲突的焦点。少年时的李大钊学习刻苦、关心社会，试图寻找一条消灭专制，使民族摆脱危机的道路。

1907 年，19 岁的李大钊为"感于国势之危迫，急思深研政理，求得挽救民族、振奋国群之良策"，考入了天津北洋法政专门学校。6 年中，"随政治知识之日进，而再建中国之志趣亦日益腾高"。辛亥革命爆发，李大钊目睹革命志士为推翻专制统治流血牺牲，特别是老师白亚雨的英勇就义，促使他开始选择革命的道路。1913 年 4 月，担任北洋法政学会编辑部长的李大钊，负责出版了《言治》月刊，并以此为阵地，陆续发表了数篇政论性文章。投身到反对封建军阀、争取民主共和的时代大潮中。

1913 年冬，李大钊怀着忧国忧民的情怀，东渡日本，考入东京早稻田大学政治本科学习，从政治、经济、社会、历史和法律诸方面深入研究日本社会状况和中国落后受制的原因，尤其着力于法制问题的研究。他在日本发起组织爱国团体神州学会，开始了反对袁世凯恢复帝制的活动。1915 年 1 月，日本帝国主义向袁世凯提出灭亡中国的"二十一条"。留日学生群起反对，公推李大钊为留日学生总会文牍干事，起草通电，反对卖国条约。他连夜写成了《敬告全国父老书》。这篇慷慨激昂、义正词严的通电迅速传遍全国。5 月 9 日，袁世凯接受了"二十一条"。6 月，李大钊编印了《国耻纪念录》，并发表《国民之薪胆》一文，激励全国人民继续坚持斗争。

青年时代的求学和从事革命活动的经历，为李大钊日后思想体系的形成和发展奠定了必要的理论基础尤其是对制宪主张的形成起了直接的作用。他热烈追求用资产阶级民主政治改造中国社会，这种民主政治如其所言，是"惟民主主义为其精神，代议制度为其形质之政治"。而民主政治的主体，则是"由中流社会之有恒产者，自进而造成新中心势力，以为国本之所托"。受日本大正时期民本主义思潮熏陶的影响，李大钊回国后立即写下了《民彝与政治》一文，提出"民彝者，民宪之基础也"。他认为，中国只有信民彝、彰民彝，才能求得一个适宜的政治，"顾此适宜之政治，究为何种政治乎？则惟民主义为其精神、代议制度为其形质之政治，易辞表之，即国法与民彝间之连络愈易疏通之政治也"。不久，李大钊即指出上述的政治就是民主主义，"民主主义之特征，乃在国家与人民之意思为充分之疏通"。他对民主精神的体认经过了一个逐步深化的过程，最先他更多地使用"唯民主义"，然后使用"民主主义"，再后来则使用"民治主义"，实际上这三个词的意思大体相同。他说："语其精神，不外使政治体中之各个分子，均得觅有机会以自纳其殊能特操于公共生活之中，在国家法令之下，自由以守其规范，并进以尽其职分，而赴共同之志的。官吏与公民无殊，同为国家之公仆，人人皆为治者，同时皆为属隶，其间无严若鸿沟之阶级。国家与人民，但有意之关系，绝无力之关系，但有公约之束制，绝无强迫之压服。所谓政府者，不过其主要之机关，公民依之以为其实现自己于政治之具耳。政必如是，始得谓之立宪，否则专制而已矣。"

但是，这种期望通过政治改良而使中国走入现代社会的理想在现实中陷入困境。他在1914年就感叹"时至今日，术不能制，力亦弗能，谋遏洪涛，昌学而已"。而当1917年张勋再演复辟丑剧时，他更为自己的"理想王国"的破灭而惆怅，"一代声华空醉梦，十年潦倒剩穷愁"。正如鲁迅所说：见过辛亥革命，见过二次革命，见过袁世凯称帝、张勋复辟，看来看去，就看得怀疑起来。

1918年5月，李大钊在一番深沉的观察与思考后说："中国人今日的现象，全是矛盾的现象，举国人都在矛盾现象中讨生活，当然觉得不安，当然觉得不快。既然不安不快，当然要打破此矛盾生活的阶级，另外创造一种新生活，以寄顿吾人的身心，慰安吾人的灵性"。

中国人民没有别的选择，只有采取更加坚决，更加彻底的革命办法，中国近代社会特别是民国初年的客观现实迫使人们抛弃改良主义。就此而论，李大钊由政治改良到社会革命的思想转变，就是中国近现代政治思想变化的缩影。

确立马克思主义观

毛泽东曾指出："十月革命一声炮响，给我们送来了马克思列宁主义"。李大钊为最早研究马克思主义的中国知识分子之一。李大钊经过不断地求索和鉴别，逐渐摆脱各种资产阶级、小资产阶级社会思潮的影响，最终选择了马克思主义，成为我国历史上第一个马克思主义者。

五四前夕，李大钊在《废娼问题》一文中，初步表达了马克思主义观点。他指出：

"根本解决（娼妓问题）的办法，还是非把这个社会现象背后逼着一部分妇女不去卖淫不能生活的社会组织根本改造不可"。稍后，在他的《我的马克思主义观》一文中，又进一步表达了自己的马克思主义思想。他提出："人类社会生产关系的总和，构成社会经济的构造"。"现代经济上、社会上发生了种种弊害，都是现在经济组织不良的缘故，经济组织一经改造，一切精神上的现象都跟着改造"。"依据马克思的唯物史观，社会上法律、政治、伦理等精神的构造，都是表面的构造。他的下面，有经济的构造作他们一切的基础。经济组织一有变动，他们都跟着变动。换一句话说，就是经济问题的解决，是根本解决。"十月革命正是在马克思主义指导下实行根本解决的结果。在俄国"罗曼诺夫家族没有颠覆，经济组织没有改造以前，一切问题，丝毫不能解决"就是最好的例证。

但是，李大钊并不认为"根本解决"是可以不受国情条件的限制去任意使用的，他认为："在有组织有生机的社会，一切机能都很敏锐，只要你有一个工具，就有你使用他的机会，马上可以用这工具做起工来"。而中国不具备这样的条件。他指出：中国以农业为本位的民族，因为常定住一处，家族繁衍，大家族制度特别发达；而"中国的大家族制度，就是中国的农业经济组织，就是中国二千年来社会的基础构造。一切政治、法度、伦理、道德、学术、思想、风俗、习惯，都建筑在大家族制度上作它的表层构造"，在中国这样一个以农业经济组织为基础构造的"没有组织没有生机的社会，一切机能，都已闭止，任你有什么工具，都没有使用他做工的机会。这个时候，恐怕必须有一个根本解决，才有把一个一个的具体问题都解决了的希望"。李大钊的思想和主张体现了马克思主义历史唯物主义的基本内容，也反映出他把马克思主义的普遍原理与中国的具体国情相结合的思想特征。这是中国先进知识分子从1840年鸦片战争到1920年的理想与追求屡受挫折、西方的各种主义在中国惨遭失败之后的第一次深刻警醒。

李大钊的思想构成了中国早期马克思主义者根据马克思主义原理而提出来的改造中国社会的最初方案，也是马克思主义中国化最早的理论建树。虽然他未明确提出马克思主义中国化的主张，但他的思想与行为方式却对后来的中国马克思主义者产生了很大影响。李大钊作为中国第一位确立马克思主义信仰并以之为中国社会改造指导理论的人，同中国后来产生的大量信仰马克思主义的革命者有很大不同，其中之一就是时代只允许他主动地而非被动地接受马克思主义。1919年，李大钊帮助《晨报》副刊开辟了"马克思研究"专栏，在1919年5～6月间，该专栏先后发表了日本学者河上肇的《马克思的唯物史观》、马克思的《雇佣劳动与资本》和考茨基的《马氏资本论释义》，李大钊本人撰写了《我的马克思主义观》。李大钊在接受马克思主义之后，自觉以其为认识工具去观察国家的命运，重新考虑中国革命的问题，把马克思主义运用于中国革命的实际，开创了中国共产主义运动的新局面。

李大钊马克思主义观的形成是在第一次世界大战结束以后，当时他基本上触动了中国革命必须把反帝与反封建的任务结合起来，即首先进行民族民主革命的历史主题。

李大钊指出，第一次世界大战的真正原因"乃在资本主义的发展"，是资本家的政府"为自己国内资本家阶级谋利益"。因此，第一次世界大战完全是"资本家政府的战争"。李大钊痛斥"巴黎和会所议决的事，那一件有一丝一毫人道、正义、平和、光明的影子！那一件不是拿着弱小民族的自由、权利，作几大强盗国家的牺牲"。李大钊把国内的封建统治者和为争权夺利混战不休的封建军阀看作是同西方列强没有什么差异的"强盗政府"。基于这种认识，李大钊认为中国的情况与其他资本主义国家的情况不同，提出了在中国首先应该进行推翻封建军阀势力的民主革命的观点。李大钊主张：中国人民进行反帝争民族解放和独立的民族战争，就必须同时进行反封建的民主斗争，而在进行反封建的民主斗争时，又必须进行反帝的民族斗争。这就为中国人民反帝反封建的民族民主革命斗争指明了正确方向。

李大钊的思想以马克思主义的唯物史观为理论基础，这一特征既反映了马克思主义在中国的传播方式，也反映了中国革命的客观要求和中国早期马克思主义者自身的理论重心所在。五四运动前后，马克思主义唯物史观十分突出地传播起来，一方面是由时代特征所决定，因为在中国这样一个处在国际争端的焦点、国内矛盾激化的社会里，社会历史观更容易被人接受，并运用它解决迫在眉睫的社会问题；另一方面，在中国早期马克思主义者的思想中或多或少地含有倾向于历史唯物主义的因素，如李大钊对"庶民"的重视，使他能比较容易地从西欧的革命运动和俄国十月革命中看到群众运动的威力和劳工的伟大，比较容易接受马克思主义。如果再往深处开掘，李大钊早年对"民彝"思想的阐释中，已经包含了这样的意识，也有他对中国传统文化中积极成分的吸收，反映了他历史唯物主义思想的一个重要来源。所以，从这样的思想历程中，我们可以看到李大钊对马克思主义唯物史观有如此程度的重视是十分自然的。

积极传播马克思主义

在中国，马克思主义的广泛传播是从俄国十月革命之后开始的。

李大钊热情地歌颂和宣传俄国十月革命，运用无产阶级的世界观，把握人类社会发展的历史规律，以敏锐独到的眼光发表了《法俄革命之比较观》、《庶民的胜利》、《布尔什维主义的胜利》和《新纪元》四篇文章，开启中国马克思主义宣传的序幕。他在文中指出，十月革命是"立于社会主义上之革命"，俄国布尔什维克党的主义就是革命的社会主义。对于十月革命的伟大意义，他指出："俄罗斯之革命，非独俄罗斯人心变动之显兆，实二十世纪全世界人类普遍心理变动之显兆"，这一胜利"是世界革命的新纪元，是人类觉醒的新纪元"，"是二十世纪革命的先声。"他满怀信心地说："由今以后，到处所见的，都是布尔什维主义战胜的旗，到处所闻的，都是布尔什维主义凯歌声"，"试看将来的环球，必是赤旗的世界！"

1918年2月，李大钊先后在北京大学、女高师、师范大学讲授"唯物史观"、"马克思的历史"、"马克思主义经济学"、"社会发展史"、"社会学"等课程，作为宣传马克思主义的讲坛，受到进步青年的热烈欢迎。他还参加了《新青年》杂志的编辑工作，主编《每周评论》，成为"五四"前后宣传马克思主义的主要阵地，为介绍和宣传马克思主义学说，推动反帝反封建的爱国民主运动，发挥了重大作用。

1919 年 5 月，李大钊在《新青年》第六卷第五期"马克思主义专号"上发表了全面系统地介绍马克思主义的专著《我的马克思主义观》。文章对马克思主义的三大组成部分——唯物史观、政治经济学和科学社会主义，都有所阐明，并指出这三个部分"都有不可分割的关系，而阶级竞争说恰如一条金线，把这三大原理从根本上联络起来。"这标志着马克思主义在中国进入比较系统的传播阶段。这期间，李大钊还在《新潮》、《少年中国》、《国民月刊》、《新生活》、《晨报》等刊物上发表了一系列文章，大力宣传马克思主义，产生了广泛的社会影响。

1919 年 7 月，胡适在《每周评论》上发表《多研究些问题，少谈些主义》一文，宣扬实用主义，反对马克思主义，挑起了"问题"与"主义"之争。8 月，李大钊发表《再论问题与主义》，系统地批驳了胡适的观点。他首先公开表明作为一个马克思主义者"对社会的告白"，光明磊落地宣布："我是喜欢谈谈布尔什维克主义的"，"布尔什维克主义的流行实在是世界文化上的一大变动。我们应该研究他、介绍他，把他的实像昭布在人类社会。"他号召不仅要宣传主义，而且要本着主义作实际的行动。他激烈抨击改良主义的社会改造方案，运用唯物史观，论证了中国问题必须从根本上寻求解决的革命主张。他指出，对于中国这样一个没有生机的社会，"必须有一个根本解决，才有把一个一个的具体问题都解决了的希望"。他强调中国必须以马克思主义的阶级斗争学说作指导，通过革命实现经济结构的改造。"问题"与"主义"之争扩大了马克思主义的社会影响，对于推动人们进一步探索改造中国社会起了积极作用。

1920 年 3 月，李大钊在北京发起了中国最早的一个学习和研究马克思主义的团体——马克思学说研究会，把经过五四运动锻炼的优秀青年组织起来，进一步学习和研究马克思主义学说。在他的教育和影响下，很多青年接受了马克思主义，走上了坚决的革命道路，促进了马克思主义在中国更大范围的传播。

李大钊在"黑暗的中国"高举起马克思主义的火炬，率先在一片荒原上披荆斩棘地开出一条传播马克思主义的道路，哺育了一大批杰出的共产主义者，加速了中国人民的觉醒。马克思主义的传播打破了民国初年社会和思想界的沉闷气息，民族精神获得极大振奋。李大钊为宣传马克思主义而写的诸多热情洋溢的文章，正如鲁迅先生所说的那样："他的遗文都将永在，因为这是先驱者的遗产，革命史上的丰碑"。

李大钊对马克思主义的传播

李　力（北京李大钊故居）

由于在帝国主义和无产阶级革命的时代条件下，半殖民地性质的中国不可能走上独立发展的资本主义道路。李大钊率先在中国大地上举起马克思主义的旗帜，把马克思主义的武器运用于中国革命实践，为中国社会昭示了社会主义的发展方向。

李大钊不愧为中国共产主义运动的伟大先驱。学习研究李大钊的马克思主义思想的发展历程，更有利于开拓创新，与时俱进，有利于中国现时革命思想的发展。

一　李大钊传播马克思主义的理论来源

第一次世界大战给世界带来的巨变以及 1917 年的俄国革命，特别是十月革命，苏维埃政权诞生了。世界上最初出现了"平民政治之精神"。此"平民政治之精神"的主题，使李大钊有可能接近俄国革命和马克思主义，也决定了五四后其思想发展的方向。

他在 1917 年 4 月发表的《政治之离心力与向心力》一文中首次提到社会主义，即宣告它终将取代资本主义。他由起初在进化论的引导下将历史的动因归之于精神，归之于民众的意志即"民彝"，到转变为马克思主义者以后，则把历史的动因归之于物质，归之于劳动生产。

事实上，马列主义者思想上的吸引力、布尔什维克革命的成功及苏维埃政权的建立，在中国掀起了一股澎湃的思潮。马列主义研究小组开始大量涌现。1918 年中期，时任北大图书馆主任的李大钊便公开承认信奉马克思主义，并且认为布尔什维克革命与法国大革命同样重要，是一种"伟大的、世界性的及基本的力量"。他预示中国将经历一场更伟大的革命，并于 1918 年秋创建了新潮社，不久又创建了马克思主义研究会。他在 1918 年 11 月号的《新青年》上撰文庆祝"布尔什维克主义的胜利"。

在苏联十月社会主义革命的影响下，中国人民正在酝酿着一个新的爱国主义运动的高潮。1919 年，北京爆发了五四运动。五四运动具有划时代的伟大意义，它成为中国新民主主义革命的开端，促进了中国工人运动同马克思主义的结合，为中国共产党的成立作了思想上和干部上的准备。

马克思主义与五四运动对中国知识分子具有巨大的冲击力。初期大多数的知识分子热烈支持民主、自由和国际主义，而没有太关注帝国主义问题，现在他们坚决地切断对西方的依赖，要将中国的命运掌握在自己的手中。政治上的行动主义成为新的口号。在五四运动中，李大钊一方面抨击日本帝国主义的侵略，另一方面他又告诉中国人民，五四运动是反对帝国主义的侵略。

第一次世界大战和俄国十月革命的发生，改变了20世纪世界历史的进程，也改变了中国思想史的方向。在俄国十月革命胜利的影响下，中国先进分子已对资本主义失去信心而寻找新的救国救民真理，这时中国大地兴起了蓬勃发展的社会主义思潮。"五四"以后，围绕着"改造社会"这个中心论题掀起了宣传新思想的浪潮，形成中国思想史上的百家争鸣的生动局面，这使得在探索中前进的一代青年能够广泛的选择和充分的比较。

李大钊迅速地冲破了资产阶级民主主义和新文化运动初期的局限，在实践中提高认识，明辨真伪，反复探索，最终接受了改造中国、改造社会的新的思想武器——马克思主义，认识到马克思主义救国救民的真理，顺利地完成了向唯物史观的转变，他的社会理想也由近代资产阶级民主主义转向社会主义。

二　李大钊积极宣传马克思主义

（一）撰写介绍、翻译、研究马克思主义著作

1917年俄国十月革命的消息传到中国后，他先后发表了《法俄革命之比较观》、《庶民的胜利》、《布尔什维主义的胜利》、《新纪元》等文章，他充满激情地宣告："试看将来的环球，必是赤旗的世界！"

李大钊是五四运动的主要领导者，在这场伟大的爱国民主运动中起了杰出的指导作用。他将列宁和十月革命的号召传播到中国，迎接中国革命"新纪元"的到来。在他的领导下，"五四"运动迅速发展为全国性的反帝爱国运动，促进了马克思主义在我国的传播，1919年9月、11月，李大钊在他主编的《新青年》第六卷第五号、第六号上发表《我的马克思主义观》，这是我国最早的系统的全面介绍马克思主义基本原理的重要著作，它是李大钊成为马克思主义者的重要标志。

在《我的马克思主义观》一文中，李大钊把唯物史观、政治经济学、科学社会主义这三个马克思主义的组成部分联系起来加以论述，正如他在该文中谈到的"这三部理论，都有不可分的关系，而阶级竞争说恰如一条金线，把这三大原理从根本上联络起来。"[1] "人类社会生产关系的总和，构成社会经济的构造。"[2] "社会主义经济学者以为现代经济上、社会上发生了种种弊害，都是现在经济组织不良的缘故，经济组织一经改造，一切精神上的现象都跟着改造，于是否认现在的经济组织，而主张根本改造。"[3]

他的这篇论文，深受河上肇《社会问题研究》一至三期上连载的《马克思的社会主义理论体系》一文的影响。他不但介绍了马克思主义的概要，同时阐明了自己带有批判观点的对马克思主义的见解。

李大钊指导北京《晨报》副刊开辟了《马克思研究》专栏。他在接受了马克思主

义的科学世界观以后，坚信共产主义在世界和中国，必然取得最后的胜利。

在北京景山东街 2 号，亢慕义斋旧址，即"共产主义小屋"（Communism house）。李大钊组织有志于研究马克思主义的青年，分为英、德、法三个翻译组，翻译马克思、恩格斯、列宁等人的著作，研究他们的思想理论。到 1922 年 4 月，已有英文书籍数百册，报刊上百种。最早出版了中文版的马克思主义经典著作《共产党宣言》等。

李大钊指明了中国反帝反封建的民族民主革命斗争的正确方向，他参加了《新青年》杂志的编辑工作，主编《每周评论》，为介绍和宣传马克思主义学说，推动反帝反封建的爱国民主运动，发挥了重大作用。

1919 年 7 月，胡适在《每周评论》上发表《多研究些问题，少谈些主义》一文，反对马克思主义。8 月，李大钊发表《再论问题与主义》，批驳了胡适的观点，他坦言："不过我总觉得布尔扎维主义的流行，实在是世界文化上的一大变动。我们应该研究他，介绍他，把他的实像昭布在人类社会。"[4]"依马克思的唯物史观，社会上法律、政治、伦理等精神的构造，都是表面的构造。他的下面，有经济的构造作他们一切的基础。经济组织一有变动，他们都跟着变动。换一句话说，就是经济问题的解决，是根本解决。"[5]"我可以自白，我是喜欢谈谈布尔扎维主义的。"[6]他谈到中国必须以马克思主义的阶级斗争学说，通过革命实现经济结构的改造。

1920 年 8 月，天津觉悟社邀请少年中国学会、人道社、曙光社、青年互助团等四团体，在北京陶然亭慈悲庵，为商讨爱国运动的发展方向和联合斗争问题举行茶话会。李大钊出席了茶话会，并对联合中标明主义提出了明确的意见："盖主义不明，对内既不足以齐一全体同志之心志，对外尤不足与人为联合之行动"。

（二）围绕马克思主义进行授课、讲学

1920 年 7 月，李大钊被评为北京大学教授兼图书馆主任。李大钊积极投身新文化运动，先后教学多门新课程，有《社会主义与社会运动》、《唯物史观》、《史学思想史》、《史学要论》等，并开设现代政治讲座、指导学生实习。

李大钊出版的学术专著和讲义，商务印书馆出版了《平民主义》、《史学要论》，《唯物史观》、《史学思想史》作为北京大学讲义，印发给校内学生。

1920 年以来，李大钊围绕马克思主义，举办了多场讲座。如《现代普选运动》、《自然与人生》、《社会与个人（北京八所高校公共学术讲演会)》、《工人的国际运动》、《工人的国际运动（续）》、《马克思的经济学说》、《社会主义是否适合于中国》、《马克思诞辰 104 周年纪念》、《社会主义的将来》、《印度问题》等。

李大钊先后到上海、杭州、武汉、天津等地讲学，宣传马克思主义思想、壮大党的组织。仅中国共产党建党初期，1921～1923 年间，如 1921 年 9 月李大钊应邀赴四川举行讲演。1923 年 2 月，在武汉做演讲《进步的历史观》、《世界四种妇女运动之潮流及性质》、《中国妇女运动进行之方法》。1923 年，在上海做演讲《史学与哲学》、《演化与进步》、《社会主义释疑》、《历史概论》、《研究历史的任务》。1923 年 12 月，在天津做演讲《历史与人生观》。

李大钊以马克思主义为指导，对历史学、法学、政治学、教育学、伦理学乃至民族问题、妇女问题等进行过研究，在这些领域中做出了开拓性的建树。

李大钊传播马克思主义，影响了一代伟人。1936年的《毛泽东与斯诺的谈话》中记录了毛泽东曾说过："我在北大图书馆当助理员的时候，在李大钊手下，很快地发展，走到马克思主义的路上。"

1942年11月12日，毛泽东在中共中央西北局高干会议上的演讲《布尔什维克的12条》中谈到："没有中国共产党以前就有马克思主义了，如果没有马克思主义怎么会有共产党呢？事实上，那时候李大钊他们就是宣传马克思主义的，那时候的报纸、刊物、书籍都在。1921年至1924年之间，李大钊继续宣传共产主义、唯物史观，那不是马列主义是什么？它不是基督教主义，也不是孔教主义，是马列主义，实实在在，有书为证。"

在1946年的《周恩来与李勃曼的谈话》中记录了周恩来的一段话："《每周评论》、《新青年》都是进步读物，对我的思想有许多影响"，"我的思想已从赞成革命走向社会主义。"

三　李大钊关于马克思主义的核心论述

早期的马克思主义者李大钊运用马克思主义的唯物史观，把马克思主义的普遍原理与中国的具体国情相结合。他把中国传统思想建立在唯物史观的科学基础之上。他把对现实的思考与对人类社会发展的终极目标联系起来，构想出社会主义的理想社会，并且在唯物史观的指导下具体探讨了实现这一社会理想的途径，从而将近代关于社会理想的探讨推进到一个科学的历史阶段。李大钊正是在这种时代思想氛围中，把思想与共产主义理想联系起来。李大钊看到"世界的新文明之曙光"，指出中国就是要走十月社会主义革命道路的历史趋势。

李大钊遵循马克思主义理论，对中国革命问题进行探索。在接受了马克思主义的同时，他已经开始注意到中国工人阶级的力量，并把创造历史未来的希望寄托在他们身上。他指出中国的民主革命必须由无产阶级领导、必须依靠农民、必须建立民主的联合战线、必须通过武装斗争达到革命目标。他于1917年4月在《学生问题》中提出自己的观点，认为在西方，"政治革命、社会革命之先声，遂皆发于工人之口。若英，若美，若法，政治上、社会上之一切改革，罔不胚酿于劳动阶级之运动。最近俄国大革命之发端，亦以面包问题为武器，工人团体为先锋"[7]。十月革命的胜利更加显示了工人阶级的伟大力量。他确信第一次世界大战的胜利是庶民的胜利、劳工主义的胜利，"劳工阶级"应自觉承担建设理想社会的责任，从而找到了实现理想社会的现实阶级力量。同时李大钊积极宣传唯物史观，其超越了进化论的范畴，实现了进化史观向唯物史观的转换。

李大钊接受了马克思主义的社会主义学说之后，指出在封建军阀统治下，绝不可能制定出代表资产阶级民主主义的宪法，即使建立了一个能代表资产阶级利益的国家，无产阶级也不可能获得民主的权利，这权利不能靠反动统治者的施舍，而要靠社会主义革命去夺取，未来的世界必将是赤旗插遍的无产阶级的世界。

李大钊运用唯物史观探讨了社会理想转化为现实的具体途径，他明确指出应当根据马克思的唯物史观，这不仅构成了其关于社会主义理想的历史基础，而且为实现这一理想找到了现实的途径——阶级斗争，即无产阶级革命。他强调指出，在人类迈向大同世界的历史进程中，阶级斗争是不可避免的，只有通过阶级斗争，才能消灭阶级，并且指出为使新制度新理想的基础巩固，还需要经过一个无产阶级专政时期。

他认为，马克思主义是革命的科学，而不是抽象的学理和不变的教条；研究马克思主义必须研究它"怎样应用于中国今日的政治经济情形"，并在这个过程中把这门科学推向前进。他于1919年2月发表的《青年与农村》一文中指出，重要的是必须同人民群众的实践保持密切的联系，主张"非把知识阶级与劳工阶级打成一气不可"，指出知识青年必须到劳动群众中去，了解他们的痛苦，研究他们痛苦的原因，寻找解脱他们痛苦的方法。这样，他揭示了马克思主义必须同中国实际相结合的思想原则。

李大钊运用唯物史观对中国当时政治经济情况做了初步研究，他指出中国的大家族制度，就是中国的农业经济组织，就是中国两千年来社会的基础构造。一切政治、法度、伦理、道德、学术、思想、风俗、习惯，都建筑在大家族制度上作它的表层构造。他根据自己对马克思主义和中国国情的理解，从实际出发，推断出走社会主义道路是实现世界大同的必然趋势，论证了中国走社会主义的历史必然性。1923年1月，他在北京大学经济学会上作演讲《社会主义下的经济组织》，指明社会主义的发展阶段："社会主义的实现必须经过三阶段：一、政权的夺取；二、生产及交换机关的社会化；三、生产分配及一般执行事务的组织。"[8]

他强调社会主义制度将是共性与特性结合的一种新制度，中国将来的社会主义的特性。他于1923年9月～1924年4月，在《社会主义与社会运动》一文中明确提出："以下再谈谈社会主义的理想。因各地、各时之情形不同，务求其适合者行之，遂发生共性与特性结合的一种新制度，共性是普遍者，特性是随时随地不同者，故中国将来发生之时，必与英、德、俄……有异。"[9]"社会主义不是使人尽富或皆贫，是使生产、消费，分配适合的发展，人人均能享受平均的供给，得最大的幸福。""故社会主义不是破坏生产，是求进步的、适合的生产，即整理生产，使归统一，免呈纷乱之象。"[10]

他在马克思主义思想的指导下，同其他共产党人一起领导了北方的工人运动，在北方各省广泛组织农民协会，开展农民运动。他为第一次国共合作的建立和国民党第一次全国代表大会的召开，做出了重要的贡献。他在北洋军阀统治的心脏地区发动的革命斗争，有力地推动了大革命高潮的兴起和北伐战争的发展。

可以说，李大钊最早提出马克思列宁主义要与中国实际情况相结合。他在1923年12月发表的《艰难的国运与雄健的国民》一文中，阐述了中华民族现在所逢的史路，是一条崎岖险阻的道路。李大钊的宣传教育工作、组织发动工作，都是为了中国走上社会主义道路，正如他指明的：只有社会主义能够救中国，只有社会主义能够富强中国。

四　李大钊传播马克思主义，创建中国共产党

1919 年 12 月，李大钊的马克思主义研究会改由社会主义研究会代替。同年"共产国际"的代表维经斯基来华与李大钊会晤，就建党一事进行交谈，不久后前往上海与陈独秀商谈。这两次重要会谈的结果，主要是决定在上海建立由陈独秀领导的党支部，在北京建立另一个由李大钊领导的党支部。这就是"南陈北李"相约建党。只要联合两个党支部，便可将中国共产主义运动统一起来。

1920 年 2 月陈独秀从武汉讲学回到北京，受到警察当局的追捕，由李大钊护送，化装离开北京，经天津去上海。路上，两人分析了中国当时的国情，交换了建党的意见，并决定南北相约建党。

1920 年 3 月，北京各种各样的马克思主义小组联合组成北京马克思学说研究会。李大钊在北京大学秘密组织成立马克思学说研究会，先后参加的有：邓中夏、高君宇、朱务善、何孟雄、罗章龙、张国焘、瞿秋白等人。

北京和上海成为马克思列宁主义在中国传播的中心，1920 年 3 月，共产国际代表维经斯基会见李大钊，并经李大钊介绍去上海会见陈独秀。6 月，上海共产党早期组织建立。10 月，北京共产党早期组织建立，成员有：李大钊、邓中夏、张国焘、张申府、罗章龙、刘仁静、高君宇、缪伯英、何孟雄、范鸿劼、张太雷等。很多活动是在石驸马大街后宅 35 号（今西城区文华胡同 24 号的李大钊故居）进行的。罗章龙《椿园载记》中记载的马克思学说研究会的会员，他们中间的很多人后来都参加了中国共产党，成为第一批共产党员。

1921 年 3 月 22 日，这个研究会才转为公开活动，登出了活动启事。会员很快发展到全国，很多地方成立了分会。马克思学说研究会的活动一直延续到 1925 年底。

这期间，李大钊于 1921 年 3 月发表《团体的训练与革新的事业》一文，指出："我们现在还要急急组织一个团体。这个团体不是政客组织的政党，也不是中产阶级的民主党，乃是平民的劳动家的政党，即是社会主义团体。中国谈各种社会主义的都有人了，最近谈 Communism 的也不少了，但是还没有强固精密的组织产生出来。""若能成立一个强固精密的组织，并注意促进其分子之团体的训练，那么中国彻底的大改革，或者有所附托！"[11]

李大钊和陈独秀一北一南，在建党初期，他们书信来往频繁，关于为党起名的问题，陈独秀来信问李大钊，李大钊和张申府研究，最后定名为中国共产党，回信告诉了陈独秀。1921 年 7 月 23 日中国共产党第一次全国代表大会在上海召开。李大钊因在北京领导国立高校教职员的索薪斗争，未能出席会议。会议议定由李大钊负责领导北方地区党的工作。党的"一大"召开，虽然李大钊没有出席会议，但他不愧为中国共产党的主要创始人。

　　总之，李大钊以科学的态度对待马克思主义，深入探讨了马克思主义的理论来源，对马克思主义的思想体系进行了整体的系统性的概括，为在中国传播马克思主义作出了巨大贡献。

　　我们学习李大钊对马克思主义的传播，学习、研究并宣传其宝贵的思想理论遗产，对于推动我国社会主义现代化建设，对于新时期人们进一步深化对社会主义建设规律的认识，促进社会主义社会的发展与进步都具有重大现实意义。

注释：

［1］《李大钊全集》第三卷第 19 页，人民出版社，2006 年 3 月。

［2］《李大钊全集》第三卷第 27 页，人民出版社，2006 年 3 月。

［3］《李大钊全集》第三卷第 17 页，人民出版社，2006 年 3 月。

［4］《李大钊全集》第三卷第 5 页，人民出版社，2006 年 3 月。

［5］《李大钊全集》第三卷第 6 页，人民出版社，2006 年 3 月。

［6］《李大钊全集》第三卷第 4 页，人民出版社，2006 年 3 月。

［7］《李大钊全集》第二卷第 85 页，人民出版社，2006 年 3 月。

［8］《李大钊全集》第四卷第 134～135 页，人民出版社，2006 年 3 月。

［9］《李大钊全集》第四卷第 197 页，人民出版社，2006 年 3 月。

［10］《李大钊全集》第四卷第 196～197 页，人民出版社，2006 年 3 月。

［11］《李大钊全集》第三卷第 271 页，人民出版社，2006 年 3 月。

后期闻一多对"五四"精神的认识和阐发

李乐平（广东海洋大学文学院）

虽然后来作为诗人、学者和民主斗士的闻一多在"五四"当时就参加了该运动并在清华食堂门口贴出象征他爱国表现的岳飞词《满江红》，然而由于他当时仅仅属于爱国青年学生并且他当时的兴趣更在新诗创作和新诗理论的探讨和建树方面，因此，真正结合现实从理论层面反映"五四"精神反对儒家思想并见诸文字的，却在他的后期。

在《闻一多全集》12 卷本中，闻一多最先冠以"五四"命题发表的文章是他于1944 年 5 月 3 日在昆明为西南联大师生所作的《五四历史座谈》演讲。就在这个演讲中，他在肯定先他演讲的张奚若所说之"五四是思想革命"并且回忆他所受"五四"爱国和民主思想影响的历程后，就猛烈地批判封建儒家思想并现身说法虽从小"就受《诗》云子曰的影响。但是愈读中国书就愈觉得他是要不得"。因为他"读中国书是要戳破"封建社会和思想的"疮疤，戳穿他的黑暗，而不是去捧他"。这结果就如闻一多所说之他"念过了几十年的《经》书，愈念愈知道孔子的要不得，因为那是封建社会底下的"。又因为"封建社会是病态的社会"，因此，闻一多认为不仅五四"当时要打倒孔家店，现在更要打倒"[1]。其后，闻一多更在 1944 年 11 月为薛诚之的《三盘鼓》诗集作序说为了"诗的女神"不被利用"做了某种人'软'化另一种人，以便加紧施行剥削的工具"，甚或"好处便变成了罪恶"，因此，他更愤世嫉俗地说其"在'温柔敦厚，诗之教也'这句古训里嗅到了几千年的血腥。"闻一多所以如此，其目的就在于医治中国儒家传统文化的病根。而此种认识，这就如同俄国作家安特列夫当年通过《谩》的主人公在现实中发现了弥漫于宇宙的"谩"看到人世间到处都是谎言、欺骗而没有诚实；中国作家鲁迅当年通过《狂人日记》的主人公在写满"仁义道德"教科书的字缝中看到中国几千年现实中满本都写着的"吃人"两字一样，闻一多则在经历了从诗人到学者再到斗士的发展变化后，以最灵敏的嗅觉，火眼金睛般地达到了如此的理论高度。

闻一多在"温柔敦厚，诗之教也"这句古训里嗅到几千年的血腥，这在他的未刊手稿中，还有剖析批判儒家思想比这更深刻更犀利的一段如下：

仁，孝（敬）

五伦，三纲

君臣（主权）支配五伦 ⎫

父子（家庭关系）为支柱 ⎭ 互相勾结，互为表里

孝 ⎰ 仁，父子（恩）⎱

敬 ⎱ 君臣（威）⎰ 两面刀——吃人礼教[2]

其实，就在为薛诚之诗集写序的更早时期包括当年，闻一多就经常在他演讲或文章中表述类似内容。他在一次题目为《说儒》的报告中关于对"儒"的分析就很耐人玩味。他说"从字根上讲，'儒'有'而'字，就是软的，就是奴隶"[3]。确实如此，因为"儒"乃"人"也；又因为"耳"在"雨"下并且"耳"是软的，所以就会在"雨"的冲击下摇摆服从。因此，闻一多这才认为"儒"就是奴隶并说"封建余毒腐化了中国"而且"腐化便是封建势力的同义语"[4]。对此，闻一多有着超人的清醒认识。他说："其实一个民族的'古'是在他们的血液里，像中国这样一个有悠久历史的民族，要取消它的'古'的成分，并不太容易。难的倒是怎样学习新的。"[5]正所以此，他大声疾呼道："中国这些旧东西，我钻了十几年了，一个字一个字都'弄透了'。越弄，就越觉得要不得"。因此，闻一多就说他现在要和大家"'里应外合'地把它打倒。"[6]闻一多所以具有如此超人的清醒认识，在于他有着非常敏锐的眼光。这又如同鲁迅在《春末闲谈》中将细腰蜂毒汁对小青虫肉体的麻醉比喻为统治者对人民精神的毒害，因此闻一多才说"儒学就是用来维持封建社会的假秩序"，他们就是"要把整个社会弄得死板不动"[7]。

确实如此，虽然闻一多研究古文化"钻进去"原本是要"刳其肠肚"的言说不免夸大，但他钻进去之后刳了其肠肚却是事实。而且，在其刳了肠肚后最终又由其"绅士"转变而为"斗士"。这种情况的原因是，外部表现为社会"逼得我们没有路走"[8]，闻一多当时尚且过着"四千元一担的米价和八口之家"[9]的日子，就更可想象全国百姓所遭受的生灵涂炭。由于腐朽的国民党政府当时却又不断叫嚷着复古要"尊孔读经"并搞"献九鼎"和"应帝王"。因为"孔家店就是要我们好好儿当奴才，好好服从老爷们的反动统治"，所以，闻一多这才愤恨地说"只要想一想这几年的生活，看一看政治的腐败所给人民的痛苦，有良心的人应该作何感想？"因此，虽然这时闻一多依然"酷爱我们祖国的文化"，并且承认"我们的祖先确实创造了不少优秀的东西"，然而他更认为"其中有些精华，但也有许多糟粕"。最让闻一多感到欣慰的，是他"总算认识了哪些反动糟粕的毒害"，并且更认识到"这些货色正是那些人要提倡的东西"。由此说明，闻一多是透过现实镜像的折射，这才从"温柔敦厚，诗之教也"的古训中嗅到几千年的血腥。基于此，闻一多呼吁并愿意和大家"联合起来，把它一起拆穿"，并且愿意坚定地"和大家里应外合地彻底打倒孔家店，摧毁那些毒害我们民族的思想"[10]。因此，这就不能不让始终执著认为"诗人主要的天赋是'爱'，爱他的祖

国，爱他的人民"的闻一多"拿出人性中最后最神圣的一张牌"并让他"那在人性的幽暗角落里蛰伏了数千年的兽性跳出来反噬他一口。"[11] 于是，这才终于有了闻一多由"绅士"到"斗士"的转变。

虽然有认为闻一多"有目的地钻了进去，没有忘失目的地又钻了出来"，他这是"为了要批判历史而研究历史，为了要扬弃古代而钻进古代里去刳它的肠肚"[12] 之观点并不全符合闻一多研究和转变的全部历程，因为闻一多钻进去研究的初衷其实为的是吸收并发扬光大。但是，闻一多钻进去后刳了其肠肚却是事实。这种歪打正着的结果，一方面说明社会存在决定社会意识的作用，一方面则表现出闻一多转变历程的艰难还有他追求的执着。但无论如何，社会的黑暗以及统治者的腐朽毕竟使他清醒地认清现实以及封建历史"吃人"血腥的一面，这才使他在严酷的现实面前敢于大胆"开方"以根治那病入膏肓的社会。他给臧克家的信中就说："经过十余年故纸堆中的生活，我有了把握，看清了我们这民族，这文化的病症，我敢于开方了"。那"方单的形式是什么"？闻一多则说就是"一部文学史（诗的史），或一首诗（史的诗）。"磨难的生活遭遇使闻一多尤其"恨那故纸堆"，而"正因恨它"，就"更不能不弄个明白"，于是，他便决心要做"杀蠹的芸香"[13] 并在《关于儒·道·土匪》中认为儒、道和墨家思想都是中国传统文化的病根。为了医治这文化的病根，他的"历史课题甚至伸到历史以前"以"研究神话"，并且其"文化课题超出了文化圈外"，又"研究以原始社会为对象的文化人类学"。"为了探求'这民族，这文化'的源头"，又因为"这原始的文化是集体的力，也是集体的诗"，所以，这就正如朱自清所说，闻一多"也许要借这原始的集体的力给后代的散漫和萎靡来个对症下药"[14]。

闻一多给"后代的散漫和萎靡对症下药"所指出的道路，就是他写于 1947 年 4 月 27 日并发表在是年 5 月 10 日昆明《民主周刊》上的《五四运动的历史法则》。这篇文章的主旨即封建阶级和帝国主义相互勾结及其腐败能够催生民主，这就是历史的法则。闻一多在文章之中国近百年历史的回忆中，详细分析了当时和中国封建主义勾结的帝国主义为了忙于欧战不得不退出中国后因为中国封建势力的极端腐朽而发生五四新文化运动的事实以及新文化运动的功绩即"从此中国土地上便不断地涌着波澜日益壮阔的民主怒潮"并"终于使国民革命军北伐成功，北洋军阀彻底崩溃"。虽然如此，但是闻一多回忆此并非真的要总结"五四"历史法则，他是在借"五四"历史法则来说明历史已经"重演"的当时国际国内局势，这就是"五四"26 年后日本即将战败然而中国却愈加腐败的情况下，更催生了中国的民主浪潮。闻一多尤其赞扬"在敌后的民主中国"坚持抗战的共产党在"这个民主的大本营"中，无论"成绩和实力"，都"远非五四时代的广东所能比拟"并且"人人都知道的"事实。因为他们不仅在"中国最贫瘠的区域"领导抗战，而且"人民却不饿饭"。据此，闻一多最后的结论是："帝国主义的进步，封建势力的进步，结果都只为人民的进步造了机会，为人民的胜利造了机会"。他说，"不管道路如何曲折，最后胜利永远是属于人民的，二十六年前如此，今天也如此"。因为，"在'五四'的镜子里，我们看出了历史的法则"[15]。

　　闻一多"以读史的立场"肯定抗战即将胜利时共产党争取"民主"的历史功绩还表现在他于1945年5月3日在西南联大历史学会主办之"五四青年运动座谈会"上的《发言》。他从"当初五四运动"只"是一个零碎的青年运动，没有组织，慢慢才出现群众的运动"而由于孙中山领导的"国民党的加强"，这才使之"转成了一个具体的政治运动"开始说起，然后他就"请诸位特别留意"不要因为"中国人向有所谓清高的风气"而怕被当时"在喊民主"的"党派（按即共产党）利用"。闻一多并且预言："今后二十六年，当你读到今天的历史时，你一定会感到庆幸今天有某某党派，就像庆幸当时有国民党一样。"[16]这时候，作为民主斗士的闻一多，他已经坚定地站在人民的立场上，充分肯定中国共产党当时领导全国人民开展民主运动的历史功绩并拥护中国共产党的领导。只有在这时候，他才能够更深刻地认识到历史的前进和社会的进步，都必须要不断发展变革。这正如他所说之"新的已经来到，旧的还不肯去，新的急了"，就"把旧的挤掉"，因为"这是革命"。这就是闻一多的《"五四"断想》[17]。就在这之前后，闻一多在写文艺评论《新文艺和文学遗产》，《诗与批评》以及《论文艺的民主问题》等尤其写《诗与批评》在强调诗歌美感效率更强调诗歌社会价值的同时，还写出思想批评和社会批评的杂文《一个白日梦》，《什么是儒家》，《人民的世纪》，《兽·人·鬼》和《真的屈原》，《复古的空气》，《家族主义与民族主义》，《从宗教论中西风格》和《关于儒·道·土匪》等直至《最后一次讲演》。所有这些作品，都是闻一多在追求民主时结合时弊阐发自己观点批判统治者和儒家思想以拯救当时中华民族生命之危殆的呼声。

　　不过我们需要说明的是，闻一多后期反对中国儒家传统文化，我们亦不能据此认为中国儒家传统文化就都不好而全腐朽。其实，儒家传统文化也是一个复杂的存在。其"君君臣臣"，"父父子子"的纲常固然是为封建统治者的宗法势力所服务，其所倡导的"秩序"也是为了巩固其统治基础，但是，孔子的"仁者爱人"尤其孟子的民本思想，我们至今还应给予充分肯定。就儒家思想的完整体系而言，我们应该说其既有"上"对"下"的责任，也有"下"对"上"的义务。虽然如此，但是几乎历代所有统治者都只取"金银盾"的一面即强调"下"对"上"的义务而不管"上"对"下"的责任，尤其当时的国民党宗法家国统治更是如此。人民处在水深火热之中，既没有最基本的生活保障，更无本应有的民主权利，有的只是被敲骨吸髓的剥削和奴化的精神教育。即使作为大学教授的闻一多，也不能摆脱这种遭遇的苦境。这就让他在国难当头透过现实的腐朽看到中国儒家传统文化最虚伪和最丑恶残忍的一面，并认清了当时黑暗现实的本质。正是有了这种对于现实本质洞察力的穿透认识，于是这才由其原来"'大哉孔子'其真圣人乎"[18]崇尚中国儒家传统文化转变为因"在'温柔敦厚，诗之教也'这句古训里嗅到几千年的血腥"而批判中国儒家传统文化，并声称自己"读中国书是要戳破他的疮疤"而志在摧毁那病入膏肓的封建精神堡垒乃至现实社会制度。

　　闻一多所以由"绅士"转变为"斗士"，正是严酷的现实使然。就因为有了闻一多的这种转变，这才最终导致他之率真的"诗性"与"诗情"大发而走上十字街头，并且有了他那最后一次讲演的慷慨激昂以及讲演罢的惨烈悲壮。他之"前脚跨出大门，后脚就不准备再跨进大门"的呐喊，集中代表了当时先进知识分子的声音。闻一多以其生命之花，毫无疑问地谱写了人类历史上最壮美的诗篇。

历史的经验和教训我们当然应该汲取。今天，我们纪念五四运动发扬民主精神坚持"三个代表"重要思想创建和谐社会大力进行文化建设就要最大限度地努力发掘闻一多对当今时代具有认识价值和教育意义的"品行"并进行文化包装，这就犹如闻一多在其《端节的历史教育》中将屈原之死的意义必须赋予现今的社会需要一样进行宣传。我们由闻一多从端午节源于纪念屈原的这个"谎"中得到启发，同样可以借鉴为我们今天如何对于闻一多进行文化包装和宣传。其内容的重点就是努力提炼并强化宣传贯穿于闻一多一生的精神和行为表现即"诗人主要的天赋是'爱'，爱他的祖国"和"爱他的人民"，尤其要让全中国每一位公民都成为"爱他的祖国"和"爱他的人民"的楷模。若果真如此，则国家幸甚，祖国美好的明天就在眼前。当然，我们更应该将闻一多进行完整的宣传，而绝不能将其"肢解"或者"偷换"。目前个别论者对于闻一多后期参加社会政治活动不以为然而片面肯定其前期的唯美艺术追求貌似追求艺术而淡化政治，其实，这种理论的积极阐发，恰巧让他掉进关心社会政治活动的怪圈。任何一种极端掩盖另一种极端的作为都不可取。

注释：

[1] 闻一多：《五四历史座谈》，《闻一多全集》卷 2，第 367 页，湖北人民出版社，1993 年。

[2] 刘烜：《闻一多评传》，第 345 页，北京大学出版社，1983 年。

[3] 闻黎明：《闻一多年谱长编》，第 721 页，湖北人民出版社，1994 年。

[4] 闻一多：《五四运动的历史法则》，《闻一多全集》卷 2，第 405 页，湖北人民出版社，1993 年。

[5] 闻一多：《复古的空气》，《闻一多全集》卷 2，第 355 页，湖北人民出版社，1993 年。

[6] 季镇淮：《闻朱年谱》，第 47 页，清华大学出版社，1994 年。

[7] 闻一多：《五四历史座谈》，《闻一多全集》卷 2，第 367 页，湖北人民出版社，1993 年。

[8] 闻一多：《西南采风录·序》，《闻一多全集》卷 2，第 195 页，湖北人民出版社，1993 年。

[9] 闻一多：《致臧克家》，《闻一多全集》卷 12，第 380 页，湖北人民出版社，1993 年。

[10] 闻黎明：《闻一多年谱长编》，第 706 页，湖北人民出版社，1994 年。

[11] 闻一多：《西南采风录·序》，《闻一多全集》卷 2，第 195 页，湖北人民出版社，1993 年。

[12] 郭沫若：《闻一多全集序》，《闻一多全集》卷 12，第 435 页，湖北人民出版社，1993 年。

[13] 闻一多：《致臧克家》，《闻一多全集》卷 12，第 381 页，湖北人民出版社，1993 年。

[14] 朱自清：《闻一多全集序》，《闻一多全集》卷 12，第 446 页，湖北人民出版社，1993 年。

[15] 闻一多：《五四运动的历史法则》，《闻一多全集》卷 2，第 406 页，湖北人民出版社，1993 年。

[16] 闻一多：《在五四青年运动座谈会上的发言》，《闻一多全集》卷 2，第 410 页，湖北人民出版社，1993 年。

[17] 闻一多：《"五四"断想》，《闻一多全集》卷 2，第 412 页，湖北人民出版社，1993 年。

[18] 闻一多：《致家人》，《闻一多全集》卷 12，第 195 页，湖北人民出版社，1993 年。

鲁迅在五四前后

——兼论五四思想的聚合与分化

赵敬立（上海应用技术学院人文学院）

　　五四新文化运动揭开了中国现代史的崭新篇章。此前自鸦片战争以来先进的中国人寻求救国救民的真理和道路的艰难历程，至此而显现和产生了新的"拐点"，尤其是自晚清戊戌变法运动以来纷繁驳杂的"主义"与思潮的涌动，在经过剧烈的碰撞、甄别和汰洗后，知识分子的诉求相对集中于日益明晰的"民族主义"的大纛之下，多种力量汇聚为反帝爱国、建立独立富强的"民族国家"的巨大洪流[1]。广大爱国学生的宣传鼓动，以及作为先进生产力代表的工人阶级开始登上历史舞台，使得这种全新的历史诉求获得了实现的可能与路径。从此，马克思主义作为指导思想得以确立，中国共产党诞生并领导工人阶级和全国人民，开始了建立独立、民主、富强的国家的新的伟大征程。

　　毫无疑问，这是一个需要巨人也产生了诸多巨人的伟大时代。但值得关注也饶有意味的是，被后来的言说界定为"新文化运动的旗手"的鲁迅，他之"进入"五四则相对地被动甚至是不无"勉强"。对此，他自己称之为"听将令"、"不免呐喊几声"[2]。今天看来，这当中实则蕴含着有关五四时期现代思想聚合与分化的诸多信息，显示了现代思想发展与社会变迁之间的内在脉络，以及个人与时代之间的互动促成关系。本文拟就鲁迅在五四前后思想与言行的实际情形进行考察和梳理，并就相关问题略作辨析和论述。

一　五四前的鲁迅：钞古碑的寂寞生涯

　　在展开正文的讨论之前，有必要对本文所说的"前"、"后"的时间概念作一界定。五四运动爆发于 1919 年 5 月 4 日，但作为一场波澜壮阔的社会文化运动，在史家眼里，是决非仅以这一具体的时日与事件来考量其影响、意义与价值，而总是作为关涉一定时段的社会运动与社会变迁来看待和研究的。基于这样的考虑，本文将 1912 年鲁迅北上来京教育部任职的这一年份作为"前"的起始，以 1922 年五四新文化运动的"退潮"[3]，即 1922 年 7 月《新青年》出至第九卷第二号后休刊这一年份作为"后"的讫点，而将 1918 年 5 月《狂人日记》的发表作为"前"与"后"的临界点与分水岭，即 1912 年 5 月至 1918 年 5 月为"五四前"，1918 年 6 月至 1922 年 7 月为"五四后"。换言之，对鲁迅而言，他的"五四"要比实际上爆发于1919年5月4日的"五四运动"约早一年。当然，在全文的论析中，自然要"顾及作者的全人"[4]——结合鲁迅的一生，尤其是他早年留日时期和1927年之后的"上海十年"来展开论述。

鲁迅自1912年5月北上教育部任职后的日记，为我们考察他在本文所涉时段内的生存状况和思想言动，提供了较为完备的直接材料[5]。据日记，1916年11月30日载有"上午陈师曾贻印章一方，文曰'俟堂'。"作为笔名，"俟堂"曾于《俟堂专文杂集》等书、文中使用。关于"俟堂"的意思，曾有不同的解释。有人认为其义即"待死堂"[6]。笔者以为，其义乃古人所谓"君子以俟其命"、"静观其变"的意思，这正如太炎先生这一时期题写给鲁迅的字幅所录庄子文意"在谷满谷，在阬满阬"相同[7]。要之，"俟堂"之出，决非偶然。历来文人士大夫刻印或命名书斋名号，均有寄意述志的意旨。因而，这也可看作是这一时期鲁迅心境与情志的概括性表见。细检鲁迅1912年至1918年5月间的日记，我们不难得出一个基本的判断，即五四前的鲁迅所过的其实是钞古碑的寂寞生涯[8]。

约略而言，鲁迅1914年主要是继续进行自1912年即已开始的搜集佛经和研习佛学；1915年至1918年5月则为大力搜求碑版石刻拓片，并进行相应的整理、抄写和研究。

关于鲁迅的读佛经和研究佛学，许寿裳曾有记述曰："民三以后，鲁迅开始看佛经，用功很猛，别人赶不上。"[9]这里，许氏将鲁迅开始读佛经的年份定为1914年，恐系特指其"用功很猛"而言的。实际上鲁迅自1912年5月始，即已经开始佛学方面书籍的接触、购求、阅读和研习活动。如1912年5月24日日记载有"梅君光羲贻佛教会第一、二次报告各一册"，次日又记有"下午至琉璃厂购……《观无量寿佛经》一册"。1913年内，也有不少相关记载，如3月1日"往留黎厂购……《法苑珠林》一部四十八册"；4月7日"许季上赠《劝发菩提心文》一册，《等不等观杂录》一册"；10月12日"晚许季上来还《法苑珠林》三函，谈至夜去"；11月26日"许季上以《大唐西域记》一部相赠"；12月14日"又至有正书局买《释迦谱》一部四册"等。

但自1914年4月起，情形却发生了很大的转变，鲁迅开始大规模地搜集和购买佛经与佛学著作。据日记，4月18日"下午往有正书局买《选佛谱》一部，《三教平心论》、《法句经》、《释迦如来应化事迹》、《阅藏知津》各一部"；次日即19日又记有"午后往有正书局买《华严经合论》三十册，《决疑论》二册，《维摩诘所说经注》二册，《宝藏论》一册"。类似这样的记载，不遑屡举。通观本年书帐，鲁迅共开列所购书籍159种，购书总价款177.834元，经约略统计，其中与佛教和佛学有关的即达91种[10]，金额为47.667元，分别占购书总数、款项的57.2%、26.8%。

当然，购买书籍并不表示一定就会研读，尤其不意味着已经读过，这是在根据个人藏书或某一阶段集中购买某一方面书籍来研究其人的思想与学术时，尤应加以注意、鉴别和谨慎立论的。事实上，鲁迅购求的一些佛学著作，或是为其弟周作人代购的。换言之，或许他们兄弟二人此时都在研习佛学吧。例如，本年6月9日日记记有"上午寄二弟书籍一包，内《释迦谱》四本，《贤首国师别传》一本，《选佛谱》二本，《佛教初学课本》一本。"这其中的《贤首国师别传》和《佛教初学课本》，即是鲁迅本月 6 日所买，而《释迦谱》、《选佛谱》则分别为上年 12 月和本年 4 月所买。但结合上引许寿裳的记述，则鲁迅如此这般大规模地搜集和购买佛经与佛学著作，主要还是为了阅读和研究，当无疑义。当然，鲁迅对于佛经，正如许寿裳所言，"只当做人类思想发达的史料看，借以研究其人生观罢了"、"他的信仰是在科学，不是在宗教。"[11]

果然，自 1915 年起，鲁迅的购书情况发生了显著的变化，即佛学书籍已很少，近乎绝迹，转为大力搜求碑版石刻拓片。从书目看，1915 年计 196 种，佛学书仅《因明入正理论疏》一种，而碑版石刻拓片则达 121 种之多，另有三十余种图书亦均为与金石学、文字学有关的论著。1916 年计细目 371 种，除佛经《维摩诘所说经》、《妙法莲花经》、《净土经论十四种》等数种外，绝大多数均为碑版石刻拓片。

鲁迅不仅花大气力搜求、购买碑版石刻拓片，而且进行认真的钞录、整理与研究。这在日记中亦有反映，如 1916 年 1 月 1 日："夜整理《寰［宇］贞石图》一过。录碑。"又如 1917 年 1 月 22 日："旧历除夕也，夜独坐录碑，殊无换岁之感。"至于鲁迅在整理与研究方面所取得的成就，更是为世人所推重[12]。其中有关古代的造像和墓志等金石拓片，后来辑有《六朝造像目录》和《六朝墓名目录》两种（后者未完成）。此不赘。

但仔细推究，可以发现 1916 年是鲁迅搜求碑版石刻拓片的顶峰。自 1917 年始，情形却有了转变。1917、1918 年，购书细目分别为 143、140 种，虽然绝大多数仍是碑版石刻拓片，但总数已有显著的减少，下降的趋势很明显[13]。这其中的原委，自是复杂多重的。但笔者认为，《新青年》阵营中钱玄同、刘半农及沈尹默等人之"介入"鲁迅的生活，乃是至关紧要的决定性因素。

钱玄同在日本留学时曾与鲁迅同听章太炎讲学，1913 年后与鲁迅也有着还往。但就在鲁迅搜求碑版石刻拓片达到顶峰的 1916 年，鲁迅日记中却无一次他们之间交游的记载。直至 1917 年 5 月 13 日他们方恢复交往："得钱玄同信，即复。"此后，鲁迅日记中开始频繁出现钱玄同的名字，多为"夜钱玄同来"、"晚钱玄同来"、"钱玄同来谈"等语。经统计鲁迅日记，他的名字在 1917 年出现了 12 次，1918 年更是高达 53 次。钱玄同是以善于谈话而闻名的，鲁迅曾叫他诨名为"爬来爬去"[14]。据日记，1917 年 8 月 9 日载："下午钱中季来谈，至夜分去。"于此，我们可以悬揣他们交谈的热烈情形之一斑。而日记 1918 年 2 月 10 日、4 月 5 日又分别记有"晚刘半农来"、"晚钱玄同、刘半农来"，对此，我们如若联系钱、刘二人 1918 年 3 月在《新青年》第四卷第 3 号上以"王敬轩"之名而演出的著名的"双簧信"事件，自不难明了这两条记载、这两次来访的重要意义。

正是由于钱玄同之接连不断地"来谈"，才有了鲁迅后来所提到的著名的有关"破毁铁屋子"的对话[15]，而"鲁迅"也就此"诞生"："于是我终于答应他也做文章了，这便是最初的一篇《狂人日记》。从此以后，便一发而不可收……"[16]而作为"鲁迅诞生"的显性标志的，正是"鲁迅"这一笔名在 1918 年 5 月《新青年》第四卷第五号发表《狂人日记》时的首次使用。这同时意味着，鲁迅完成了由"周树人"到"鲁迅"的蜕异和转变。

二　鲁迅在五四后：奋起呐喊的"真的猛士"

鲁迅在"终于答应"钱玄同"也做文章"后，确如他自己所说的"一发而不可收"。其著述之勤勉，出手之迅捷，著译质量之高，令人叹为观止。对此，时掌北大校政、"循'思想自由'原则，取兼容并包主义"的蔡元培，后来曾论赞曰："他的感想之丰富，观察之深刻，意境之隽永，字句之正确，他人所苦思力索而不易得当的，他就很自然的写出来，这是何等天才！又是何等学力！"[17]蔡先生这里所说的，主要是鲁迅后期（1925~1936）的创作，但若移用作鲁迅此期著述的评价，是同样恰切允当的。

据《鲁迅著译系年目录》，自 1918 年 5 月至 1922 年末，鲁迅计著有小说 15 篇，新诗 6 首，杂文、论文 57 篇，译著《一个青年的梦》、《桃色的云》、《工人绥惠略夫》、《爱罗先珂童话集》等数部，译作及序跋和相关文字 58 篇，辑录、校勘《青琐高议》、《鲍明远集》等二部，以及其他杂著十余篇[18]。这些著述，小说部分后结集为《呐喊》，1923 年由新潮社出版[19]，杂文、论文分别收入《热风》、《坟》等集子中。发表的报刊，初期主要是《新青年》，继以《每周评论》、《新潮》、《国民公报》等。1920年起，除了《风波》、《故乡》等几篇外，发表的阵地主要转为《晨报》、《小说月报》、《妇女杂志》、《东方杂志》等。

下面，我们就分别从著译、社会活动及交游等几个方面，来考论鲁迅的深刻而巨大的变化。其思想上的变化，留待下文论析。

首先，是著译。这包括创作和翻译两部分。茅盾在 1923 年发表的《读〈呐喊〉》一文中写道："当时亦未必发生了如何明确的印象，只觉得受着一种痛快的刺戟，犹如久处黑暗的人们骤然看见了绚丽的阳光。"这就准确而生动地说明了《狂人日记》出现在五四文坛上的时代意义。而对于鲁迅小说的整体成就，茅盾论道："在中国新文坛上，鲁迅君常常是创造'新形式'的先锋；《呐喊》里的十多篇小说几乎一篇有一篇新形式，而这些新形式又莫不给青年作者以极大的影响，必然有多数人跟上去试验。"[20]胡适 1923 年在谈到文学革命后"这五年以来白话文学的成绩"之短篇小说方面时，极力推崇和揄扬鲁迅"成绩最大"："但成绩最大的却是一位托名'鲁迅'的。他的短篇小说，从四年前的《狂人日记》到最近的《阿 Q 正传》，虽然不多，差不多没有不好的。"[21]鲁迅自己后来也在 1935 年论述曰："在这里发表了创作的短篇小说的，是鲁迅。从一九一八年五月起，《狂人日记》、《孔乙己》、《药》等，陆续地出现了，算是显示了'文学革命'的实绩，又因那时的认为'表现的深切和格式的特别'，颇激动了一部分青年读者的心。"[22]

而关于翻译，胡适曾说："民国七年一月《新青年》复活以后，我们决心做两件事：一是不作古文，专用白话作文；一是翻译西洋近代和现代的文学名著。"[23]而鲁迅在这时可以说正是在翻译上"做工做得最好的"一个。

其次，是社会活动。这方面最重要的是参与《新青年》的编辑和先后受聘任教于北京大学、北京高等师范大学。这是鲁迅此期最重要的生活事件，因为"社团同人不再是单个的独立体，在享有自由发表言论的同时，也承担相应的责任，个人的思想无形中向社团主旨靠拢，受到社团的约束。社团以'集体'的意志和热情吸引每一个成员，使其精神意向朝向某个方向，个人的思想也不时地以集体性原则为参照标准，向集体意志靠拢，同时构建《新青年》的激进话语，推动新文学的发生、发展。"[24]

再来看他的交游情况。值得注意的有三点。其一，与《新青年》团体和五四"新锐"力量——《新潮》社成员傅斯年、罗家伦等的交往。几乎所有《新青年》团体的核心社员[25]（陈独秀、胡适、钱玄同、刘半农、李大钊、高一涵、周作人等）均与鲁迅有密切的交往。另外，与有"只手打孔家店"之称的吴虞也有交往，吴虞曾将其所著《吴虞文录》寄赠鲁迅，鲁迅日记1921年1月2日记有"吴又陵寄赠自著《文录》一本"。其二，是与茅盾、郑振铎等文学研究会成员以及胡愈之等人的交往。第三，是热心地寄赠《新青年》、《新潮》、《每周评论》等刊物给许寿裳、周建人。

综上所述，鲁迅在五四后，很快地进入了新文化运动的中心。很长时间以来，关于五四的众多言说中，"启蒙运动"是最为集中和典型的一个命题和论断，尽管对其题旨和论域众说纷纭。海外汉学家舒衡哲尝谓："但在20世纪中国，启蒙所追求的，则是一种持续不歇的'除魅'过程，要将中国从数个世纪以来的'君为臣纲，父为子纲，夫为妻纲'的纲常名教禁锢中解放出来。"[26]对照这一论断，反观鲁迅的《我之节烈观》、《我们现在怎样做父亲》以及《热风》中的杂文和《狂人日记》等小说对于旧礼教、旧伦理道德和封建专制主义思想文化的猛烈批判，则我们说他这时已成为名副其实的"真的猛士"，当无异议。

三 "前"与"后"之间的意义解析

鲁迅在五四的时代大潮中，中流击水，有如浴火重生，前后判若两人，乃显然的事实和人们的共识。上面的梳理是为了关注其细节、考察其所由来的过程，本文的重点则在于对鲁迅在五四前后的巨大变化之意义的解读与评析。

五四新文化运动是中国进入近代以来，政治、经济、社会、文化各方面矛盾发生深刻的交集、运动与发展的历史产物，也是自鸦片战争后一代又一代志士仁人不懈地寻求、变革乃至流血牺牲的逻辑结果。它虽然最终落实在"新文化"这一文化的变革与创新上，但其意义与影响却绝不仅仅局限于文化本身。而鲁迅在五四"前"、"后"的这种转变，则最为分明地显露和揭示了中国现代思想聚合与分化的诸多信息和理路，这不仅是我们今天研究五四传统的极好材料，也是研究中国现代思想发展与演变的典型案例。

五四运动发生的直接起因是中国在外交上的失败，引发并导致北京大学等校学生纷纷步出学堂走上街头，爆发为声势浩大的爱国热潮，继之亦"一发而不可收"，发展为全国性的广泛而浩大的社会变革运动。但其切近的源头，却是《新青年》的创刊、新思想启蒙和此后倡导的文学革命。

《新青年》1915年9月创刊于上海[27]，创刊号上发表的陈独秀所撰《敬告青年》一文，向青年提出"自主的而非奴隶的"、"进步的而非保守的"、"进取的而非退隐的"、"世界的而非锁国的"、"实利的而非虚文的"、"科学的而非想象的"六项主张。这实际上已包含了他后来所揭橥的"民主"和"科学"两方面的要求，是号召思想革命的宣言。这一主张，至1919年初而明确："要拥护那德先生，便不得不反对孔教、礼法、贞节、旧伦理、旧政治；要拥护那赛先生，便不得不反对旧艺术、旧宗教；要拥护德先生又要拥护赛先生，便不得不反对国粹和旧文学。"[28]可以看出，举凡文化结构中的社会规范与组织等制度文化层面，风俗习惯等行为文化层面，和价值观念、审美情趣、思维方式等心态文化层面，均涵摄在内，可谓全面的文化革新和再造。

"民主"与"科学"口号与理念之提出，尤其是将其并列高张，是晚清以来知识界各种言说中前所未有的新局面，尽管实际上《新青年》同人对"民主"和"科学"的理解并不一致[29]，却正是使"东方睡狮"醒转来的兴奋剂和积贫积弱之古老帝国复振的强心剂，是五四时代的最强音。

自1917年始，《新青年》又提倡文学革命。胡适发表《文学改良刍议》，陈独秀则更进一步，改为"文学革命论"，并且在胡适十分绅士地表示"决不敢以吾辈所主张为必是而不容他人之匡正"时，断然宣称"必不容反对者有讨论之余地，必以吾辈所主张者为绝对之是，而不容他人之匡正也"[30]。五四新文化运动实质上是借助文学革命之力，才得以勃兴和高涨的，这是颇让人讶异的事实，也是今人在讨论和认识新文化运动时往往加以忽视或认识上不够重视和到位的。本文认为，如果说五四新文化运动对于中国现代历史进程的伟大意义是"怎么估价也不过分"的话，那么文学革命对于五四新文化运动的重要性，同样是怎么估价也不过分的。

文学革命的一个重要方面，是语言改革，提倡白话文打倒文言文。我们强调文学革命的重要意义，首先是基于这一点。语言是思想文化的载体，《新青年》团体欲革新思想，则改革语言的功效之利落和显著，实无异于"釜底抽薪"。对此，胡适先后说过："文字的功用在于达意，而达意的范围以能达到最大多数人为最成功"[31]，"要读书不需口译，演说不需笔译，要施诸讲坛舞台而皆可，诵之村姬妇孺而皆懂。不如此者，非活的言语也，决不能成为吾国之国语也，决不能产生第一流的文学也"[32]。五四文学革命的语言改革，除了受到极少数顽固派如林纾之流的反对，和当时少数提倡者自身不明了或者忽视了语言变革与发展演变的规律（渐进而非突进）、未能摆正改革与传承的关系（如钱玄同提出废除汉字）之外，可说大获全胜。为此，胡适于1923年曾不无自豪地总结说"民国八年以后，白话文的传播真有'一日千里'之势"[33]。

五四新文化运动也被称为启蒙运动，而启蒙自以"效应最大化"为鹄的。当作为启蒙之工具的语言文字"能达到最大多数人"时，这一目标的实现也就有了现实可能性和基本的保证。尤其是当文学革命的宣传鼓动与学术权威相结合，形成社会科学的权威优势时，其在传播上的效应和获得的成功，就是顺理成章的了。对此，有学者论曰："北京大学的学术权威及作者的学术、精神品格，构成社会科学领域的权威优势，《新青年》的传播获得充分的'可效性效果'，影响力迅速发展和扩大，吸引和凝聚了全国的革新力量，掀起声势浩大的文学革命，迅速成为北京甚至全国思想文化界的舆论核心，揭开新文化运动的帷幕并将之推向高潮。"[34]

当然，文学革命并不只是单方面的语言改革和形式上的革命，还有更深刻重大的内容方面的革命。虽然在初期确有过于注重语言改革和形式革命的倾向，引起周作人等人的不满，提出批评。周作人于1918年底接连写作了《人的文学》、《平民的文学》等文章，进行反拨，提出"我所说的人道主义，并非世间所谓'悲天悯人'或'博施济众'的慈善主义，乃是一种个人主义的人间本位主义"、"用这人道主义为本，对于人生诸问题，加以记录研究的文字，便谓之人的文学。"[35]他亦因此而被誉为"确立了中国新文艺的础石"[36]。胡适后来也已意识到这一问题，因而对周作人的文章大加赞赏，称之为"一篇最平实伟大的宣言"："次年（七年）十二月里，《新青年》（5卷6号）发表周作人先生的'人的文学'。这是当时关于改革文学内容的一篇最重要的宣言。"因而，五四又被称之为"人的发现"、"人的解放"的时代，这在胡适当年的文章中也可见一斑："《新青年》的一班朋友在当年提倡这种淡薄平实的'个人主义的人间本位'，也颇能引起一班青年男女向上的热情，造成一个可以称之为'个人解放'的时代。"[37]

今天看来，正是这"语言革命"和"思想革命"，才是吸引和感召鲁迅"忽然积极起来"、答应"也做文章"的深层原因。于此，我们可以分明地理会个人与时代之间的互动促成关系：风云际会的时代召唤和催生英杰之士，而有准备、有蓄积的英杰之士一旦投入时代的洪流中，又反过来推动运会的发展，令其波澜壮阔、摇曳生姿。

关于这一点，周作人曾记述曰，在与钱玄同谈论之前，鲁迅早知道了《新青年》的了，"可是他并不怎么看得它起"、"对于《新青年》总是态度很冷淡的。""但是在夏夜那一夕谈之后，鲁迅忽然积极起来，这是什么缘故呢？鲁迅对于文学革命即是改写白话文的问题当时无甚兴趣，可是对于思想革命却看得极重，这是他从想办《新生》那时代起所有的愿望，现在经钱君来旧事重提，好像是在埋着的火药线上点了火，便立即爆发起来了。这旗帜是打倒吃人的礼教！"[38]鲁迅对于语言文字，是极力主张改革的。曾先后发表意见说："我们中国的文字，对于大众，除了身份，经济这些限制之外，却还要加上一条高门槛：难。……唐朝呢，樊宗师的文章做到别人点不断，李贺的诗做到别人看不懂，也都为了这缘故。"[39]"歌，诗，词，曲，我以为原是民间物，文人取为己有，越做越难懂，弄得变成僵石，他们就又去取一样，又来慢慢的绞死它。"[40]这些虽是后来30年代大众语运动中发表的观点，但联系他在致曹聚仁的信中提到的"太炎先生曾教我小学，后来因为我主张白话，不敢再去见他了，后来他主张投壶，心窃非之……"[41]等语看，他在五四时亦是主张白话的。至于他留日时期为着"改变他们的精神"、"想提倡文艺运动"而积极筹办却中途"流产"的《新生》，更是他"年青时候也曾经做过许多梦"中的一个。

不唯如此，文学革命又进而与学生运动结合起来，终而导致新文化运动的高涨。启蒙运动要引导、激发和造成"最大多数人"起来，而广大爱国学生正是这最初的"最大多数人"。对于这二者之间的关系，胡适在当时即有清醒的评述："民国八年的学生运动与新文学运动虽是两件事，但学生运动的影响能使白话的传播遍于全国，这是一大关系；况且'五四'运动以后，国内明白的人渐渐觉悟'思想革新'的重要，所以他们对于新潮流，或采取欢迎的态度，或采取研究的态度，或采取容忍的态度，……文学革命的运动因此得自由发展，这也是一大关系。"[42]

对于学生运动，旧民主主义革命领袖孙中山在1920年初曾满怀热情地论赞曰："自北京大学学生发生五四运动以来，一般爱国青年，无不以革新思想为将来革新事业之预备。于是蓬蓬勃勃，发抒言论。国内各界舆论，一致同倡。……社会遂蒙决大之影响。……此种新文化运动，在我国今日，诚思想界空前之大变动。……故此种新文化运动，实为最有价值之事。"[43]

要之，"《新青年》的创刊→文学革命→学生爱国运动→深广的社会变迁"，乃是新文化运动的基本轨迹。这也可以用胡适在谈陈独秀对于文学革命的历史功绩时的一句话来概括："由他才把伦理道德政治的革命与文学合成一个大运动。"[44]

这样一个"伦理道德政治的革命与文学合成"的"大运动"，其在思想上所产生的聚合以及文化上资源整合的作用与效应，是深刻而巨大的。连鲁迅这样的"见过辛亥革命，见过二次革命，见过袁世凯称帝，张勋复辟，看来看去，就看得怀疑起来，于是失望，颓唐得很了"，开初对于"'文学革命'，其实并没有怎样的热情"[45]而埋首于钞古碑中者，亦毅然会集到"民主"和"科学"的大旗下，成为"敢于直面惨淡的人生，敢于正视淋漓的鲜血"的"奋然而前行"的"真的猛士"。

正是这段时间，鲁迅数次提到他的"思想变迁"："仆则思想颇变迁，毫不悲观。"[46]"仆年来仍事游戏，一无善状，但思想似稍变迁。"[47]也正是在这段时间，他的笔下不止一次提到了"曙光"："时候已经是二十世纪了；人类眼前，早已闪出曙光。"[48]"看看别国，抗拒这'来了'的便是有主义的人民。他们因为所信的主义，牺牲了别的一切，用骨肉碰钝了锋刃，血液浇灭了烟焰。在刀光火色衰微中，看出一种薄明的天空，便是新世纪的曙光。曙光在头上，不抬起头，便永远只能看见物质的闪光。"[49]

因了这一时期思想聚合的作用和效能，五四新文化运动才能够实现社会总动员，具备了我们今天持续不竭地谈论和言说的品性。

但细观之下，五四新文化运动在起到思想聚合作用的同时，也即进行着思想的分化。这当中的原因自是十分复杂的，除了汪晖等人所指出的"《新青年》同人对'民主'和'科学'的理解并不一致"外，还因为那时正是一个各种思潮与"主义"纷纷涌入的时期。本文无力细加梳理，仅就关涉鲁迅的部分，略作辨析。

鲁迅虽然加入《新青年》社团，开始"也做文章"而且出手不凡，但他所秉持的思想，却主要还是他早年"别求新声于异邦"而寻求和建立起来的以"个人"为张本、以"立人"为路径的个性主义，和在此基础上形成的生物—社会进化观。他在1907年的《文化偏至论》中提出的"人既发扬踔厉矣，则邦国亦以兴起"、"是故将生存两间，角逐列国是务，其首在立人，人立而后凡事举；若其道术，乃必尊个性而张精神"和"国人之自觉至，个性张，沙聚之邦，由是转为人国"[50]，在1908年发表的《破恶声论》中指出的"人各有己，而群之大觉近矣"和"人各有己，不随风波，而中国亦以立"[51]，以及"致人性于全"[52]等，是他这种"个人"观点的集中体现。当发觉新文化运动有可能实现"救国"与"救人"并施并举时[53]，他便勃然而起，毅然加盟，并"与前驱者取同一的步调"。

但正如有人所指出的，鲁迅的"个人"是"以'精神'—'意力'为内涵的'个人'"[54]，他虽然在后来的思想发展中淡化了早先"任个人而排众数"的意识，并认为《狂人日记》"也不如尼采的超人的渺茫"[55]，在谈《阿Q正传》时也对芸芸众生表露出极大的同情："至于百姓，却就默默的生长，萎黄，枯死了，像压在大石底下的草一样，已经有四千年。"[56]但平情而论，我们仍不难想见和理会他之"个人"与"绝大多数人"之间的巨大差异和距离，且不说他那"群众，——尤其是中国的，——永远是戏剧的看客"[57]之类愤激的话语。因而，他之思想上的困惑和犹疑，也就不难理解了。就在他答应为《新青年》写文章后的1918年初，在给友人的书信中，鲁迅感叹说："来论谓当灌输诚爱二字，甚当；第其法则难，思之至今，乃无可报。吾辈诊同胞病颇得七八，而治之有二难焉：未知下药，一也；牙关紧闭，二也。牙关不开尚能以醋涂其腮，更取铁钳摧而启之，而药方则无以下笔。"[58]

在论及五四新文化运动时，舒衡哲指出："新文化运动的目的就是深刻分析广泛存在着的奴性（self-submission）倾向，并予以揭露。……第一代启蒙知识分子聚集在'科学'和'民主'的大旗之下，希望从奴性伦理观（ethic of subservience）中解放出来。他们指望后继者能实现他们的愿望，期许这批'新青年'们能够证实：只有先保障具有批判思维能力之公民的人权，一个真正现代的民族国家（nation-state）才有实现的可能。"[59]陈独秀亦曾认为"伦理的觉悟，为吾人最后觉悟之最后觉悟。"[60]鲁迅之基于"个人"观点和个性主义的"思想革命"，其伦理觉悟的色彩是非常鲜明的。或许，舒氏的结论，正是从研究鲁迅等人入手而得出的。

概而言之，由于鲁迅的"个人"与当时中国所处时代中的"绝大多数人"之间的巨大差异和距离，同时也由于他思想意识的超前，使得他无法真正深刻地认识并相信广大工人阶级和人民群众作为历史变革主体的巨大力量。他本意是唤起"绝大多数人"起来"破毁铁屋子"，而当他们真的起来时，他却没能真切地感受到他们的存在。因此，当1921年中国共产党成立后不多久，随着陈独秀、李大钊的加入中国共产党的阵营，胡适的提倡"整理国故"、"劝人进研究室"和逐渐与社会主义分离，周作人的由热心倡导"新村运动"到"自己的园地"再到"十字街头的塔"……他也进入"彷徨"期："后来《新青年》的团体散掉了，有的高升，有的退隐，有的前进，我又经验了一回同一战阵中的伙伴还是会这么变化，并且落得一个'作家'的头衔，依然在沙漠中走来走去……"他的《题〈彷徨〉》诗说"两间余一卒，荷戟独彷徨"，以及后来在另一处所说的"'五四'事件一起，这运动的大营的北京大学负了盛名，但同时也遭了艰险。终于，《新青年》的编辑中枢不得不复归上海，《新潮》群中的健将，则大抵远远的到欧美留学去了……创作衰歇了，为人生的文学自然也衰歇了"[61]，也就不难了解了。

职是之故，虽然五四时各种思潮中占主流和强势地位的是社会主义，与他一起共事的陈独秀、李大钊等人是中国共产党的早期领导人，他也于1920年接触到《共产党宣言》[62]，但他在这时却与之"擦肩而过、失之交臂"。一直要到1927年后，才因了中国的"事实的教训"，而接受马克思主义的"史的唯物论"，"以为惟新兴无产者才有将来"[63]。

从这当中，我们可以看出，一个知识分子以及无论多么先进的思想主张、"主义"，只有与中国的实际相契合、相结合，才能形成真正的真理、发挥出应有的能量。同时，我们也能感受并钦佩鲁迅身上所体现出来的"总在社会实践中寻找国家、民族的出路，同时形成着、纠正着、发展着自己的思想"[64]的可贵精神和优秀品格。至于他的"立人"和"致人性于全"等思想，对于我们今天全面落实"以人为本"、实现"人的自由和全面发展"的深刻而巨大的启示意义，则是不言而喻、毋庸赘言的。

注释：

[1] 近年来学界有关这一方面的讨论很多。如章清通过梳理晚清中国对"自由"的阐述，指出"中国思想界对'主义'是有高度选择性的，而如何选择则决定于中国适时的需要。"因而，"实际情形是，在规划中国未来前景时，'自由主义'让位于'民族主义'与'国家主义'等诉求。"见章清《"国家"与"个人"之间——略论晚清中国对"自由"的阐述》，《史林》2007年第3期。

[2] 鲁迅在1922年末自述曰："在我自己，本以为现在是已经并非一个切迫而不能已于言的人了，但或者也还未能忘怀于当日自己的寂寞的悲哀罢，所以有时候仍不免呐喊几声，聊以慰藉那在寂寞里奔驰的猛士，使他不惮于前驱……但既是呐喊，则当然须听将令的了……"见《〈呐喊〉自序》，《鲁迅全集》第1卷，人民文学出版社，2005年，第441页。又，鲁迅1932年末自述曰："这些也可以说，是'遵命文学'。不过我所遵奉的，是那时革命的前驱者的命令，也是我自己所愿意遵奉的命令……"见《〈自选集〉自序》，《鲁迅全集》第4卷，第469页。

[3] 五四新文化运动是否存在"退潮"问题，持说各异。本文结合鲁迅的实际，认同并采用他本人的看法。《新青年》自1918年1月第四卷起改为同人刊物，由陈独秀、钱玄同、高一涵、胡适、李大钊、沈尹默等轮流编辑。不久，鲁迅加入编辑部。1922年7月出至第九卷第二号后休刊。鲁迅1932年底曾自述曰："后来《新青年》的团体散掉了，有的高升，有的退隐，有的前进，我又经验了一回同一战阵中的伙伴还是会这么变化，并且落得一个'作家'的头衔，依然在沙漠中走来走去……"见《〈自选集〉自序》，《鲁迅全集》第4卷，第469页。

[4] 这是鲁迅的一贯观点，他曾批评说："我总以为倘要论文，最好是顾及全篇，并且顾及作者的全人，以及他所处的社会状态，这才较为确凿。要不然，是很容易近乎说梦的。"见《"题未定"

草（六至九）》，《鲁迅全集》第 6 卷，第 444 页。

［5］鲁迅 1922 年日记的手稿失落，今仅存许寿裳所录存的片断。

［6］"他刻了一方石章，曰'竢堂'；又给自己选了一个号，叫做'俟堂'。笔划虽不同，意思是一个，就是'待死堂'。"并认为，"他竟会取这样的名号，刻这样的印章，就是再粗心的人，也不难想见他的心情，一种对于社会和个人的深刻的悲观，一种对于历史和将来的凄苦的绝望，正交织成他这时候的基本心态。"见王晓明《无法直面的人生——鲁迅传》，上海文艺出版社 1993 年版，第 47 页。这里，著者所作"待死堂"解释，没有论证，不免"以意会之"、"想当然耳"之诮，但他对鲁迅此时"基本心态"的解读庶几近之。

［7］鲁迅日记 1915 年 6 月 17 日载："下午许季市来，并持来章师书一幅，自所写与。"据《鲁迅全集》注释，"指章太炎所书条幅，内容录《庄子·天运》：'变化齐一，不主故常。在谷满谷，在阬满阬。涂却守神，以物为量。'"

［8］对此，鲁迅的自述是："S 会馆里有三间屋，……许多年，我便寓在这屋里钞古碑。客中少有人来，古碑中也遇不到什么问题与主义，而我的生命却居然暗暗的消去了……"见《〈呐喊〉自序》，《鲁迅全集》第 1 卷，第 440 页。

［9］见许寿裳：《亡友鲁迅印象记》，人民文学出版社，1953 年，第 44 页。

［10］内中《憨山道德经解》、《憨山庄子内篇注》二种，《鲁迅全集》注释注为"道家书籍"，然憨山（1546～1623 年）乃僧人，与莲池、紫柏、藕益并称明代四大高僧，著有《法华经通义》、《圆觉经直解》等，又主张释、道、儒三教一致，故其所注《老子》、《庄子》，自不免佛家"法眼"。因而本文在统计时，亦将二书归入"与佛学有关"之书籍类。

［11］《亡友鲁迅印象记》，第 44 页。

［12］郭沫若《寰宇贞石图序》谓："以一人一手之烈，短期之内，得观其成，编者之毅力殊是惊人。全书系依年代先后编定，井井有条。研究历史者可作史料之参考，研究书法者可瞻文字之演变，裨益后人，实非浅鲜。"又，叶淑穗、杨燕丽在所著《从鲁迅遗物认识鲁迅》对此有详细的论列。

［13］鲁迅搜集碑版石刻拓片活动的真正衰减是在 1924 年前后，至 1926 年南下离开京城后，才基本上告中辍。

［14］"钱玄同和鲁迅同是章太炎的学生，常看他与太炎谈论，高兴起来，指手画脚的，连坐席也会移动，所以鲁迅叫他诨名为'爬来爬去'。"见周作人《鲁迅的故家》，河北教育出版社 2002 年版，第 353 页。

［15］据周作人回忆："钱玄同从八月起，开始到会馆来访问，大抵是午后四时来，吃过晚饭，谈到十一二点钟回师大寄宿舍去。查旧日记八月中九日，十七日，二十七日来了三次……鲁迅文章中所记谈话，便是问抄碑有什么用，是什么意思，以及末了说'我想你可以做一点文章'，这大概是在头两回所说的。'几个人既然起来，你不能说绝没有毁灭这铁屋子的希望'，这个结论承鲁迅接受了，结果是那篇《狂人日记》，在《新青年》次年四月号发表，它的创作时期当在那年的初春了。"见《鲁迅的故家》，第 353、354 页。按：此处的"旧日记八月"，对照鲁迅日记，系指 1917 年 8 月。

［16］《〈呐喊〉自序》，《鲁迅全集》第 1 卷，第 441 页。

［17］蔡元培：《〈鲁迅全集〉序》，见《蔡元培全集》第七卷，中华书局，1989 年，第 215 页。

［18］《鲁迅著译系年目录》，《中国现代文学资料丛书（甲种）》，上海鲁迅纪念馆编，上海文艺出版

社，1981 年。同据该书，鲁迅此前几年中著述类的文字绝少，如 1915 年仅《〈百喻经〉校后记》、《〈大云寺弥勒重阁碑〉校记》二篇，1916 年仅《〈寰宇贞石图〉整理后记》一篇，1917年仅《〈欧美名家短篇小说丛刊〉评语》一篇。

[19] 自 13 版起，将《不周山》抽出，后更名为《补天》，收入《故事新编》。

[20] 沈雁冰（茅盾）：《读〈呐喊〉》，原载 1923 年 10 月 8 日《文学》第 91 期，见《茅盾论创作》，上海文艺出版社，1980 年，第 105、109 页。

[21] 胡适：《五十年来中国之文学》，《胡适文存二集》，见欧阳哲生编《胡适文集》第 3 卷，北京大学出版社，1998 年，第 263 页。

[22] 鲁迅：《〈中国新文学大系〉小说二集序》，见《鲁迅全集》第 6 卷，第 246 页。

[23] 胡适：《〈中国新文学大系〉第一集导言》，参见姜义华主编《胡适学术文集·新文学运动》卷，中华书局，1993 年，第 256 页。

[24] 庄森：《〈新青年〉团体的社团性质》，《江西社会科学》2008 年第 8 期。

[25] "新青年社团的社员有数十人之多，可分为核心社员和普通社员。凡为《新青年》撰稿，并与新青年社团的思想保持一致的为普通社员，极为松散。核心社员除此之外，还具备三个条件：第一，《新青年》的主要作者。第二，参与《新青年》的编辑与决策。第三，参与讨论《新青年》编辑部的去向。依此可以确定的核心社员有陈独秀、胡适、钱玄同、刘半农、李大钊、高一涵、周作人、鲁迅等八人。"见庄森：《〈新青年〉团体的社团性质》，《江西社会科学》2008年第 8 期。

[26] 舒衡哲：《中国启蒙运动的特殊性》，见（美）舒衡哲著，刘京建译：《中国启蒙运动——知识分子与五四遗产》，新星出版社，2007 年，第 5 页。

[27] 第一卷原名《青年杂志》，次年改名《新青年》。这一改动中，"新"字映现了自 20 世纪初即已形成的"新即是善"的对"新"的崇拜。罗志田曾分析"笔锋常带情感"的梁启超对"新"的歌颂，谓"既然社会变动（Social Mobility）的上升也唯'新'是尚，'新'的至高无上地位已经从精神到物质，稳稳地扎根在中国社会了。如果说此时中国已形成一种对'新'的崇拜，大约亦不为过。"见氏著《胡适与社会主义的合离》，陈平原、王守常、汪晖主编《学人》第 4辑，江苏文艺出版社，1993 年，第 20 页。而"青年"的命意，显系沿用梁启超"少年强则国强，少年独立则国独立"之义，鲁迅的"救救孩子"亦同。

[28] 陈独秀：《本志罪案之答辩书》，《新青年》第六卷第一号（1919 年 1 月 15 日）。

[29] "《新青年》同人对'民主'和'科学'的理解并不一致：陈独秀把近世文明归结为人权说、生物进化论和社会主义，……胡适则崇拜美国式的民主制度。"汪晖：《中国现代历史中的五四启蒙运动》，参见许纪霖编《二十世纪中国思想史论》（上），东方出版中心，2000 年，第39 页。

[30] 陈独秀：《再答胡适之（文学革命）》（1917 年 5 月 1 日），见《独秀文存》，安徽人民出版社，1987 年，第 689 页。

[31] 胡适：《中国新文学大系·第一集导言》，《胡适学术文集·新文学运动》卷，第 244 页。

[32] 胡适：《白话文言之优劣比较》，《胡适学术文集·新文学运动》卷，第 8 页。

[33] 胡适：《五十年来中国之文学》，《胡适文集》第 3 卷，第 260 页。胡适在文中还提到民国教育部颁发部令，"要国民学校一二年的国文，从九年秋天起，一律改用国语。"

[34] 庄森：《〈新青年〉团体的社团性质》，《江西社会科学》2008 年第 8 期。

[35] 周作人：《人的文学》，见《艺术与生活》，河北教育出版社，2002 年，第 11、12 页。

[36] 阿英：《周作人小品文序》，见《现代十六家小品》，光明书局，1935 年，第 1 页。

[37] 胡适：《〈中国新文学大系〉第一集导言》，《胡适学术文集·新文学运动》卷，第 256～257、258 页。

[38] 周作人：《补树书屋旧事·一〇·新青年》，见《鲁迅的故家》第 355 页。

[39] 鲁迅：《门外文谈》，《鲁迅全集》第 6 卷，第 95 页。

[40] 鲁迅 1934 年 2 月 20 日致姚克信，《鲁迅全集》第 13 卷，第 28 页。

[41] 鲁迅 1933 年 6 月 18 日致曹聚仁信，《鲁迅全集》第 12 卷，第 405 页。引文下划线为引者所加。

[42] 胡适：《五十年来中国之文学》，《胡适文集》第 3 卷，第 260 页。

[43] 孙中山：《关于五四运动》，见《孙中山选集》，人民出版社 1981 年版，第 482 页。

[44] 胡适：《陈独秀与文学革命》，《胡适文集》第 12 卷，第 37 页。

[45] 鲁迅：《〈自选集〉自序》，《鲁迅全集》第 4 卷，第 468 页。

[46] 鲁迅 1918 年 8 月 20 日致许寿裳信，《鲁迅全集》第 11 卷，第 366 页。

[47] 鲁迅 1919 年 1 月 16 日致许寿裳信，《鲁迅全集》第 11 卷，第 370 页。

[48] 鲁迅：《我之节烈观》，《鲁迅全集》第 1 卷，第 121 页。

[49] 鲁迅：《热风·"圣武"》，《鲁迅全集》第 1 卷，第 373 页。

[50] 鲁迅：《文化偏至论》，《鲁迅全集》第 1 卷，第 47、58、57 页。

[51] 鲁迅：《破恶声论》，《鲁迅全集》第 8 卷，第 26、27 页。

[52] 鲁迅：《科学史教篇》，《鲁迅全集》第 1 卷，第 35 页。

[53] 张岱年等首先注意到鲁迅五四作品中"救国"与"救人"同等重要的思想。见张岱年、刘玉林：《"五四"时期批判封建旧道德的历史意义》，《纪念五四运动六十周年学术讨论会文选》第 1 卷，中国社会科学出版社，1980 年，第 507～523 页。

[54] "鲁迅在日本时期的'立人'思路中，形成并确立了'个人'观念的思想起点，其'个人'是以'精神'—'意力'为内涵的'个人'。来自庄子精神哲学和尼采精神进化论的超越性'精神'，维系了其'个人'观念的不断超越自身的'上征'意向，从叔本华、尼采那里拿来的经过自然主义改造的'意力'，则给所'立'的'个人'提供了刚健动进的动力因素。"见汪卫东：《鲁迅前期文本中的"个人"观念》，人民文学出版社，2006 年，第 292 页。

[55] 鲁迅：《〈中国新文学大系〉小说二集序》，见《鲁迅全集》第 6 卷，第 247 页。

[56] 鲁迅：《俄文译本〈阿 Q 正传〉序及著者自叙传略》，《鲁迅全集》第 7 卷，第 84 页。

[57] 鲁迅：《娜拉走后怎样》，《鲁迅全集》第 1 卷，第 170 页。

[58] 鲁迅 1918 年 1 月 4 日致许寿裳信，《鲁迅全集》第 11 卷，第 357 页。

[59] 舒衡哲：《中国启蒙运动——知识分子与五四遗产》，第 9 页。

[60] 陈独秀：《吾人最后之觉悟》，见《独秀文存》，第 41 页。

[61] 鲁迅：《〈中国新文学大系〉小说二集序》，见《鲁迅全集》第 6 卷，第 249 页。

[62] 陈望道所译《共产党宣言》1920 年春出版后曾寄赠鲁迅。

[63] 鲁迅：《〈二心集〉序言》，《鲁迅全集》第 4 卷，第 195 页。

[64] 王铁仙：《关于科学评价鲁迅的若干思考——重读瞿秋白的〈《鲁迅杂感选集》序言〉》，见《华东师范大学学报（哲社版）》1999 年第 1 期。

五四启蒙话语的意义之外

姜异新（北京鲁迅博物馆）

　　五四启蒙研究愈来愈遭遇尴尬的境地。西方不认同五四启蒙者阐释的西方，认为那不是西方本身的问题及其展开，而是到西方去寻找中国问题的现成答案。以中国的方式研究中国史的学者认为中国自身的现代性在西方武力入侵之前业已存在，而五四新文化运动无视自身的现代性经验，是对传统的割裂；西方中心论者则认为自鸦片战争以来，中国本土才开始走上真正的现代化之途，五四启蒙者在接受西方影响时，囿于自身局限性生出种种怪胎；"新左派"又以一种去民族化的姿态来弘扬民族文化，认为康有为"托古改制"的逆潮流而动，实则是一种建立独立民主主权国家的超前思路，中国的现代性道路一直走在儒家精神体系之中。

　　尽管没有学者愿意被贴上各种派别标签，但不可否认，不这样分类就无法说清楚问题，我们不得不重新思考五四知识分子所引入的异质文化坐标究竟是什么样子的，又是如何在参照中形成了自己的启蒙话语。

　　探讨这个问题的前提必须是，启蒙在中国的涵义不可能是建立在西方思想史上的理论提升，而应该有自己的独特内涵。产生于欧洲生活世界的文化价值，不应该理所当然地成为中国划分认识领域与理解自身的方式。尽管中国现代性的发生有着异质文化入侵的背景，但不可否认的是，它的独特内涵是建立在自己的学理基础和生存土壤之上的。在西方普遍话语逻辑内部寻找中国启蒙的自身问题，乃至把中国当成病灶，把西方当成药铺，当成批判中国错误的真理来源，不但粗暴地遮蔽了自身文化的主体性，同时也无法开启我们掌握自身特殊性的契机。只有把自身与他人都视为多样性，共同作为历史的主体，才能发展出一个不被西方垄断以及开放与共享的普遍性场域。

　　那么，近几百年来西方思想史的基本主题是什么呢？是圣经中的先知和使徒的思想传统与近代哲学、科学思想结合的真理问题发生的持续争辩，是新兴的科学理性精神与古老的神性精神的持续碰撞。西方启蒙运动并不是如简化历史者所概括的那样只是反基督精神，而是一直进行在与基督精神的对话、抗拒、冲突当中，展开对人的复杂认识，只不过着眼点由神转移到了人身上，思想在碰撞中形成了新的向度。在中国，自由、启蒙、理性、革命等等很多话语显然都是由西方思想史中直接拿来，或是由日本这一中转站间接引用而来的。当中国近现代知识分子将这些话语与自身的民族危机联系在一起，将之作为中华民族寻找出路的思潮支持的时候，却几乎无视与它们持续对话的基督教文化背景。实际情况却是，五四时期，基督教文化与现代理性启蒙这两个在发展中持续争辩的对立思潮在国内几乎同时形成了平行引介的高潮。西方启蒙与反启蒙，基督与反基督等精神资源统统被吸纳过来，在无意识中，或者说消化不良的状态下，为拯救黑暗中的中国而逐渐形成了一种中国特色的现代启蒙思维，一种不成体系的自主质疑式思维方式。这种思维方式在一种争取独立自主，反抗权威，乃至自称否定的境界中流动，它没有西方原创性的基督教文化背景和对话语境，因而也没有自己的理论框架和逻辑体系，它从一开始就是反儒家的，因而从儒家的发展脉络里寻求自身启蒙的话语谱系显然也是不真诚的。在东西方文化大冲撞的背景下，在一代代现代知识分子的精神视野中，这样的启蒙方式又无时无刻不在进行，这成为中国近现代启蒙的特点。

那么，在中国人文研究领域，五四启蒙话语的阐释是否意识到了这一点呢？答案不仅令人失望，更有许多节外生枝的意义被自我繁殖和衍生出来。这促使五四启蒙的话语意义通常以"反传统"的面目出现，被当成各种标签沿用，很长一段时间规定着学术研究的内在理路和方法。其实，仅就"反传统"而言，我们就可以追问，五四启蒙运动果真宣布传统已经死亡了吗？中国自主质疑式的启蒙运动同样是在与逍遥式的东方传统精神气质的不断对话中逐渐展开的，被启蒙者宣布打倒的儒家等中国传统，为什么不可以与基督精神在启蒙理性中的存在状态一样，只是一种隐匿？而当"批判封建礼教"、"反对封建制度"、"表现了初步民主主义的思想"、"反映了作者的进步思想"、"反映了作者的时代局限性与阶级局限性"诸如此类的外在价值表述，统统被认为是来自于五四启蒙话语时，我们的文学史研究和文学批评活动中，就墨守成规地拥有了一种必须坚守的政治立场、无条件遵循的"话语伦理"和应当具有的"现代性"心态，最终构成一种分析范式和理论框架，并通过教育渐渐渗透到新一代的学人心中。这让人不由地联想到五四时期那些动辄批判、自以为是，为他人定罪的断语竟如此这般被一脉相承下来。毫无疑问，这些障碍住了真理的话语绝不属于启蒙话语的范畴，而只是一些具备"建构"知识和现实的能力，有价值倾向性和权力支配性的意义说辞。因此，有必要将五四启蒙话语从斑驳复杂的文化景象中剥离出来，仔细辨析，时刻警醒，澄清原义，归向其初熟的果子，而不是在历史之流中扭曲了本来面目，演变成新的流弊和罪恶。

为此，我们应该尝试将视线转向五四经典启蒙话语的意义之外。

譬如，关于进步的迷思，在近现代中国的启蒙潮流中是如何被引申的呢？严复在《天演论》中曾特别强调生存竞争的残酷，而没有注意到达尔文关于生命演化的观念，这种残酷被认为不只存在于自然，更存在于各个民族，乃至整个人类文明。所谓"物竞天择，适者生存"。鲁迅在《摩罗诗力说》中也写道："不幸进化如飞矢，非堕落不止，非著物不止，祈逆飞而归弦，为理势所无有。……人得是力，乃以发生，乃以曼衍，乃以上征，乃至于人所能至之极点。"仔细想想，这里面实际上包含了一连串的假设，假定认为进化可以产生确定的结果，有一个最终的目的。而在达尔文看来，生命之路不只是进步，更是演变，它是没有最终目的的。生物从简单到复杂、从低级到高级的变化并不是自然界普遍的铁律，把"进化"说成趋势根本就是人类中心主义演绎出来的神话。人类生存期间极为短暂，把自己说成是进化的目标，这是人类天生优越感的体现。用"最高级"、"最低级"来划分生命，其动因和结果是一样的，那就是，夸大人类的复杂性，简化其他生命形态。而达尔文告诉我们的恰恰是要欣赏差异，警惕那种越复杂就越了不起的错觉，复杂只是一连串的意外所造成的结果而已，因此，在众多的物种当中，人类只是个意外。西方中心主义、东方中心主义、人类中心主义都不应是启蒙应有的姿态和内涵。对进化的理解导致了五四启蒙一个最偏执的后果就是社会达尔文主义，同时又顺理成章地引申出了纯粹的现代理性主义观念——历史的发展有一个终极目的，并按照自身的发展规律走向这一目的。

其次，另一个五四启蒙的经典话语是改造国民性。"国民性话语"无法绕过日本对中国的他者认识，即透过日本怎样看中国，来发现日本是怎样的国家。这实际上是一个在中西文化冲突中，日本是为寻求西方模式的承认，还是对中国的不承认的问题。甲午战后，日本成为一个使命感很强的国家，针对亚洲的命运，日本必须关注并研究中国，通过拿中国当作坐标系统来参照比较发现自己的特点。他们首先发现并强调中国人的特点是：没有国民观念，懒惰肮脏，自私自利，狡猾散漫，卑躬屈膝，注重虚礼，一盘散沙等等，从而显示出日本人的干净勤劳、团结爱国。这种为显示自己的优越性，极力贬低中国，源自日本对中国的看法，得到了梁启超等近代中国知识分子的认可，从一开始就接受他们的观点是客观的，自己的存在是负面的，从而影响了之后中国近现代的文化启蒙乃至社会革命。

这里需要分析的是，西方对亚洲的现代化冲击，表面上主要体现在工业时代的生产方式。它最直接的一个表现就是要把传统活动中的农民训练成工人，很显然，这需要把一些新的时间和新的精神结构强加到他们头上，造成对其精神必然会有的新冲击。日本在向西方学习，加快自身资本主义化的过程中，自然而然地视仍浑然不觉地生活在完整传统时间内的中华民族为懒惰、一钱不值的民族，而实际情况仅仅是中华民族的主体还不适应这种表面化的"现代"生活，而从传统农业文明循环性的时间向度和精神结构来看，中华民族不但有勤劳勇敢的悠久传统，甚至是世界文明的领先者。正像最初日本刚刚感受到西方资本主义压力的时候一样，由士大夫脱胎而来的某些中国近现代的知识分子感受到这种压力和差异，但是他们的自我中心意识并没有在新的世界观中被消除，而只是发生了位移，并由这中心位移感带来了巨大的焦灼。这使他们很容易以一种承认国民劣根性的方式认同日本在中国面前的优越感。

当将视线转移到五四启蒙话语的意义之外，就会自然而然地去寻求其话语的最初感性，而不是不知何时变成了本义的精神引申。如果尽量回到五四知识人的精神原点，就会发现他们呈现出的均是极具个人化的启蒙思路，是作为个体的启蒙者与历史的对话，与传统的对话，并且对话的基础是困扰生存的精神冲突问题，而不是由民族冲突所带来的传统与现代观念冲突的表象。比如，鲁迅以一种"承受痛苦"而不是"讲授痛苦"的姿态展现中国人的生存之路,而不仅仅是批判国民劣根性;周作人以一种化在文学中真诚地求活的姿态展开形而下的生活启蒙;胡适由"通过语言"(through language)到"在语言中"(in language)两个阶段来互动进行语言启蒙;陈独秀革命式启蒙中蕴含的神性之维,使他与中国历史上的历代革命者有着巨大精神情怀上的差异——既非为了一种革命事业,也非为了一种历史的社会使命,更非为了映证社会发展规律,而是出于挚爱与希望,出于对人类前途毫无所惧的信赖感,才成为革命家。这一切都是启蒙者在自己独特的生命激流中寻找照亮人类晦暗精神世界之光的心路历程,只有拨开那些被称作是政治、社会、伦理、思想的层层文化表皮,探入到启蒙精神的内核,才能使之由那最柔软最透明的人性之膜的包裹中崭然而出。

五四启蒙话语的生命力恰在于并不是如期盼的那样具备内聚力和共同点,而是具有种种多样的复杂性,但是当它们进入文学领域时,却同样形成了几乎单一的主题:人的发现。这是一个什么样的人呢?还是先看一下人本主义的"人"在西方文化逻辑里是如何被发现并确认的。是离开上帝后的欢乐颂、人性战胜神性的凯歌?还是对人的本性恶无法作出说明、找不到力量来克制的无措感?这种疑问是那样的真实,以至于使"人的觉醒"在西方文化里始终是一个悖谬的谜。一方面,人认识到人世的恶和生存世界的荒唐;另一方面,人又无从解释人世的恶和生存的荒唐。在犹太—基督教精神传统看来,人处身于罪的沉沦与上帝的拯救的中间状态。人的自由意志属于坠落与得救的生存抉择,人生的潜在可能性恰恰在于光明变黑暗,天使变魔鬼的辩证法。西方启蒙企图制恶魔和人性罪于死地,结果却将自己的防护屏障——神道打破了,从此失去了精神和文化的平衡。

而五四时期"人的文学"无疑是有这样一种倾向:人的各种诉求似乎都可以合法自然地用文学来展示,毫无节制地恣意而为,个人沾沾自喜地躺在自然人性上高枕无忧,在超越了民族、国家的偶像之后成为多种偶像崇拜中的新权威,过分张扬的自由意志膨胀为新的上帝。这种在人的罪性沉沦中的自我争斗,仍然是在人的可能性中发生的,在人性的土壤里生长的。中国制度的变革,现代性的发生正如人的欲望的左右摇摆,始终是在现代化过程中民族国家政治文化语境的产物。历史最终目的决定论和民族危机所带来的强国保种等庸俗社会思潮使启蒙者各自生命之流中体现出的多样性不但没能分配在不同的文学形态中,反而越来越趋向于一致性。"人的文学"因而几乎不知道什么是忏悔意识,自我意志膨胀得如风吹过般地顺利。

上述回归感性的尝试性分析所做的目的无非是促使对以下两个问题做积极的重新思索。首先,现代性的主体问题。这不是西方、东方谁影响了谁的问题,而是整个世界开放与共享的普遍性场域内部的问题。文明多样性背后反映出来的所谓互相影响和渗透,其实正是对人自身以及对应于他们的现实社会生活及生存状态的不同思考方法,而支配不同思维的实质是每个文明独特生存土壤的背后指向的是共同的结构。也就是说,这个世界上不同的文化,在不同的环境底下看似各自发展出来一套解决它们自身问题的独特方法,其实背后思考的结构、模式,解决生存冲突的精神规则,全人类都是很相近的。只是在五四引进的所谓进化意义的时间观念内，仿佛是低级文明被高级文明现代化了而已。

　　其次，启蒙与文学的关系。毫无疑问，20 世纪以来，现代性、进化论、启蒙论、革命论等诸多观念不知不觉中进入到文学领域，对审美性进行无情地渗透和改造。这些观念一直被默认为是五四启蒙话语的重要构成，如果从五四启蒙话语的意义之外来透视启蒙与文学之间的关系，就会发现文学应该是人类灵魂和命运的独特密码，而不是认知与道德领域的事情。它体现了人类心灵的绝对个别性与普遍原则之间的奇妙的沟通。通过文学形式，我们不需要知识和道德就可以获得对世界普遍性真理的非知性、非道德的把握。而五四时期在文学领域引发的剧烈范式变革，并不是因为文学的历史遭遇到了思想史中同样存在的问题，人们想的事情不一样了，而是生命活动本身发生了根本的历史性变化。过去那种心理结构在新的历史时代消失了，取而代之的是一种崭新的心理经验，而且心灵本身有了新的形态。

《新青年》·北大·五四

傅光明（中国现代文学馆研究员）

今天给《新青年》一个历史的文化思想定位，说它是影响 20 世纪中国的一代名刊，而且不失媒体炒做之嫌地送一个引领了时代文化方向的"金牌"杂志的称号给它，并从一开始就确立了德先生和赛先生即民主与科学两面现代性旗帜，都似乎是恰如其分的。因为它当时的确不仅是译介外来思潮的重要媒体，更孕育出一代"新青年"知识群体。现在常讲返回历史现场，事实上，寻找五四精神，溯源中国现代新文化运动，确实不可不先着眼于《新青年》杂志。在这个角度也可以说，《新青年》是"伟大的"五四运动诸多的历史原动力之一，它的创刊无疑加速了一个时代的过渡与转型。

一 从《青年杂志》到《新青年》

我想有很多人都像我一样，关于《新青年》的知识，都是来自中国现代文学史，而非中国现代史。《新青年》集中代表着新文化运动的特色，并推动了中国现代的思想启蒙。诸如此类的评价，今天看来已显得自然而轻松。但回眸历史现场，或许会惊异地发现，作为《新青年》前身的《青年杂志》从预备创刊到正式出版，却颇费周折，并非一帆风顺，恰如任何一个历史事件，决不是后人想当然的那么简单。

简单说来，1915 年夏天，在东京帮章士钊编辑过反对袁世凯帝制运动的《甲寅杂志》的陈独秀，从日本回到上海。他由讨伐袁世凯的"二次革命"不成功的经验中体会出，若推翻腐败的传统，必先唤醒中国青年的思想，因为建设新中国的希望是在青年们身上。他向乡友、担任上海群益书社和亚东图书馆的经理汪孟邹，抛下一句掷地有声的豪言壮语"让我办十年杂志，全国思想都改观"。

在这位出版商的支持下，1915 年 9 月 15 日被写入了历史。这一天，中国现代史上一份全新的杂志——《青年杂志》诞生了。它的定位全在一个"新"字上："新"知识、"新"思潮、"新"思维；是以"新"诱人，以"新"立足，以"新"（自己的）换"心"（读者的），以"新"作为卖点。从《创刊号》上的"社告"和"敬告"不难发现，陈独秀和出版商的初衷就是要将其办成一个高品味的金牌杂志，因此在编辑方针和用稿标准上都力求"标新立异"。

1916 年 2 月 15 日，出至 1 卷 6 号的《青年杂志》，由于"种种原因，不克按期出版"。此间，群益书社接到上海《青年》关于杂志同名的信，遂将刊名改为《新青年》，出版时间由原来的每月15日提前到每月1日。

1916年9月1日，同样是一个值得载入史册的日子。这一天，封面上醒目标志着"陈独秀先生主撰"的《新青年》第2卷1号出版了。

与《青年杂志》比，《新青年》的"新"主要体现在两个方面，第一是作者队伍新，2卷1号的《通告（一）》即宣布："得当代名流之助，如吴稚晖、马君武、张溥泉、温宗尧、胡适、苏曼殊、李大钊诸君，允许担任本志撰述。"第二是办刊思想新。陈独秀指出旧青年崇拜孔教，热衷功名，新青年必须反孔，提出批孔与文学革命，夯实了《新青年》的思想基础。

有学者认为，按今天的说法，《新青年》原是陈独秀迫于生计，选择"以编辑为生"而创办的刊物，所以一开始经营惨淡，投稿者很少，几乎都是陈独秀个人主撰。这确是《新青年》创办之初的一大特色，但是否陈独秀办刊的初衷是要谋生，尚未查史料实证。不过，《青年杂志》创刊时，基本是陈独秀一个人在唱独角戏，那时他也年轻，他本身就体现出一个"新"。创刊号上他的文字最多，《敬告青年》、《法兰西人与近世文明》、《妇人观》、《现代文明史》、《国外大事记》、《国内大事记》、《通信》等。为避免冷清，里边的"通信"大多由自己编排。

前7卷的《新青年》都是由位于上海棋盘街的群益书社印行。直到1917年1月，陈独秀都是唯一的编辑人。

二　《新青年》与北京大学

《新青年》的金字招牌是与北京大学联手打造的。按今天商业化的说法，这是一次双赢的强强联手组合，新青年社团在北京大学文科成社，以《新青年》为阵地，共享北京大学的知识精英资源，以一种"语不惊人死不休"的话语姿态推动文学革命，同时，以北京大学文科教授的权威，推进新文学的创作。这些在后来人眼里似乎都是水到渠成的事，历史叙述起来也显得十分顺畅。

1916年12月26日，蔡元培被黎元洪任命为国立北京大学校长，并于1917年1月4日就职以后，开始推动并实施各种切实的改革。

蔡元培的北大与陈独秀的《新青年》都是构成五四运动的历史推动力。陈独秀和蔡元培都是当时新知识分子的精神领袖，《新青年》第2卷第6号出版时，陈独秀已受蔡元培所托，执掌北京大学文科。从这时起，《新青年》编辑部也由上海搬到北京，地点是东安门内（今北池子大街）箭竿胡同九号。

为什么蔡元培会单单选中陈独秀？这可真是"选秀"，也不是凭空而来。1905年蔡元培在上海办《警钟日报》时，和陈独秀共过事，当时陈独秀用的名字是陈仲甫。经由章士钊介绍，俩人还同在一个实验室里秘密制造过炸弹。由于陈独秀坚定地支持他及其朋友在安徽芜湖办的一种白话杂志，蔡元培对他印象尤深。不久，陈独秀去日本，蔡元培去欧洲。1916年底，陈独秀由上海来到北京。1917年1月，作为新任北大校长的蔡元培请国立北京医学专门学校校长汤尔和推荐一位文科学长人选。汤推荐了陈，并告诉蔡元培陈独秀就是陈仲甫，并拿几册《新青年》给蔡看。随后，蔡去拜访陈，请他出任文科学长。有意思的是，几乎就在此时出版的《新青年》1月号，登出了蔡元培两篇攻击以儒教为国教运动的演说。而蔡对此还一无所知。甚至同一期里，还有一位读者向陈独秀建议，应该请蔡元培常替《新青年》撰稿。

我们现在常喜欢假设历史，其实还真不妨假设一下，如果当时不是蔡元培执掌以守旧的传统而出名的北大，不是蔡元培力邀"主撰"《新青年》的陈独秀执掌北大文科，历史的貌相可能就大不一样了。

然而，历史选择了蔡元培，也选择了陈独秀。历史在这里已经生发出了一种意味深长而又耐人寻味的趣致滋味。

《新青年》得到北京大学文科教员的热捧，作者队伍迅速扩大。同时，北大的学术思想与精神品格的融入，也使《新青年》的思想主张开始独树一帜，迅速在知识界和思想界产生很强的号召力和凝聚力。很快，《新青年》成为北京乃至全国思想文化界的舆论核心，北京大学也成为了以民主和科学为旗帜的五四"新文化运动"的中心。

三 《新青年》社团

4卷1号可以看作是《新青年》社团在编辑上的重要体现，从这一期开始，"陈独秀先生主撰"七个大字消失了。更为重要的是，从这一期开始，《新青年》由陈独秀个人编辑，改为了由北京大学文科陈独秀、胡适、钱玄同、沈尹默、陶孟和、刘半农六大教授轮流坐庄。

细心的读者会发现，《新青年》自第2卷开始，在每一号的扉页都有两则《通告》。《通告（一）》申明办刊方针，《通告（二）》实际上就是约稿启事，特别强调"自第二卷第一号起，新辟'读者论坛'一栏，容纳社外文字，不问自'主张''体裁'是否与本志相合。"而且，《新青年》在第1到3卷每一号的封三都刊有《投稿简章》，共七条，明确提出"来稿无论或撰或译，皆所欢迎。"

但4卷1号的《新青年》所刊登《启事》强调："本志自第四卷一号起，投稿章程业已取消，所有撰译，悉由编辑部同人公同担任，不另购稿。""通信"也完全变成社团的"公同论坛"，由六位轮值编辑分别主持，主要登载社团同人及其朋友之间的通信，同人间可以自由交换意见，互相质疑甚至激烈辩论，而不再是1至3卷那样编、读讨论的"自由论坛"了。

显然，在与北大结盟之初，《新青年》也还是存在稿荒问题。但4卷1号的《新青年》已全然亮相出一副社团"公同"刊物的崭新面貌。胡适将此称为"新青年的复活"。他说："民国七年一月《新青年》复活之后，我们决心做两件事：一是不作古文，专用白话作文；一是翻译西洋近代和现代的文学名著。"

其实，新青年社团是依北大文科之托而自然形成的，换言之，北大文科是新青年社团的立社之本。像李大钊、刘半农、杨昌济、胡适等《新青年》的作者，都是因得到陈独秀的赏识，先后被引荐进北大文科任教。

《新青年》与北大文科是相互依存的关系，就20世纪的中国来说，还找不出第二本杂志与高校的合作能够达到如此双赢的程度。这当然也是历史的机缘，北大文科借《新青年》而声名大噪，《新青年》又有了"国立"的北大做后盾。我们现在常说先生存后温饱再求发展，《新青年》有了立足之本，便可全身心地把思想革命、文学革命的主张付诸实践。

新青年社团成员有数十人，核心成员主要是八位：陈独秀、胡适、钱玄同、刘半农、李大钊、高一涵、周作人、鲁迅，他们都是《新青年》的主要作者，并参与杂志的编辑、决策。除此，凡为《新青年》撰稿并赞同其思想主张的人，均可算是普通成员，这就极为松散了，主要有吴虞、杨昌济、刘文典、沈尹默、吴敬恒、傅斯年、罗家伦、易白沙、陶孟和、张慰慈、王星拱等。

四　《新青年》与文学革命

刚开始办《青年杂志》时的陈独秀对文学改革并没有成熟的想法，倒是胡适对文学革命情有独钟。1917年1月胡适在《新青年》发表那篇著名的《文学改良刍议》，认为"今日文学之腐败极矣"，提出"文学革命，需从八事入手"。

但真正"高张文学革命军大旗"的，还是陈独秀。他在发表于1917年2月第2卷6号《新青年》上的《文学革命论》一文，明确提出反封建文学的"三大主义"，这似乎是现代文学专业考生所必背的："曰推倒雕琢的阿谀的贵族文学，建设平易的抒情的国民文学。曰推倒陈腐的铺张的古典文学，建设新鲜的立诚的写实文学。曰推倒迂晦的艰涩的山林文学，建设明了的通俗的社会文学。"

从这一期起，《新青年》每期都有关于白话文改革的讨论，不遗余力地鼓吹、宣传白话文，强化其在公众心目中的重要程度。

陈独秀强调指出："改革中国文学当以白话为正宗之说，其是非分明，必不容反对者有讨论之余地。必以吾辈所主张为绝对之是，而不容他人之匡正也。"

似乎是有这样一个绝对的态度摆在那儿，连个反对的声音也没有了，自己觉得寂寞。事实是，在当时那样一个思想禁锢的"无声的中国"，文学革命的主张，还没有得到广泛的社会认同与反响。为引起人们的注意，得故意找一个反对的人出来讨骂。钱玄同、刘半农就在4卷3期自编自导了一场"双簧戏"。猛烈抨击旧文学，将一味仿古的骈文、散文指斥为"选学妖孽"、"桐城谬种"的钱玄同，假托"王敬轩"之名，给《新青年》写信，以旧派的口吻，反对文学革命。刘半农的复信洋洋洒洒，一口一个先生地叫着把这个钱玄同化名的王敬轩先生，驳了个体无完肤。这已经成为了现代文学史上的著名掌故。

反对文言，提倡白话，反对旧文学，提倡新文学的文学革命是新文化运动最坚实有力的内容之一，文白之争在当时也成为了新旧文学之争的一个焦点。

《新青年》真称得上是白话文运动的主力，今天已习惯说它是当时一切新思想的策源地，它也确实发源了一系列新潮杂志，像《每周评论》、《努力周刊》、《新潮》、《国民》几乎可视为它的成员。

还有一点特别重要，北京大学的新式学生是当时引领社会潮流的先进知识分子，尽管数量不多，但他们对社会产生了极大的影响力。也正因为此，《新青年》同人非常注重扶持成立学生社团，培养学生领袖，带动学生积极热情地参与文学革命。

1918 年 11 月 19 日，北京大学 21 名学生成立了新潮社。1919 年 1 月 1 日，《新潮》杂志创刊。

新潮社成立以后，作为校长的蔡元培每月由北大的四万元经费中拨出两千元供新潮社办《新潮》。担任图书馆主任的李大钊拨出一间房子给新潮社当办公室。这样，北大红楼的一层就成为了新潮社的活动场所。新潮社的一些会员像傅斯年、罗家伦、杨振声等，后来还成为了"五四爱国运动"（时称"五四事件"）中的学生领袖。这也能算是《新青年》与北大的一份功劳吧。

我们现在常讲话语权，其实《新青年》与北大文科结盟以后，不仅有了北大文科这个活动平台，更为重要的是，作为北大文科教授们的《新青年》同人，本身就掌握着话语权。这样，通过《新青年》这个重要媒体和北大的文科讲堂，便构建起了《新青年》的激进话语，使新文学的发生、发展得以顺利进行。

1917 年以前，《新青年》每一期大约印 1000 份左右，1917 年以后，销路猛增到16000 份，这在当时应已是个惊人的数字。

《新青年》自 1918 年 5 月的第 4 卷 5 号起，完全改用白话文。

五　《新青年》与新文学

《新青年》是中国现代白话新诗的摇篮。

胡适是第一个"尝试"写白话新诗的，他的《蝴蝶》被当成是中国现代新诗的开山之作。

"两个黄蝴蝶，双双飞上天。/不知为什么，一个忽飞还。/剩下那一个，孤单怪可怜；/也无心上天，天上太孤单。"胡适在提到这首诗的创作时说："有一天，我坐在窗口吃我自做的午餐，窗下就是一大片长林乱草，远望着赫贞江。我忽然看见一对黄蝴蝶从树梢飞上来；一会儿，一只蝴蝶飞下去了；还有一只蝴蝶独自飞了一会儿，也慢慢的飞下去，去寻他的同伴去了，我心里颇有点感触，感触到一种寂寞的难受，所以我写了一首白话小诗，题目就叫做《朋友》（后来才改作《蝴蝶》）。"

1920 年 3 月胡适的《尝试集》由上海亚东图书馆初版，这是中国新诗的第一部诗集。他的"尝试"影响着新青年同人都写起了白话新诗。《新青年》从第 4 卷 1 号开始设置"诗"专栏，几乎每期都刊登同人们的白话新诗，胡适、陈独秀、沈尹默、刘半农、鲁迅、周作人、俞平伯、陈衡哲、沈兼士、李大钊等人，都在《新青年》发表了多首白话新诗。

《新青年》是中国现代杂文的园地。

　　1918年4月，《新青年》第4卷4号开辟"随感录"专栏，催生出杂文的蓬勃发展。而且，这样的"随感录"迅速蔓延到各种报刊，李大钊、陈独秀主持的《每周评论》，李辛白主持的《新生活》，瞿秋白、郑振铎主持的《新社会》，邵力子主持的《民国日报》副刊《觉悟》等，都开辟了"随感录"专栏。陈独秀、钱玄同、刘半农、周作人、鲁迅等人的"随感录"虽各有特色，却都具有很强的战斗力。因此，鲁迅认为，"《新青年》其实是一个议论的刊物"。

　　《新青年》是中国现代第一篇白话小说的诞生地。

　　1918年5月15日，鲁迅的《狂人日记》在《新青年》发表，石破天惊地以"狂人"之眼，将旧中国几千年的"吃人"历史，解剖给读者。鲁迅把自己当成新青年社团的马前卒，愿听从"前驱者的命令"冲锋陷阵，创作"遵命文学"。鲁迅的《孔乙己》、《药》、《风波》、《故乡》等小说，都是发表在《新青年》上。鲁迅曾强调说："我的作品在《新青年》上，步调是和大家大概一致的，所以我想，这些确可以算作那时的'革命文学'"。他还说陈独秀"是催促我做小说最着力的一个"。

　　还有一点必须指出，《新青年》堪称中国翻译文学史上第一个有目的、有计划用白话进行翻译，并借助文学翻译传播新思潮，引领新文学创作的翻译阵地。也可以说，《新青年》为中国现代翻译文学揭开了历史的帷幕。

　　翻译文学是五四时期一道独特而亮丽的风景，可说是蔚为大观。有《新青年》风气在先，翻译文学在《每周评论》、《新潮》、《国民》、《少年中国》、《解放与改造》、《曙光》等综合性刊物上，都占有了一席之地。至于稍后的《小说月报》、《文学周报》、《诗》、《晨报副刊》、《京报副刊》、《民国日报·觉悟》、《时事新报·学灯》等文艺性杂志与报纸副刊，翻译文学更是占有大量篇幅。

六　《新青年》落幕

　　陈独秀像他的名字一样，太喜欢一支独秀，也太喜欢特立独行了。撇开历史的复杂因素，单从个人来看，当初志在社会改革，唤醒、塑造"新青年"的陈独秀，可以在《青年杂志》创刊号上的《通信》中即以"盖改造青年之思想，辅导青年之修养，为本志之天职。批评时政，非其旨也"相标榜，也可以索性爽快地答应胡适"二十年不谈政治"。但当《新青年》由原来的门可罗雀，兴旺到不仅扎稳了营盘，而且变得门庭若市，他就开始"谈政治"了。如1918年7月的《今日中国之政治问题》；11月的《关于欧战的演说三篇》。以致胡适等人一再责怪"政治色彩过于鲜明"。事实上，陈独秀自始至终都有一种难以割舍的政治情怀，即借《新青年》施展远大的政治抱负。这或许才是他真正的办刊初衷。不过，他那句豪言倒真的应验了，而且，没用十年光景，不出五年，"全国思想"就改观了。

　　1919年6月，出至第6卷5号的《新青年》因发生"五四事件"而被迫停刊，第6号直到11月1日才出版。

　　同年9月，陈独秀一出狱就组织成立"新青年社"，并于12月1日出版的第7卷1

号《新青年》发表了《杂志宣言》和《社章》。所有编辑和大多数主要作家都加入了这个社。

从 1917 年初到 1919 年冬，陈独秀在北京，《新青年》就在北京编辑，在上海出版。

1920 年夏天以后，新青年社分裂了，编辑委员会也随之解散，陈独秀又重任唯一的编辑人。5 月，第 7 卷 6 号《新青年》再次被查禁。

8 月 22 日，陈独秀在上海法租界组织"中国社会主义青年团"。9 月 1 日，重组后的新青年社成立。就在这一天，《新青年》又重新复刊，这次是由"新青年社"自行印刷发行。

事实上，陈独秀发表在重新复刊的 8 卷 1 号上的《谈政治》，是《新青年》的一个分水岭。与之前的《新青年》相比，可以发现有三个特异之处：一个就是这篇《谈政治》，直接把"主义"问题公开来谈；二是"新青年社"的成立，已经标志着《新青年》由群益书社分离出来，成为一个独立的法人团体；三是《新青年》从这时起成为了宣传马克思主义观的共产党的机关刊物。

1922 年 7 月 1 日，出至 9 卷 6 号的《新青年》终刊。一个同人时代的《新青年》结束了，这同时也预示着"新青年派"知识群体的终结。

鲁迅后来在回忆起《新青年》时，不无感伤地追念说，"《新青年》的团体垮掉了。"

七 结 语

本文题目里有个"五四"，文中却并未深入谈及。因为五四实在是个难以言说清楚的大话题，要深入谈何容易。

以"五四事件"发生的 1919 年 5 月 4 日时间为限，今年是它的 90 岁华诞。但今天我们所说的五四，很显然已经将 1915 年 9 月 15 日创刊的《青年杂志》涵盖进来，其中书写最多的也许莫过于改刊后的《新青年》之于北大，以及北大之于五四运动，这也是最容易彰显的"显五四"。而在那个历史时段里，除此还有许多被许许多多的历史和文学史书写者雪藏起来的"潜五四"，似乎连档案文献都消失了。正因为此，历史常常被写成流线型，抽去了多元的复杂，变得因果逻辑简单，好像唯有这样，历史才容易清楚。也正因为此，时至今日，关于五四的历史和五四的文学史，还有很大的书写与研究空间。

庆幸的是，近年来，也的确有不少肯于下心思、花力气的学者，在档案的故纸堆中潜心淘洗，使一个又一个历史的细节浮出水面，像《北京青年报》与北京市档案馆联袂于近日连载推出的《五四档案解读》系列文章，无疑对推动"五四事件"的研究提供了第一手实证性的史料。这种对历史深层记忆的挖掘，激活了历史的生命力。历史并不是枯燥无味的，它可以是鲜活、生动甚至有趣的，关键在于我们如何和怎样书写。文学史亦然，研究作家及其创作的艺术文本，不能仅仅就文本本身而细读，必须将其置于产生该文本的诸多语境之下，这在文学史的教学实践与研究中尤其重要。有新史料，才可能有新研究。有不少高校文科中国现代文学专业的学生不喜欢文学史，跟这个史不能立体和鲜活起来有关。从提出重写文学史已经过去了20多年，重写的怎样了呢？在纪念五四运动90周年之际，是不是该再来认真思考一下？文学史的数量已经生产得足够多了，我们已不必在乎锦上添花，用个简单的形容词，看能否写出有声有色的文学史。

寄希望于文学史家们！

文化与文学研究

陈独秀：我们如何表达

孙　郁（北京鲁迅博物馆馆长　中国人民大学教授）

一

谈论陈独秀的困难不都是政治上的原因，那大概是文化转型期复杂的背景所致。我在读他的遗著时，倒是常常关注他对中国现代智慧表达式的贡献。不妨说，自从他和胡适、鲁迅出现以来，读书人的书写才有了现代性的意味。

《新青年》出世之前，谈论知识阶级的话语，从来没有形成气候。是陈独秀的振臂一呼，出现的多是新人、新观念、新思维，许多精神难题都在这里登台了。我们这些后来的人面对这份杂志，有时不得不感到惭愧。原因呢，是今人丧失了自己的语言，在表达自我的时候，没有那代人的清俊智远。就精神的从容来说，陈独秀与胡适、鲁迅诸人，精神是一洗前尘的。士大夫阶级的那一切，被他们阻挡到历史的暗区里。我们说言说的放达自《新青年》始，那是不错的。

旧式文人没有类似的表达，只有复述与迎合。至多不过小情调的倾诉，坦然地言说者不多。要表达，就要有新思路和新词语。所以，《新青年》的功劳之一是拥有了新兴知识阶层的个性表达式。胡适趋之于前，鲁迅急行于后，陈独秀在前后间摇旗呐喊，搭建了一座很大的舞台。中国旧学的陈腐的东西，在这里崩塌了。许多现代性的思想、思潮，在这里都有。

陈独秀开创新文化的园地，不是个人的喜好使然，而是时代进程的一个逻辑的必然。一开始他的同路者不多，于是只好从域外寻找留学生资源。他的看上胡适，乃是精神里新奇的空气，让人从昏睡里醒来。迂腐的那一套消失了许多。他们之间讨论白话文，深层里就有对旧式文字的绝望。而且，在陈氏等人看来，中国文化的大问题是，人们的表达出现了问题。所以，如果要搞改良和革命，必须从自由的言说与书写开始。

在《新青年》的文章里，陈独秀的表达逻辑给我很深的印象。他最不满意的是"伪饰虚文"、憎恶"雕琢的、阿谀的、铺张的、空泛"的文字，于是提倡写实主义，力主睁着眼睛看世界。优婉明洁之情智，才是应当提倡的，不可落入陈陈相因的迂腐之地。新文化讲的自由，其实就是表达的自由。思想的载体如果不能进入自由的言说的领域，一切还都是老样子的。

初期白话文的讨论颇为有趣，胡适与陈独秀商谈白话文走向时，重点强调不用典，要口语入文。还应当拒绝对古人的模仿。在胡适看来，模仿古人和乱用典故，易华而不实，滥而不精，乃文章之大忌。好的作品都非无病呻吟之作，艺术是从心里流出来的，而非造出来的。这是《新青年》当初要解决的问题。陈独秀在与友人讨论此话题时，延伸了其内涵。他以为胡适的观点还有些温和，要建立真正的白话文，不能不有峻急的文风。他自己就喜欢用此类笔法为文的。

陈独秀、胡适、鲁迅的文字，流出对旧文人习气的厌恶。他们远离官场，揶揄神灵，但他们最想做的是对士大夫文化的颠覆。那时候陈独秀的文字就一反士大夫的正襟危坐气，不中庸，非暧昧，将儒家的虚假的东西踢出去。一时应者如云。比如说极端话，讲极端句，旨在从四方步式的摇曳里出来，精神的躯体被换了血。而鲁迅的《狂人日记》，简直就是天人之语，读书人的自恋语气全然没有了。鲁迅和陈独秀相似的地方是，都对自己的本阶层的人以嘲笑和绝望的目光视之。意识到连自己也充满着罪过。重新开始，远离着无病呻吟之徒的文字，是那时候的新文化人特有的特征。

解决书写的旧病，一是输进学理，引来新观念和思想。另外呢，是个性主义的展示。在那一代人看来，中国文化的主要问题是缺乏人的自我意识，人不过还是奴隶。向人的内心世界开掘，直面世界才是重要的。所以那时候文章好的，都是有过留学经历的人。他们的文字是从个性文化那里沐浴过的，说的是自己的话，而非别人的意识。

但那时候大家的思想也不尽一致。胡适还是把白话文看成工具，注重表达的自然和平易。而陈独秀则认为艺术之文与工具理性略为不同，有创造性的一面在里面，是不能忽视的。鲁迅和周作人则一开始就呈现着语言的神异性，他们在白话里多了精神的舞蹈，不断冒犯旧的词语搭配习惯。表达在他们看来不仅是思想的演示，也是创造快感的呈现。而后者，那时候是没有人重视的，大家其实还不能立即意识到这些。只是在《呐喊》问世后，人们才意识到，智慧对审美的意义大于观念形态的东西。不过，后来的艺术发展，还是观念在主导着审美的思维，能做到鲁迅这一点的人毕竟是有限的。

二

毫无疑问，《新青年》的面孔所以诱人，乃是多了世界性的眼光。同人们讨论问题，已不再是"天下"、"华夏"一类的民族主义心态，精神是开阔的。这里主要的功绩是翻译。如果没有现代翻译，就没有新生的白话文。或者说，翻译对陈独秀那代人来说，是建立新文学的基础。他在杂志上不仅翻译了美国国歌、法国散文，还编译了科学思想史方面的文章。他最初的译文，也是文言的，后来自己也不满意这些，当看到胡适所译的契科夫、莫泊桑的作品时，才感到白话翻译的可能性。后来他推出的易卜生话剧、屠格涅夫的小说时，已经感到新文学的书写是具有一种可能性的。

1916年，陈独秀写信给在美国读书的胡适，希望其多介绍美国的出版物："美洲出版书报，乞足下选择若干种，详其作者，购处及价目登之《青年》，介绍于学生、社会，此为输入文明之需要。"[1]胡适应邀在《新青年》发表了多篇译文。像莫泊桑的小说《二渔夫》，发表于 1917 年，完全是白话文。所以说白话译文在前，白话创作在后，那是不错的。正是翻译的白话文的成功，才刺激了鲁迅的写作。先前人们不提这些。实际上，陈独秀对此是心以为然的。他的催促之功，胡适与鲁迅都颇为感激。

用翻译来刺激创作，是陈独秀的梦想。但他深知自己没有这样的才华，于是在翻译之余，喜欢编译。他的许多文字，都留有这样的痕迹。《法兰西与近世文明》、《东西民族根本思想之差异》、《当代二大科学家之思想》、《俄罗斯革命与我国民之觉悟》、《近代西洋教育》，都显示了他阅读外文的功力。他一方面借用了洋人的思想，反观国人命运；另一方面从对比里思考超越自我的内力。他在组稿时，有相当的选择性。其实最欣赏的是思想性的文章和有个人主义色彩的作品。这两点，在中国最为难得。中国文人不经历西洋文明的沐浴，难以再造自己的文明。

陈独秀在译介中形成的东西方文化差异观在那时候的影响力是巨大的。他对这个差异的概括一直在影响着后来的人们。比如"西洋民族以战争为本位，东洋民族以安息为本位；西洋民族以个人为本位，东洋民族以家族为本位；西洋民族以法治为本位，以实力为本位；东洋民族以感情为本位，以虚文为本位"[2]。直到 80 年代，中国内地重新出现文化热的时候，学人们似乎还没有超出陈氏的眼光。他的穿射力是内在的，学人们很长一段时间直面的是相似的问题。这也是他的启蒙的基本思路，而对文章与艺术变革的思考，也是缘于此点的吧。

不过陈独秀的表达，在那时候还显得急促，似乎没有完全消化人文主义的思想。他自己的文字内美，未必就比梁启超高明多少。只是见解高于对方罢了。主要的问题还是立言、立志，而非精神的盘诘与深省，自然没有哲学层面的高妙和艺术的深情致远。他反对旧文人的"载道"，自己未尝不是在走这条路。他神往自我的个性表达，但在那时肩负着使命，只能把目光盯在传道上，心性的攀援只好置之一边。启蒙者的悲哀往往是这样的：他们要唤起民众，推倒旧的逻辑，可是自己必须进入这个逻辑后才能出离旧路。而自己不幸也在这个逻辑中。既是启蒙，又是个人主义，在那时候殊为不易。所以是否真的消化了洋人的思想，还是个问题。有时候你会觉得，他们不过是借着这些，来讲自己的意思呢。

三

士大夫的问题是不谙俚俗，缺乏民间的狂欢与放荡。到了五四新文化运动，民间艺术可以堂而皇之地走进象牙塔里了。在瞭望西方文明的同时，陈独秀诸人不忘对本土文化的整理与重新解读。查阅《新青年》的文字，能够感到诸人对民间艺术的钟爱。传统士大夫看不上戏曲、说书艺术，以为粗俗不堪，难以入流。在雅化的文字里，生命意志一点点磨掉了。五四新文人不这样看，他们完全反过来，视民间艺术为真品，对文人圈子之外的存在，有一种亲密的感觉。陈独秀、胡适在理论上倾向于民间文化，鲁迅则在自己的小说里刻出了民俗图，韵律与气象完全不同于以往了。中国后来强调的大众化艺术，讲的就是这些。说他们这一代是创始者，那是毫无疑问的。

钱玄同曾与陈独秀专门讨论过民间艺术的话题。他们之间的那次通信，在新文学史上已成为佳话。两人都推崇戏曲小说，乃因为是离人生近，与玄学远，是可亲的一族。他与陈独秀说：

> 语录以白话说理词曲以白话为美文，此为文章之进化。实今后言文一致之起点。此等白话文章，其价值远在所谓"桐城派"、"江西派之诗"上，此蒙所深信而不疑者也。至于小说为近代文学之正宗，此亦至确不易之论。若论词曲小说诸著，在文学上之价值，窃为仍当以胡君"情感"、"思想"两事为标准……[3]

陈独秀的回信亦有同样的思路：

> 国人恶习，鄙夷戏曲，小说为不足齿数，是以贤者不为，其道日卑。此种风气，倘不转移，文学界绝无进步之可言。章太炎先生，亦鄙视小说者也，然亦称《红楼梦》善写人情。夫善写人情，岂非文字之大本领乎。庄周、司马迁之书，以文评之，当无加于善写人情也。八家七子以来，为文者皆尚主观的无病而呻，能知客观的刻画人情者盖少，况夫善写者乎。质之足下，以为如何。[4]

用戏曲、小说来冲击士大夫之文是一个资源。但如何将其精神引入思想界，那时候的同人没有什么办法。周作人在介绍日本近三十年的文学时，也讲到该国文学里民俗意味的深情。可是中国如何学之，也只能交了白卷。要不是鲁迅从乡土社会里找来一些元素，陈独秀的期待要落空也是自然的。

五四运动前，陈独秀曾经对戏曲有过一种改良的期待，那就是用西洋的个性主义的思路，冲击老的营垒。比如不唱淫戏，除去富贵功名的俗套等。他在内心是欣赏民间艺术的，因为那里有百姓的想象力。五四新文化运动，对民俗学意义下的传统文化的认可，并不亚于对西洋文明的态度。陈独秀所写的这方面文章虽然不多，但他对胡适、鲁迅、周作人的民俗观的赞同，其思想的新亦庶几可见。

五四文人讲民间，是指未被士大夫文字浸染的领域。所以陈独秀自比是狂客，周作人说自己是学匪，鲁迅把自己的房屋取名"绿林书屋"。这就是要和文人气划清界限。但他们这些匪气还是有些六朝意味的东西，与民俗的东西毕竟有别。周作人很早意识到这一点。他是主张在文字里出现一些文不雅训的东西的。因为英国文学里就"屡用方言，视若庞杂，然自有其特彩，趣味盎然"[5]。待到北大进行风俗调查、搞歌谣征集时，民间话语与白话文的关系就真的亲密起来了。

陈独秀称赞鲁迅的小说好，思想的深不用说了，重要的是他的文字运用能力超常。五四时期鲁迅的一些文章并非自创。有些观点是受胡适、陈独秀的影响的，有的从尼采、安德烈夫那里来。但他的表达逻辑真的与人不同。同样一个意思，经由鲁迅之手，就气象不俗，别有一格。那里有古文的余绪，绍兴的韵律，还杂以日文、德文的句式，文章的张力就不同了。《新青年》的伟力固然是思想的多致与自由语态，可是在我看来表达的创造性是一大奇迹。说什么是重要的，怎么说也非小视之事。对于一个不会表达的群落来说，将思维从庸常里引向高远的精神之地，一个时代能肩负此任者，真的不多。

四

细心的读者会发现，陈独秀的文章在气韵上是晚清狂士的路，并非创造性的。胡适倒一洗旧气，完全是纯正朗然的东西。唯有周氏兄弟，在文章的写法上自成一格。新文学要求是睁着眼睛看人看事，周氏兄弟有点六朝的影子和日本随笔的笔意。鲁迅的文字甚至带着德国尼采的激越，荡涤着人间杂尘，给人很深的印象。表达的新奇，是应当在意识深处自新的。

真正使新文学闪亮的，不是技巧类的东西。而是那时候的流行观念，即世界意识。世界意识的出现是颠覆儒学的利器，也是表达自我的前提，也不妨说是马克思主义登台中国的前奏之一。

刺激五四前辈的是西方个性主义文人的新作品，在易卜生、王尔德等人的作品里，对西洋的批判，以及流出的大众意识，使陈独秀意识到社会主义的可能性。而罗素的对国家主义的痛斥，也激发了中国读书人对世界共有的价值的渴望。陈独秀、鲁迅、钱玄同甚至是世界语的提倡者，他们对狭隘的民族主义下的精神书写极为警惕。用世界的眼光看事，在他们看来应是必然的选择。

在陈独秀与友人通信里，常能看到艺术无国界之类的字眼，赵仁铸给陈独秀的信就说：

> 先生等闻此琐屑之谈，吾知其必厌然乏味矣，今请简述之曰：（一）中国之教授在此过渡时代，非本国所能任也。（二）请真有学问之外国人在此为教授不足耻也。二十年前之英吉利，欧战前之美利坚，其著名大学教授均为德人铸自离开北大后，曾在美国芝加哥大学博士院内研究有机化学，所从之教师，非美国人乃瑞士人也；楚材晋用，美国尚如此，在我国亦何伤？[6]

陈独秀对此是认同的。他赞成未来世界是大同世界，各民族会在一个旗帜下生活，乃未来之趋势。在致陶孟和的信中，他说："来书谓将来之世界，必趋于大同，此鄙人极以为然者。"既然讲大同，那么就不能不废除旧学问的那一套，从别国那里窃来火种，用以照着精神的暗区。思想向西洋的个性化书写靠拢是必然的了。

自由的书写者，是厌恶浪漫的逃遁，直面社会的难题才是真的人。陈独秀一再强调写实，要求新文学不是逃逸人间的，而是与之对话的。现实的复杂黑暗，在我们的作品里反映的太少，旧文学一直回避这些。一旦深入打量生活，就会发现，我们的道德伦理、法律条文，大有问题。所以，写什么，怎么写，我们过去没有很好地解决。陈独秀认为，要改变旧的书写习气，唯有写实主义可以救之。

那时候被普遍认可的易卜生的戏剧，就是写实的代表。作者所以能有如此高的水准，胡适曾有过评论，那就是作者曾是个无政府主义者，后来大抵变为个性主义的文人了。易卜生在致友人的信说过这样一句话：

> 我所最期望于你的是一种真益纯粹的为我主义。要使你有时觉得天下只有关于我的事最要紧，其余的都不算得什么。你要想有益于社会，最好的法子莫如把你自己这块材料铸造成器。有时候我真觉得全世界都像海上撞沉了船，要紧的还是救出自己。[7]

胡适颇为认可这一句话，陈独秀、鲁迅自然也是如此。易卜生的文学非神学的，也非国家主义的，回到人自己的深处，是他的选择。个性的解放才有文字的解放，五四新文化在那时要高扬的就是这个东西。

五

但《新青年》最引人的书写风格，并非都是洋人的观念，其非道学的态度颇有强力。陈独秀和他的同人是厌恶道学气的，尤其是韩愈以来的"载道"的传统。他们那时候推崇的是托尔斯泰、陀思妥耶夫斯基、但丁、果戈理、雨果一类的作家。我们中国的文学除了《红楼梦》外，很少这样的一类作家的作品，原因之一就是没有个人，没有自我，不会真实地表述世界与人生。

在这些同人看来，中国文学一直存在两个对立的传统。陈独秀说那是贵族与平民之对立，胡适谓之"元白传统"和"温李传统"之不同，周作人发现是"载道"与"言志"的区别。他们都想在此中寻找到一个正确的对象作为自己的参照。可是后来，鲁迅、周作人等意识到，对立还不及融合，彼此的交融，艺术才能更有趣味吧。在强调平民文学时，也不要忘记读书人的创造性劳作的价值。只有平白易懂的诗文还不够，在文字里凸现智性的劳作，让人知道文字后的精神的无限种可能性，也是重要的。

陈独秀对"载道"文学的痛斥在当时颇有影响，他认为韩愈以来的"载道"是大谬误。"文学本非为载道而设，而自昌黎以讫曾国藩所谓载道之文，不过抄袭孔孟以来极肤浅极空泛之门面语而已。"所以，文学革命的任务之一，就是直抒性灵，言自己之志，非暗袭古人的无病呻吟也。鲁迅多年后回忆自己的写作时，特别感谢陈独秀的作用，称自己是"听将令"，受到了陈氏的鼓励。这一点，是没有人质疑的。

新文学最初以白话诗的面目呈现在世人面前。那些幼稚的作品，在当时的反响超人所料。陈独秀自己没有这样的作品留世，但是他欣赏诸位的创作。因为，很是简单，那是新思维下的心灵的作品。废名后来对《新青年》时期的诗歌有个很中肯的评价。以为在审美的层面完全别于古典的作品，是新的艺术。旧文学是文生情，做作地模仿前人的调子，自己的心理未能完全敞开。而新诗不同了，它是情生文的，没有旧的套路。这是汉字写作的一次飞跃，人们可以靠真实的感受为文，而非奴仆地创作，那意义是非同小可的。

废名在总结那时的白话诗歌时，既肯定了胡适的晓畅自如，也看重鲁迅的隐曲幽婉。在评价鲁迅的新诗《他》时，他说：

> 大家有一个共同的感觉，说这首诗好像是新诗里的魏晋古风。这首诗里的情思，如果用旧诗来写，一定不能写得这样深刻，而新诗反而有古风的苍凉了……这首诗里诗人的气氛太重了，像陶渊明的《荣木》与夫"寒华徒自荣"本来不完全是诗，尚有哲人的消遣法，鲁迅先生的《他》则是坟的象征，即是说的"埋掉自己"即完全是一首诗，乃有感伤。[8]

这里的感叹，是对审美的独异性的致敬。陈独秀、胡适当年都没有这样的创造，自然在理论上也不能明白于此。所以，新文学的诞生，理论在前，实践在后，实践中出现的个性化高蹈，远比《新青年》主编的预料要丰富。这也就是为什么后来谈五四新文化运动，鲁迅的名气要大于别人，实在是其表达的高度为同时代人所难能及之。那个高度，使新文学的面孔，一下子变得很有内容了。

陈独秀意识到了新的表达式的价值，但那个表达式如何可能，他无力实践。看他的文章，是对一种确切性的陈述，把对精神的复杂与隐曲的表述留给了别人。他的文字在气脉上是有古风的，得到先秦的豪迈之气，又见六朝的风骨。但意象取之于洋人的直抒性情之路。尤其是他的旧体诗，形式是旧的，而气韵则和士大夫者流渐远了。他的时评与随笔，没有掩饰的文辞，是心性的袒露，可以说是方向感的文字，理念化的演说。他是新文学的呼唤者、引路者，至于那个新的图景如何，自己并不知道。他甘愿在新的时代到来之前，做一个铺路人，待到新人出现后，自己消失了也是心甘情愿的，毁誉与自己已经没有关系了。较之于同人们，他是向外表达的人，将自己隐到自由理念的背后；鲁迅是自我对自我的表达，没有居高临下的感觉。胡适是介于二者之间，既能布道，又带自恋的一面，其书写方式是弹性的。至于周作人，那就分明有点自言自语，完全是个人主义的吟哦。五四文人的写作，一开始就没有一种套路，多样性的出现，也恰是陈独秀所期盼的。

陈独秀在《新青年》上的文字都是新文学理念的基石，他的宣言体对后来的人影响深广。他似乎没有想到不朽与永恒的话题，甘愿冲到前面，将旗帜高高举起，自己的任务也就完成了。那段关于文学革命的话，多么让人心动：

> 欧洲文化，受赐于政治科学者固多，受赐于文学者亦不少。予爱卢梭、巴士特之法兰西，予尤爱虞哥、左喇之法兰西；予爱康德、赫克尔之德意志，予尤爱桂特郝、卜特曼之德意志；予爱倍根、达尔文之英吉利，予尤爱狄铿士、王尔德之英吉利。吾国文学界英豪之士，有自负为中国之虞哥、左喇、桂特郝、卜特曼、狄铿士、王尔德者乎？有不顾迂儒之毁誉，明目张胆以与十八妖魔宣战者乎？予愿拖四十二生大炮，为之前驱！[9]

中国文学的历史有两千余年。但奴才式的写作时间长，作为人的写作的历史却短。

陈独秀那代人的大功绩是阻挡了历史的惯性，在昏暗不堪的年代，开始了自由人的写作。他们那些人差异很大，精神也非定于一尊。有的人的文章也未必高明，甚至有些荒唐。可是他们的非同寻常的地方是，将个性的空间打开了。这是一个不小的突破。现代性的资源终于从此涌出，古老的幽魂从此不再可能堂而皇之地出现了。时间开始了，我们不应再回到过去。闸门打开的时候，河流就不再干枯了。

注释：

［1］《陈独秀书信集》第 46 页，新华出版社，1987 年。

［2］陈独秀：《东西民族根本思想之差异》，载《新青年》一卷四号。

［3］《陈独秀书信集》第 96 页。

［4］《陈独秀书信集》第 92 页。

［5］《周作人文类编》六卷第 513 页，湖南文艺出版社，1998 年。

［6］《陈独秀书信集》第 279 页。

［7］转引自《胡适全集》一卷第 613 页，安徽教育出版社，2003 年。

［8］《废名讲诗》第 55 页，华中师大出版社，2007 年。

［9］陈独秀：《文学革命论》，载《新青年》二卷六号。

文学的五四、文学的世纪与"鲁迅文学"

汪卫东（苏州大学）

一

五四，那一次裹挟着思想、文学、政治等等的救亡运动激烈爆发后，就在时空中离我们而去，随着它向历史深处的渐次退去，被包裹的话语也层层积累，无论怎样忙碌，每隔十年，我们都要习惯地对他进行一次话语的"粉刷"，令人明白，还原历史已然成为一种空想，但每代人对它都兴致不减，恰说明了五四作为意义源头和影响性事件的本质。无论是功是过，是捍卫还是质疑，吾人不得不认同，我们还处在世纪初的这次爆炸的辐射当中。这是以大爆炸理论作比，即它是现代中国的爆炸性起点，无论是观念还是行为，思想还是政治，世纪中国的现代性，皆受到五四的决定性影响。不知现在这一"宇宙"是仍然在膨胀还是已经在萎缩，我想，"崛起"声中，回眸五四，吾人当添更复杂的情怀和反思。

这里剔出"五四"、"文学"、"鲁迅"三点，一是宇宙太大，不好随意指点，故自我限制于专业的视角，二是文学确是五四之重要一环，而五四、文学、鲁迅三者的世纪姻缘及其深远影响，吾人尚估量不足。

如果找一些关键词来把握波澜壮阔的中国 20 世纪，首先想到的关键词也许会有：救亡、启蒙、革命、解放、改革等等，但我要提醒和强调的，还有一个是"文学"，20 世纪是文学的世纪。五四新文化运动的主要内容，是思想革命和文学革命，而其中最有声势最为见效者，为后者；在后来政治革命和社会革命的主潮中，文学或固守自己的方式，或主动、被动地成为政治革命的重要"一翼"，深度介入了整个 20 世纪的现代性建构。五四、文研会、创造社、新月社、左联、京派、延安文艺整风、"十七年"的文艺批判、"文革"、80 年代文化热，拉开长时段的视角，不难看出文学在 20 世纪中国的重要作用及其与革命、政治之间的复杂纠缠。

而联系到五四与 20 世纪中国的重要影响关系，文学之世纪影响与五四源头的内在联系，也应在情理当中。如前所述，五四提供的一个历史事实是，文学革命是其最为成功的一役，就白话文革命来说，其成就之速，连当事者胡适都始料未及，五四后新文学之雨后春笋的局面，亦如有神助，令时人不暇应接。五四的成败利钝，颇不易说，但至少可以肯定，文学的五四，是成功的。

　　我还想在此提出"鲁迅文学"这个范畴,这不仅指向鲁迅文学本身,而是强调,尘埃落定,而今蓦然回首,鲁迅文学作为20世纪中国文学的"传统"和"范式"的历史存在,已愈益显著。日本时期的"幻灯片事件",由于连接着后来一系列影响深远的文学行动,已超出其个人事件的范围,在发生学意义上成为20世纪中国文学的原点性事件;早期文言论文对"精神"(《文化偏至论》)和"诗"(《摩罗诗力说》)两个契机的把握,也正昭示了十年后五四思想革命和文学革命的两个命题,成为20世纪中国文学的先声;鲁迅文学以文学参与历史和干预现实的文学品格,深刻影响了20世纪文学的存在状况;鲁迅生前和死后都曾纠缠于文学、革命与政治之间,构成了20世纪文学的一个核心情节,从他20年代中期后对文学与革命、政治关系的复杂思考,以及晚年遭遇"洋场"后对海上文坛的观察,可以找到反思20世纪中国文学复杂性的更丰富的线索。"鲁迅文学"起源于文学救亡的动机,但其深度指向,则是国人精神的现代转型,因而在20世纪的纷繁语境中,形成了独具深度的视点。在此意义上,"鲁迅文学",确立了20世纪中国"严肃文学"的范式。

二

　　以上就三点提出基本判断,在此基础上,本文想就此世纪姻缘及其影响进行更深入的追问,无意于捍卫或挑战的先在立场,而是力图深入历史逻辑展开梳理,并立于当下处境作出反思。

　　说文学的五四,并非试图以文学概括包罗万象的五四,而是强调文学在五四的影响,这既体现在前述文学革命的速成,更体现在文学作为载体和方法在五四新文化运动中的重要作用。后人惯以西方文艺复兴或启蒙运动类比五四,常感叹后者的迅忽与短暂,从另一方面说明了五四思想动员的快捷。一校一刊之碰撞而得以迅即扩散,造成一触即燃的时代氛围,文学的作用功不可没,新思想借助新文字和新文学迅速传播,而达于新教育体系中的新青年,救亡图存的情结一旦触动,遂纷纷走上街头诉诸行动。翻看1919年大事记,可谓一呼百应,不得不承认五四学生运动对于现代民族动员的示范意义[1],而这基础,还在新思想借助新文学的思想动员。反过来,五四学生运动又为新文学的进一步扩大影响打开了新的场面。

　　五四与文学的历史姻缘,需要从发生学意义上对其历史逻辑进行梳理,在我看来,五四新文化运动是自晚清以来的思想运动、文学运动和语言运动的合流,正是三者的历史会合与相互借力,遂使五四迅速蔚为声势。在思想运动的轨迹上,由救亡情结所驱动的现代转型理念,试错式地经由器物、政治、革命,到民国初年袁氏当国,已陷入停滞和倒退的局面,复辟闹剧前后,在变革者那里,越来越多的人开始把思路转向思想文化层面(胡适曾惊讶于民国初年宪政讨论的突然消歇)[2],与此同时,新文学也呼之欲出,黄远庸的思想忏悔,即伴随着对新文艺的深情呼唤[3],从事思想革命的陈独秀后来与胡适的文学革命一拍即合,也说明文学革命是思想革命题中应有之义。如果以《新青年》发动思想运动的陈独秀之垂青文学,是思想借助文学,那么,由胡适一面看来，则是由思想到语言，再由语言到文学，留美时期由政治兴趣到文章本业，固有传统习惯使然，更有借语言改良思想的设计，通过胡适，晚清以来的语言运动——自土话字母翻译《圣经》，到官话字母"专拼白话"，再到读音统一会和国语研究会之拼文言——开始与文学运动合流，按胡适的话说，就是借文学造国语。注音字母运动始于《圣经》的翻译和传播，而胡适的"一念"来自基督徒钟文鳌的宗教宣传的启发，此中可见胡适之努力与晚清语言运动的逻辑联系[4]。语言运动借由文学革命，终于大功告成。文学运动借由陈独秀的思想运动和胡适的白话文革命，也一战告捷。其中，胡适的"实验主义"操作，在方法上是成功地关键，在此意义上亦可说，没有胡适，何来鲁迅？

无论是陈独秀以思想借由文学，还是胡适由思想到语言再到文学，五四那代人，都不约而同抓住了思想与文学这两个变革契机。周树人在年龄代际上，比陈、胡早，但变革思路相同，如前所述，十年前形成于日本的"第二维新"方案——在某种意义上属于周树人、周作人和许寿裳的三人团体，其对"精神"与"诗"的双重把握，其实已开始了五四思想革命与文学革命两个基本命题，然超前而寂寞的思路，此时正停滞于S会馆的绝望中，周树人对"新青年"们"心有戚戚"而不置可否，正是过来人心态使然。金心异的闯入，方使相隔十年的思路开始合流，周树人始成为鲁迅。

经由思想到文学的共同路径，陈、胡、鲁在五四走到一起，但三者对文学内涵的具体考量，其实未必相同。确切地说，陈、胡虽垂青于文学的路径，但对这文学是什么，可能尚未遐思。胡适的新诗创作，旨在以白话文攻坚文学堡垒的实验，《尝试集》诚乃第一部白话诗集，却证明作者并非诗人，本人后来也敬献不敏。今人多争议《刍议》一文是偏重形式还是不忘内容，其实胡适所着眼者，非形式与内容的孰轻孰重，而是实验的可操作性，故所提"八事"，虽卑之无甚高论，然皆切中肯綮，具体可行。陈氏以革新家之敏锐，为前者摇旗呐喊，其声援大论，虽振振有词，极富鼓动，然掇拾西方文学口号，出之以文言对仗，终嫌有名无实，有勇无谋。

三

相较而言，十年前鲁迅对文学的选择，有着断念和决断的深思背景。"幻灯片事件"显示了以文学改变精神的原初动机。弃医从文后得以实施的两件文学方案——一是在《河南》杂志发表的系列文言论文，一是兄弟二人翻译出版的《域外小说集》——皆能显示其对文学的全新想象。系列论文实际上构成了一个初步的思想体系，由对西方进化论、科学史和十九世纪文明史的梳理，及对晚清以来救亡之路的检讨，彰显了"进化"、"科学"及整个"十九世纪文明"背后的"人类之能"、"神思"、"精神"、"意力"等的重要，批判了"兴业振兵"和"国会立宪"等救亡方案的偏颇，从而提出"首在立人"——"尊个性而张精神"的新救亡方案，而"精神"寓于"心声"，鉴于国中"心声"蒙蔽、"诗人绝迹"、"元气黮浊"的精神状况，遂大声疾呼"吾人所待，则有新文化之士人"[5]，冀以刚健有力之"心声"——"新声"（"诗"），激起"精神"的振拔，此即其"第二维新之声"。"精神"与"诗"，诚是系列论文的核心，"诗"指向"精神"的振拔，即作为中国现代转型基础的人的精神的变革。

《域外小说集》的翻译，则是向异邦寻求"新声"的实践，兄弟二人倾心尽力，"收录至审慎"[6]，异于此前以林纾为代表的偏重英法美等主流国家及娱乐倾向的晚清翻译习气，侧重 19 世纪后之俄国及北欧短篇小说，故序文不无自信："异域文术新宗，自此始入华土"[7]。所选俄国及东、北欧小说，一多为被压迫民族国家的文学，二多为挖掘心灵、具有精神深度的作品，显示了与时人迥异的眼光和心思。其所寓于文学者，一冀以反抗之声激起国人之"内曜"，以助邦国的兴起，二以文学移入异质之精神，改造固有之国民性，即所谓"性解思维，实寓于此"，"籀读其心声，以相度神思之所在"[8]。在对俄及东、北欧文学的接触中，二人惊艳于其所显示人性的新异与深度，发现了以文学"转移性情，改造社会"的力量。鲁迅后来不无偏激的强调"新文艺"是"外来的"，与"古国"无关[9]，大概也就在于这源于异域的文学新质吧。值得一提的是，在五四之前的周氏文学方案中，文言还是白话，并非问题所在，五篇论文，皆出以文言，《域外小说集》在文言追求上，甚至意在与林琴南一比高下，此皆过于聚焦文学思想功能之故，周作人在五四白话文革命告一段落时提醒时人别忘了"思想革命"，亦是此一思路的显现[10]。

异域文学所显现的精神与人性的异质性，既使鲁迅看到精神变革的方向，也使他感到过于隔膜的悲哀。当时曾有一杂志，也翻译刊载显克微支的《乐人杨珂》，却加标识为"滑稽小说"，对此"误会"，鲁迅深感"空虚的苦痛"[11]。《域外小说集》十年后再版，还不无感慨："这三十多篇短篇里，所描写的事物，在中国大半免不得很隔膜；至于迦尔洵作中的人物，恐怕几于极无，所以更不容易理会。"[12]正是苦于知音难觅，八年后，礼拜六作家周瘦鹃翻译《欧美名家短篇小说丛刊》，下卷专收英美法以外国家如俄、德、匈、丹麦、塞尔亚、芬兰等国的作品，1917 年 8 月上海中华书局出版，即得到时任教育部通俗教育研究会小说股审校干事的鲁迅的激赏，并以部名义亲拟褒状加以推介，誉之为"昏夜之微光，鸡群之鸣鹤"[13]。鲁迅一生最重翻译，所选也多在精神深异之作，可谓以一贯之。

由此可见，鲁迅文学的原初动机，是救亡图存的原始情结，而其深度指向，则是人的精神的现代转型，这就是救亡——精神——文学的转型理路；这一深度指向一经确立，也就越过民族国家的视域，指向人的精神的提升与沟通。在这两个层面上，可以说，鲁迅文学以其示范效应，开启了 20 世纪中国"严肃文学"的范式和传统。

肇始于周氏兄弟世纪初的想象与实践，十年后汇入五四文学革命，与胡适白话文运动结伴而行，修成正果。鲁迅文学的汇入，使内蕴不清的陈、胡文学革命方案，加入了深度精神内涵。鲁迅的每篇小说，都以"表现的深切"引起同仁击节称赏，周作人《人的文学》一出，举座皆惊，后被胡适推为"当时关于改革文学内容的一篇最重要的宣言"[14]，皆因周氏兄弟实乃渊源有自，有备而来。

在一定程度上，鲁迅世纪初的文学想象，通过五四，融入了现实，其所确立的严肃文学范式，进入了 20 世纪中国文学史。这不仅体现在本人终其一生的文学实践中，而且体现在五四问题小说对社会和人生问题的关注中，体现在"将文艺当作高兴时的游戏或失意时的消遣的时候，现在已经过去了。我们相信文学是一种工作，而且又是于人生很切要的一种工作"[15] 的文研会宣言及其"为人生"文学的创作实践中，体现在 20 世纪文学与革命、政治的复杂纠缠中。拉开 20 世纪中国文学的主流线索，可以看到，文学作为一种行动，与启蒙、革命、政治一道，深刻参与了中国的现代进程。鲁迅之后来成为 20 世纪中国文学最有代表性的存在，乃有历史的必然。

四

　　然鲁迅文学在与 20 世纪中国的摩擦、纠缠中，扭曲、变异或被遮蔽的可能，也在所难免。其深度指向，蕴含着尚待挖掘和彰显的新的文学想象。

　　在围绕"救亡"形成的晚清实学思潮中，周氏兄弟重揭文学大旗，似乎逆潮流而动，然所张主，为文学之新质。既以"精神"诉诸"诗"，故"立人"之外，还当"立诗"，《摩罗诗力说》可谓新语境下之"为诗一辩"，而周作人的《论文章之意义暨其使命》，更为文学之本质在世界语境中穷追猛索。周氏兄弟的文学立论，在世纪初驳杂纷呈的中西语境中展开，其必须面对的文学观念，一是晚清刚刚传入的西方纯文学观念，二是中国固有之文学观，其一为以文学为游戏、消遣的观念，晚清结合商业运作，此类文学正方兴未艾，与此相关，是文学无用论，其二是"文以载道"、以文章为"经国之大业"的文学功用观，晚近则是梁启超对小说与群治关系的揭示，以文学为治化之助。于是三者，周氏皆有不满，游戏观念，自所不齿，载道之言，视为祸始，梁氏之说，直趋实用，西方传来之近代纯文学观，又过于明哲保身。文学既关乎"救亡"，首先要排斥的，是本土之游戏、消遣观，舶来之纯文学观，亦须加修正。文学是有所为的，然其有所为，非传统之载权威之"道"，经一姓之"国"，亦非直接以助治化，而又要有所不为。要从这有为与无为的悖论夹缝中挣脱而出，需追寻文学更坚实的基座，故二人由此出发，把文学上推，与"精神"、"神思"等原初性存在直接对接。《摩罗诗力说》论文学之"用"，先以"纯文学"视角，承认文学"与个人暨邦国之存，无所系属，实利离尽，究理弗存。"其"为效"，"益智不如史乘，诚人不如格言，致富不如工商，弋功名不如卒业之券。"[16] 但否定排除之后强调："特世有文章，而人乃以几于具足。"[17] 最后，把这一"不用之用"的原因归结为二，一为"以能涵养吾人之神思耳。涵养人之神思，即文章之职与用也。"[18] 二以"冰"为喻，强调文学涵"人生诚理"，使读者"与人生即会"的"教示"作用[19]。周作人则广集西方近世诸家之说，考索文学要义，最后采美国宏德（Hunt）文论，归为"形之墨"、"必非学术"、"人生思想之形现"、"具神思（ideal）、能感兴（impassioned）、有美致（aristic）""四义"[20]，于三、四者，尤所置重；论及文学之"使命"，亦采宏德之说归为四项："裁铸高义鸿思，汇合阐发之"、"阐释时代精神，的然无误也"、"阐释人情以示世"、"发扬神思，趣人生以进于高尚也"[21]。篇末，周氏直抒己见："夫文章者，国民精神之所寄也。精神而盛，文章即固以发皇，精神而衰，文章亦足以补救。故文章虽非实用，而有远功者也。……文章一科，后当别为孤宗，不为他物所统。"[22]

在周氏兄弟的文学想象中，文学与精神、神思等原初性存在直接相关，二者的直接对接，一方面使它得以超越知识、伦理、政教等"有形事物"的束缚而获独立，"别为孤宗"，另一方面，它又与政治、伦理、知识等力量一道，对社会、人生发挥作用和影响。这样，进者可使文学通过精神辐射万事万物，发挥其"不用之用"和"远功"，退者亦可使文学通过回归精神而独立，在有为与无为（独立）之间，文学找到了存在的基点。

文学与知识、道德、宗教一道，分享了精神的领地，但文学又自有其超越性在。二人都强调文学与学术等有形之思想形态的不同："盖世界大文，无不能启人生之閟机，而直语其事实法则，为科学所不能言者。……此为诚理，微妙幽玄，不能假口于学子。"[23]"文章犹心灵之学"[24]，"高义鸿思之作，自非思入神明，脱绝凡轨，不能有造。凡云义旨而不自此出，则区区教令之属，宁得入文章以留后世也……以有此思，而后意象化生，自入虚灵，不滞于物。"[25]文学自由原发、不拘形态，因而在精神领域亦占据制高点的位置，尤其在王纲解纽、道术废弛的世纪初语境中，文学更显出其推陈出新的精神功能。故此，在周氏兄弟那里，文学，成为精神的发生地和真理的呈现所，它与知识、道德、伦理、政治等的关系，不是后者通过前者发挥作用，而是相反，文学作为精神的发生地，处在比后者更本原的位置，并有可能通过它们发挥作用。

这就是周氏兄弟在世纪初驳杂语境中确立的文学本体论，文学本体之确立，在中国文学史上第一次把文学确立在独立的位置上，而其独立，不是建立在纯文学观之审美属性上，而是建立在原创性精神根基上，随着与精神的直接对接，文学被推上了至高的位置。文学摆脱了历来作为政教附庸的位置，但并没有放弃文学的社会作用，相反，摆脱束缚后的文学以更为原创的力量发挥其影响。文学，既非"官的帮闲"，亦非"商的帮忙"，而是作为独立的行动，参与到社会与历史中去。周氏文学本体论的形成，固然来自救亡图存的动机，然已超越救亡方案的单一层面，成为一个终极性立场。文学不仅在救亡局面中超越了技术、知识、政制等有形事物，甚至在精神领域取代了僵化衰微的宗教、道德、政教、知识等的位置和作用，成为新精神的发生地和突破口。

在这个意义上，称之为"文学主义"，大概也不为过吧。不难看出，周氏文学主义背后，有着老庄精神哲学、儒家经世传统以及西来浪漫主义文学观的观念因子[26]，正是遭遇"三千年未有之大变局"，在周氏兄弟那儿，这些中、西观念才得以相互碰撞并重新激活成崭新形态。

周氏兄弟后来以各自的方式对应现实的挑战，作为积极和消极回应现实的结果，二人的文学实践，划出了越来越分离甚至截然不同的轨迹，二十世纪中国的剧烈动荡，由此可见一斑。在某种程度上说，世纪初的这一文学立场，主要是通过鲁迅的卓越文学实践，对世纪文学产生了深远影响。从这一终极立场出发，鲁迅以文学为独立的行动，积极参与和深度介入了中国的现代转型，并经历了多次绝望，切己的是，所有现代参与的不幸，都化为他个体的、心理的精神事件，作为副产品，在这一过程中，他以文学的形式表达了堪称现代中国最深刻的生命体验，留下了中国近现代文化转型最深刻的个人心理传记，这些，都成为文学家鲁迅的底色。

至此，可以把"鲁迅文学"的要义归结为两点：第一，文学是一个终极性的精神立场；第二，文学是一个独立的行动。

五

作为一种独立的行动，鲁迅文学与启蒙、革命和政治等 20 世纪的重要力量一起，在共同参与 20 世纪中国的现代转型中，曾发生复杂的姻缘和纠缠，这其中，也有着尚待清理和揭示的问题。

以文学启蒙民众，转移性情，改良社会，正是鲁迅文学救亡方案的题中应有之义。1933 年在谈到为什么做起小说时，仍然强调："说起'为什么'做小说罢，我仍抱着十多年前的'启蒙主义'，以为必须是'为人生'，而且要改良这人生。"[27]终极性文学立场决定了，文学，既是启蒙的有效方式，亦是启蒙的原发性领域，不是文学来自启蒙，而是启蒙来自文学，这大概就是竹内好所曾看到的"文学者鲁迅无限地生成出启蒙者鲁迅"[28]之意吧。

如何处理在共同参与历史过程中与革命、政治的现实关系？对此，在 20 年代中期革命话语甚嚣尘上的纷繁语境中，鲁迅曾经历过并未明言的艰难思考。一方面他怀疑当下所谓革命文学的存在，讽刺那些貌似的革命文学者，同时又把文学与革命放在不满现状、要求变革的同一阵营[29]，但他又承认，政治性革命的现实功效，比文学更为快捷[30]。鲁迅此时期有关文学与革命的言述，常常欲言又止，话中有话。在《文艺与政治的歧途》中，他把文艺家与政治家分开，因为后者安于现状，前者永远不满现状[31]，另外，他似乎又对"文艺"和"革命"（政治革命）进行了分别[32]，这不仅在于笔杆和大炮的区别，也在于"政治革命家"最终会成为"政治家"，而"文艺家"终将遭遇现实与理想的冲突，永无满足之时[33]，文艺——鲁迅既不说"文艺革命"，对"革命文艺"也审慎使用——与政治革命，既有方式的不同，还有彻底性的差别。二者同道而驱，然当各以自方为根本，以对方为"一翼"之时，冲突在所难免。而文学与政治，走向歧途，也似成宿命。

我感兴趣的是，在鲁迅的躲闪其辞中，是否也保留着从未明言的基于前述"文学主义"立场的革命想象？鲁迅文学之原初动机固起于救亡，但经由对救亡方案的终极求索，发现并确立了文学的终极立场。在这一终极立场上，文学指向的变革与转型的深远愿景，救亡远不能囊括。在这个意义上，鲁迅的文学想象，也就是鲁迅的革命想象，文学与革命，在这样的制高点上才能重合。故鲁迅对于政治革命，视为同道，当作契机，也应有所保留。羡慕大炮的功效，调侃文学的无用，是在两次绝望之后，其文学想象，愈到后来，愈益显现其世纪初所力排的迂阔，后来的人生选择，已见出文学立场的调整，最终有点"煞风景"的遗言，也透漏了盈虚之消息。但是，文学的终极立场，及其深度指向，应该未被抛弃，而是更深地藏纳于内心吧。

六

鲁迅文学，通过其示范效应，深刻影响了 20 世纪中国文学，并和世纪文学一道，形成了 20 世纪中国"严肃文学"的范式和传统，表现在以下几个层面：

（1）20 世纪中国文学深度介入了民族国家的救亡与现代转型，形成了参与历史和干预现实的积极品格，在某种意义上说，20 世纪中国文学是"民族国家的文学"。

（2）文学不再仅仅是政教的附庸或娱乐、消遣的工具，而是一种独立而深入的精神行动，并在参与历史和干预现实的过程中，与启蒙、革命、政治等 20 世纪重要力量，发生了复杂的姻缘与纠缠。

（3）20 世纪文学与中国现代性的复杂纠缠，使中国现代文学成为 20 世纪中国艰难转型的丰富见证或"痛苦的肉身"，并空前丰富了我们对文学性的理解。

（4）文学之终极精神立场的确立，潜移默化地影响了现代中国人文知识分子的文学认知与自我认知，形成了一种批判性的人文立场及其精神传承。

七

世纪回首，毋庸讳言，鲁迅文学及其世纪影响，亦存在值得反思的问题。如：

（一）文学与拯救

鲁迅文学背后，有着世纪末价值废墟的背景，19 世纪末，中、西精神规范普遍遭遇解构，当鲁迅以人性的视角发现国民性的危机——这无疑是救亡理念中的一个最深视点——后，如何拯救？他在资源上是无援的。鲁迅垂青于文学的精神生发功能，转向新精神的生发地——文学，试图以文学的精神原创力和感召力振拔沉沦私欲的国民性，在这个意义上，鲁迅的文学救亡已深入人性拯救的层面。文学与拯救并置，就会产生一个问题：文学能否承担人的拯救？"拯救"一词来自宗教，在宗教中，拯救源自确定性和超越性的至高价值。鲁迅文学终极立场的确立，使文学站到了比宗教、道德、知识等更本原的位置，在人性拯救的意义上，取代了宗教、道德的功能，或者说，文学，成为新的宗教和伦理。但是，在鲁迅那儿，文学作为精神的发源地，是以非确定形态出现的，其价值就在不断否定、不断上征的超越功能，问题是，以非确定的否定性精神作为人性拯救的资源，是否可能？

（二）文学与启蒙

解构启蒙，已成为当下中国的普遍思潮，这个西方时尚学术话语与中国式世俗聪明的混血儿，正在百年启蒙的沉重身躯前轻佻地舞蹈。其实，对于 21 世纪的中国，启蒙远不是已经过时的话题，而是尚未完成的工程。面对世纪启蒙的困境，吾人有必要作一番彻底的反思。当下需要追问的，一是我们拿什么启蒙？与此相关的是，我们用什么方式启蒙？或者借用英文的启蒙问：enlightenment，但"光源"何在？

启蒙是来自西方的近代观念，理性，是启蒙的根本资源和绝对依据，是启蒙主义的自明的前提。启蒙者普遍相信，理性是人的本性，依靠人所共有的普遍理性，就可以摆脱此前的愚昧状态。康德的《答复这个问题："什么是启蒙运动?"》是对启蒙的经典阐释，在他的阐释中，"理智"、"勇气"、"自由"是三个关键词，"勇气"和"自由"，是启蒙的内在和外在条件，而"理智"或"理性"，则是康德启蒙的真正内核所在，它被预设为人的先验本性，康德启蒙要人们回到的自己，是具有自主理性的人[34]。

作为启蒙依据的理性，并非17、18世纪的发明，它的背后，有着源远流长的西方理性主义传统。理性的本质是普遍的、超越性的原则和秩序，被认为是人的先验本性，其实，如其说理性是与生俱来的先验本性，不如说理性来源于人们对理性的信仰——对宇宙秩序和自身思维秩序存在的相信，有什么样的信仰，就有什么样的本性，没有信仰，难以启蒙。

以文学为精神资源并以文学为方式的启蒙，由于启蒙资源的不确定性及其否定性方式，最后唤醒和回到的"自己"，有可能只是感性的自我，启蒙的最后结果，可能让启蒙者自己大吃一惊。

自然人性论和个人主义，是世纪启蒙的两个话语基石，就其内涵作进一步反思、检讨，宜其时矣。此处不赘。

（三）文学的历史参与问题

文学的历史参与和现实干预，一方面形成了中国20世纪文学的可贵品格与优秀传统，丰富了我们对文学的理解，并为现代中国的思想运动和社会运动提供了丰富的想象资源和强大的鼓动力，另一方面，它又带来了有待反思的问题。在文学自身方面，过强的使命意识和过重的历史承担，易使文学沦为时代的弄潮儿或追随者，少了对自我主体的观照和自身建设的意识。在思想影响和社会影响方面，表现为感性过多和理性欠缺。社会变革需要激情和感性，但更需要的是理性、是知识与经验的积累和操作的审慎。反观20世纪中国的现代变革，一方面应看到文学在其中的积极作用，另一方面，从社会变革本身来说，文学参与的尺度，也是一个有待反思的问题。

八

文学的世纪，已经过去，20世纪意义上的文学，正陷入四面楚歌的处境中。90年代经历了世纪文学的转型，市场化、世俗化带来了文学的边缘化，在政治之外，市场——媒体、畅销书、收视率等成为影响文学生态的新的强大力量，在某种意义上，中国文学正经历着空前的转型，与此相关，"鲁迅文学"范式，正面临着危机。文学何为？已成为摆在我们面前的新的严峻问题。值此非常时刻，吾人之反思，在情感上就更为复杂：一方面，反思刚刚开始并有待深入，另一方面，在当下处境追问文学何为，为诗一辩，鲁迅文学，无疑又是我们在新语境下追问并确立文学意义和价值的值得呵护的宝贵资源。

鲁迅似乎对此一处境早有预见。在《文艺与政治的歧途》中，鲁迅笑谈道："我每每觉到文艺和政治时时在冲突之中；文艺和革命原不是相反的，两者之间，倒有不安于现状的同一。唯政治是要维持现状，自然和不安于现状的文艺处在不同的方向"[35]，"从前文艺家的话，政治革命家原是赞同过；直到革命成功，政治家把从前所反对那些人用过的老法子重新采用起来，在文艺家仍不免于不满意，又非被排轧出去不可，或是割掉他的头。"[36]鲁迅又说："等到有了文学，革命早成功了。革命成功以后，闲空了一点；有人恭维革命颂扬革命，就是颂扬有权力者，和革命有什么关系?"[37]

是否由此可以说："治世"无文学？莫非其世不治，其文斐然，世既已治，其文"歇菜"？

《野草》中有一篇《希望》，该篇围绕"希望"的可能性，层层设置终极悖论，不断设置，不断突围。借由"我只得由我来肉搏这空虚中的暗夜了"超越第二个悖论（"我"寄希望于"身外的青春"，然而"身外的青春"也消逝了）之后，裴多菲的绝望之诗又把文思退回到前一悖论中，就在这时，第三个也是最后一个悖论突兀出现："但暗夜又在哪里呢？……而我的面前又竟至于并且没有真的暗夜!"[38]对"暗夜"的一笔勾销，终于釜底抽薪地取消了"反抗"的意义。

如果真的"暗夜"都不存在了（是否可能?），"文艺家"就灭绝了，或者反过来，"文艺家"灭绝了，"暗夜"也就不存在了。

问题是在何种意义上理解"治世"和"暗夜"？一种是政治家所谓的"治世"，在政治家看来，既是"治世"，何来"暗夜"？或即使有"暗夜"，"文艺家"也不必乱说。而在鲁迅那里，"文艺家"总是不满现状，因而即使在政治家的"治世"，"文艺家"恐怕还是有所不满，看到"暗夜"。

但若世人皆曰太平，文学该如何自处？

君不见现如今全民娱乐化的国学热和游戏文学热的盛世景观。在新世纪大国崛起的殷切心态中，以自我批判为内核的现代启蒙话语，已然不合时宜，解构启蒙，也已成为学术时尚，现在来谈鲁迅的国民性批判，不仅不识时务，无人喝彩，甚至会招来口水和笑声，以批判国民性为内核的鲁迅文学，走向末路，势所必然。

但无论是"官的帮闲"，还是"商的帮忙"，对鲁迅来说恐怕都不是真的文学吧。

文学何为？诚是当下处境中需重新追问的问题。

鲁迅文学的深度指向，是国人精神的现代转型。贯穿整个20世纪的现代转型，并没有随着20世纪结束，而是正在艰难深入，被鲁迅视为现代转型基础的国民性，其"暗夜"尚在。故在自我认定的意义上，鲁迅文学，无疑仍有其存在的价值。

需进一步追问的是：若天下真的太平了，文学到底还有没有存在的价值？越过笼罩20世纪中国文学的民族国家层面，鲁迅的"文学主义"立场，是否仍可提供文学合法性的价值资源？

我想在此把"暗夜"作更普泛化地理解。即使不再是批判性立场上的政治的、社会的、国民性的甚至人性的"暗夜"，在人的存在意义上，存在的被遮蔽，也许是人类生存之永恒的"暗夜"吧。语言照亮暧昧的生存，在语言达不到的地方，存在处于晦暗之中。在终极意义上，文学，作为一种非确定的言说方式，是在知识、体制、道德和宗教之外，展现被遮蔽的隐秘存在、使存在的"暗夜"得以敞亮的一种不可或缺的独特方式。上世纪初鲁迅为诗一辩，即把文学确立在独立性和终极性的精神立场上，《摩罗诗力说》论文学之"为效"，首先将其与知识（"益智"）、道德（"诚人"）和实利（"致富"、"功名"）等区别开来，强调"特世有文章，而人乃以几于具足"[39]；又以"冰"为喻，彰显文学优于知识之所在："盖世界大文，无不能启人生之閟机，而直语其事实法则，为科学所不能言者"[40]。《科学史教篇》篇末，兀然加入一段逸出科学史内容的议论："顾犹有不可忽者，为当防社会入于偏，日趋而一极，精神渐失，则破灭亦随之。盖使举世惟知识是崇，人生必大归于枯寂，如是既久，则美善之感情漓，明敏之思想失，所谓科学，亦同趣于无有矣。故人群所当希冀要求者，不惟奈端已也，亦希诗人如狭斯丕尔（Shakespeare）；不唯波尔，亦希画师如洛菲罗（Raphaelo）；既有康德，亦必有乐人如培得訶芬（Beethoven）；既有达尔文，亦必有文人如嘉来勒（Garlyle）。凡此者，皆所以致人性于全，不使之偏，因以见今日之文明者也。"[41]鲁迅的文学立论，固然起于民族救亡的现实动机，但它始终建立在普遍性的人类需要与终极性的精神立场上。穿越民族救亡与现代转型的世纪意图，鲁迅的这一终极性"文学主义"立场，可能是吾人于新世纪困境中寻求文学新的合法性的唯一本土资源。

注释：

［1］五四之后一年全国学生响应的盛况，可参见张允侯、张友坤编《在五四运动爆发的一年里》，武汉出版社，1989 年。

［2］胡适在《五十年来中国之文学》中说："民国五年（一九一六年）以后，国中几乎没有一个政论机关，也没有一个政论家；连那些日报上的时评也都退到纸角上去了，或者竟完全取消了。这种政论文学的忽然消灭，我至今还说不出一个所以然来。"《胡适全集》第 2 卷，第 308～309 页，安徽教育出版社，2003 年（下同）。

［3］语见《甲寅》月刊 1 卷 10 期（1915 年 10 月）"通信"栏："愚见以为居今论政，实不知从何说起。……至根本救济，远意当从提倡新文学入手，综之，当使吾辈思潮如何能与现代思潮相接触，而促其猛醒。而其要义须一般之人，生出交涉。法须以浅近文艺普遍四周。史家以文艺复兴为中世改革之根本，足下当能语其消息盈虚之理也。"

［4］胡适：《中国新文学大系·建设理论集导言》，《胡适全集》第 12 卷第 263～264 页。

［5］鲁迅：《坟·摩罗诗力说》，《鲁迅全集》第 1 卷第 100 页，人民文学出版社，1981 年（下同）。

［6］鲁迅解释说"集中所录，以近世小品为多，后当渐及十九世纪以前作品。又以近世文潮，北欧最盛，故采译自有偏至。惟累卷既多，则以次及南欧及泰东诸邦，使符域外一言之实。"见鲁迅：《译文序跋集·〈域外小说集〉序言》，《鲁迅全集》第 10 卷第 155 页。

［7］鲁迅：《译文序跋集·〈域外小说集〉序言》，《鲁迅全集》第 10 卷第 155 页。

［8］鲁迅：《译文序跋集·〈域外小说集〉序言》，《鲁迅全集》第 10 卷第 155 页。

［9］鲁迅曾经说："现在的新文艺是外来的新兴的潮流，本不是古国的一般人们所能轻易了解的，尤其在这特别的中国。"（鲁迅《集外集拾遗补编·关于〈小说世界〉》，《鲁迅全集》第 8 卷第 112 页。）"新文学是在外国文学潮流的推动下发生的，从中国古代文学方面，几乎一点遗产也没摄取。"（鲁迅《集外集拾遗补编·"中国杰作小说"小引》，《鲁迅全集》第 8 卷第 399 页。）

[10] 周作人强调思想革命的重要:"表现思想的文字不良,固然足以阻碍文学发达,若思想本质不良,徒有文字,也有什么用处呢? ……所以我说,文学革命上,文字改革是第一步,思想改革是第二步,却比第一步更为重要。我们不可对于文字一方面过于乐观了,闲却了这一面的重大问题。"见周作人:《谈虎集》1936 年 6 月,第 5~8 页。

[11] 鲁迅:《译文序跋集·〈域外小说集〉序》,《鲁迅全集》第 10 卷,第 163 页。

[12] 鲁迅:《译文序跋集·〈域外小说集〉序》,《鲁迅全集》第 10 卷,第 163 页。

[13] 褒奖辞谓:"凡欧美四十七家著作,国别计十有四。其中意、西、瑞典、荷兰、塞尔维亚,在中国皆属创见,所选亦多佳作。又每一篇属著者名氏并附小像略传,用心颇为恳挚,不仅志在娱悦俗人之耳目,足为近来译事之光。""当此淫佚文字充塞坊肆时,得此一书,俾读者知所谓哀情惨情之外,尚有更纯洁之作,则固亦昏夜之微光,鸡群之鸣鹤矣。"(1917 年 11 月 30 日《教育公报》第四卷第十五期。)据周作人回忆:"只有一回见到中华书局送到部里来请登记还是审定的《欧美小说丛刊》,大为高兴。这是周瘦鹃君所译,共有三册,里边一小部分是英美以外的作品,在那时的确是不易得的,虽然这与《域外小说集》并不完全一致,但他感觉得到一位同调,很是欣慰,特地拟了一个很好的评语,用部的名义发了出去。"见周遐寿:《鲁迅的故家》,北京鲁迅博物馆编《鲁迅回忆录(专著)》中册第 1069 页,北京出版社,1999 年 1月。鲁迅后来的翻译,一直贯穿着这样的宗旨。

[14] 胡适:《中国新文学大系·建设理论集》导言《胡适全集》第 12 卷第 296 页。

[15] 周作人起草《文学研究会宣言》,《小说月报》第 12 卷第 1 号。

[16] 鲁迅:《坟·摩罗诗力说》,《鲁迅全集》第 1 卷第 71 页。

[17] 鲁迅:《坟·摩罗诗力说》,《鲁迅全集》第 1 卷第 71 页。

[18] 鲁迅:《坟·摩罗诗力说》,《鲁迅全集》第 1 卷第 71 页。

[19] 鲁迅:《坟·摩罗诗力说》,《鲁迅全集》第 1 卷第 71~72 页。

[20] 周作人:《论文章之意义暨其使命》,《周作人集外文(上集)》,第 41~44 页,海南国际新闻出版中心,1995 年。

[21] 周作人:《论文章之意义暨其使命》,《周作人集外文(上集)》,第 46~49 页,海南国际新闻出版中心,1995 年。

[22] 周作人:《论文章之意义暨其使命》,《周作人集外文(上集)》,第 57~58 页,海南国际新闻出版中心,1995 年。

[23] 周作人:《论文章之意义暨其使命》,《周作人集外文(上集)》,第 71~72 页,海南国际新闻出版中心,1995 年。

[24] 周作人:《论文章之意义暨其使命》,《周作人集外文(上集)》,第 48 页,海南国际新闻出版中心,1995 年。

[25] 周作人:《论文章之意义暨其使命》,《周作人集外文(上集)》,第 49 页,海南国际新闻出版中心,1995 年。

[26] 在老庄那儿,精神与道相通,是遍及客观与主观的创始性存在,是一种不拘于形的超越性力量;在西方,通过路德打通的个人与上帝的沟通渠道,浪漫主义文学中的个人凸现出来,作者凭借灵感,像神灵附体一般,成为最高存在的直接沟通者和表达者。文学,通过天才性的个人,成为精神的发生地和突破口。

[27] 鲁迅:《二心集·我怎么做起小说来》,《鲁迅全集》第 4 卷第 512 页。

[28] 竹内好:《鲁迅》,孙歌编《近代的超克》第 143 页,北京三联书店,2005 年。

[29] "文艺和革命原不是相反的,两者之间,倒有不安于现状的同一。"见《集外集·文艺与政治的歧途》,《鲁迅全集》第 7 卷第 113 页;"所谓革命,那不安于现在,不满意于现状的都是。文艺催促旧的渐渐消灭的也是革命(旧的消灭,新的才能产生)……"见《集外集·文艺与政治的歧途》,《鲁迅全集》第 7 卷第 118~119 页。

[30] "一首诗吓不走孙传芳,一炮就把孙传芳轰走了。"见《而已集·革命时代的文学》,《鲁迅全集》第 3 卷第 423 页;"我是不相信文学有旋乾转坤的力量的。"见《三闲集·文艺与革命》,《鲁迅全集》第 4 卷第 83 页;"倘以为文艺可以改变环境,那是'唯心'之谈,事实的出现,并不如文学家所预想。"见《三闲集·文艺与革命》,《鲁迅全集》第 4 卷第 134 页;"自然也有人以为文学于革命是有伟力的,但我个人总觉得怀疑,文学总是一种余裕的产物,可以表示一民族的文化,倒是真的。"见《而已集·革命时代的文学》,《鲁迅全集》第 3 卷第 423 页。

[31] "我每每觉到文艺和政治时时在冲突之中;文艺和革命原不是相反的,两者之间,倒有不安于现状的同一。唯政治是要维持现状,自然和不安于现状的文艺处在不同的方向。不过不满于现状的文艺,直到十九世纪以后才兴起来,只有一段短短历史。"见《集外集·文艺与政治的歧途》,《鲁迅全集》第 7 卷第 113 页;"政治想维系现状使它统一,文艺催促社会进化使它渐渐分离;文艺虽使社会分裂,但是社会这样才进步起来。文艺既然是政治家的眼中钉,那就不免被挤出去。"见《集外集·文艺与政治的歧途》,《鲁迅全集》第 7 卷第 114 页;"从前文艺家的话,政治革命家原是赞同过;直到革命成功,政治家把从前所反对那些人用过的老法子重新采用起来,在文艺家仍不免于不满意,又非被排轧出去不可,或是割掉他的头。"见《集外集·文艺与政治的歧途》,《鲁迅全集》第 7 卷第 118 页;"而文学家的命运并不因自己参加过革命而有一样改变,还是处处碰钉子。……在革命的时候,文学家都在做一个梦,以为革命成功将有怎样怎样一个世界;革命以后,他看看现实全不是那么一回事,于是他又要吃苦了。"见《集外集·文艺与政治的歧途》,《鲁迅全集》第 7 卷第 119 页。

[32] "我以为革命并不能和文学连在一块儿,虽然文学中也有文学革命。"见《集外集·文艺与政治的歧途》,《鲁迅全集》第 7 卷第 117 页;"革命文学家和革命家竟可说完全两件事。"见《集外集·文艺与政治的歧途》,《鲁迅全集》第 7 卷第 119 页。

[33] "理想和现实不一致,这是注定的运命;"、"以革命文学自命的,一定不是革命文学,世间哪有满意现状的革命文学?"见《集外集·文艺与政治的歧途》,《鲁迅全集》第 7 卷第 119 页。

[34] 参阅康德《历史理性批判文集》,何兆武译,商务印书馆,1990 年。

[35] 鲁迅:《集外集·文艺与政治的歧途》,《鲁迅全集》第 7 卷第 113 页。

[36] 鲁迅:《集外集·文艺与政治的歧途》,《鲁迅全集》第 7 卷第 118 页。

[37] 鲁迅:《集外集·文艺与政治的歧途》,《鲁迅全集》第 7 卷第 118 页。

[38] 鲁迅:《野草·希望》,《鲁迅全集》第 2 卷第 178 页。

[39] 鲁迅:《坟·摩罗诗力说》,《鲁迅全集》第 1 卷第 71 页。

[40] 鲁迅:《坟·摩罗诗力说》,《鲁迅全集》第 1 卷第 71~72 页。

[41] 鲁迅:《坟·科学史教篇》,《鲁迅全集》第 1 卷第 35 页。

鲁迅与五四新文化精神

王晓初（绍兴文理学院人文学院）

一

考察鲁迅与五四新文化运动的关系，不难发现经历了一个由冷淡疏离，到有保留的认同，再到执着坚守这样一个过程。一般认为五四新文化运动发端于陈独秀1915年9月在上海创办的《青年杂志》（第2卷起更名为《新青年》），而鲁迅却是迟至1918年5月才在《新青年》上发出了第一声呐喊《狂人日记》。就是相对于文学革命开始的1917年来说，也晚了一年多。鲁迅在《〈呐喊〉自序》中谈到，当他寓居在S会馆里钞古碑时，老朋友金心异（钱玄同）来劝他为《新青年》写稿，他为了"慰藉那在寂寞里奔驰的猛士"[1]，才发出了第一声呐喊。这期间，与鲁迅朝夕相守在S会馆的周作人也回忆说："在与金心异谈论之前，鲁迅早知道了《新青年》的了，可是他并不怎么看得它起。那年四月我到北京，鲁迅就拿几本《新青年》给我看，说这是许寿裳告诉的，近来有这么一种杂志，颇多谬论，大可一驳，所以买了来的。但是我们翻看了一回之后，也看不出什么特别的谬处，所以也随即搁下了。那时《新青年》还是用文言文，虽然渐渐你吹我唱的在谈文学革命，其中有一篇文章还是用文言所写，在那里骂封建的、贵族的古文。总结的说一句，对于《新青年》总是很冷淡的，即使并不如许寿裳的觉得它谬，但是在夏夜那一夕谈之后，鲁迅忽然积极起来，这是什么缘故呢？鲁迅对于文学革命即是改写白话文的问题当时无甚兴趣，可是对于思想革命却看得极重，这是他从想办《新生》那时代所有的愿望，现在经钱君来旧事重提，好像是埋着的火药线上点了火，便立即爆发起来了。这旗帜是打倒吃人的礼教！钱君也是主张文学革命的，可是他的最大的志愿如他自己所说，乃是'打倒纲伦斩毒蛇'，这与鲁迅的意思正是一致的，所以简单的一场话便发生了效力了。"[2]从以上的叙述可以看到，鲁迅在五四新文化运动（包括文学革命）开初态度表现得很谨慎，甚至"很冷淡"。经与钱玄同在S会馆的谈话他才奋起呐喊，并且"从此以后，便一发而不可收"[3]，开始了他的新文学创作。在周作人看来这是因为五四新文化运动（包括文学革命）所倡导的"思想革命"正是鲁迅早年在日本创办《新生》的"所有的愿望"，因而"经钱君来旧事重提"，才使鲁迅如"埋着的火药线上点了火，便立即爆发起来了。"——敏锐地说明了鲁迅早年倡导"新生"文化运动与五四新文化运动深刻的精神联系。

的确，当年鲁迅由日本仙台医专退学回到东京正是为了改变国民的精神才"弃医从文"的[4]。虽然在形式上继续了梁启超"新民"运动的启蒙主义的指向，但是其精神重点却已经由强调国民的公德（即国民对国家的责任与义务）而转移到呼唤国民的个体的自觉与个性——"是故将生存两间，角逐列国是务，其首在立人，人立而后凡事举；若其道术，乃必尊个性而张精神"[5]，"国人之自觉至，个性张，沙聚之邦，由是转为人国"[6]。如果说"个体意识的觉醒，是人类从蒙昧走向文明的精神表征，也是现代性的根本特征。以独立自由的'个体'价值诉求的个人主义，是启蒙精神的价值内核，也是现代秩序的价值基石"[7]的话，那么鲁迅在"新生"文化运动时期就已经把握了这一现代精神的根本内核，并且与当时"立宪国会"的维新思潮与武装反满的革命思潮区别开来。但是由于历史并没有为这一思想的崛起准备条件（比如作为五四新文化运动"新青年"主体的新式学生群体才刚刚在满清政府的学制改革的襁褓中孕育），因而不能不被边缘化。当东京的同学听说鲁迅要办文艺杂志时便大惑不解。因为"其时留学界的空气是偏重实用，什九学法政，其次是理工，对于文学都很轻视。"[8]所以《新生》未出刊，便流产了。虽然鲁迅仍然借《河南》杂志发表了《文化偏至论》等一系列论文，并与周作人一起出版了《域外小说集》，着重对于当时盛行的"物质"（唯物）、"众数"（民主）以及"科学"、"进步"、"理性"等种种维新的"恶声"加以辨析与掊击而寄望于唤醒国人的"心声"和"内曜"。但是这些"第二维新之声"[9]却如"叫喊于生人中，而生人并无反应，既非赞同，也无反对"，从而使鲁迅感到："如置身毫无边际的荒原，无可措手的了，这是怎样的悲哀呵，我于是以我所感到者为寂寞。"[10]

在辛亥革命的高潮中，鲁迅迎来了短暂的兴奋。一方面对于共和政体给予热情的歌呼，另一方面又并不满足于这样一种形式的解放，而是着眼于民主政治和国民精神的觉醒与更生。支持进步青年创办《越铎日报》在刚刚建立起的民国建设起一种能够对于官府（政治机构）产生某种制衡作用的自由言论的公共空间，更重要的是通过对于革命后"共和之治，人仔于肩，同为主人，有殊台隶"[11]的国民性现状的批判性思考，促进国人精神的新生——"今者千载一时，会更始之际，予不知华土之人，其能洗心涤虑，以趣新生乎？"[12]。然而在新旧权势者的压迫下，很快便遭遇失败，不过这一挫折也深化了鲁迅对于辛亥革命的思考。早在1905年抗议日本颁布的"清国留学生取缔规则"的活动中，他便不赞成秋瑾等愤然回国的激进行动，而坚守在日本学习与斗争。当徐锡麟、秋瑾等举义失败而为民国捐躯的消息传到日本后，鲁迅一方面表达了对他们的深切尊敬与悼念，坚决主张打电报到北京，谴责清政府的无人道，并与不主张打电报的同乡发生了争执。另一方面，他也未必没有考虑："事情一定要这般进行么？国民沉醉若此，作为少数的先觉者，为什么要这般浪掷生命呢？……"[13]。如果说民国的建立，使鲁迅感受到一种新气象[14]，那么很快的随着二次革命的失败，还有袁世凯称帝，张勋复辟等等便使鲁迅重新陷入更加严重的失望与怀疑之中。

虽然这种失望与怀疑拉开了鲁迅与时代主流的距离，但恰恰也因此而获得了一个冷静观察与反思时代主流的视野与位置，正是这样一种边缘性的视野与位置使鲁迅深刻地洞察到辛亥革命的病症。在辛亥革命高潮中创作的文言小说《怀旧》[15]便透过革命风声传到芜市时，巨富金耀宗和塾师秃先生忙着投机取巧，而广大民众则争相躲避，何墟的居民直奔芜市，而芜市的居民又逃向何墟，来往道上，人群穿梭，"多于蚁阵"，却又都不知何事的情景敏锐地揭示了辛亥革命时期民众的意识背景：虽然这是一场民主革命，但广大民众却全然无知。而王金发的蜕变、章介眉之流摇身一变的"咸与维新"和范爱农的惨死等更使他感到一种刻骨铭心的痛苦，这种"狐狸方去穴，桃偶已登场"[16]的革命能否给中华民族真正带来新生？问题还并不仅仅是革命的方式问题，更严重的还有革命（变革）者的主体性以及产生这一主体性的社会与文化机制问题。早在"新生"时期，鲁迅便尖锐地揭露了那些倡导"科学"、"民主"、"进步"、"理性"等等的维新之士常常不过是"假是空名，遂其私欲"[17]。同样的民国建立后，封建复辟逆流的甚嚣尘上，"也不是新添的坏，乃是涂饰的新漆剥落已尽，于是旧相又显了出来。使奴才主持家政，那里会有好样子。"[18]这奴才根性的国民性为什么如此根深蒂固？如何才能改变这种奴才根性的国民性呢？这始终是鲁迅根本关注的问题。

正是在以上的意义上，鲁迅把当时的中国比喻成了一间"万难破毁"的"铁屋子"。并蛰居在 S 会馆一间曾经缢死过一个女人的破屋里参透着这一秘密，孕育着竹内好所说的"对他的一生来说都具有决定意义、可以叫做回心的那种东西"[19]。所以当五四时期《新青年》同样遭遇了他当年所经历的荒原般的寂寞，钱玄同来约请他为《新青年》写稿时，他说："假如一间铁屋子，是绝无窗户而万难破毁的，里面有许多熟睡的人们，不久都要闷死了，然而是从昏睡入死灭，并不感到就死的悲哀。现在你大嚷起来，惊起了较为清醒的几个人，使这不幸的少数者来受无可挽救的临终的苦楚，你倒以为对得起他们么？"但是钱玄同却回答说："然而几个人既然起来，你不能说绝没有毁坏这铁屋的希望。"钱玄同的勇猛不能不使鲁迅折服。所以鲁迅接着说："是的，我虽然自有我的确信，然而说到希望，却是不能抹杀的，因为希望是在于将来，绝不能以我之必无的证明，来折服了他之所谓可有，于是我终于答应他也做文章了，这便是最初的一篇《狂人日记》。从此以后，便一发而不可收。"[20]不过对于这一写作我们应该看到，一方面鲁迅固然为了慰藉《新青年》那些"奔驰的猛士"与他当年一样面临着"不特没有人来赞同，并且也还没有人来反对"的寂寞而奋起呐喊，甚至为了"与前驱者取同一的步调"，不得不"删削些黑暗，装点些欢容，使作品比较的显出若干亮色"[21]。另一方面却仍然不能抹去两者的差异。这一差异表面在于"希望"与"绝望"，"光明"与"黑暗"的对立，更深刻的来源于对于中国社会历史文化本质的认识与作为前驱者自身历史局限性的洞察。

如果说钱玄同们认为只要惊醒了昏睡的人们，就能毁坏这铁屋子的话；那么鲁迅却认为这铁屋子被一种超稳定的隐形结构支撑着，"万难破毁的"。这一超稳定的隐形结构正是源于宗法血缘社会基础上的封建等级的礼教秩序。它被一层表面的温情脉脉的血缘亲情面纱笼罩着，可是在"君仁臣忠"、"父慈子孝"、"夫义妇顺"、"兄友弟恭"等纲常伦理的背后掩藏着的却是血淋淋的"吃人"与"被人吃"关系的罪恶。正如后来鲁迅明确指出："有贵贱，有大小，有上下。自己被人凌虐，但也可以凌虐别人；自己被人吃，但也可以吃别人。一级一级的制驭着，不能动弹，也不想动弹了。"例如《左传》便记载："天有十日，人有十等。下所以事上，上所以共神也。故王臣公，公臣大夫，大夫臣士，士臣皂，皂臣舆，舆臣隶，隶臣僚，僚臣仆，仆臣台"。是不是"台"没有臣，太苦了么？鲁迅接着说："无须担心的，有比他更卑的妻，更弱的子在。而且其子也很有希望，他日长大，升而为'台'，便又有更卑更弱的妻子，供他驱使了。如此连环，各得其所，有敢非议者，其罪名曰不安分！"[22]并且圣人还以"仁义道德"来粉饰与教化这些秩序为人们自觉的心理，从而积淀为一种民族文化传统。因而"先儒"之所谓"一治一乱"始终不能摆脱"想做奴隶而不得的时代"与"暂时做稳了奴隶的时代"[23]的结构循环，而中国人也始终脱离不了"奴隶＝奴隶主"[24]的根性。所以这一隐形结构并不是改换"专制"、"共和"的政体形式的招牌可以改变的，"最要紧的是改革国民性"[25]。或许正是在这一意义上，竹内好认为：鲁迅"通过与政治的对决而获得了文学的自觉"[26]。在以秋瑾为革命而英勇牺牲为原型题材写作的小说《药》中，鲁迅就透过以夏瑜鲜血做成的"人血馒头"并未救治华小栓生命的故事，"不仅对华家的生活方式和固有规范构成反讽，而且对辛亥革命构成了反讽。因为这'人血'正是革命者夏瑜（秋瑾）的鲜血，虽然他为了民族的解放而英勇牺牲，但是他的鲜血除被卖作'人血馒头'之外，留下的只是一片惨淡的残忍、冷漠与遗忘。即使唯一真正怀念他的母亲，也不过是认为他冤屈。作品之所以选取'华''夏'作为两家主人公的姓，正隐喻着对中华民族命运的思索。'药'在这里也就升华出更深层次的象征意义：华家（中华民族）的'痨病'（精神暗伤）不是夏瑜式革命（辛亥革命）所能救治的。要医治民众愚昧麻木的精神病苦，必须寻求新'药'"[27]。

不过更加严重的是这些前驱者（革命者、启蒙者），作为中华民族的一员，本身也不自觉地受到这一隐形结构的潜移默化熏陶与影响，从而往往会以新的形式（革命、启蒙、自由、科学等）重构这一奴役与被奴役的等级秩序与权力关系，造成新的压迫与黑暗。早在"新生"时期，他便洞察到那些所谓的维新之士常常"假此面具以钓名声于天下耶"[28]，且"复掩自利之恶名，以福群之令誉，捷径在目，斯不惮竭蹶以求之耳"[29]。因而"众昌言自由，而自由之憔悴孤虚实莫甚焉"[30]。如果说民国以后封建复辟逆流的甚嚣尘上，是因为"使奴才主持家政，那里会有好样子"[31]；那么新的文化运动与政治运动的前驱者是否就不会再次陷入这一隐形结构的恶性循环呢？而这正是鲁迅始终关注与警惕的问题。因而他没有胡适之们"为大中华，造新文学，此业吾曹欲让谁？"[32]的乐观与豪气，而是始终把自己定位为一个"聊以慰藉那在寂寞里奔驰的猛士，使他不惮于前驱"[33]的"助威"[34]的呐喊者，一个从"从旧垒中来"，"反戈一击"的历史的"中间物"[35]。而正是这样一种历史的中间物的意识使他对自身的历史局限性有一个清醒的认识。"我未必无意之中，不吃了我妹子的几片肉，……"，"有了四千年吃人履历的我，当初虽然不知道，现在明白，难见真的人！"[36]或许正是这样一种深入骨髓的"原罪"意识，并且为反省与救赎这一"原罪"而不竭余力的努力，使竹内好认为鲁迅的文学是一种"赎罪的文学"，并因此而获得了文学的自觉——"鲁迅在精神气质上所把握到的东西，是非宗教性，甚至是反宗教性的，但他把握的方法却是宗教性的。……在鲁迅的根柢当中，是否有一种要对什么人赎罪的心情呢？恐怕鲁迅自己也不会清晰地意识到，他只是在夜深人静时候，对坐在这个什么人的影子的面前。"[37]"鲁迅的文学，在其根源上是应该称作'无'的某种东西。因为是获得了某种根本上的自觉，才使他成为文学者的，所以如果没有了这根底上的东西，民族主义者鲁迅，爱国主义者鲁迅，也就都成了空洞的言词。我是站在把鲁迅称为赎罪文学的体系上发出自己的抗议的。"[38]

伊藤虎丸则借用终末论的理论来说明鲁迅由这样一种"罪"的意识而获得了一种真正的"个的自觉"。"所谓终末论法则，首先是和把所有人都同样吞入其中并且流淌下去的'自然'性时间相反，……是一种与自然时间对峙起来的思考，当此时降临，它迫使每个人都做出主体性决断。……'个'与绝对者直接相连，不是相对于'全体'的'部分'，所以每个完全不同的个体都具有面对绝对者的意义（或被绝对者所赋予的意义）。"[39]所以终末论作为一种宗教哲学，提倡"在必死中求生"，即在旧的人格、伦理的消亡中，求得新的精神之再生[40]。而这样一种新的精神不是相对于"全体"作为"部分"的个体的自觉，而是作为"全体"的独立的完全不同的个体的自觉。伊藤虎丸还运用这一理论出色的分析了鲁迅的《狂人日记》，认为《狂人日记》"隐藏着鲁迅自己从青年时代到写出第一篇小说的精神史"[41]。相对于狂人第一次觉醒对于"真的人"的向往与对于"吃人的人"的诅咒："你们可以改了，……你们要不改，自己也会吃尽。即使生得多，也会给真的人除灭了"；第二次觉醒——"有了四千年吃人履历的我，……难见真的人！"则"从被一种思想所占有的阶段，前进到将其作为自己的思想拥有的阶段——真正获得主体性的阶段，也可以叫做'获得自由'的阶段。"[42]如果说第一次觉醒，狂人的世界秩序和认得价值只是颠倒了一个个儿，还仍然处于尊卑贵贱的等级之中，同先前隐形结构一样的话，那么，由于狂人由"罪的自觉"（即发现自己也是一个"加害者"）便进而发现"每个人的不同所具有的价值，从按照既成的模范、教条、组织等来衡量人的距离的异己意识和尊卑意识当中解放出来"[43]，从而获得了真正的"个"的自觉。在伊藤看来，"欧洲思想和宗教传统所孕育的'近代'精神生活及其产物（近代的各种思想和制度）向我们提示的，就是'人是作为"个"而被自觉出来的'。就是说，人不是在家族、部族、村落、党派和国家等各个层次上自觉到自己是'社会'的'一员'的（具有责任的），而是直接站在绝对者（或'死的威严'）面前，自觉到自己并且具有责任意识的。即对于家族或国家等群体来说，'个人'决不是处于'部分'和'整体'之间的关系上的。这就是人作为'个'的自觉。人有了这种自觉，才能从一切既成的思想和意识形态当中独立出来，才能创造新事物，才能承受苦难、诱惑甚至是死亡和拷问的折磨，获得属于自身的'自由'。"[44]而且"只有在'个对于全体来说，不是部分与全体的关系'这种人性观的基础上，才有可能建立起真正的平等。"[45]因而"亚洲的近代化课题，首先是如何把造就西方近代的'个的思想'，即个的主体性变为自身的东西的问题。"[46]正是在这一意义上，伊藤认为鲁迅所倡导的这种"个"的思想代表了亚洲的近（现）代化的方向。

张宁也认为，正是这样一种"原罪"感，使鲁迅意识到："'奴役'和'压迫'不仅存在于社会形态，也表现于人的内心结构。而这种内在的'奴役'和'压迫'对他而言是作为'恶'、也作为'罪'来感受的，是作为反抗的对象、也是作为'赎罪'的内容来行动的"。这样鲁迅就"使中国文化在骨骼里面拥有了前所未有的东西，使'平等'这一中国传统文化中并不或缺的要素，有了真正生长的内在机制。在没有基督教文化背景的中国，鲁迅以一种悖谬的方式，承担了以'罪'的意识反观自身这种'替代性'功能。而这种'替代性'又是不可替代的，因为其中并不存在一个从'半成品'到'成品'的递进过程"。因而"相对中国文化的'前所未有'而言，鲁迅可被视为中国式的耶稣，是一个凝结着历史性而非超越性的耶稣，或者在另外一个意义上说，是一个最具有基督性的非耶稣。而这一点，只有把鲁迅看作一个凡人而不是英雄时，才能够领会"[47]。

可以说，鲁迅对于"绝无窗户而万难破毁"的"铁屋子"的黑暗的洞察与对于绝望的"确信"，正来源于他对于中国国民性与社会历史文化传统及其隐形结构的历史惰性的深刻把握，所以深知鲁迅的周作人说："鲁迅写小说散文又有一特点，为别人所不能及者，即对于中国民族的深刻的观察。大约现代文人中对于中国民族抱有那样一种黑暗的悲观的难得有第二个人吧。"[48]同时由于中国现代化的特殊语境又加剧着这一历史惰性与危机。中国社会的现代化进程不仅在时间上滞后西方几百年，而且是在一种倾斜的历史语境中展开的，亡国灭种的民族危机一方面强化了中国现代化进程的深层动力，另一方面也可能演变为一种文化保守主义，压抑或冲淡现代化的历史主题。同时从根本上说中国的现代化是一种"被"现代化，现代化的资源和价值目标基本上都来源于作为"他者"的西方，其启蒙主义的主导价值与以儒学为主导的文化传统构成了某种根本的价值紧张。更重要的还在于中国启蒙运动所面对的是一个有几千年传统的封建帝制的农民社会，而不是西方的市民社会，从而不仅缺乏本土的社会根基和动力，而且阿Q式农民在传统的支持下还常常与启蒙主义的价值观念构成某种冲突与对立，并成为封建专制主义存活与复辟的土壤。或许正因为如此，竹内好说："他把问题看透了，那就是把新道德带进没有基础的前近代社会只会导致新道德发生前近代的变形，不仅不会成为解放人的动力，相反只会转化成为有利于压制者的手段。"[49]但是另一方面，面对这一黑暗与绝望，鲁迅又从来没有放弃过挣扎与抵抗。而且"唯有绝望才生发自身当中的希望。死孕育生，生又不过走向死"[50]。因为"自我否定是不断更生的媒介，因而它也是生的象征。"[51]"路漫漫其修远兮，吾将上下而求索"——是鲁迅在《新青年》解体后，借用的屈原《离骚》的两句诗题写在他的小说集《彷徨》扉页的题词，也可以说是贯穿他一生的一条精神线索。他在给友（爱）人的信中说："我常常觉得惟'黑暗与虚无'乃是'实有'，却偏要向这些作绝望的抗战，……因为我终于不能证实：惟黑暗与虚无乃是实有。"[52] "绝望而反抗者难，比因希望而战斗者更勇猛，更悲壮。"[53]在竹内好看来，"他（鲁迅）并没有安顿在绝望里，而是对绝望感到绝望。"[54] "无路可走而必须前行，或者说正因为无路可走才必须前行这样一种状态"，"这就是鲁迅所具有的、而且使鲁迅得以成立的、'绝望'的意味，绝望，在行进于无路之路的抵抗中显现，抵抗，作为绝望的行动而显现。把它作为状态来看就是绝望，作为运动来看就是抵抗。"[55] "他不相信一切，甚至也无心相信自己的绝望。他看到了黑暗，而且只看到了黑暗，但却没有把目击黑暗的自己同黑暗的对象分开。不过只有在这种被赋予自己痛苦的实感之上，他才能意识到自己。为了生，他不能不做痛苦的呐喊。这抵抗的呐喊，就是鲁迅文学的本源，而且其原理贯穿了他的一生。"[56] "他与恶的战斗，是与自己的战斗，他是要以自毁来灭恶。在鲁迅那里，这便是生的意义，因此他唯一的希望，就是下一代不要像自己。"[57]而抵抗"是对于自身的一种否定性的固守与重造"[58]。 "他拒绝自己成为自己，同时也拒绝成为自己以外的任何东西。"[59]在这一挣扎/抵抗的过程中，挣扎/抵抗着的自我不复是以前的自我，但也不是自我以外的他者。因而通过"否定"自我而又"保存"自我的"挣扎/抵抗"，就在自己内部形成一种新的主体性。而这"新的价值不是从外部附加进来的，而是作为旧的价值的更新而产生的，在这个过程中，是要付出某种牺牲的；而背负这牺牲于一身的，是鲁迅"[60]。因而正是通过绝望的抗争，通过痛苦的呐喊，"通过论争在世界之外构筑了世界"[61]，从而在中国民族文化内部生成了具有中国民族特色的现代文化。因而如果说五四新文化运动是中国的"文艺复兴"或"启蒙运动"的话，那么真正在缺乏个人主义传统的中国[62]确立起以相互主体性为基础的"个"的现代思想的是鲁迅。

二

　　鲁迅与《新青年》主流派的差异性思考首先就鲜明地呈现在鲁迅的第一声呐喊《狂人日记》之中。一方面透过狂人对于几千年历史的研究，从歪歪斜斜的每页上都写着"仁义道德"几个字的字缝中看出了它"吃人"，揭露了封建宗法家族制度及其礼教秩序的"吃人"本质，并对这一"吃人的世界"发出了"你们可以改了，从真心改起！要晓得将来容不得吃人的人，活在世上"的诅咒与呐喊，表达了他对于五四新文化运动反封建的启蒙主义思想的积极的认同，并标志着五四新文化运动反封建思想所能达到的高度，显示出他彻底勇猛的反封建的先驱者姿态。但是另一方面，当觉醒（疯狂）的狂人去劝转人们去掉"吃人的心思"时，遭遇的却是人们（常人）的"冷笑"、"铁青"的脸色、"凶狠"的眼光。而且狂人越是急切地去劝转人们，唤醒人们，人们越是与他处于一种敌对状态之中，他的目的就越是难以达到。几千年的"仁义道德"已经内化为人们的习俗与准则，禁锢着任何违反这传统规范的个性觉醒与异端思维。这才是狂人忧心如焚的地方，也是《狂人日记》更深刻的思想内涵之所在。当然与此同时也有对于自身历史局限性的清醒体认，对于新的压抑与奴役机制的警惕。可以说，正是狂人与常人之间不同的价值世界的隔膜与对立导致了狂人的无能为力，难以唤醒他的同胞（常人）觉醒，并最终使狂人复归到常人世界中（痊愈）去寻求与常人对话的新的文化语码，当然这样一种复归（痊愈）又包含着一种难言的痛楚与深广的忧愤[63]。从而表达了作家对于中国的启蒙困境与启蒙先驱者命运的悲剧性命运的深刻洞察与思考。在这一意义上，我们也可以说鲁迅的文学是一种预言者的文学，极其深刻地预示了中国启蒙（现代化）的艰难历程。以致站立在新的世纪，仍然有学者在呼唤继续五四"未完成的启蒙"的历史使命，呼唤"公民"，呼唤"具有独立自由人格的'新青年'"[64]。对于中国知识分子来说，"五四"至今都是一个令人魂牵梦绕的神话。

如果说在五四新文化运动的高潮中鲁迅的这种悲剧性思考还不为人所注意的话，那么到五四新文化运动的落潮时期，他的这一思考的意义便凸显了出来。受到苏维埃"十月革命"成功的鼓舞和巴黎和会上中国民族主权被西方列强出卖的双重刺激与影响，以人的发现和个性解放为主要内容的五四启蒙主义思潮走向衰落，《新青年》同人发生分化。以陈独秀、李大钊为代表的左翼知识分子走向马克思主义和社会反抗运动，而以胡适为代表的右翼知识分子则走向整理国故的国故运动。正是在这一背景中，鲁迅再一次感受到先前的寂寞与悲哀，陷入到"第二次绝望"的"彷徨"中。他在《自选集·自序》中说："后来《新青年》的团体散掉了，有的高升，有的退隐，有的前进，我又经验了一回同一战阵中的伙伴还是会这么变化，并且落得一个'作家'的头衔，依然在沙漠中走来走去"[65]，在《题〈彷徨〉》的诗中也写道："寂寞新文苑，平安旧战场，两间余一卒，荷戟独彷徨。"[66]这样一种孤独感与寂寞感从根本上来说仍然来自于启蒙的失落与无效。《祝福》中濒临生命绝境的祥林嫂见到从外面回到故乡的知识分子"我"时，"那没有精采的眼睛忽然发光"了，并进而把她最终的生命探寻——"有没有灵魂？"的询问瞩望于"我"。然而"我"虽然是一个"新党"，一个在外面的世界中闯荡了多年，已经超离了旧有生活轨道的知识分子，可是面对这样有关生命的信仰与拯救问题，我才自觉到自己的无能为力，"也还是完全一个愚人，什么踌躇，什么计划，都挡不住三句问"，只能用"说不清"来搪塞与逃遁。这段置于《彷徨》首篇开首的情节片断是富有象征意义的，它潜在地表达了作家对于知识分子是否真正理解了底层民众的精神血脉？"知识分子是否天然地扮演了'启蒙者'的角色，是否真有可能为民众'代言'"[67]等这些所谓不正自明（公理性）的命题的反思与怀疑；从而奠定了鲁迅《彷徨》的一个主题基调，同时也构成"彷徨"得以发生的一个叙事前提。

与此同时，那些被五四新文化运动惊醒的青年，也同样处于痛苦与迷茫之中。正如鲁迅说记叙，"那时觉醒起来的智识青年的心情，是大抵热烈，然而悲凉的。即使寻到一点光明，'径一周三'，却更分明地看见了周围的无涯际的黑暗。"[68]茅盾也回顾说："到'五卅'的前夜为止，苦闷彷徨的空气支配了整个文坛，即是外形上有冷观苦笑与要求享乐和麻醉的分别，但内心是同一苦闷彷徨。"[69]或许正是对于这些被惊醒的青年命运的关切与忧虑，一方面鲁迅提出了关于"娜拉走后怎样？"的思考，两年后又在小说《伤逝》中探讨了觉醒的女性的悲剧命运与"启蒙主义的女性解放话语乃至于启蒙取向本身的内在危机"[70]另一方面又使鲁迅产生了在吃人的宴席上"做这醉虾的帮手"的罪感[71]，这样一种"罪感"从根本上来说，还是来源于鲁迅眼看着觉醒的青年被白白的屠杀，难以唤醒人们（启蒙失落）的焦虑与愤激。而对他们的抗争精神与意志，如刘和珍君等"干练坚决，百折不回的气概"、"三·一八"惨案中"在弹雨中互相救助，虽殒身不恤"的精神则表达了由衷的钦佩与赞叹，并发出了"苟活者在淡红的血色中，会依稀看见微茫的希望；真的猛士，将更奋然而前行"[72]的预言。

导致鲁迅这种虚无感与绝望感的除了启蒙思潮的风流云散外，还有中华民国当局专制主义统治的黑暗、野蛮与残暴。无论是用婆婆管媳妇的方法来治理学校的杨荫榆对学生的压迫，还是段政府对于赤手空拳的请愿学生的血腥屠杀，都使鲁迅"觉得所住的并非人间"[73]。在现代体制中，许多在其他现代国家中不成为问题的问题在中国都成为问题。因而虽然经过辛亥革命，现代政治体制建立了[74]，但是鲁迅却"觉得仿佛久没有所谓中华民国"[75]——人的基本尊严与权利并没有得到基本的保障。更严重的问题是，那些启蒙者，即现代知识分子也面临着被新的压迫性体制与机制异化的危险。启蒙作为一种知识，也产生着权力。而在一个由工具理性所主导的合理化与科层化的现代社会中，这种权力很容易被统治者所征用，一些知识分子"逐渐变成为制度化的官僚权力的一部分，变成为权力系统运作不可或缺的一个零件"[76]。五四以后一些在外国留过学的"特殊知识阶级"在大学等现代机构里已经占据了重要位置，便开始自觉不自觉地站在体制的立场上，以"公理"与"正义"的名义压迫"无刀无笔的弱者"，使他们"不得喘息"[77]，而这样一种"伪士"身上所披上的现代知识与文化的光晕无疑是最迷惑人的。因而如何揭穿这些"伪士"的现代伪装，揭示出这样一种新的奴役与压迫关系，成为真正代表被压迫的底层平民说话的"真的知识阶级"就成为鲁迅思考的一个新的焦点[78]，并促进他思想的发展。在当时的时代社会反抗浪潮的激励下，确立起他 1930 年代走向底层民众，进而走向左翼运动确定了一个思想的基点。看来鲁迅已经意识到在中国这样一个国度，要单独进行思想文化启蒙是难以成功的，应该与底层民众的解放结合起来来寻求民族的新生与复兴的道路。

不过另一方面，对于启蒙的质疑与绝望并没有动摇鲁迅坚守启蒙的意志。虽然鲁迅"于浩歌狂热之际中寒；于天上看见深渊"，但又正是"于一切眼中看见无所有；于无所希望中得救"[79]。当"我"用希望之盾，去"抗拒那空虚中暗夜的袭来"的时候，"我"不过耗尽了青春，心却分外的寂寞和平安，没有爱憎，没有哀乐，没有颜色；而且青年也很平安："没有星和月光，没有僵坠的蝴蝶以至笑的渺茫，爱的翔舞"。而当"我"放下希望之盾，去肉薄这虚空中的暗夜时，"我的面前又竟至于并且没有真的暗夜"。因而"绝望之为虚妄，正与希望相同！"[80]未来正生成于对于绝望的抗战中。因而这样一种绝望感不但没有熄灭鲁迅的抗争与求索意志，反而激励与强化了这样一种抗争与求索的精神——"路漫漫其修远兮，吾将上下而求索"，被借用为《彷徨》题词的《离骚》诗句正表达了作家的自励。而在这样一种抗争中，越地那种"纠缠如毒蛇，执着如怨鬼"[81]的在复仇中抗争的勾践原型精神正构成了一种支撑性的维度与精神底蕴。如同《狂人日记》虽然展示了狂人深渊般的绝望，但是在阅读过程中，当读者由"余"引导，穿过大哥视点而与狂人视点认同，也就是逐渐把狂人由一个"语颇错杂无伦次，又多荒唐之言"的疯子理解为一个穿透了历史迷雾而发现了历史的真理，并致力于启发民众觉醒的启蒙先驱时，读者也就实现由常人／"吃人的人"的价值世界向"狂人"／"真的人"的价值世界的跨越，完成了"日记"中"狂人"难以完成的历史任务；并理解了狂人"忧愤的深广"[82]。鲁迅也正是在对启蒙的质疑与绝望的张力中获得了对启蒙更深刻的理解与更执着更坚韧的坚守，并且在与底层民众的解放斗争的结合中获得了新生。

前面所引述的《题彷徨》"两间余一卒，荷戟独彷徨"——虽然在天地之间，只剩下一个士兵，但是这一士兵仍然手持着兵器寻觅着新的战斗。1925 年在与朋友谈到民国虽然已经成立 27 年了，可是国民思想仍然是"满车的'祖传'，'老例'、'国粹'等等"腐败不堪时，鲁迅明确说"现在的办法，首先还得用那几年以前《新青年》上已经说过的'思想革命'。还是这一句话，虽然未免可悲，但我以为除此没有别的办法。"[83]在随后的《两地书》中，鲁迅再次指出："最初的革命是排满，容易做到的，其次的改革是要国民改革自己的坏根性，于是就不肯了。所以此后最要紧的是改革国民性，否则无论是专制，是共和，是什么什么。招牌虽换，货色照旧，全不行的。"[84]在 1933 年写作的《我怎么做起小说来》中，鲁迅仍然明确宣称："说到'为什么'做小说罢，我仍抱着十多年前的'启蒙主义'，以为必须是'为人生'，而且要改良这人生。"[85]这些都说明，坚持唤醒人们的个性解放与主体自由（即"人各有己"）的启蒙思想始终是鲁迅思想的一个基点[86]。只是这一基点在新的时代环境中已经与争取底层民众、被压迫阶级和民众的解放有机地结合起来。当面对一个双手沾满无辜青年鲜血的法西斯政权与由日寇侵占东三省后日益加剧的民族危机，鲁迅加入了左翼文化运动，把争取底层民众与被压迫阶级的解放和民族的解放纳入一个突出的地位，但是这样一种群体的解放同样是以个性解放，即尊重个体的独立与自由为前提的。在民族危机空前严峻的 1936 年鲁迅还语重心长地告诫人们说："用笔和舌，将沦为异族的奴隶之苦告诉大家，自然是不错的，但要十分小心，不可使大家得着这样的结论：'那么，到底还不如我们似的做自己人的奴隶好。'"[87]所以，不做奴隶，即坚守一个人的基本人格与尊严是鲁迅人生与他努力构建现代民族国家（"人国"）的基本底线。正如增田涉说：鲁迅对"自己和自己民族的奴隶地位的自觉，就是跟他的'人'的自觉相联结的"，"正在这儿就有着决定着他的生涯的根据。"[88]

正是从坚守一个人的基本人格与尊严的基本底线出发，鲁迅对于左翼阵营内部"打着革命的旗号制造新的专制、新的压迫和新的黑暗"[89]的极左倾向也作了坚决的斗争。如果说启蒙/被启蒙的二元结构关系可能生产出新的权力关系，同样的革命/被革命的关系同样可能生产出新的权力关系。正是这样一种压抑性的权力机制，使一些"只借革命以营私"[90]的投机者利用攫取的权力，对于那些不顺从他们"领导"的人，或者异己者给以残酷打击，无情的斗争。鲁迅在参加左联之后不久，便再一次感受到被围剿和被愚弄的感觉。他在给朋友的回信中提出了"横站"这一姿态。他说："叭儿之类，是不足惧的，最可怕的确是口是心非的所谓'战友'，因为防不胜防。例如绍伯之流，我至今还不明白他是什么意思。为了防后方，我就得横站，不能正对敌人，而且瞻前顾后，格外费力。"[91]特别是随着周扬一伙把持了左联的领导权之后极力排挤架空鲁迅，更加强化了鲁迅的这种阴暗的感觉。在与朋友的书信中，鲁迅不断重复着"寂寞"、"悲愤"、"痛苦"等语词，并不断出现"鞭子"的意象。他称周扬一伙为"英雄"、"工头"、"奴隶总管"、"元帅"，而自称为"苦工"和"奴隶"。他说："以我自己而论，总觉得缚了一条铁索，有一个工头在背后用鞭子打我，无论我怎样起劲的做，也是打，而我回头去问自己的错处时，他却拱手客气地说，我做的好极了，他和我感情好极了，今天天气哈哈哈……真常常令我手足无措，我不敢对别人说关于我们的话，对于外国人，我们避而不谈，不得已时，就撒谎。你看这是怎样的苦境。"[92]又说："有些手执皮鞭，乱打苦工的脊背，自以为在革命的大人物，我深恶之，他其（实）是取了工头的立场而已。"[93]实际上这种"奴隶"感觉正是极"左"路线在革命的旗号下所推行的封建专制主义对人的独立个性和主体自由的任意剥夺。

　　如果说在 1936 年以前，鲁迅为了共同的革命目标，还把这种内心痛苦压抑在心间的话；那么当 1936 年，周扬一伙解散左联，又不发表一个公开的申明；同时另外重组"文艺家协会"，提倡"国防文学"，并诬蔑鲁迅"破坏统一战线"的时候，在重病中的鲁迅终于拍案而起，愤怒地揭露了他们一伙"左得可怕"的本来面目。在《答徐懋庸并关于抗日统一战线问题》中一方面鲜明地表白自己无条件地加入"中国目前的革命的政党向全国人民所提出的抗日统一战"。另一方面则揭露这些"自称'指导家'"，"表面上扮着'革命'的面孔，而轻易诬陷别人为'内奸'，为'反革命'，为'托派'，以至为'汉奸'者"，不过"只借革命以营私"，"抓到一面旗帜，就自以为出人头地，摆出奴隶总管的架子，以鸣鞭为唯一的业绩"[94]。一针见血的揭穿了这些所谓"前进作家"不过是打着"革命"的旗号来谋取自己私利的人物，不过是在一种新的现代形式（革命）中制造着新的奴役与压迫，维护着权势者的利益，做"文坛皇帝"。可以说鲁迅正是在与这些所谓的"前进作家"的斗争中发现了这种极"左"痼疾将是阻碍中国现代化历史进程的更可怕的危害。因而即使在他生命垂危的重病中仍然没有放弃与他们的斗争。在去世前一个月他给一位朋友的信中说"这里有一种文学家，其实就是天津之所谓青皮，他们就专用造谣，恫吓，播弄手段张网，以罗致不知底细的文学青年给自己造地位"，"他们自有一伙，狼狈为奸，把持着文学界，弄得乌烟瘴气。我病倘稍愈，还要给以暴露的，那么，中国文艺的前途庶几有救。"[95]遗憾的是疾病终于使他难以完成这一历史任务，只是在他的临终遗嘱中以——"损着别人的牙眼，却反对报复，主张宽容的人，万勿和他接近。""只还记得在发热时，又曾想到欧洲人临死时，往往有一种仪式，是请别人宽恕，自己也宽恕了别人。我的怨敌可谓多矣，倘有新式的人问起我来，怎么回答呢？我想了一想，决定的是：让他们怨恨去，我也一个都不宽恕。"[96]——表达了对这些极"左"痼疾的永远的愤怒。

三

竹内好说："鲁迅是文学者。首先是一个文学者。他是启蒙者，是学者，是政治家，但正因为他是文学者，即正因为丢掉了这些，这些才作为表象显现出来。"[97]"鲁迅所看到的是黑暗。但是他却是以满腔热情来看待黑暗，并绝望的。对他来说，只有绝望才是真实。但不久绝望也不是真实了。绝望也是虚妄。……对绝望感到绝望的人，只能成为文学者。不靠天不靠地，不以任何东西来支撑自己，因此也就不得不把一切归于自己一身。于是，文学者鲁迅在现时性的意义上诞生了致使启蒙者鲁迅得以色彩纷呈的显现出来的那个要素，也因此成为可能。"[98]的确鲁迅虽然始终只是一个文学者，一个为五四新文化运动"助威"的呐喊者，一个自觉的置身于时代边缘的边缘者，一个深味黑暗与虚无的绝望确信者，但是他却通过绝望的呐喊，通过与黑暗和虚无的坚韧的搏斗，通过无止境的文学论争，而"论争在本质上是文学性的。即，不是行为以外的东西"[99]，"他不仅攻击旧时代，也不宽恕新时代"[100]他"首先让自己和新时代对阵，以'挣扎'来涤荡自己，涤荡之后，再把自己从里边拉将出来。……但是他被'挣扎'涤荡过一回之后，和以前也并没什么两样"[101]，从而建构了"文学者鲁迅无限地生成出启蒙者鲁迅的终极之场"[102]，深深地介入与改写着历史，体现、捍卫与坚守了五四的新文化精神。

特洛尔奇指出："启蒙运动是欧洲文化和历史的现代时期的开端和基础，它与迄至当时占支配地位的教会式和神学式文化截然对立……启蒙运动绝非一个纯粹的科学运动或主要是科学运动，而是对一切文化领域中的文化的全面的颠覆，带来了世界关系的根本性位移和欧洲政治的完全更改。"[103]按照康德的经典诠释。"启蒙"意味人类藉理性的自由运用而脱离不成熟状态。人类脱离蒙昧而达致成熟状态，即自由精神在信仰、知识和政治诸方面展开的过程[104]。如果说五四新文化运动也就是中国历史上这样一场"对一切文化领域中的文化的全面的颠覆"的文化变革，一个确立人的"自由精神在信仰、知识和政治诸方面展开的过程"，那么真正代表与实现了这一文化精神的是鲁迅。正是鲁迅的存在改写了历史。竹内好说："在鲁迅之前，虽然产生过一些先驱性的开拓者典型，但他们都孤立于历史之外。因为孤立于历史之外，他们作为开拓者未能得到历史性的评价。使这些先驱者有可能被视为开拓者，盖始于鲁迅出现以后。就是说，原因在于，鲁迅的出现具有改写历史的意义。故新的人物之诞生，以及与此相伴随的意识上之全面更新的现象在历史进程中发生，而自觉到这一点总是要在历史的一个时期过去之后。"[105]鲁迅始终是生存在历史之中，作为中国文学的一个"现役文学者"[106]而持续不懈地论争、搏斗着，挣扎、抵抗着的。这一方面来源于他对于中国社会历史与文化的黑暗面以及生成这一黑暗面的隐形的潜结构的深刻洞察、把握与绝望，但"他并没安顿在绝望里，而是对绝望感到绝望"，而"对绝望感到绝望的人，只能成为文学者。不靠天不靠地，不以任何东西来支撑自己，因此也就不得不把一切归于自己一身"[107]。"在论争中，他的对手遍及所有阶层，亦遭受了来自所有阶层的嘲骂。……但是他所抗争的，其实却并非对手，而是冲着他自身当中无论如何都无可排遣的痛苦而来的。他把痛苦从自己身上取出，放到对手身上，从而再对这被对象化了的痛苦施加打击。他的论争就使这样展开的。可以说，他是在和自己孕育的'阿 Q'搏斗。"[108]"他的与恶的战斗，是与自己的战斗，他是以自毁来灭恶。"[109]因而虽然他始终只是在攻击旧文明与解剖自我，"他的文学不靠其他东西来支撑，一直不松懈地走在一条摆脱一切规范，摆脱过去的权威的道路上，从而否定性地形成了他自身"[110]，没有提出什么乌托邦的未来社会的光明方案和宏大新颖的社会哲学思想（正因此有不少学者诟病鲁迅不是思想家），但是他却通过"'与自己产出的阿 Q 不断斗争'的过程，把握到了中国现代历史里最混沌也最深厚的一页，这是各种意义上的先觉者们不曾经验的问题，但是也正因为这一页，鲁迅使历史之外的点进入了历史，使得中途退出历史的先驱们重新获得了历史的意义。"[111]

康德在其名文《何为启蒙?》中说：启蒙运动就是摆脱人类所处的未成年状态（另一种译法为"未成熟状态"）。未成年就是人类在主观意愿上屈从于理性无能的状态，屈从于接受他人居高临下的引导，即不经他人引导便无力运用自己的理智能力的权威主义态度。而摆脱未成年状态，就是人类自身向囿于无能状态的理性蒙昧进行挑战[112]。鲁迅在"新生"文化运动时期就倡导并坚信："人各有己，而群之大觉近矣"[113]，"人各有己，不随风波，而中国亦以立。"[114]不过在中国这样一个延续了几千年的封建专制秩序与礼教传统的国度，成为一间"万难破毁"的"铁屋子"；同时又是在"被现代化"的时代语境中，以一种屈辱的形式接触到这样一种异域的启蒙主义文化精神，因而在这样一种悖论性历史情境中，只能是痛苦的绝望与绝望的抵抗/挣扎才能真正走向"个"的自觉。同样的对于其他国民与同胞也应该让他们都感受与体验到这种痛苦与绝望，才能使每个人都真正生成"个"的自觉（即"人各有己"）。因而虽然"他几乎不怀疑人是要被解放的不怀疑人终究是会解放的，但是他却关闭了通向解放的道路，把所有的解放都看作幻想。"[115]鲁迅一生都在批判国民的劣根性，批判阿Q精神，攻击那个生成这一劣根性的隐形的心理潜结构——封建专制等级秩序及其礼教文化。他从不预约给人们什么黄金世界，也不相信那些希望的虚幻幻影，更从来不以导师自居[116]，而只是执拗地执着于现在的反抗与批判。而正是在他的批判中青年们清楚了自己被奴役的处境，启迪他们——"要有勇气运用你自己的理智"[117]——在自己寻"路"的过程中，敞开了自由解放的可能与道路。竹内好说："奴才拒绝自己为奴才，同时拒绝解放的幻想，自觉到身为奴才的事实却无法改变它，这是从'人生最痛苦的'梦中醒来之后的状态。即无路可走而必须前行，或者说正因为无路可走才必须前行这样一种状态。他拒绝自己成为自己，同时也拒绝成为自己以外的任何东西。这就是鲁迅所具有的、而且使鲁迅得以成立的、'绝望'的意味。"[118]因而只有"当所有通向进步的道路都被封闭了，所有的新的希望都被粉碎了的时候，才能积淀起鲁迅那样的人格吧"[119]。伊藤虎丸则认为鲁迅之所以把"揭示出'吃人的社会'的整体构造"，看得"比攻击压制者的暴虐更为重要"，就在于"他是把民众能否从政治的客体变成政治的主体作为问题的。"[120]

所以虽然"鲁迅从来就不是，也从来没有成为'方向'，他任何时候（过去、现在和将来）都不可能成为'方向'，因为他对任何构成'方向'的主流意识形态，以至'方向'本身，都持怀疑、批判的态度"，"鲁迅在整个现代中国思想文化体系、话语结构中，始终处于边缘地位，始终是少数和异数"[121]；但是他却通过他的绝望/抵抗在中国生成（启迪）了一种从来没有过的"第三样时代"的文化——既不是"想做奴隶而不得的时代"，也不是"暂时做稳了奴隶的时代"的文化，而是真正打破了"奴隶＝奴隶主"的恶性结构循环的"真的人"（现代人）的文化，帮助我们每一个人都成长为有自由思想的、独立人格的人的文化。虽然鲁迅作为一个文学者，认为文学是无用与无力的，但是他却用这无力的文学的"无力"批判了政治。竹内好说："文学对政治的无力，是由于文学自身异化了政治，并通过与政治的交锋才如此的。游离政治的，不是文学。文学在政治中找见自己的影子，又把这影子破却在政治里，换句话说，就是自觉到无力，——文学走完这一过程，才成为文学。"[122]张宁则认为"鲁迅与政治之间存在着一种奇特的关系，这种关系无法用与实际政治的远近来定义，而只能在对'政治'重新定义后才能获得理解。毫无疑问，鲁迅是政治的，也投身于政治，但鲁迅投身的是一种'非政治'的政治，一种不靠政治手段、不以政权为目的的政治。这个'政治'没有现实的终极目标，看起来更像是一种文化事业，但又与一般文化事业的守成、传递和创新不尽相同，这是让一种真正的政治在每个人身上成长起来的那种事情。"[123]或许正是这样一种"让一种真正的政治在每个人身上成长起来"，或者说把民众"从政治的客体变成政治的主体"的政治性构成了鲁迅精神最根柢的内涵，也构成了中国现代文化的核心价值——即五四新文化的根本精神，并且在一次次的历史动荡与时代的风云变幻中支撑着中国现代精神的发展。虽然后来鲁迅形象受到极"左"思潮与意识形态的塑形与改造，但是那本真的"个"的精神却还是作为一种宝贵的资源温暖着严冬中僵死的心，启迪着青年们的良知，从噩梦中苏醒并发出"我不相信"（北岛）的挑战世界的声音。正如王富仁指出：面对史无前例的"文化大革命"的精神浩劫，是"鲁迅第二次拯救了中国文化"，"维系了中国文化走向新生的根本命脉。"[124]

注释：

[1] 鲁迅：《〈呐喊〉自序》，《鲁迅全集》第1卷，人民文学出版社，2005年，第441页。

[2] 周作人：《鲁迅的故家》，《关于鲁迅》，新疆人民出版社，1997年，第181~182页。

[3] 鲁迅：《〈呐喊〉自序》，《鲁迅全集》第1卷，人民文学出版社，2005年，第441页。

[4] 参见鲁迅《〈呐喊〉自序》，《鲁迅全集》第1卷，人民文学出版社，2005年，第438~439页。

[5] 鲁迅：《文化偏至论》，《鲁迅全集》第1卷，人民文学出版社，2005年，第58页。

[6] 鲁迅：《文化偏至论》，《鲁迅全集》第1卷，人民文学出版社，2005年，第57页。

[7] 高力克：《五四的思想世界》，学林出版社，2003年，第9页。

[8] 周作人：《关于鲁迅之二》，《关于鲁迅》，新疆人民出版社，1997年，第501页。

[9] 鲁迅：《摩罗诗力说》，《鲁迅全集》第 1 卷，人民文学出版社，2005 年，第 103 页。

[10] 鲁迅：《〈呐喊〉自序》，《鲁迅全集》第 1 卷，人民文学出版社，2005 年，第 439 页。

[11] 鲁迅：《〈越铎〉出世辞》，《鲁迅全集》第 8 卷，人民文学出版社，2005 年，第 41 页。

[12] 鲁迅：《望越篇》，见朱态等编《鲁迅在绍兴》，浙江文艺出版社，1997 年，第 220 页。

[13] 林贤治：《人间鲁迅》安徽教育出版社，2004 年，第 134 页。或许也正因为如此，鲁迅与革命派保持一种既联系又疏离的态度，以致在鲁迅是否加入光复会的问题上，始终存在争议。

[14] 鲁迅在给许广平的信中曾说："说起民元的事来，那时确是光明得多，但是我也在南京教育部，觉得中国将来很有希望。见《鲁迅全集》11 卷，人民文学出版社，2005 年，第 31 页。

[15] 发表于 1913 年 4 月 25 日《小说月报》第 4 卷第 1 号。

[16] 鲁迅：《哀范君三首》，《鲁迅全集》第 7 卷，人民文学出版社，2005 年，第 449 页。

[17] 鲁迅：《文化偏至论》，《鲁迅全集》第 1 卷，人民文学出版社，2005 年，第 47 页。

[18] 鲁迅：《两地书》，《鲁迅全集》11 卷，人民文学出版社，2005 年，第 31 页。

[19] 竹内好：《近代的超克》三联书店，2005 年，第 45 页。据译者孙歌等解释："回心，日语当中'回心'这个词，来自英语 Conversion，除了原词所具有的转变、转化、改变等意思之外，一般特指基督教中忏悔过去的罪恶意识和生活，重新把心灵朝向对主的正确信仰。竹内好使用这个词，包含有通过内在的自我否定而达到自觉与觉醒的意思。"

[20] 鲁迅：《〈呐喊〉自序》，《鲁迅全集》第 1 卷，人民文学出版社，2005 年，第 441 页。

[21] 鲁迅：《自选集·自序》，《鲁迅全集》第 4 卷，人民文学出版社，2005 年，第 469 页。

[22] 鲁迅：《灯下漫笔》，《鲁迅全集》第 1 卷，人民文学出版社，2005 年，第 227～228 页。

[23] 鲁迅：《灯下漫笔》，《鲁迅全集》第 1 卷，人民文学出版社，2005 年，第 225 页。

[24] 伊藤虎丸对鲁迅思想的一个概括，见伊藤虎丸《鲁迅与终末论》，三联书店，2008 年，第 63 页。

[25] 鲁迅：《两地书》，《鲁迅全集》11 卷，人民文学出版社，2005 年，第 31 页。

[26] 竹内好：《近代的超克》三联书店，2005 年，第 53 页。

[27] 王晓初：《中国现代文学发展演变史 1898－1989》，西南师范大学出版社，2002 年，第 63～64 页。值得注意的是《药》这篇小说的主题长期被学界置于启蒙主义思想的范式之中解读而造成了严重的误读。例如钱理群等的《中国现代文学三十年》便认为：在《药》中，"启蒙的结果是被启蒙的对象活活地吃掉；这里，被质疑、批判的对象是双重的：既是那些'吃人'的民众，更是'被吃'的启蒙者，以致启蒙本身。"（北京大学出版社，1998 年，第 32 页）。直到最近还有学者在撰文争论《药》的启蒙的有效与无效（见宋剑华《启蒙的无效与鲁迅〈药〉的文本释义》，《天津社会科学》2008 年第 5 期）。其实质都在于把夏瑜当成了启蒙者。其实无论是从人物原型的秋瑾，还是从文本本身的描写来看，夏瑜（秋瑾）都不是一个致力于启发民众精神觉悟的启蒙者，而是一个"造反"的革命者。鲁迅与秋瑾的分歧与差异已如上述，日本学者永田圭介的《秋瑾——竞雄女侠传》还记载他们产生过激烈的冲突。周作人也回忆说，鲁迅讲到当时的情景时秋瑾拔出了小刀，"以示威吓"。（见《知堂回想录》第 1 卷，群众出版社，1999 年，第 129 页）从文本来看，康大叔所转叙的夏三爷告发夏瑜，夏瑜劝劳头"造反"和说阿义"可怜"，乃至说"这大清的天下是我们大家的"，都只是着眼于更换"天下"的造反，在一定意义上正代表了当时的同盟会企图"毕其功于一役"的（武装）革命的企图。而鲁迅对于这一革命始终是持审慎的有保留的肯定态度的。当时与鲁迅接触非常密切的孙伏园在转

述鲁迅向他讲述创作《药》的动机时说："《药》描写群众的愚昧，和革命者的悲哀；或者说，因群众的愚昧而来的革命者的悲哀；更直截说，革命者为愚昧的群众奋斗而牺牲了，愚昧的群众并不知道这牺牲为的是谁，却还要因了愚昧的见解，以为这牺牲可以享用，增加群众中的某一诗人的福利。"（《鲁迅先生二三事》，《鲁迅回忆录》专著上册，北京出版社，1999 年，第 77 页）很清楚的鲁迅是把夏瑜定位为"革命者"而不是"启蒙者"。而革命者与群众之间的复杂纠葛及双重的悲哀，正传达出鲁迅对他们的复杂情感。从根柢上表现了对于夏瑜式革命（辛亥革命）的深刻反思与反讽。因而不是"启蒙的无效"，而是"夏瑜式革命"的无效。而"所谓'革命'，如果从广义上讲，就是政治"，鲁迅正是"通过与政治的对决而获得了文学的自觉"（竹内好），并进而走向启蒙，呼应了五四新文化运动。"文学者无限地生成出启蒙者的鲁迅的终极之场。"（竹内好）

［28］鲁迅：《破恶声论》，《鲁迅全集》第 8 卷，人民文学出版社，2005 年，第 28～29 页。

［29］鲁迅：《文化偏至论》，《鲁迅全集》第 1 卷，人民文学出版社，2005 年，第 47 页。

［30］鲁迅：《破恶声论》，《鲁迅全集》第 8 卷，人民文学出版社，2005 年，第 28 页。

［31］鲁迅：《两地书》，《鲁迅全集》11 卷，人民文学出版社，2005 年，第 31 页。

［32］胡适：《沁园春·誓诗》。见《胡适文集》第 9 卷，北京大学出版社，1998 年，第 223 页。

［33］鲁迅：《〈呐喊〉自序》，《鲁迅全集》第 1 卷，人民文学出版社，2005 年，第 441 页。

［34］鲁迅在《自选集·自序》中追述了自己在五四时期的新文学创作说："既不是直接对于'文学革命'的热情，又为什么提笔的呢？想起来，大半倒是为了对于热情者们的同感。这些战士，我想，虽在寂寞中，想头是不错的，也来喊几声助助威罢。首先，就是为此。"见《鲁迅全集》第 4 卷，人民文学出版社，2005 年，第 468 页。

［35］鲁迅：《写在〈坟〉后面》，《鲁迅全集》第 1 卷，人民文学出版社，2005 年，第 302 页。

［36］鲁迅：《狂人日记》，《鲁迅全集》第 1 卷，人民文学出版社，2005 年，第 454 页。

［37］竹内好：《近代的超克》三联书店，2005 年，第 8 页。

［38］竹内好：《近代的超克》三联书店，2005 年，第 57～58 页。

［39］伊藤虎丸：《鲁迅与终末论》，三联书店，2008 年，第 136 页。

［40］伊藤虎丸《鲁迅、创造社与日本文学———中日近现代比较文学初探》，北京大学出版社，1995 年，第 175 页。译者注。

［41］伊藤虎丸：《鲁迅与日本人——亚洲的近代与"个"的思想》河北教育出版社，2000 年，第 120 页。

［42］伊藤虎丸：《鲁迅与日本人——亚洲的近代与"个"的思想》河北教育出版社，2000 年，第 122 页。

［43］伊藤虎丸：《鲁迅与日本人——亚洲的近代与"个"的思想》河北教育出版社，2000 年，第 122 页。

［44］伊藤虎丸：《鲁迅与日本人——亚洲的近代与"个"的思想》河北教育出版社，2000 年，第 181～182 页。

［45］伊藤虎丸：《鲁迅与日本人——亚洲的近代与"个"的思想》河北教育出版社，2000 年，第 175 页。

［46］伊藤虎丸：《鲁迅与日本人——亚洲的近代与"个"的思想》河北教育出版社，2000 年，第 182 页。

[47] 张宁：《无数人们与无穷远方：鲁迅与左翼》，复旦大学出版社，2006 年，第 71 页。

[48] 周作人：《关于鲁迅》，《关于鲁迅》，新疆人民出版社，1997 年，第 498~499 页。

[49] 竹内好：《近代的超克》三联书店，2005 年，第 148 页。

[50] 竹内好：《近代的超克》三联书店，2005 年，第 10 页。

[51] 孙歌：《在零和一百之间（代译序）》，见《近代的超克》北京大学出版社，2005 年，第 24 页。

[52] 鲁迅：《两地书》，《鲁迅全集》第 11 卷，人民文学出版社，2005 年，第 21 页。

[53] 鲁迅：《致赵其文》，《鲁迅全集》第 11 卷，人民文学出版社，2005 年，第 477~478 页。

[54] 竹内好：《近代的超克》三联书店，2005 年，第 107 页。

[55] 竹内好：《近代的超克》三联书店，2005 年，第 206 页。

[56] 竹内好：《近代的超克》三联书店，2005 年，第 148~149 页。

[57] 竹内好：《近代的超克》三联书店，2005 年，第 149 页。

[58] 孙歌：《竹内好的悖论》北京大学出版社，2004 年，第 58 页。

[59] 竹内好：《近代的超克》三联书店，2005 年，第 206 页。

[60] 竹内好：《近代的超克》三联书店，2005 年，第 151 页。

[61] 竹内好：《近代的超克》三联书店，2005 年，第 109 页。

[62] 梁漱溟说：就中国文化来看，"中国文化最大之偏失，就在个人永不被发现这一点上。一个人简直没有站在自己立场说话机会，多少感情要求被压抑，被抹杀。"见梁漱溟：《中国文化要义》，学林出版社，1987 年，第 259 页。

[63] 鲁迅曾比较他的《狂人日记》与果戈理的同名小说"比果戈理的忧愤深广，也不如尼采超人的渺茫"，见《中国新文学大系小说二集·序》，《鲁迅全集》第 6 卷，人民文学出版社，2005 年，第 246 页。

[64] 高克力：《五四的思想世界》，学林出版社，2003 年，第 291 页。

[65] 鲁迅：《自选集·自序》，《鲁迅全集》第 4 卷，人民文学出版社，2005 年，第 468 页。

[66] 鲁迅：《题〈彷徨〉》，《鲁迅全集》第 7 卷，人民文学出版社，2005 年，第 156 页。

[67] 张春田：《重思鲁迅与中国现代文学的"原点"》，《文艺理论与批评》2006 年第 2 期。

[68] 鲁迅：《中国新文学大系小说二集·序》，《鲁迅全集》第 6 卷，人民文学出版社，2005 年，第 251 页。

[69] 茅盾：《中国新文学大系小说一集·导言》，《茅盾文艺杂论集》（上集），上海文艺出版社，1981 年，第 532 页。

[70] 张春田：《从娜拉出走到中国改造——兼及鲁迅与启蒙话语之关系》，《文艺理论与批评》2008 年第 2 期。

[71] 见鲁迅：《答有恒先生》，《鲁迅全集》第 3 卷，人民文学出版社，2005 年，第 473 页。

[72] 鲁迅：《纪念刘和珍君》，《鲁迅全集》第 3 卷，人民文学出版社，2005 年，第 294 页。

[73] 鲁迅：《死地》，《鲁迅全集》第 3 卷，人民文学出版社，2005 年，第 282 页。

[74] 李新宇在《鲁迅启蒙之路再思考（中）》中指出五四时期中国的情形是："政治上的变革已经基本完成，人民的权利已经写进了宪法"，即已经建立一个现代政治体制。见《鲁迅研究月刊》2004 年第 10 期。

[75] 鲁迅：《忽然想到三》，《鲁迅全集》第 3 卷，人民文学出版社，2005 年，第 16 页。

[76] 周宪：《审美现代性批判》，商务印书馆，2005 年，第 446 页。

[77] 鲁迅：《我还不能"带住"》，《鲁迅全集》第 3 卷，人民文学出版社，2005 年，第 260 页。

[78] 在《野草·这样的战士》中不断地举着投枪，不断掷向"头上有各种旗帜，绣出各样好名称：慈善家，学者，文士，长者，青年，雅人，君子……。头下有各样外套，绣出各式好花样：学问，道德，国粹，民意，逻辑，公义，东方文明……"的敌人的这样的战士形象正是鲁迅形象的写照。

[79] 鲁迅：《野草·墓碣文》，《鲁迅全集》第 2 卷，人民文学出版社，2005 年，第 207 页。

[80] 鲁迅：《野草·希望》，《鲁迅全集》第 2 卷，人民文学出版社，2005 年，第 16 页。

[81] 鲁迅：《杂感》，《鲁迅全集》第 3 卷，人民文学出版社，2005 年，第 52 页。

[82] 鲁迅曾比较他的《狂人日记》与果戈理的同名小说说"比果戈理的忧愤深广，也不如尼采超人的渺茫。"见《中国新文学大系小说二集·序》，《鲁迅全集》第 6 卷，人民文学出版社，2005 年，第 246 页。

[83] 鲁迅：《通讯》，《鲁迅全集》第 3 卷，人民文学出版社，2005 年，第 23 页。

[84] 鲁迅：《两地书》，《鲁迅全集》11 卷，人民文学出版社，2005 年，第 31 ~ 32 页。

[85] 鲁迅：《我怎么做起小说来》，《鲁迅全集》第 4 卷，人民文学出版社，2005 年，第 526 页。

[86] 李新宇认为"鲁迅通过启蒙的困境和启蒙者的尴尬所要表达的，其实只是启蒙的艰难，而非他对启蒙的质疑或否定。""目的只是让知识者认识这片荒原，认识自身的力量局限，并在此基础上寻找穿越荒原的途径。"见《鲁迅启蒙之路再思考（中）》《鲁迅研究月刊》2004 年第 10 期。

[87] 鲁迅：《半夏小集》，《鲁迅全集》第 6 卷，人民文学出版社，2005 年，第 617 页。

[88] 增田涉：《鲁迅的印象》，《鲁迅回忆录》（专著下册）北京出版社，1999 年，第 1382 页。

[89] 王晓初：《中国左翼文艺运动的内在差异与张力》，《文学评论》2007 年第 1 期。

[90] 鲁迅：《答徐懋庸并关于抗日统一战线问题》，《鲁迅全集》第 6 卷，人民文学出版社，2005 年，第 550 页。

[91] 鲁迅：1934 年 12 月 18 日致杨霁云，见《鲁迅全集》第 13 卷，人民文学出版社，2005 年，第 301 页。

[92] 鲁迅：1935 年 9 月 12 日致胡风，见《鲁迅全集》第 13 卷，人民文学出版社，2005 年，第 543 页。

[93] 鲁迅：1936 年 5 月 15 日致曹靖华，见《鲁迅全集》第 14 卷，人民文学出版社，2005 年，第 99 页。

[94] 鲁迅：《答徐懋庸并关于抗日统一战线问题》，《鲁迅全集》第 6 卷，人民文学出版社，2005 年，第 549 ~ 550、558 页。

[95] 鲁迅：1936 年 9 月 15 日致王冶秋，见《鲁迅全集》第 14 卷，人民文学出版社，2005 年，第 148 ~ 149 页。

[96] 鲁迅：《死》，见《鲁迅全集》第 6 卷，人民文学出版社，2005 年，第 635 页。

[97] 竹内好：《近代的超克》，三联书店，2005 年，第 108 页。

[98] 竹内好：《近代的超克》，三联书店，2005 年，第 107 页。

[99] 竹内好：《近代的超克》，三联书店，2005 年，第 109 页。

[100] 竹内好：《近代的超克》，三联书店，2005 年，第 4 页。

[101] 竹内好：《近代的超克》，三联书店，2005 年，第 11 页。

[102] 竹内好：《近代的超克》，三联书店，2005 年，第 142 页

［103］特洛尔奇：《启蒙运动》，转引自刘小枫《现代性社会理论绪论》，上海三联书店，1998 年，第 175 页。

［104］康德：《历史理性批判文集》，商务印书馆，1990 年，第 22 页。

［105］竹内好：《近代的超克》，三联书店，2005 年，第 108 页。

［106］竹内好认为：“作为近代文学的中国文学，迄今为止经历了三个大的时期：‘文学革命’、革命文学和民族主义运动。每个时期都有一大批先觉者在混沌的内部斗争之后纷纷落伍。仅仅在‘文学革命’的先觉者当中，就有严复、林纾、梁启超、王国维、章炳麟等人，他们的末路都是文学意义上的悲剧。从‘文学革命’之前一直存活到最后的，只剩下鲁迅一个人。鲁迅的死，不是历史人物的死，而是现役文学者的死。”见《近代的超克》，第 10 页。

［107］竹内好：《近代的超克》，三联书店，2005 年，第 107 页。

［108］竹内好：《近代的超克》，三联书店，2005 年，第 108 ~ 109 页。

［109］竹内好：《近代的超克》，三联书店，2005 年，第 149 页。

［110］竹内好：《近代的超克》，三联书店，2005 年，第 146 页。

［111］孙歌：《在零和一百之间（代译序）》，见《近代的超克》，三联书店，2005 年，第 52 页。

［112］参见康德：《历史理性批判文集》，商务印书馆，1990 年，第 22 页。

［113］鲁迅：《破恶声论》，《鲁迅全集》第 8 卷，人民文学出版社，2005 年，第 26 页。

［114］鲁迅：《破恶声论》，《鲁迅全集》第 8 卷，人民文学出版社，2005 年，第 27 页。

［115］竹内好：《近代的超克》，三联书店，2005 年，第 148 页。

［116］鲁迅在《导师》中说：“要前进的青年们大抵想寻求一个导师。然而我敢说：他们将永远寻不到。寻不到倒是运气；自知的谢不敏，自许的果真识路么？凡自以为识路者，总过了‘而立’之年，灰色可掬了，老态可掬了，圆稳而已，自己却误以为识路。假如真识路，自己就早进向他的目标，何至于还做导师。”在《写在〈坟〉后面》更明确地说：“倘说为别人引路，那就更不容易了，因为连我自己还不明白应当怎么走。中国大概很有些青年的‘前辈’和‘导师’罢，但那不是我，我也不相信他们。我只很确切地知道一个终点，就是：坟。然而这是大家都知道的，无须谁指引。问题是在从此到那的道路。那当然不只一条，我可正不知那一条好，虽然至今有时也还在寻求。”

［117］康德：《历史理性批判文集》，商务印书馆，1990 年，第 22 页。

［118］竹内好：《近代的超克》，三联书店，2005 年，第 206 页。

［119］竹内好：《近代的超克》，三联书店，2005 年，第 209 页。

［120］伊藤虎丸：《鲁迅与日本人——亚洲的近代与“个”的思想》，河北教育出版社，2000 年，第 114 页。

［121］钱理群：《我们为什么需要鲁迅》，《同舟共进》2006 年第 10 期。

［122］竹内好：《近代的超克》，三联书店，2005 年，第 134 页。

［123］张宁：《无数人们与无穷远方：鲁迅与左翼》，复旦大学出版社，2006 年，第 73 页。

［124］王富仁：《中国鲁迅呀就的历史与现状》，福建教育出版社，2006 年，第 162 页。

从现代传媒的角度认识五四与
中国文化传统的关系

周海波（青岛大学文学院）

　　"五四"新文化运动是否割断了中国文化的传统，是学术界争论的焦点之一。林毓生在《中国意识的危机》和郑敏在《世纪末的回顾：汉语语言的变革和中国新诗创作》提出这个问题后，引起了学术界的广泛关注，历史地来看，不承认"五四"新文化运动对传统文化的破坏，不承认中国文化传统的断裂，并不是科学的态度。但是，以此怀疑"五四"以来的新文化其及文学，也不是科学的态度。陈万雄在《五四新文化的源流》中已经指出："作为五四新文化运动的重要内容，无论是反传统思想、白话文的提倡、西方文学理论的介绍等等，都可在晚清追溯其渊源，而五四新文化运动之与此前的辛亥革命运动在革新思想一点更有一脉相承的条理。"陈万雄在具体论述晚清到"五四"这股反传统思潮时，已经注意到了《国民报》、《大陆》、《童学世界》、《鹭江报》、《国民日日报》、《民立报》等现代传播媒体的作用。表面看来，这次文化断裂是"五四"新文化运动"选学妖孽"和"桐城谬种"式的对传统的决绝的态度，但其实质却是中国传统文化遭遇到现代传媒的冲击后的结构性中断。

　　按照麦克卢汉"媒介即讯息"的理论，一种新的媒介的出现必然会带来新的价值尺度，而新的价值尺度必然会影响到价值观念的变异，"任何媒介（即人的任何延伸）对个人和社会的任何影响，都是由于新的尺度产生的，我们的任何一种延伸（或曰任何一种新的技术），都要在我们的事务中引进一种新的尺度"，而每一次新的尺度的产生又与媒介联系在一起，"任何媒介或技术的'讯息'，是由它引入的人间事物的尺度变化、速度变化或模式变化"。麦克卢汉举例说："铁路的作用，并不是把运动、运输、轮子或道路引入人类社会，而是加速并扩大人们过去的功能，创造新型的城市、新型的工作，新型的闲暇。无论铁路是在热带还是在北方寒冷的环境中运转，都发生了这样的变化。这样的变化与铁路媒介所运输的货物或内容是毫无关系的。"[1] 也就是说，新的传媒的出现与传播内容的关系只是一个微不足道的方面，更重要的是，新的传媒的出现对文化价值的改变，而每一次新的文化价值的引进都必然对传统的文化价值进行一次否定。现代传媒成为中国现代文化的主流时，他所带来的不仅仅是它所承载的文学作品，而主要是它所带来的新的文化价值尺度，这一新的价值尺度，既是对新的文学传统的重构，也是对古代传统的否定的。

一　现代传媒割断的是中国古代正统文学的传统

现代传媒作为一种现代文明发展的产物，从一开始就具有反叛传统文化的特征，中国最早具有近代化特点的媒体是 1815 年创办的《察世俗每月统记传》，这是一份教会性质的报刊，明显带有西方文化特征的特征，随后创办的《东西洋考每月统记传》、《中外新报》、《中西见闻录》、《万国公报》等，都具有一定的教会性质，具有教会性质的报刊宣传的内容与方式，都与中国传统文化格格不入，在内容上，它们以宣传宗教教义为主，附带介绍一些西方历史、地理以及其他科学知识，这与中国以统治者的正统文化不同；形式上则以通俗易懂、语言平实为特征。因此，近代以来传媒的大众化趋向带来的只能是世俗文化，是与正统文化极为不协调的。资产阶级知识分子掌握报刊之后，主要用来参与他们的改良运动，《强学报》、《时务报》等更是在反对传统文化中提出改良社会的主张。传媒进入现代阶段后，世俗文化得到了更迅速的发展，而传统的主流文化则遭受到更强烈的打击，1902 年，《新小说》创刊后，小说适应了现代传媒与现代文化的要求获得了稳定的文坛地位，这一时期报刊提倡启发民智，"阅报愈多者，其人愈智。报馆愈多者，其国愈强。"[2]尤其当变法失败之后，他们更看到了小说与民智之间关系的重要性，将"读小说"与"读经"对立起来，"仅识字之人，有不读'经'，无有不读小说者。故'六经'不能教，当以小说教之；正史不能人，当以小说人之；语录不能喻，当以小说喻之；律例不能治，当以小说而讲通之。"[3]可见小说对传统文化的冲击如何大。不仅如此，现代传媒对传统文化观念形成了巨大冲击，儒家文化的正统地位受到了传媒文化的极大挑战。

《新青年》创刊后，对传统文化的批判提到了突出的位置，不仅胡适发表《文学改良刍议》从语言方面对传统文化进行的批判，宣布了古代文言是已死的，而且陈独秀发表《文学革命论》，以"打倒"的方式面对中国传统的"贵族文学"、"古典文学"、"山林文学"。陈独秀的决绝态度当然与他个人的性格及其革命的策略有关，但不能不说正是 20 世纪以来的传媒业的快速发展所带来的现代文化，才使他有如此态度面对已经有几千年历史的具有正宗地位的中国文化。尽管近年来有学者对陈独秀的"三大主义"进行了语义学的考论，以此认为陈独秀并没有反传统。这种学术态度是令人尊敬的。这里需要明确的一点是，即使陈独秀文章使用的"古典"一词不是指古典文学，而是与"贵族"相近的一种含义，那么，联系到现代传媒对传统文化的态度，联系到陈独秀在文章中所面对的批判对象，我们也应当理解其中的意义所在："今日中国之文学，委琐陈腐，远不能与欧洲比肩。此妖魔为何？即明之前后七子，及八家文派之归、方、刘、姚是也。此十八妖魔辈，尊古蔑今，咬文嚼字，称霸文坛。"所以他要打倒东晋至唐代所形成的贵族文学："东晋而后，即细事陈启，亦尚骈丽。演至有唐，遂成骈体。诗之有律，文之有骈，皆发源于南北朝，大成于唐代。更进而为排律，为四六。此等雕琢的阿谀的铺张的空泛的贵族古典文学，极其长技，不过如涂脂抹粉之泥塑美人。以视八股试帖之价值，未必能高几何，可谓为文学之末运矣。"[4]陈独秀对待传统文化的态度是决绝的，反传统的态度也是明确的。其他《新青年》同人如易白沙、钱玄同、刘半农、傅斯年等，对待传统文化的态度虽略有不同，但大体趋向是一致的。

不承认"五四"对传统文化的断裂意义，并不是一种历史的态度，"五四"对传统文化的断裂本身并不能成为"五四"评价的价值尺度，传统文化及其民族文化传统在现代的断裂，并不仅仅是"五四"新文化运动的原因，而是中国文化向现代转型过程中的必然现象，也是现代传媒的发展所引发的一种文化变异现象。所谓"文化变异"是指在文化发展过程中发生的文化由一种形态向另一种形态的变化或更替，这种变化或更替在量上是巨大的，在质上则是根本性的。中国古典文化与文学向现代的转化就是一次文化变异现象，是在各种力量的冲击下的古典文化的终结和现代文化的最后完成。"五四"新文化运动只不过借其时运而促成了这次变异的发生和完成。

从文学这方面来看，现代传媒语境中的文学是对古典文学精神的一次清算。古典文学传达的是统治者的思想文化，文学是上流社会少数人的事情。现代传媒语境中，文学的重心开始下移，文学主要在两个层面，一个是市民为主体的大众，一个是现代知识分子群体。我们虽然不能否认现代文学仍然承继了古典文学"文以载道"的传统，但是，在现代传媒的语境中，作家可以写自己想写的，抒发自己的感情。更主要的是，文学在报刊发表或者在书局出版，可以流向市场，文学开始市场化运作，这就可以并能够摆脱专制主义的控制，而为市场写作。被陈独秀所批判的"古典文学"、"贵族文学"正逐渐淡出文坛，而被他提倡的"平民文学"、"社会文学"、"写实文学"所取代。20世纪以来，当梁启超的"小说界革命"、"诗界革命"、"文界革命"提倡以来，尤其小说取得文坛的正宗地位后，文学以一种新的姿态面对读者，表现出现代平民化的精神特征。

二　现代传媒割断的是传统的文学体式

中国古代对文体十分重视，提出了"文章以体制为先"[5]，也指出："尝谓陶者尚型，冶者尚范，方者尚矩，圆者尚规，文章之有体，此陶冶之型范，而方圆之规矩也。"就是说，做文章需要在遵守体制规范，古代文人为了使文章合乎规范，文各有体，首先强调文章辨体的重要性，因为"凡文章体制，不解清浊规矩，造次不得制作。制作不依此法，纵令合理，所作千篇，不堪施用"[6]。诗有诗格，文有文规，"以词为诗，诗斯劣矣；以诗为词，词斯乖矣"[7]，所以讲究诗和文章作法是必须要遵守的基本原则。

但是，现代传媒出现以来，流传几千年的古代文体却受到了极大的冲击，这种冲击是全方位的，甚至是彻底的全面的。这里首先取决于古代传播媒体和传播方式决定的文体已经不能适应于现代传播媒体和传播方式。在以甲骨、竹简等笨重的书写材料为传播媒体的时代，人们讲求简约象征的审美观，在文体呈现上则如《诗经》以四言诗和诸子文字简洁透辟的散文为主；东汉发明造纸术后，文学传播的书写材料成为携带方便易于书写的纸张，随之而起的就是这一时期的"人的自觉"和"文的自觉"："曹丕的一个时代可说是文学的自觉时代，或如近代所说，是为艺术而艺术（Art for Art's Sake）的一派。""为艺术而艺术"的审美倾向在文体上是对辞赋、诗歌、散文的选择，"所以曹丕做的诗赋很好"[8]。鲁迅在评价汉文时说："汉末魏初的文章是清峻，通脱。在曹操本身，也是一个改造文章的祖师"，到曹丕那里，"于通脱之外，更加上华丽"[9]。所谓"华丽"，正是与这时期的传播媒体存在密切关系的文体变异，那些极其讲究的语言铺排，若没有书写方式和传播方式的支撑，是不可能单方面形成的；唐宋时代的雕版印刷也在某种意义上支持了这一时代诗词曲赋的发展。但古代传播方式主要是一种技术上的变革，还没有真正形成对文学的广泛传播，有其他不是面向读者层面，因此也就决定了古代作家的写作主要传经明道、抒情言志，也决定了古代文学的文体形式以诗词、文章为主。而现代传媒的世俗性、通俗性、普及性使其主要面向大众读者，因而一般文人并不认同这种传播媒体，以至于像《申报》这样已经有一定影响的报纸还要发表启事，征求"骚人韵士"们的"短什长篇"和"天下各区竹枝词及长歌纪事之类"的文字，这类启事虽然照顾到了传统文人的写作，但还是表现出了大众阅读的倾向。随着现代报刊的发展，对传统文体的冲击也越来越强烈，进入 20 世纪，《新小说》等文学传媒大量出现时，传统文体出现了结构性的中断，主要表现在以下几个方面：

首先，文体类型的中断。被古代文人奉为不可动摇的诗文，在现代传媒语境中已经被现代新诗和散文所取代。我们不能说现代诗歌和散文没有继承和借鉴古代诗文的艺术传统，在写作技术甚至艺术精神上，现代文学都对古代文学有所承继，但在整体上现代传媒对古代文体进行了彻底的破坏。古代诗词是最先遭受破坏的文体。中国是一个诗的泱泱大国，从《诗经》、《离骚》到唐诗宋词，再到清代诗词，诗的传统构成了中国文化的一条主线，但这条传统的主线却在现代传媒基础上的现代文化的冲击下，失去了应有的艺术魅力，从正统的文学地位上淡出，古典诗词作为传唱的一种文体，虽然已经被文人化了，但它是在一种简单的传播媒体和传播方式基础上产生的文体，是文人间迎送唱和的艺术，它的格律形式是在唱和中获得实现的，而无需纸质传媒只是发表的形式而已。这种文体到了现代纸质媒体时期已经失去了应有的艺术力量，现代传媒作为一种世俗化的传播媒体，与古典诗词的高雅和文人化是格格不入的。

再看古代文章。古代文章门类繁多，清代桐城派古文的代表人物姚鼐撰述的《古文辞类纂》，一方面吸取了前人文章辨体的成果，一方面又以自己的眼光选录了从战国至清代的古文辞赋，对各种文体的特点和源流演变进行论述的基础上，将文体分为十三类，依次为论辩类、序跋类、奏议类、书说类、赠序类、诏令类、传状类、碑志类、杂记类、箴铭类、颂赞类、辞赋类、哀祭类。古代文章的这种分类方法体现出了古代文人的文化观念，也体现着古代文体的特点，古代散文重视学术性、应用性和政论性，在写作上讲究气势，注重音律声调，追求辞采华美。现代传媒中的文章部分地吸收了古代文章的手法，早期的报纸期刊都比较重视发表政论一类的文章，以社论、评论、时评等作为报刊的主要栏目，这些文章都是从传统文章发展演变而来，少不了"论"的特点。不过，早期报刊上的这些文章已经开始影响到古代文章在现代的传播，《时务报》上的"新文体"或"报章文体"具有比较多的现代因素，现代媒体的特征较为明显，梁启超在描述这种文体时，概括总结了三个特点："纵笔所至，略不检束"；"务为平易畅达，时杂以俚语、韵语及外国语法"；"条理明晰，笔锋常感情"。这三个特点都是对古代文章的挑战，尤其要求文章浅显易懂，可以使用俚语、韵语以及外国语，更是直接破坏了古代文章用词讲究、规范、古雅的作法。《新青年》创刊后，现代散文获得了迅速的发展，"随感录"栏目的开设，在有意无意中创造了现代报刊散文的一种文体范式，《每周评论》、《新生活》以及后来的《语丝》等刊物的出现，一种现代散文文体真正成熟起来。

其次，文体语言的中断。文言文作为古代书面语言统治了中国几千年的时间，这套语言符码体现了古代传播符号的属性，体现着古人的智慧，简约、形象、凝练，文言文作为古人"载道"、"言志"的语言形式，成就了古代传播媒体的文化形态。沈约在《宋书·谢灵运传论》概括自汉至魏四百年间诗赋的发展时说："自汉至魏四百余年，辞人才子文体三变，相如工为形似之言，二班长于情理之说，子建、仲宣以气质为体，并标能擅美，独映当时。是以一世之士，各相慕习。"这里所说的"文体三变"既是指诗赋的体式变化，也是指风格的变化，司马相如的"形似之言"是指其铺张的语言风格，班彪父子的"情理之说"是指富有感情色彩和逻辑力量的语言特点，曹植和王粲的"以气质为体"、"标能擅美"则是指具有审美风格的质朴、含蓄的语言风格。沈约所说的自汉至魏四百年间的文体变化，再次说明"语言是思想的直接现实"[10]，语言是文化的表现，文化又最终归结为语言的问题。古代文言文反映了古代思维方式和知识谱系，铺排夸张或者标能擅美，反映了古代文人在特定条件下对文化的理解和对语言的把握。应当说，古代语言经过几千年的发展，历代文人的运用和提炼，已经成为体现古代文化的经典性语言。但是，这套语言符码却在现代传媒到来之时受到了怀疑和打击，胡适宣布，"这二千年的文人所做的文学都是死的，都是用已经死的语言文字做的。死文字决不能产生出活文学。所以中国这二千年只有些死文学，只有些没有价值的死文学"[11]。

被古代文人视为不可动摇的，而且代表着几千年古代文化传统的文言，为什么到了现代就被胡宣布为是已经死了的语言？语言本身真的是可以死的么？其实，文言作为民族传统的语言，不仅在"五四"时代没有而且不可能衰竭，而且即使到了网络媒体盛行的今天，依然有其不可替代的语言魅力。胡适主要是从策略上的、认识上的，或者说是他对现代文化认同的一种方式上对待文言的。胡适在美国留学期间提倡"文学革命"，虽然被有的史家称为一次"偶然事件"，但这里有两个问题是值得注意的，一是胡适留学美国时期，近现代以来的现代传媒已经具有相当程度的发展，在此基础上发展起来的现代文明也使人们开始改变固有的文化观念。胡适早年就接触到现代报纸，1904 年《时报》创刊，这对于刚到上海后不久的胡适是一个很大的激励，尤其是《时报》的短评文体让他感到新鲜刺激："这种短评在现在已成了日报的常套了，在当时却是一种文体的革新。用简短的词句，用冷隽的口吻，几乎逐句分段，使读者一目了然，不消费工夫去点句分段，不消费工夫去寻思考察。"[12] 1906 年以后，胡适还成为中国公学《竞业旬报》的撰稿人，后来又成为该报的主编。这些经历都为胡适了解现代传媒提供了帮助，也使他由传媒而理解了现代文明。第二，胡适是通过《新青年》开始与国内文化界发生联系并将"文学革命"的设想变为现实的，或者说也正是《新青年》的传媒形态与传播意义，依靠媒体的力量，截断了文言的发展脉络。《新青年》使胡适感受到了现代文明的逼近，认识到古代语言已经无法适应新的文化的要求，新的语言与新的文化之间的密切关系。据目前可见史料，胡适与《新青年》的关系，开始于 1916 年 2 月他给杂志投寄翻译的俄国作家库普林的短篇小说《决斗》，随后胡适等待陈独秀回信时，又致信陈独秀，批语陈独秀在《新青年》上发表的一系列文章所出现的错误，尤其对陈独秀在发表谢无量的旧体律时的"附识"中所加的评语，陈独秀在如此现代的刊物上发表老气沉沉的旧体诗，实在是有背其主旨，"难免自相矛盾之诮矣"。以这样的诗来改革中国的文学艺术，当然是没有出路。因为这种诗还在用典或用陈旧套语，语言上已经失去了新鲜活泼的气象。

现代传媒对文言的中断，改变的不仅是语言本身，而且是民族的思维方式和审美观念。正如麦克卢汉在《理解媒介》中所讲述的一位土著人看到文字时的感受一样，如果古人看到白话的感受恐怕也是如此。一位土著人莫杜普亲王叙述他在非洲老家首次接触文字时道："神父佩里的住宅里有一块拥挤的地方，那就是他排列书架的地方。我渐渐领悟到，书页的记号是被捕捉住的词汇。任何人都可以学会译解这些符号，并把困在里面的字释放出来，还原成词汇。印书的油墨囚禁了思想。它们不能从书中逃出来，就像野兽逃不出陷阱一样。当我完全意识到这意味着什么时。激动和震惊的激情流遍全身，就和第一次瞥见科纳克里辉煌的灯火时一样激动不已。我震惊得浑身战栗，强烈渴望自己学会去做这件奇妙无比的事情。"[13] 土著人急切学习文字的欲望和文明人对文字的忧虑一样，都反映了语言本身的魔力以及言与文的差别。但同时，土著人对文字的迷恋只是一种原始的经验，而当现代文明侵入人的生活时，那种文明的恐惧感同样是巨大的。当胡适提倡语言变革时，遭到那么多包括他的非常好的朋友在内许多人的反对，也说明了这种语言的断裂是可怕的。

再次，文体风格的中断。无论在中国古代文论还是西方文艺理论中，文体也理解为风格。英文中的"style"既可译为"文体"，又可译为"风格"，而在广义的文学艺术理论层面上，风格与文体是相通的，甚至是同一概念的不同理解。按照歌德的说法："风格，这是艺术所能企及的最高境界，艺术可以向人类最崇高的努力相抗衡的境界。"[14] 在西方，理论家往往把风格与人格联系起来，认为"风格就是人"。在中国古代文论中，"风格是作家独特的创作个性在作品内容与形式统一中的体现"[15]。刘勰《文心雕龙·体性》中指出，文章有八种风格类型，司空图的《诗品》则将诗文分为二十四品，清代姚鼐则将风格分为阳刚与阴柔两大类。无论古人对风格有怎样不同的分类，但在源远流长的历史过程中，已经形成了属于古代文学的风格。应当说，各个不同层面的文体，风格是最不稳定、最容易发生变异的，而又是最具有承继性特征的。对于个体作家来说，其创作风格往往是变动中的，因其生活环境、人生经历等等的变化，创作风格会发生不断的变化；而作为民族文化的风格体现，又在这种不稳定中具有相对稳定性，民族文化在其历史演变中，逐渐吸收、凝聚，使一些得到人们共同认可的风格要素稳定下来，并形成了民族审美的大体统一的风格。

中国古典文学流传并稳定了几千年的风格特征，已经成为中国古代文化的精神象征。但是，在现代传媒阶段，这一传统同样出现了中断，这一中断现象的出现，并不是古代文学本身出现了什么问题，而是现代传媒无论从载体方面还是文化精神方面，都已经不能容纳古典文学的存在，无论怎样对古典文学风格进行分类，这些风格类型只能属于古典文学范畴的，而不是现代传媒时代的文学范畴。现代传媒对文学的审美风格进行了重组，任何文学都需要借助媒体的传播，而媒体的变化必然会带来文学的变异。麦克卢汉说，"媒介即讯息"，他认为，人们之所以常常忽略媒介本身的信息性，是由于"任何媒介的'内容'都是另一种媒介"[16]，当一媒介被另一媒介所媒介时，它便失去了其媒介而成为新媒介的内容。例如，当古典诗词以电视图像形式被重新媒介时，它原来的审美风格就已经发生了质的变化，或高古、或绮丽、或悲慨、或飘逸的风格，或许还存在于电视艺术中，但古典诗词中的那种浓郁凝练的美学境界已经被电视的图像艺术进行了消解，原来那种语言上的感受被画面所取代，原来通过语言所构筑的审美境界被改造为某种似是而非的画面，平面化的画面艺术代替了内涵丰富而有幽远的层次感的意境。我们在现代传媒那里看到的往往是技术而非艺术，是用某种"先进的"技术对古典艺术进行处理，从而彻底消解了古典艺术的美。

三　现代传媒与新的文学传统的形成

如果说现代传媒完全割断了中国文化传统，只是一种相对的观点，一个民族的传统就像一条流动的河，是很难真正被割裂的。首先，我们所说的中国文化传统被断裂，是在特定的时期由于策略的需要而做出的一种文化姿态，如"五四"时期对待传统文化的态度就是如此，而渡过文化运动的集中时期，当作家的创作步入正轨后，文化的继承性仍然制约着作家的创作。其次，现代传媒断裂的只是中国文化中的处于正统地位的主流文化，而不是中国文化的全部。现代传媒对古典文学的断裂也同样只是占据文坛正宗地位的主流文学，而不是古典文学的全部。尽管如此，我们还是认为，现代传媒对中国文化传统和古典文学的断裂的意义，这种意义已经超过了时代更替之类的文学变化，而是一种彻底的质的变化，是一种文化被否定，另一种文学被推到前列，一种文化和文学从文坛的正宗地位被拉下来，另一种文化和文学被推到了文坛的正宗地位。再次，中国传统的古典文学并没有真正消失，只是被现代传媒压抑到了非主流的位置。晚清现代传媒获得较大发展后，古典文学仍然沿着它自身的轨迹发展着，古代文体中的诗词、文章、戏曲在自身的调整中延续了古代文体的特征，古典文学创作及其文人的审美意识和文学观念也仍然以古典的方式向前运行，因而，即使在"现代文学"的 20 世纪，旧体文学也仍然有其存在的合理性，但它们不再是文学的主流，而在主流文学的滚滚洪流中演化为文人们的雅兴。过去占据文坛正宗地位的文学，仍然存在着，但它主要是文人们从事文学活动的从属品了。因此，我们说，现代传媒是对中国民族传统中的正统文化的断裂，是对文学史的重新书写。

任何民族都有正统文化和非正统文化或者说主流文化与边缘文化、统治者文化与民间文化两种不同的形态，当主流的正统文化被断裂后，另一种非主流的民间世俗文化，却恰逢其时，获得了浮出历史地表的机会，能够成为主流的现代文化。现代传媒为中国古代的民间世俗文化提供了这样的机会，提升了民间世俗文化的地位，将中国文化的另一个传统发展为现代文化的正统。陈独秀的"三大主义"是在"推倒"和"建设"的二元对立思维模式中呈现一种文化态度的："曰推倒雕琢的阿谀的贵族文学，建设平易的抒情的国民文学。曰推倒陈腐的铺张的古典文学，建设新鲜的立诚的写实文学。曰推倒迂晦的艰涩的山林文学，建设明了的通俗的社会文学。"他在"推倒"中国古代正统文学的同时，也提倡建设一种新的文学，在"推倒"中"建设"，这也反映了那一时代知识分子的文化思路。陈独秀虽然没有明确说明这种建设是在整理中国古代文学另一传统基础上的建设，但其中却已经蕴含了对古代民间文学传统的内容，对古代某些文学的好评还是反应了文化建设的思路，"国风多里巷猥辞，楚辞盛用土语方物，非不斐然可观"，"元明剧本，明清小说，乃近代文学之粲然可观者。惜为妖魔所厄，未及出胎，竞尔流产"[17]。他已经注意到古代的戏曲、小说作为与正统文学对立的文学形式存在的文学史意义。

实际上，任何一种传统的形成都是与时代的文化风尚相关，古代文化传统是古代文化的风尚在历史演变过程中的逐渐积累与构成，而现代文化传统的形成则是现代社会的风尚的积累过程。而现代社会的几乎所有风尚都与传媒有关，或者说，正是现代传媒才带来了现代社会的各种风尚。诸如穿着打扮等生活方式、社交娱乐等文化活动方式以及语言方式等，基本是由于传媒的改变而改变的。阅报可以是时尚，看电影也可以是时尚，而且，当报刊成为市民日常生活的消费品时，报刊的广告同样可以引领时代的风尚。这种时尚的东西会逐步成现代社会的传统。

但是，任何一种文化传统的形成离不开对古代传统的承继，以及现代传媒对古代文化经典化的过程，而且在这个经典化过程中，重建了一种文化秩序。1902 年开始的现代传媒以及对现代文化的传播，是一个对中国文化传统重构的过程，而《新青年》以及"文学革命"对传统文化进行的猛烈的批判，但同时也在重建着一种新的秩序。这一秩序经过胡适等人的文学史叙述获得了合理性和合法性地位。1922 年是《申报》创刊 50 周年，胡适应邀撰写了《五十年来中国之文学》。比较全面地总结了《申报》

诞生 50 年来的中国文学。这篇文章的出现虽然只是为《申报》的纪念而写，但却是中国现代文学研究不能不重视的一个事件，1917 年发表《文学改良刍议》、陈独秀发表《文学革命论》，宣布了古代文学是已死的文学。五年过后，无论是"已死"的古代文学还是"胜利的"白话文学，都需要文学史的总结，给出一个答案，《五十年来的中国文学》也正是对这一问题的回答。胡适在这篇文章中特别提及《申报》创刊的 1872 年正是曾国藩逝世的一年，"曾国藩的魄力与经验确然可算是桐城派古文的中兴大将。但曾国藩一死之后，古文的运命又渐渐衰微下去了。曾派的文人，郭嵩焘、薛福成、黎庶昌、俞樾、吴汝纶……都不能继续这个中兴事业。再下一代，更成了'强弩之末'了"[18]。在这里，胡适为中国古代文学做了终结，这个终结既是以曾国藩的去世为标志，也是以《申报》的创刊为标志，《申报》的出现引领了一个文化平民化趋向，白话文进入百姓生活之中。这也再次印证了他本人所说的："国语运动最早的第一期，是白话报的时期。这时期内，有一部分人要开通民智，怕文言太深，大家不能明了，便用白话做工具，发行报纸，使知识很低的人亦能懂得。那时杭州、上海、安徽等处都有这种报纸出现。"[19]胡适的文章不仅清晰地梳理了中国自《申报》50 年的文学流变，而且确立了新的文学秩序。与此同时，胡适在《国语文学史》中系统地阐述了他对中国古代白话文学的观点，对中国古代文学的传统进行了一次重新书写。1928 年，胡适再次修订了他的这部著作，改为《白话文学史》出版，进一步明确了白话文学史就是中国文学史的观点，更确立了世俗文学的主流地位。

那么，在长达几千年的中国传统社会里被埋没在民间的世俗文化，是如何进入现代主流文化的，它在哪些方面与现代传媒达成了一致，又是如何与现代传媒结合在一起，构成为 20 世纪中国最重要的文化和文学的？

四　现代传媒对古代民间世俗文学传统的态度

对于中国古代民间世俗化的文学，经过现代传媒的传播，已经从民间的边缘地位提升到文学的正统地位，这里包括两个方面，一是对传统的民间俗文学，中国古代文学中不能入流的文学，在现代文学史家这里被写进了文学史中，成为文学中的主要内容。小说等文体都可以在《中国文学史》中占有一席重要的位置，甚至成为学术研究的对象之一。胡适说："中国俗话文学（从宋儒的白话语录到元朝的白话戏曲和白话小说）是中国的正统文学，是代表中国文学革命自然发展的趋势的。"[20]还说："白话的文学为中国千年来仅有之文学。……其非白话的文学……皆不足与于第一流文学之列。"[21]二是将古代民间俗文学进行发掘，使其成为现代传媒传播的主要内容，古代不入流的文学成为了现代传媒的主要传播对象，并发展成为现代传媒时期的主要文学形态。

现代传媒之所以首先从小说文体作为突破口，主要在于小说文体与现代传媒在文化上都符合现代世俗化的平民精神。虽然梁启超等人主要从外国小说获得启发，提倡的是西方式的小说，但在精神层面上却仍然承继了古代小说的民间文化精神。小说的民间化、世俗化、并通过一定的故事讲小道理，这就是现代传媒之所以选择小说文体的重要原因。"小说"之为小说而不是"大说"，就在它是讲小道理的。小说一词最早出现于《庄子·外物》篇中："饰小说以干县令，其于大道亦远矣。"小人物的道理是远离哲理的"大道"远矣的，因而颇被看不起的意思。东汉班固在《汉书·艺文志》中说："小说家流，盖出于稗官，街头巷语，道听途说之所造也。孔子曰：'虽小道，必有可观者焉，致远恐泥。'是以君子弗为也，然亦弗灭也。闾里小知者之所及，亦使缀而不忘，如或一言可采，此亦刍荛狂夫之议也。"班固所谓的"小说"，就是稗官所收集的街头巷语，是"大抵或托古人，或记古事"[22]而讲小道理的，它体现的是民间的观点，是世俗化的文化精神，所以也就为君子们所不屑于做的，只好由"稗官"来做这种事情。唐代以后，出现了传奇小说，宋元以后通俗文学兴盛，来自于民间的话本登上文学舞台。明代是中国小说的成熟时期，不仅有《三言》、《二拍》等话本、拟话本小说，而且出现了《三国演义》、《水浒传》等长篇小说。这些留传后世的小说虽然是文人的创作，但却是从民间俗文学发展而来的，而且即使文人小说也没有摆脱通俗文学的特征。

　　总体上看，现代传媒主要适应了中国古代小说以下几个方面的特质。

　　一是民间化。小说发源于民间，流行于民间，在内容上属于"街头巷语"、"道听途说"一类，而在形式上则是稗官收集整理为主。《水浒传》是深受读者欢迎的一部小说，因为它在内容上以民间精神为依托，以"义"为名，赋予了那些杀人越货的绿林好汉们以民间"英雄"的称号，使他们的行为不再是正统的官方评价的强盗行为，而具有义气之举的"合法性"。在形式上，《水浒传》"是聚合式累积成书的典型作品"[23]。所谓"聚合式累积成书"就是从民间口头传说的故事，经过说书人的说和文人的记录整理而成的小说作品。由此可见《水浒传》的民间化特征。小说的民间化特征对于现代传媒是具有巨大的吸引力的，当年《礼拜六》创刊时，正是看到了小说的这种民间化，充分发挥小说的民间休闲娱乐功能，并以此作为办刊的方针："读小说则以小银元一枚，换得新奇小说数十篇，游倦归斋，挑灯展卷，或与良友抵掌评论，或伴爱妻并肩互读，意兴稍阑，则以其余留于明日读之。晴曦照窗，花香入座，一编在手，万虑都忘，劳瘁一周，安闲此日，不亦快哉！"[24]《礼拜六》发表的作品大多是面向市民读者，其作品或从民间选取题材，或在创作上趋向于市民阅读。《礼拜六》创刊号的第一篇小说《塔语斜阳》就是关于"三公主塔"的野史遗闻，以"揭开隐秘，展示传奇"的笔法，叙述虚忽缥缈、离奇曲折、凄美动人的故事。这种创作倾向正是《礼拜六》追求的效果，刊物中那些野史掌故、奇闻异事，既为读者营造了一个离奇的神秘世界，而又满足了读者休闲娱乐、放松心情以缓解现代都市快节奏的生活。20 世纪初期的一些传媒大都注意到这种民间化的趋向，流行小说中的言情、武侠两大主题，之所以能够泛滥，被小说家们一遍遍不厌其烦地书写，就在于这些尽管俗套但却受读者喜爱的故事，还有其民间文化的成分，具有一定的文化含量，体现着民间文化的丰富性和生活化的特征。

二是世俗化。当年《新小说》曾开辟"小说丛话"栏目，平子就曾说过："著小说之目的，唯在开导妇女与粗人而已。"[25]小说讲述的方式是世俗的，故事是世俗的，讲的小道理也是世俗的，同时又为世俗而存在的。现代传媒在最大限度上发掘了世俗文化，将世俗文化从民间的从属地位、不入流的地位提高到主流文化的地位。当现代传媒必须要面对最大多数的读者，面对市民阶层时，它不能不接受世俗文化成为主流的现实。当梁启超将小说作为"文学之最上乘"时，不仅是提高了小说这种文化的地位，而且是提高了以小说为代表的世俗文化的社会地位和文化地位，以文化作为切入点改写了历史。当我们研究中过于关注现代传媒对作家生存方式的改变，关注知识分子的公共领域的建立和营造，关注现代传媒对文体的改变，我们往往会在问题的边缘滑出轨道。实际上，现代传媒可以改变知识分子的生存方式，可以建立起知识分子一定的公共领域，可以改变现代文学的文体，但这一切，都是建立在现代传媒对世俗文化地位的改变，正是世俗的现代文化对典雅的古典文化的取代，才会带来如此重大的现代文化的转型。在这里，小说文体正是通过自己的世俗文化特征，满足了现代传媒的这一要求。

三是社会化。小说的社会化功能也是为现代传媒所重视的，小说是可以讲道理的，尽管只是一种"小说"而不是"大说"。"大说"是被文人以及统治者言说的一种方式，而"小说"则是民间的世俗言说方式，当民间的世俗文体言说道理时，同样也像"大说"那样面对现实社会。现代传媒的出现是带着鲜明的社会功利特征的，中国早期的报刊只是外国人宣传宗教思想的读者，传媒的这种宣传功能后来被资产阶级改良家们所看重，并用来宣传他们的改良思想，如《循环日报》、《中外纪闻》、《强学报》、《时务报》等报刊，都极为重视通过媒体进行改良宣传。传媒的这种宣传改良思想的社会性功能，在维新变法失败后被转移到了文学类报刊上，梁启超创办《新小说》，是希望通过小说启发民智、改良社会，实现其社会理想。所以，"今日欲改良群治，必自小说革命始；欲新民，必自新小说始"[26]。梁启超的这种小说理论被后来诸多文学期刊所认同，《绣像小说》、《新新小说》、《小说林》、《小说月报》等小说杂志，纷纷效法，打出启发民智、改良社会的旗号。《新青年》创刊后，对小说的社会功能更是提到了新的高度，《新青年》作为一份综合性刊物，首先在文学上取得成功并引起社会的反响，当然应该是提倡"文学革命"的功劳，但如果不是鲁迅发表《狂人日记》等小说，"算是显示了'文学革命'的实绩"[27]，"文学革命"可能会被改写。而鲁迅的小说既是对"文学革命"的回应，也是他以小说参与社会革命的思路，"我也并没有要将小说抬进'文苑'里的意思，不过想利用他的力量，来改良社会"[28]。文学研究会成立后，改革《小说月报》，则直接宣称"将文艺当作高兴时的游戏或失意时的消遣的时候，现在已经过时了。我们相信文学是一种工作，而且又是于人生很切要的一种工作；治文学的人也当以这事为他终身的事业"[29]，所以，"同人等深信一国之文艺为一国国民性之反映，亦惟能表见国民性之文艺能有真价值，能在世界的文学中占一席地"[30]。《小说月报》出版六期后，沈雁冰发表《最后一页》指出："本刊今年改革，抱定两个方针：一是欲使本刊全体精神一致，始终保守一贯的主张；一是欲使一期有一期的特别色彩，没有雷同。匆匆已过了半年，因为人手不多和我们力量微弱的缘故，终觉得这两层不能完全照理想实现，这是最对不住读者的。"[31]《小说月报》推出来的作家，努力向着刊物设定的"为人生"的目标，叶圣陶、王统照、许地山等作家的作品，作为"为人生的艺术"的代表作，写出了社会下层劳动者不幸，以"血和泪"的叙写实现了小说社会化的功能。

五　现代传媒对传统俗文学的挖掘与提升

胡适《建设的文学革命论》、《白话文学史》等著作中对中国世俗文化和民间文学的认识，是建立在对欧美文学的认识与理解基础上的。胡适说："我这几年来研究欧洲各国国语的历史，没有一种国语不是这样造成的。没有一种国语是教育部的老爷们造成的。没有一种是言语学专门家造成的。没有一种不是文学家造成的。"这种依靠文学家创造的国语，当然需要传媒的传播。胡适的意思非常明确，那就是以西方的文学作为参照，再回到民族的古代文学去寻找提倡白话文的材料，"我们可尽量采用《水浒》、《西游》、《儒林外史》、《红楼梦》的白话"[32]，来创造中国的白话文。因此，通过现代传媒对传统文学进行重新梳理和发掘就是极为必要的事情。

现代传媒对传统文化的发掘是分两个层面展开的。

一是通过媒体对传统的民间世俗文化进行了放大处理，使其成为现代文化的主体。尽管现代传媒的主办者主要是精英知识分子，但由于现代传媒的中介作用，而成为市民社会的文化消费。一般人们在强调现代传媒的发展时，更多看到了创办主体的作用，以及现代传媒对大众的启蒙意义，或者说更突出了读者的接受意义，而忽略了市民为主体的现代传媒的受众，其本身也具有某种主体意义。我们从高福进所著的《"洋娱乐"的流入——近代上海的文化娱乐业》以及仲富兰主编的《图说中国百年社会生活变迁史》中，就可以看到发展较快的上海市民生活已经相当活跃了，文化娱乐生活比较发达，这种发达虽然不是正常的，与市民的经济生活还不成正比，但这也恰恰反映了中国社会生活的一种现实。同时，也应该看到，由于现代中国社会的特殊性，能够阅读报刊的读者，并不是处于社会下层的人群，无论他们的经济收入还是其受教育的水平，都不足以成为现代文化的消费主体，据记载，20 世纪 20 年代上海工人的收入是比较低的。根据国民政府工商部门对工人生活的调查统计，1928 至 1929 年上海产业工人中的男工月工资最高为 50 元，最低为 8 元，一般为 15.8 元；女工月工资最高为 24 元，最低为 7 元，一般为 12.5 元。通常一个家庭有两个人做工，一般每月的收入是 28 元至 32 元。又据南京国民政府工商局 1931 年的统计，当时中国城市一个 5 口之家的月平均生活费为 27.2 元，由此可见，当时一个家庭的收入仅能维持收支平衡，少有积蓄，经济相当紧张，甚至比较困难[33]。这样的经济情况下，他们的文化生活是极为贫乏的，几乎没有钱来购买报刊。那么，真正代表城市市民文化水平的，能够阅读报刊图书的，是那些经济情况和文化层次较好的人群，如官僚、买办、商人、军人、学生、教师以及其他知识分子构成了报刊读者的主体，这些人群对市民文化的带动非常明显。因此，中国现代世俗文化的发展往往就是中产阶级文化的世俗化，就是上流社会的人群享受着世俗的文化，并由他们带动了城市市民文化的发展。

二是通过"整理国故"剔除不适合现代文化的部分，使古典文学世俗化大众化。关于"整理国故"和"一个最低国学书目"问题的讨论，仁者见仁，智者见智，但我们在讨论中都忽视了这次讨论是在现代文化已经取得了重要成绩，其文化地位已经相当稳定的背景下进行的，因此，也就不存在所谓的"他们是想利用盲目的爱国的心理实行他们倒行逆施的狂妄"[34]，也并不是"忽然做白话文的朋友自己谦逊起来，自己先怀疑白话文是否能独力担负发表意见抒写情绪的重任，甚至于怀疑到白话文要'做通'，是否先要文言文有根基"[35]。这些观点都不能真正体会胡适等人提倡"整理国故"的用意。胡适、毛子水等人的用意当然有从文言文那里学习语言的可能性，但我们更应该看到，正是新文化运动已经取得成功，现代传媒的快速发展的前提下进行的，因而，"整理国故"更是一场现代传媒语境下的文化普及运动，我们读读胡适那篇《发起〈读书杂志〉的缘起》也许会明白些什么："差不多一百年前，清朝的大学者王念孙和他的儿子王引之两个人合办了一种不朽的杂志，叫做《读书杂志》。这个杂志前后共出了七十六卷，这一百年来，也不知翻印了多少次了！我们想象那两位白发的学者——一位八十多岁，一位六十多岁——用不老的精神和科学的方法，校注那许多的古书来嘉惠我们，那一副《白发校书图》还不够使我们少年人惭愧感奋吗？我是崇拜高邮王氏父子的一个人，现在发起这个新的《读书杂志》，希望各位爱读书的朋友们把读书研究的结果，借他发表出来。一来呢，各人的心得可以因此得着大家的批评；二来呢，我们也许能引起国人一点读书的兴趣，——大家少说点空话，多读点好书！"[36]胡适的态度是明确的，那就是借《读书杂志》这样的媒体研究学问的同时，能够对国民进行另一种启蒙，"引起国人一点读书的兴趣"，将传统文化进行普及化、大众化，这正是符合现代文化精神的一种行为，这也是真正的启蒙。中国现代文化发展的结果表明，我们太需要这种传统文化的大众普及，当现代传媒轰轰烈烈向前发展时，没有深厚的文化积淀，没有文化传统的支撑，往往会失去发展的方向。

现代传媒对民族传统文化的发掘与提升，主要完成了以下几个方面的任务。

首先是对民间世俗文学的精神的挖掘与提升。现代传媒发展起来的文学，承继了中国古代世俗文学的精神和文学的世俗精神，世俗文学精神主要是：古代民间文学的休闲娱乐化精神、江湖市井精神以及文学的写实主义精神。古代词曲大多产生于民间，而且是言为心声，具有一定的娱乐文化特征的。胡适就说过，古代民间的文学才是活的文学，"小孩睡在睡篮里哭，母亲要编只儿歌哄他睡着；大孩子在地上吵，母亲要说个故事哄了不吵；小儿女要唱山歌，农夫要唱曲子；痴男怨女要歌唱他们的恋爱，孤儿弃妇要叙述他们的痛苦；征夫离妇要声诉他们的离情别恨；舞女要舞曲，歌伎要新歌……所以他们只真率地说了他们的歌；真率地唱了他们的故事。这是一切平民文学的起点。"[37]明代以后，当小说逐渐走向成熟，在《水浒传》、《三国演义》、《西游记》

等作品中，来自于民间的侠义精神、征服邪恶战胜困难的自我调节的精神，所谓忠奸对立、善恶报应、富贵无常等民间文化观念，已经突出表现出来，而《三言》、《二拍》、《金瓶梅》等作品中那种市井文化，体现了民间的丰富与驳杂。20世纪初期，一些报刊上刊载的小说、词曲等文体，承继了古代文学的这些传统，现代流行小说的武侠、言情，都带有强烈的传统侠义文化的特点。

　　其次是对民间白话语言的挖掘和提升。从古代白话文学传统中吸取语言学的养分，这是现代传媒的一种自觉行为。20世纪初期大量白话报刊出现，同时一些作家提倡白话文。现代传媒提倡白话文，既是传媒性质使然，也是传媒对古代白话的发现，看到白话与民众的关系。梁启超在《变法通议》中就曾谈到过语言与大众阅读的关系："古人文字与语言合，今人文字与语言离，其利病既缕言之矣。"1898年，裘廷梁在《中国官音白话报》上发表了著名的《论白话为维新之本》，旗帜鲜明地提出了白话文的主张，而陈荣衮则在《论报章亦改用浅说》明确主张报纸改用白话，"作报论者，亦唯以浅说为输入文明可矣"。1897年11月创刊的《演义白话报》，是一份"白话新闻报"主要刊载新闻、笔记、小说一类的文章，目的是把"各种有用的书籍报册演做白话"[38]。正如该刊第一号发表的《白话报小引》中所说："中国人要想发奋立志，不吃人亏，必须讲究外洋情形，天下大势，必须看报。要想看报，必须从白话起头，方才明明白白。"可见报刊用白话已成为晚清民初的重要现象，被纳入到社会改革和启蒙运动中。但初期的报刊因为是办给文人读的，所以大多还是文言文，"最早的报纸，如南方的申报新闻版，如北方的大公报，都不点句，也不空格。最早的杂志如清议报时务版，也都不点句。这种日报杂志本来都是给读书人看的，所以没有断句的必要。断句就是瞧不起列位看官了"！[39]从1876年第一种白话文报刊《民报》出版到1919年，仅白话报刊就有200多种[40]，如此众多的媒体，要有足够支撑的读者阅读，因而，媒体深入到一般读者中去，使大众可以阅读，语言上的要求就是通俗化。

　　再次是对民间世俗文学体式的挖掘和提升。为了适合这类市民阶层读者阅读需要的文本，一些报刊往往既要使作品通俗易懂，而又要有一定的文化品位，既要适合于世俗文化，而又要符合"文学的"标准，这样，既具有世俗文化特征的审美特征，而又具有一定的文人写作风格的小说、散文则成了现代传媒睛睐的理想的文本了。小说从不入流、不能登大雅之堂，到登上文坛的神圣殿堂，成为中国现代文学的主要文体，现代传媒发挥了主要作用，现代传媒与小说文体在艺术精神、文化精神等方面达到了一致，使这种在古代主要流传于民间的文体，得以在报刊上发表，能够成为市民文化消费中的主要产品之一。现代传媒或者把小说作为娱乐市民的一种消费品，还是视小说为改造国民性的工具，实际上都是看重了小说文体的民间化世俗精神，小说都成为一种工具，一种被利用的可供人们休闲或者被教育的工具。

注释：

[1] ［加］ 马歇尔·麦克卢汉：《理解媒介》，商务印书馆，2000 年，第 33 ~ 34 页。

[2] 梁启超：《论报馆有益于国事》，《时务报》第一册，1896 年 8 月。

[3] 康有为：《日本书目志》卷十四识语。

[4] 陈独秀：《文学革命论》，《新青年》第 2 卷第 6 号，1917 年 2 月。

[5] 吴讷：《文章辨体序说·诸儒总论作文法》。

[6] 遍照金刚：《文镜秘府论·论文意》。

[7] 李开先：《李开先集·闲居集·西野春游词序》，路工编：《李开先集》，中华书局，1959 年。

[8] 鲁迅：《魏晋风度及文章与药及酒之关系》，《鲁迅全集》第 3 卷，人民文学出版社，2005 年，第 504 页。

[9] 鲁迅：《魏晋风度及文章与药及酒之关系》，《鲁迅全集》第 3 卷，人民文学出版社，2005 年，第 503、504 页。

[10] 马克思、恩格斯：《德意志意识形态》，《马克思恩格斯全集》第 3 卷，人民出版社，1960 年，第 525 页。

[11] 胡适：《建设的文学革命论》，《新青年》第 4 卷第 4 号，1918 年 4 月。

[12] 胡适：《十七年的回顾》，《胡适文集》第 3 卷，北京大学出版社，1998 年，第 314 页。

[13] ［加］ 马歇尔·麦克卢汉：《理解媒介》，商务印书馆，2000 年，第 118 页。

[14] 歌德：《自然的单纯模仿·作风·风格》，转引自《文学风格论》，上海译文出版社，1982 年，第 3 页。

[15] 童庆炳：《文体与文体的创造》，云南人民出版社，1994 年，第 31 页。

[16] ［加］ 马歇尔·麦克卢汉：《理解媒介》，商务印书馆，2000 年，第 34 页。

[17] 陈独秀：《文学革命论》，《新青年》第 2 卷第 6 号，1917 年 2 月。

[18] 胡适：《五十年来中国之文学》，《胡适全集》第 2 卷，安徽教育出版社，2003 年，第 259 ~ 260 页。

[19] 胡适：《国语文学史》，《胡适文集》第 8 卷，北京大学出版社，1998 年，第 127 页。

[20] 胡适：《逼上梁山》，《胡适文集》第 1 卷，北京大学出版社，1998 年，第 147 页。

[21] 《胡适日记》，《胡适全集》第 28 卷，安徽教育出版社，2003 年，第 392 页。

[22] 鲁迅：《中国小说史略》，第一篇《史家对于小说之著录及论述》

[23] 石昌渝：《中国小说源流论》，三联书店，1994 年，第 319 页。

[24] 钝根：《〈礼拜六〉出版赘言》，《礼拜六》第 1 期，1914 年。

[25] 平子：《小说丛话》，陈平原、夏晓虹编：《二十世纪中国小说理论资料（第一卷）1897 ~ 1916》，北京大学出版社，1997 年，第 83 页。

[26] 梁启超：《论小说与群治之关系》，《新小说》第一号，1902 年。

[27] 鲁迅：《〈中国新文学大系〉小说二集序》，《鲁迅全集》第 6 卷，人民文学出版社，1981 年，第 238 页。

[28] 鲁迅：《我怎么做起小说来》，《鲁迅全集》第 4 卷，人民文学出版社，1981 年，第 511 页。

[29] 《文学研究会宣言》，《小说月报》第 12 卷第 1 号，1921 年 1 月。

[30] 《〈小说月报〉改革宣言》，《小说月报》第 12 卷第 1 号，1921 年 1 月。

[31] 沈雁冰：《最后一页》，《小说月报》第 12 卷第 6 期，1921 年 6 月。

［32］胡适：《建设的文学革命论》，《新青年》第 4 卷第 4 号，1918 年 4 月。

［33］陈明远：《文化人与钱》，百花文艺出版社，2001 年，第 75 页。

［34］成仿吾：《国学运动的我见》，《创造周报》第 28 号，1923 年 11 月。

［35］雁冰：《进一步退两步》，《文学旬刊》第 122 期，1924 年 5 月。

［36］胡适：《发起〈读书杂志〉的缘起》，《努力周报》增刊第一期，1922 年 9 月。

［37］胡适：《白话文学史》，《胡适文集》第 8 卷，北京大学出版社，1998 年，第 165 页。

［38］阿英：《晚清文艺报刊述略》，古典文学出版社，1958 年，第 63～64 页。

［39］胡适：《报纸文字应该完全用白话》，王芝琛、刘自立主编：《1949 年以前的大公报》，山东画报出版社，2002 年，第 227 页。

［40］材料来源于方汉奇主编《中国新闻事业通史》第 1 卷，中国人民大学出版社，1992 年，第 784 页。

论狂人形象的复义性

王雨海（信阳师范学院文学院）

一

　　鲁迅《狂人日记》的发表，揭开了中国新文学的序幕，其反响也极为热烈。在第二年的《新潮》杂志上被署名记者的作者称为是"中国第一篇好小说"[1]。傅斯年先生在《一段疯话》中对狂人发表了自己独到的看法："鲁迅先生所作的〈狂人日记〉的狂人，对于人世的见解，真个透彻极了；但是世人总不能不说他是狂人。……文化的进步，都由于有若干狂人，不问能不能，不管大家愿不愿，一个人去辟不经人迹的路。最初大家笑他，厌他，恨他，一会儿便要惊怪他，佩服他，终结还是爱他，像神明一般的待他。所以我敢决然断定，疯子是乌托邦的发明家，未来社会的制造者。"[2]傅先生的这段话至少透露出以下信息：首先是人们对鲁迅笔下的狂人不是一种感觉、一种态度，而是多种感觉、多种态度。我想除了读者本身的因素外，狂人形象的丰富性和多义性应该是一个重要的原因；其次，狂人具有神的作用和地位，他是新社会的开创者，新的历史的奠基人。这个神不是宗教或者神秘主义所说的神，而是一种作用或者观念。傅先生对狂人形象的高度评价，深刻地概括出狂人形象的精神内核，自然具有更广泛的代表性。

　　对于狂人形象的丰富性和多义性并不是所有的人都能够看到，由于读者自身的局限和某种话语表达的需要，狂人形象常常被看成是某种单一的思想或者某种单一人的代表。

　　唐弢先生认为：《狂人日记》"描写了一个'迫害狂'患者的精神状态和心理活动"[3]，显然是把狂人看成是一个"迫害狂"形象；黄修己先生则认为："从世俗的眼光看去，他是疯子；站在革命立场看去，他是先知先觉"[4]；吴宏聪和范伯群指出："小说塑造的狂人形象，就作者所赋予的象征意义来说，是一个具有现代意识的封建社会叛逆者的形象，一个清醒的启蒙主义者的形象"[5]。

　　另外，有些学者认为"狂人在文中代表的是一种先觉者的形象，一种个人的形象"，把狂人看成是同众人对立的一个形象[6]；还有些学者认为："'狂人'在成为狂人之前是一个封建礼制的叛逆者形象；因此，他遭到迫害，继而成为小说里的狂人——'疯'斗士形象；最后'狂人'痊愈，便归降封建制度而成为'某地候补'——一个妥协者的形象"，把狂人看成是一个动态的形象，具有两种不同的属性[7]；也有些学者认为："'狂人'是一个敢于讲真话说实话的具有现代独立人格意识的形象。他敢于直面人生，直面现实，揭穿这个充满'瞒与骗'的'吃人'世界的丑恶面目。于是，他被世人视为狂人和异类。"[8] 以上对狂人形象的认识虽然各有侧重，但都表现出较简单的或者说是较单一的思维，存在着机械的定性分析，没有认识到狂人形象所喻指的丰富的内涵和作为神的代表的多样性。本文认为，狂人并不是某一个单纯的形象，也不是某个单一的符号，更不是所谓的个人，而是多种人、多种精神、多种心理、多种趋向的集合和代码。

按照字面的理解，狂人应该有三种内涵：第一，从病理学看，他是指疯狂的人，也就是我们常说的，他是一个精神病患者。第二，从心理学看，他是指有狂妄自大倾向的人，目空一切，对一切充满了敌视和否定的态度；第三，从社会学看，他是指做事风风火火，干净利落，强烈追求极至和绝对的人，自然包括追求崇高理想的人。因而，当我们说到狂人，就不应该停留在单一的思维层面，而应该看到这一语码所具有的多种倾向和内涵。

在鲁迅的文本叙述中，鲁迅同样没有把狂人看成是单一的形象和代码，而是赋予了狂人内涵的复义性。具体表现在以下几个方面。

二

第一个方面，鲁迅把人的多种存在状态融于狂人的形象之中。

作为文本的表层含义，鲁迅在《狂人日记》的序文中明确告诉读者，狂人是一个"迫害狂"患者，在文本叙述中，也是按照"迫害狂"的心理和精神状态去进行操作的。"语颇错杂无伦次，又多荒唐之言"。狂人的日记并没有时间的标注，自然也就没有了时间的先后，而日记就无从说起。在中国，日记最早出自汉刘向《新序·杂事一》："司君之过而书之，日有记也"。后称每天记事的本子或每天所遇到的和所做的事情的记录为"日记"。商务印书馆《四角号码新词典》解释为："天天记录生活经历的笔记"；《现代汉语词典》解释为："每天所遇到的和所做的事情的记录"；《现代牛津双解词典》的解释为："daily record of events and thoughts etc." 这里都强调了时间问题，但对于一个精神上有病的人来说，他最无法分清的就是时间。作者不仅在日记的编排上突显狂人时间意识的淡漠，还在具体的叙述中，表现狂人对时间记忆的混乱："有了四千年吃人履历的我，当初虽然不知道，现在明白，难见真的人！"时间具有逻辑内涵，没有了时间意识，自然也就少了逻辑思维。从整个文本看，狂人采用的思维是一种直观的感性思维，具有很大的随意性和逻辑思维的颠覆性。别人看他发笑时，他的感受是："你看那女人'咬你几口'的话，和一伙青面獠牙人的笑，和前天佃户的话，明明是暗号。我看出他话中全是毒，笑中全是刀。他们的牙齿，全是白厉厉的排着，这就是吃人的家伙。"他吃鱼时的感受是："这鱼的眼睛，白而且硬，张着嘴，同那一伙想吃人的人一样。吃了几筷，滑溜溜的不知是鱼是人，便把他兜肚连肠地吐出。"对医生看病的感受:"不要乱想,静静的养!养肥了,他们是自然可以多吃。"他对自己大哥的猜测:"大哥正管着家务,妹子恰恰死了,他未必不和在饭菜里,暗暗给我们吃。"等等。这些也就是作者所说的"荒唐之言"。

但是,作者同样在文本的序文中指出,狂人"然已早愈,赴某地候补矣"。这说明狂人不是"迫害狂"患者了,而成了一个正常的人。显然,作者描写的这个狂人有两种生活状态:生病和病愈。因此,就不能简单地称呼狂人是一个"迫害狂"患者,而应该称他是一个曾经患有"迫害狂"的人。就"候补"而言,就是等待当官,我们可以就此加进对狂人的补充性定性,即:狂人是一个曾经患有"迫害狂"的马上准备当官的人。这个形象是一个什么样的形象呢?我们只能说他是我们生活中常见的一类形象,人难免会生病,自然也有病愈。生病自然会胡思乱想,病愈后也就会去过正常的生活。所以狂人又不是一个完全的狂人,他是狂人又是正常人。这样,我们就不能说狂人是所谓的个人,而不是众人,他其实具有很大的普泛性,所有的人都会有成为狂人的时候,特别是在专制社会和强权社会的时代,每个人也都有患"迫害狂"的机会,自然也都渴望着病愈,过正常人的生活。狂人形象的普泛性正揭示了专制社会和强权时代压迫的深度和广度,也更好地表达了作者对无所不在的吃人现象的揭示。

对狂人形象底蕴的构思,也包含了作者对人或者说对知识分子的深刻认识。从人本身来说,每个人都有着白天和黑夜,有着正常和非正常、清醒和迷醉、内在和外在、有病和无病两个方面,在这两个不同状态下人们的思想和感受是不一样的,对外界所做出的反应也会有所不同,这种不同形成了人性的复杂性和变化性,这种形象内蕴的安排同鲁迅长期关注人、从人本身出发去认识人的思想探索是一致的,这表明鲁迅从他的第一篇白话小说创作开始,就不是单纯的为写作而写作,而是把对人的思考和立人放在了第一位。

就狂人的身份来看,他无疑是个有知识的人。从知识分子方面来说,他们都会有着达和穷、仕和隐、兼济与独善、破和立、反叛与顺从、利他与利己、真诚与虚假、向善与趋恶等两个方面,在这两个方面的不同状态自然会有不同的作为和不同的感受,其精神特征也会因为其存在境遇的不同而有所区别。作为一个知识分子,鲁迅对中国知识分子的了解和认识非常深刻,他知道作为知识分子应该具有的良心和道义,他也清醒地认识到中国知识分子由于长期的封建专制压迫和经济上的不能独立所带来的自身的软弱。因此,在立人的选择上鲁迅也是非常的痛苦。他希望"国人之自觉至,个性张,沙聚之邦,由是转为人国。人国既建,乃始雄厉无前,屹然独见于天下,"但由于中国民众自身的愚弱和文化水平的低下,鲁迅并没有把广大的民众作为立人的目标,而是借用尼采的观点,"希望所寄,惟在大士天才","而以愚民为本位,则恶之不殊蛇蝎。意盖谓治任多数,则社会元气,一旦可瘵,不若用庸众为牺牲,以冀一二天才之出世,递天才出而社会之活动亦以萌"。因此,鲁迅的第一篇小说选择了知识分子作为他小说的主人公,也正是通过狂人这个知识分子的眼睛和心灵去透视整个中国社会,让他看到了中国长期的封建统治的吃人本质。并通过狂人喊出了"你们立刻改了,从真心改起！你们要晓得将来是容不得吃人的人"和"救救孩子"的呼声。但鲁迅清楚地知道中国的知识分子从来就没有真正的殉道者和义无反顾的改革家，他们在呐喊的同时有着胆怯、在反叛的同时也会有着顺从、在归隐的同时也想到了出仕、在真诚的同时也暗含了虚假、在利他的同时也想到了利己。这一切都与中国封建社会的强大性和稳固性有着密切的关系。由此，鲁迅笔下的狂人就有了中国知识分子的类的代表。这可以作为我们对狂人形象内涵的另一层认识。

由以上分析，我们看出，鲁迅笔下的狂人至少包含了一般人和特殊类即知识分子群体的特征。

三

第二个方面，鲁迅把狂人作为一个精神符号来进行塑造的，这个精神符号就是现代精神、现代思维、现代人学的象征代码。

鲁迅笔下的狂人并不是现实主义笔下的典型人物，靠丰富而真实的生活细节来使人物血肉丰满，栩栩如生，而是从心理层面去透视狂人的精神特征，通过狂人的自觉达到对广大民众的启蒙。在这样的创作思想指导下，狂人不是一个真实的人物形象，而是一个启蒙代码或者标尺，即狂人不仅代表了启蒙的过程，也代表了启蒙的方向。

从启蒙过程看，应该有两个方面的启蒙：对民众的启蒙和狂人自我的启蒙。从文本本身看，这两个启蒙都在进行中，是没有完成的。从启蒙的程序看，先有狂人对启蒙思想的接受，从整体上认识到生存环境的吃人状态；继而自觉用启蒙思想对民众进行启蒙，让民众丢掉吃人的习惯，做真的人；最后对自我进行了深度的启蒙，意识到自身也曾有吃人的行为，从而认识到做真的人并不是一件容易的事情，必须从自我出发、从每个人出发，认识到吃人的广泛性和残酷性，向真的人的方向不断前进。由于作者对启蒙过程的叙述并不是现实化的而是心理化和精神化的，带有明显的隐喻和象征，这样，狂人在整个过程中起到了一种心灵导引的作用而非实物化的展示，他只能作为精神代码而存在。

就启蒙过程而言，狂人的精神性特征表现为以下几个方面：

第一，洞察力和判断力。在文本中，狂人是作为一个智者而并叙述的。他能够透过社会的表面现象发现社会的本质，通过对社会的个别分析概括出社会的基本规律。狂人从字缝里看出字来，从表面的仁义道德、从"从来如此"发现了中国吃人的普遍性和反常的合理性，从最亲密的人伦关系中看出隐藏着的吃人与被吃的关系，从天下太平的景象里看到了走向衰亡的命运。智者同蒙昧者相对，正如启蒙者同被启蒙者。洞察力和判断力可以说是智者精神化的体现。

第二，怀疑性和反叛性。狂人对当时的社会秩序产生了怀疑，并在怀疑的基础上表现出大胆的反叛意识。狂人敢于对"从来如此"的道德、思想、习惯等封建社会传统的观念发出"从来如此，便对吗"的质问。他能够在满本都写着仁义道德的字缝里发现封建阶级吃人的本质，这一切都来自狂人的怀疑意识：凡事总须研究，才会明白。

狂人的怀疑不同于一般人的怀疑，他的怀疑是彻底的，他站在人的角度上对一切非人的东西都进行了怀疑。从传统的从来如此的定势思维、几千年来人们一贯遵守的崇高的价值标准到最为亲密的人伦关系、各种名义上的关心热爱，它们都在狂人的人的法庭上受到置疑和审问。不仅如此，狂人对自我也进行了怀疑，他也把自己放在了人的法庭上进行审问。狂人的这种彻底的怀疑带来了他彻底的反叛，他站在了一切旧的东西的对立面并为旧世界所迫害、所孤立、所打击，他的这种行为并不是被动的，而是主动的，是一种自觉的反叛。

第三，忧患意识和责任感。狂人对吃人社会的反叛必然会向着另一个社会前进，对现实世界表现出强烈的忧患意识，由这种忧患意识自然延伸出启蒙民众、拯救民众的责任感。他说："我诅咒吃人的人，先从他起头；要劝转吃人的人，也先从他下手。"他说："大哥，大约当初野蛮的人，都吃过一点人。后来因为心思不同，有的不吃人了，一味要好，便变了人，变了真的人。有的却还吃，——也同虫子一样，有的变了鱼鸟猴子，一直变到人。有的不要好，至今还是虫子。这吃人的人比不吃人的人，何等惭愧。怕比虫子的惭愧猴子，还差得很远很远。"对人的存在状况及前途充满了忧虑和担心，由此生出的责任感使他向民众大声疾呼："你们可以改了，从真心改起！要晓得将来容不得吃人的人，活在世上。你们要不改，自己也会吃尽。即使生得多，也会给真的人除灭了，同猎人打完狼子一样！——同虫子一样！"

第四，反思意识与完善意识。狂人在"凡事总须研究，才会明白"思想的指导下，他不仅研究社会，也在研究自己。在研究自己的过程中发现了自己并非是一个完全真的人，从而对自己的行为产生了深刻的反思和憎恨，意识到要成为一个真的人并不是简单的、一蹴而就的，应该是长期的、终身的。狂人的反思是内在的，精神性的，这种反思必然引向完善，而完善也会促进不断的反思。由于完善是一个漫长的过程，而反思也是没有终止的。这种精神性的活动也将伴随人的一生。

就启蒙的方向而言，狂人的精神性也是非常明显的。狂人在最后提出了"救救孩子"，这或许是启蒙的最终方向。但真正的方向是让吃人的人走向真的人。那么，这个真的人具有什么样的内涵呢？其实，作者在对启蒙过程的叙述中已经通过对狂人精神特征的展示寓含了真的人的品格和内涵。这样，文本对启蒙方向的提出也只是对狂人精神内涵的强调和突出。

四

第三个方面，鲁迅把狂人当作一种心理存在来进行叙述的，这种心理存在是一种潜意识的，是长期郁积在一个人或者民族心中的痛，这种痛具有很大的扭曲性和普遍性。在文本中，作者展示了狂人的多种心理现象。

首先，狂人明显具有屈辱感，总有一种被看、被压抑的感觉，在这种压抑感的扭曲下又表现出强烈的自大倾向。在文本的描述中，我们看到了狂人承受了太多的屈辱：人们把他当疯子看待，让他住在又黑又破的房子里，从小孩子到各类成人都对他另眼相看，连赵家的狗也不放过他，甚至自己的大哥也把自己当作疯子长期关在漆黑的房子里。强大的压抑反而激发了狂人的另一种心理，他把自己放在了群体的对立面，在群体威压下他反而表现出十足的强大。他大声喊叫、毫无顾忌、为所欲为、痛斥一切、教训一切。他似乎站在神的位子上俯视芸芸众生，他让别人在他的面前显得卑微、胆小、神色慌张、畏首畏尾，以至于让他的大哥颜面尽失、恼羞成怒等等。狂人的这种自大一方面来自为了摆脱压抑感、自卑感的需要，另一方面也是狂人精神人格自信和清醒的表现。

其次，狂人有明显的偏执狂。他总是在两极点上进行判断：要么是吃人的世界，要么是真的人的世界。他用真的人的世界观彻底否定吃人的世界观，两者之间不可融通，也不能妥协，更不能亦是亦非。狂人的偏执来自心理的爱与恨的两极化，真爱与真恨共为一体，同一般常人的世故、圆滑、不分原则、是非不辨、中庸等处事方式有着本质的不同，从思想层面，它是对中国古代不偏不倚的中庸思想的反叛。

第三，非常态的敏感多疑。狂人对于外界的任何事物、任何声音、任何表情、任何动作甚至任何关系都有强烈的敏感性，他以"吃人"为核心，把一切他所见所闻都与"吃人"联系在一起，反复研究，构造了他心中的一张吃人方略图：他把历史与现实、内在与外在、穷人与富人、上级与下级、长者与幼者、社会与个人等等都放在吃人的氛围中去品味，从而让人们感到了吃人的普遍性、残酷性、长久性和恐怖性。他的非常态的敏感促使他广泛的想象，而广泛的想象又使他更加多疑，而多疑又让他更加敏感，这种反复只能使狂人处于极度的紧张和恐惧中。狂人的这种心理同他所受到的压抑和屈辱有着密切的联系。压抑感和屈辱感越强烈，他就越敏感，而越敏感，他的压抑感和屈辱感就更加强烈。

第四，渴求极至带来自虐心理。狂人对真的人的追求极其强烈，并把它作为自己人生的目标和终极价值。他不仅希望社会每个人都能够成为真的人，而且更希望自己成为真的人。但成为真的人需要一个漫长的过程，特别是在吃人不仅是人们的正常行为而且是人们的正常习惯的社会和时代中，实现成为真的人的理想就需要更长的时间，这自然会让狂人愤世嫉俗。更可怕的是狂人自身也很难成为真的人。面对理想和现实之间的巨大差距，狂人对自身也产生了怀疑和愤恨，以致表现出对自己的否定。狂人自忏到："我未必无意之中，不吃了我妹子的几片肉，现在也轮到我自己，……有了四千年吃人履历的我，当初虽然不知道，现在明白，难见真的人！"狂人的敏感性特征让他不能不想到自己同吃人者的关系。他既然生活在吃人者之中，既然生活在吃人者之家，无论如何他也脱不了吃人的干系。无论他自己是怎么吃的，无论他吃了多少，无论他知不知道吃过人，在这样漫长的时间里，他都会被沾上吃人的恶习，在吃人的环境里难以洗掉自己身上吃人的肮脏。这样一个反对吃人的人都不可能没有吃过人，可见，我们这样的社会还没有出现真的人。而有着吃人历史的人，也没有脸面去见真的人，那样的世界是不能让我们这样的人去生活，那生活也只能属于真的人。过度的自责导致狂人的自虐。狂人的这种自虐性在鲁迅后来的其他作品中还多次出现过。例如：

他在《野草·题辞》中写到："我独自远行，不但没有你，并且再没有别的影在黑暗里。只有我被黑暗沉没，那世界全属于我自己。"

注释：

[1] 记者：《书报介绍》，《新潮》（第 1 卷 2 号），1919 年第 2 期。

[2] 孟真：《一段疯话》，《新潮》（第 1 卷 4 号），1919 年第 4 期。

[3] 唐弢：《中国现代文学史》，人民文学出版社，1979 年，第 108 页。

[4] 黄修己：《中国现代文学发展史》，中国青年出版社，1988 年，第 35 页。

[5] 吴宏聪、范伯群：《中国现代文学史》，武汉大学出版社，1991 年。

[6] 陈光明：《〈狂人日记〉里的狂人形象》，《文学教育》（下），2007 年第 2 期。

[7] 熊学敏：《〈狂人日记〉中狂人形象的再探讨》，《湖北师范学院学报》（哲学社会科学版），2005 年第 5 期。

[8] 李书生：《戳穿"瞒与骗"的世界——狂人形象、"吃人"意象的再审视》，《山东师范大学学报》（社会科学版），1999 年第 2 期。

五四新文化运动中鲁迅"听将令"与
"遵命文学"辨析

缪君奇（上海鲁迅纪念馆）

在开启中国社会进入现代之门的五四新文化大潮中，鲁迅从寂寞中决然奋起，用他的如椽巨笔，写下了许多卓异的篇章，从而成为中国新文学的重要奠基人；并为推动这场最终造成中国历史发生重大转折的运动的深入，作出了贡献。对于这个时期的创作的缘由，鲁迅曾先后自述或评价为"听将令"、"遵命文学"，成为中国现代文学史、思想史上，人们言说不尽的话题。本文试以此为视角，略加辨析，以观照鲁迅在五四新文化运动中的地位和作用。

一

晚清以降，五四新文化运动堪称中国历史上最重要的转折点。"凡是关心现代中国文学的人，谁都知道《新青年》是提倡'文学改良'，后来更进一步而号召'文学革命'，的发难者。"[1]这是鲁迅在总结中国新文学第一个十年时说的话。此时的鲁迅已经是执中国新文坛牛耳的巨擘了。

然而，当这场运动悄然兴起的时候，鲁迅还徜徉在古代的世界里，他"用了种种的法"，包括读佛经、抄古碑、校勘古籍、钩沉小说，用以"麻痹自己的灵魂"，排遣无穷的寂寞和苦痛。

鲁迅生逢其时，在时代大潮的裹胁下，他终于登上了历史的舞台，且出手不凡。一部《狂人日记》就以"表现的深切"和"格式的特别"，"颇激动了一部分青年的心"，如夜半惊雷，震动了整个文坛，而且"从此一发不可收"。可见，鲁迅虽不是五四新文化运动中最先发出反封建呐喊的人，但他的呐喊，无疑是最激越、最响亮的。

至1919年五四运动前夕，鲁迅在《新青年》上发表的文字共31篇：小说3篇、随感21篇、论文1篇、诗6篇。这些文字思想犀利，内容饱满，文笔精炼。锋芒所向，直指一切封建的旧伦理、旧道德，"每一篇都在青年思想上发生影响的。"[2]

反观鲁迅"出山"前，陈独秀、李大钊、胡适、钱玄同、刘半农等，发起思想启蒙，在《新青年》上，倡言"文学改良"，进而号召"文学革命"。但由于缺少文学实绩，"仿佛不特没有人来赞同，并且也还没有人来反对。"[3]这种寥寂、沉闷，令"文学革命"的发起者们多少有些尴尬的局面，由于鲁迅及其弟周作人的加盟，而为之一扫。

鲁迅的小说名篇《狂人日记》、《阿Q正传》都收在《呐喊》里。呐喊者，大声呼喊也，尤指士兵在战斗或追击时大声叫喊助威。鲁迅尝言"不免呐喊几声，聊以慰藉那在寂寞里奔驰的猛士，使他不惮于前驱。"[4]鲁迅为该书取名寓意的贴切，真切，令人击案叫绝。

《呐喊》结集出版时，谈到创作的缘由，鲁迅写道，"但既然是呐喊，则当然须听将令的了"[5]。到1933年，鲁迅回首往事，更具体地说"我的作品在《新青年》上，步调是和大家一致的，所以我想，这些确可以算是那时的'革命'文学。……这也可以说是'遵命文学'，不过我所尊奉的，是那时革命的前驱者的命令，也是我自己所愿意遵奉的命令，绝不是皇上的圣旨"[6]。无论是"须听将领"，还是"遵命文学"，这两种说法，都蕴含着鲁迅与五四新文化运动关系的大量、丰富的信息。分析、弄清其中的含义，对于五四新文化运动研究的深入，无论在思想史上，还是在文学史上，都具有相当的学术意义。

这可以从以下几方面来说明。

鲁迅听取"革命先驱者"的将令，投身新文化运动，与他的外号曰"爬来爬去"的老同学钱玄同，密切相关。这是稍有现代文学史知识的人无不了然的事实，似无再论的必要，摘引两位当事者自己的话足矣。鲁迅说"初做小说是……因为一个朋友钱玄同的劝告"[7]。钱玄同则说："我是十分赞同仲甫所办的《新青年》杂志，愿意给它当一名摇旗呐喊的小卒，我认为周氏兄弟的思想，是国内数一数二的，所以竭力怂恿他们给《新青年》写文章。"[8]于是有了关于"铁屋子"的著名谈话，于是"终于有一天我答应也写文章了"，"意在暴露家族制度和礼教的弊害"《狂人日记》，如一道闪电，划破黑暗的夜空。将中国几千年的历史归结为"吃人"，惊世骇俗，振聋发聩，"救救孩子"呼声长久地在读者心中回荡。

不仅鲁迅的现身文坛，就连"一发不可收"，与"革命先驱者"的催促，其关系亦大焉。因之，都可视作鲁迅听从"将令"结果。《狂人日记》既出，石破天惊，反响巨大，更使得钱玄同频频来访，催促鲁迅写稿。当然，在愿意"当一名摇旗呐喊的小卒"的钱玄同的背后，是《新青年》的主编陈独秀。陈独秀一直关注鲁迅的创作，所起的作用，更为重要。1920年3月11日他在给周作人的信中说："我们很盼望豫才先生为《新青年》创作小说，请先生告诉他。"8月22日给周作人的信中又说："鲁迅兄做的小说，我实在五体投地的佩服。"[9]鲁迅在《我怎么做起小说来》中，也写道："《新青年》的编辑者，却一回一回的来催，催几回，我就做一篇，这里我必得记念陈独秀先生，他是催促我做小说最着力的一个。"[10]反观鲁迅，走出绍兴县馆的故纸堆，驰骋现代文坛，除去自身内在原因外，每一步都与"革命前驱者"的"劝说"、"催促"，密切相关。这些，庶几可作"听将令"解。

在五四新文化运动大纛下，聚集了以陈独秀为代表的一批先进分子，倡言科学与民主，反对封建纲常名教。鲁迅作为其中的一个，为之呐喊鼓吹，当然"须听将令"。而其首要者，莫大于主张、方向上的一致。翻检鲁迅在《新青年》上的作品，举凡封建神权、族权、夫权等一切封建的伦理规范，都在扫荡之列，言辞之深刻激烈，火力之猛，无出其右者。的确是听从了"将令"，与"革命的前驱者"步调完全一致。其深层次的原因，本文后面还要论及，此处且从略。

另外，不仅从"怎么做起小说来"而且从"小说作法"的角度，新文化运动翘楚们对鲁迅的影响，也是十分明显的。鲁迅说，"我的取材多采自病态社会不幸的人们，以期引起疗救的注意。"[11]但"因为那时的主将是不主张消极的"[12]。为此，鲁迅多次在小说创作中改变初衷，"不恤用了曲笔"。这在鲁迅的一生中，十分鲜见。在《自选集·自序》中，鲁迅说得很清楚："自然，在这中间，也不免夹杂些将旧社会的病根暴露出来，催人留心，设法加以疗治的希望。但为达到这希望计，是必须与前驱者取得同一的步调的，我于是删削些黑暗，装点些欢容，使作品比较的显出若干亮色。"[13]他在《呐喊·自序》中举例说：在《药》的结尾，鲁迅特意在夏瑜的坟上凭空添了一个花环。所谓"凭空"，是说当时是不会有人到坟地去悼念夏瑜的，"在《明天》里也不叙单四嫂子竟没有做到看见儿子的梦"，"因为那时的主将是不主张消极的"。在这里鲁迅不惜用了"曲笔"，增加作品的亮色，以便"与前驱者取得同一的步调的"，遵奉"将令"的结果，鲁迅牺牲了创作上尽情发挥。

然而，这种为迎合"革命前驱者"的意愿，所作的改动，毕竟有违鲁迅的本意。当 1933 年 3 月上海天马书店出版《鲁迅自选集》时。《呐喊·自序》中那几部所谓"听将令"的作品，如《药》、《明天》等，都没有被鲁迅选进去，取舍之间，或可透露出作者心灵深处的信息。

鲁迅承认有"革命的前驱者"，那不啻于承认自己是后来者，认为"须听将令"，那么顺理成章，在他之上似乎应有"施将令"者。鲁迅在这里用的是文学的语言，实在的情形也许不完全如此。但这至少清晰地传达了如下的信息，在五四新文化运动中，从运动的发起、引领等方面来看，鲁迅没有参加，或基本上没有参加。鲁迅不属于最高层面的。最高层面的是陈独秀、胡适等人。由此，鲁迅说"听将令"，至少在理论上是站得住的。陈独秀的功劳，归结起来，主要有创立《新青年》，旗帜鲜明地提出了提出"科学"与"民主"的口号，引领运动的方向，组织文化新军。对鲁迅创作的"催促"，大概也可以看作其中的一部分。从运动的全局和全部历史来看，陈独秀厥功至伟，以致毛泽东称他为"五四运动的总司令"[14]。

有学者认为，鲁迅在五四新文化运动中，并非主将。把鲁迅作为践行者和陈独秀等前驱者加以区分和界定，从研究的角度看，是不错的。但又似乎有缺憾，盖在于无法准确反映鲁迅在这场运动中的作用。笔者以为，尽管鲁迅不是前驱者，但以他对五四新文化运动所作贡献看，并不逊于陈独秀等人，至于历史影响，则无人可与之比肩。摈弃"主将"概念上的光环，可以发现，主将并不一定非要是最早倡言运动的人，也不定非得是在运动中掌握话语权的人，实际发挥了重大作用，对运动影响较深的人，也可以是主将。主将者，"比喻某方面起主要作用的人"。主将并不是一个人，可以是一个群体，可以由不同的角色扮演，在这个意义上，说鲁迅是五四新文化运动的主将并无不可。

　　鉴于此，笔者认为，既然历史已经给了鲁迅是新文化运动的主将这样一个评价，既然这个评价经过了历史的检验，那么，我们似乎也不一定"必也正名乎"，把鲁迅降格为战士的。

二

　　鲁迅在五四新文化运动中，与"革命先行者"们取同一步调，推进文化启蒙，创造了举世瞩目的伟绩。当然，鲁迅主要是通过文学的手段，来投入这场运动的。在进行文学创作时，他感到"须听将令"，还说"也是我自己所愿意遵奉的命令，决不是皇上的圣旨，也不是金元和真的指挥刀"[15]。在这里，"我愿意"的表态，意味深长。表明了一种心悦诚服和积极主动的合作态度。

　　"须听将令"和"我自己所愿意遵奉的命令"，或者说"遵命文学"，在"与前驱者取同一的步调的"意义上，基本相同。但细加考辨，同中又有异。

　　如果说"须听将领"是鲁迅对投身新文化运动对所负使命的清醒认识。——与前驱者取同一步调，其中也隐约透露出，鲁迅与"前驱者"的角色的差别。

　　而后一种表述，更强调了主观的意愿。强调"以我为主"，由我取舍的"自我"的主体地位。"我愿意"，自然，也可以我不"愿意"。而鲁迅偏偏是"我愿意"。这只能看作是特立独行的鲁迅，在这场关乎中华民族命运的急遽变动面前的清醒选择。反映了鲁迅与以陈独秀为代表的一班"前驱者"的积极合作的态度。而导致鲁迅作出这种不同寻常的"我愿意"的抉择，是彼此斗争目标的基本一致，是心灵追求上的高度契合。

　　这种高度的契合，从人生信仰或哲学的层面来说，是以"人"为核心的思想的高扬。可以如是说，在马克思主义进入中国，或成为一种显性的主流社会思潮之前，当时倡导新文化运动的"前驱者"，都匍匐在源于西方文艺复兴和宗教改革引发的"人的发现"的信条之下，几乎没有例外。

　　指出这种思想的同质性，对于洞察五四新文化运动在我们这个古老国度里的发动，对于理解包括鲁迅在内的先进分子——启蒙主义者们的努力，以及对鲁迅在五四新文化运动中取"须听将领"，公然宣称"我愿意"遵奉革命的前驱者的命令的解读，至关重要，是一把开启探索之门和与前人对话的钥匙。

　　早在日本留学时，风雨如磐，积贫积弱的祖国，使鲁迅痛感要改变现实，遂有"我以我血荐轩辕"的宏愿，美国传教士明恩溥的著作《中国人的气质》，给了他深深的触动，来自西方的"人的觉醒"、"人的解放"的观念，深深融入了他的思想。在《文化偏至论》、《摩罗诗力说》等文章中，鲁迅就已经十分清晰，十分强烈地表达了他的人生追求，系统地提出"改造国民性"，"首在立人，人立然后凡是举"[16]等一生为之躬身践行的观念和追求。他曾以一种充满期待的心情写到："东方发白，人类向各民族所要的是'人'"[17]。然而，辛亥革命的失败，国内政治的黑暗腐败，把鲁迅的愿望击个粉碎。在鲁迅"偏苦于不能全忘却"的梦中，可以揣测：立人兴国是其中的最重要部分。

为着解读鲁迅奉行"须听将令"和"遵命文学"深层次原因，有必要对当时鲁迅的同道们的思想，也作一番考察。

经过晚清以来，尤其是洋务运动、戊戌维新等历次思想解放运动，中国舆论界的各种思潮经过激烈碰撞，逐渐集中为对"民主"和"人的解放"等问题的强烈诉求。考究新文化运动的前驱者和参与这一运动的其他重要人物，以及他们的言论、著作，可以说无不关注和思考着"人"的这个命题，提出了形形色色的主张，如陈独秀的"个人本位主义"、胡适的"健全的个人主义"，鲁迅二弟周作人此时也提出"人间本位主义"，后来又成为中国"人的文学"的首倡者。他说："人道主义，并非世间所谓'悲天悯人'或'博施济众'的慈善主义，乃是一种个人主义的人间本位主义。……要讲人道，爱人类，便须先使自己有人的资格，占得人的位置。"[18]鲁迅本人在这时也提出了"个人的自大"，反对"群体的自大"[19]。"人"的价值，经过几千年"吃人"历史的泯灭，终于在这时，由一批先进的中国人响亮地提出来了，"人之子醒了"[20]，"人的解放"、"民主"，这些五四新文化运动中的最重要的命题，在鲁迅思想上引起了高度的共鸣和认同。当这个运动横空出世时，鲁迅的积极介入，并按照前驱者的"将令"，取同一步调，就是顺理成章的题中之意了。

在鲁迅"未能忘却的梦"中，还有一个令他魂牵梦盈的东西，就是《新生》。鲁迅曾希望借这本杂志走向新的人生，通过文艺来改造国民的精神，然而严酷的事实是，"新生"的梦终于破灭了。回国后，政治黑暗艰险，又苦于谋生无奈日奔驰，鲁迅只能暂时归于沉默。也许是失望，颓唐的久了，新文化运动起来的时候，"鲁迅早知道了《新青年》的了，可是．他并不怎么看得它起。……总是很冷淡的"[21]，"但是自钱玄同的夏夜那一夕谈之后，鲁迅忽然积极起来，这是什么缘故呢？……这是他从想办《新生》那时代所有的愿望，现在经钱君来旧事重提，好像是埋着的火药线上点了火，便立即爆发起来了"[22]。

在提倡新文化，反对旧文化，提倡新道德，反对旧道德的新文化运动大旗下，尽管从前驱者到鲁迅这样的战将，思想或许有别，斗争风格亦大异其趣，然在总体攻击目标完全一致的大背景下，鲁迅内心深入骨髓的"立人"追求，经过与时代大潮互相砥砺，结合，激荡，催促鲁迅聚集在新文化运动的大旗下，并成为这场运动的主将之一。由此，鲁迅自然是"我愿意"接受"革命前驱者"的命令了。这是鲁迅的选择，也是鲁迅的必然。鲁迅奉行"须听将令"、"遵命文学"的内在动因就在这里。

鲁迅说过，"倘要论文，最好是顾及全篇，顾及全人，顾及他所处的社会状态，这才较为确凿。要不然，是很容易近乎说梦的"[23]。"倘有取舍，即非全人，再加抑扬，更离真实"[24]。综观鲁迅的一生，作为现代中国的脊梁和知识分子的良心，鲁迅的独立人格，是最完美、最彻底的。简言之，鲁迅的"听将令"也好，奉行"遵命文学"也好，都是建立在对斗争目标的价值认同上的。

　　我们还可举出许多相反的例子，以资证明。

　　1919 年五四运动爆发后，新文化运动的发起人和实际领导人的陈独秀、李大钊等，转入解决中国当下迫切社会问题的政治革命，致力创建中国共产党。鲁迅作为《新青年》编辑，与陈独秀等有较多接触，对此当然是了解的，却并没有跟着走。原因得失，姑且不论，有一点是明白无误的，鲁迅有着自己的选择。五四退潮期，曾经叱咤风云于一时的新文化运动阵营的主要成员，分道扬镳，风流云散，鲁迅则"又经验了一回同一战阵中的伙伴还是会这么变化，并且落得一个'作家'的头衔，依然在沙漠中走来走去"[25]，只好"荷戟独彷徨"了。彷徨而且"独"，可见当时鲁迅内心的"孤独"，是何等强烈！这个"独"也正是鲁迅清醒的独立人格的写照。

　　任何时候都保持清醒，独立思考，任何时候都不敷衍，不苟且，特立独行，可谓鲁迅终其一生的性格特质。对此，他看得很重。1930 年代，在转了一个圈子之后，他转而服膺于马克思主义。即便如此，也仅仅是主义的认同。1930 年，鲁迅应邀与当时的中共中央负责人李立三秘密会见。同往的冯雪峰回忆，李立三想请鲁迅发表一个支持他政治主张的宣言，鲁迅当即予以拒绝。回来后说"今天我们是各人讲各人的，要我发表宣言很容易，可对中国革命有什么好处？那样我在中国就住不下去，只好到外国去当寓公。在中国我还能打一枪两枪"[26]，并没有"听将令"，也不"遵命"。上海的左翼文化运动起来了，左联后期的个别领导人，以文坛领袖自居，对鲁迅颐指气使，鲁迅就非常反感。予以抵制。屡屡讽刺某人为"元帅"。鲁迅在《华盖集续编》中曾有感而发："你要那样，我偏要这样是有的；偏不遵命"[27]。这段话移来形容 1930 代鲁迅对左联某些领导人的态度，倒也十分贴切。

　　综上所述，当我们论及 鲁迅"须听将令"、"遵命文学"这两个命题时，必须按照"马克思主义的绝对要求，就是把问题提到一定的历史范围之内"[28]即鲁迅所处的五四新文化运动的时代和当时的特定语境，论何泛化，不管主观愿望是多么良好，客观上不是"走近鲁迅"，而是远离鲁迅了。

三

　　为了还历史之本真，更准确地认识鲁迅在五四新文化运动中的作用，因之，对"须听将令"和"遵命文学"这两个命题，尚须作更进一步的辨析。

　　如前所述，"须听将令"，这种简单叙述，很容易使人合乎逻辑地推论出，鲁迅的文学活动至少是在以陈独秀为代表的"革命的前驱者"领导下进行的。

　　看看对这个问题，最具话语权的陈独秀和鲁迅当时的言论，是颇有兴味的。

　　1937 年陈独秀在《我对于鲁迅之认识》一文中写道，"世之毁誉过当者，莫如对于鲁迅先生。鲁迅先生和他的弟弟启明先生，都是《新青年》作者之一，虽然不是最主要的作者，发表的文字也很不少，尤其是启明先生，然而他们两位，都有他们自己独立的思想，不是因为附和《新青年》作者中哪一个人而参加的，所以他们的作品在《新青年》中特别有价值"[29]。可见，实际上并没有命令的主体，陈独秀不是，劝说鲁迅写文章和担负了催稿任务的钱玄同也不是，所谓"革命的前驱者"，无非也就是首倡五四新文化运动的陈独秀、胡适、钱玄同等一班人。鲁迅当时是教育部的官员，写作是业余，没有谁可以向鲁迅发号施令。鲁迅和周作人等人都具有"独立的思想"，对新文化运动，陈独秀说得很清楚："鲁迅、周作人等不是因为附和《新青年》作者中哪一个人而参加的"。他们与《新青年》编辑部的同人，也无严格意义上的上下统属关系，所谓命令，大抵是一种使命感，认同感，愿意为同一目标而奋斗，并在创作中保持同一步调一致而已。

为了论证的需要，有必要再度引用鲁迅的原话，"但既然是呐喊，则当然须听将令的了"。文中的"须"字，大可玩味，有深意焉，此处似可做"应当"解。仔细体味，所谓"听将令"是鲁迅对自己的要求，觉得应该这样，而非形格势禁，外部力量的强制。鲁迅后来还说过类似的话："近几年《呐喊》有这许多人看，当初是万料不到的，而且连料也没有料。不过是依了相识者的希望，要我写一点东西就写一点东西。"[30]"须听将领"，不过是"依了相识者的希望"而已。换言之，"听将令"，就是鲁迅听从了时代的呼唤，适应新文化运动内在要求，从绍兴县馆的古代的世界里走出来，以卓尔不群的形象，傲立于中国文坛。

至于所谓"遵命文学"的命题，情况要复杂得多。这个表述，在文字上与自延安整风以来，对中国革命知识分子思想改造的要求和主流创作观，非常契合。长期以来，出于现实政治的需要，被无意甚至是有意的误读、曲解，扑朔迷离，莫衷一是。时过境迁，更使这个问题笼罩在历史的迷雾之中。鲁迅是说过"遵命文学"，鲁迅还作过"革命文学与遵命文学"的演说，但鲁迅真的提倡"遵命文学"么？仔细考察，回答竟然是否定的。

"遵命文学"，最早见之于鲁迅写于1928年10月27日的《〈农夫〉译者附记》。文中，鲁迅写道："今年上半年'革命文学'的创造社和'遵命文学'的新月社，都向'浅薄的人道主义'进攻，……乖哉乖哉，下半年一律'遵命文学'了。"[31]显见，此处的"遵命文学"，是针对新月社而言的，语间充满戏谑、调侃，甚至不无鄙视。

另外，1930年，《文艺月刊》上发表了一篇署名"徐子"的文章《鲁迅先生》：曰"'时'天下之大'髦'的普罗文艺，也不过等于'遵命'文艺之一支流"，语意恶劣。徐子何许人也，今已难以考证，鲁迅当时没有反驳[32]。

当1932年末鲁迅写作《自选集〈自序〉》时，自然想起自己和别人说过的话，于是信手拈来，用在这篇回忆创作生涯的文章中"这些也可以说，是'遵命文学'。"乃反语正用，正是鲁迅杂文写作的固有风格。但"也可以说"几个字，还是透露出的几许不无勉强情绪，甚至自我调侃的意味。然而，调侃的文字下面，所包含的信息，却是十分严肃的。对这种特定语境中的鲁迅式的表达，鲁迅做了诠释，"不过我所尊奉的，是那时革命的前驱者的命令，也是我自己所愿意遵奉的命令"[33]。或者说"与前驱者取同一步调"，这是鲁迅对五四新文化运动的基本态度，认识清醒，旗帜鲜明。

其实，鲁迅一向是反对遵命写作的。他后来在《革命时代的文学》的演讲中说过：

"好的文艺作品，向来多是不受别人命令，不顾厉害，自然而然地从心中流露出的东西；如果先挂起一个题目做起文章来，那又何异于八股，在文学中并无价值，更说不到能否感动人了。"[34]鲁迅坚持独立思考，根据自己的感受写作，而不愿接受什么人的指令。因而他的文章写得好，写得深。

本文无力对"遵命文学"这个问题，作更深入具体的探讨。然而，后来对"遵命文学"命题离开鲁迅文本的泛化，政治化和绝对化的滥用，甚至诠释成一种所有作家都要遵循的创造模式，在历史上产生了负面的作用，当为鲁迅所始料不及。

四

以上本文概述和分析了鲁迅在步入文坛以及进行创作的过程中，两个互相关联的命题："须听将令"和"遵命文学"。显然易见，隐藏在这两个命题背后的，是浩荡的五四大潮。本文的要旨在于，通过对这两个命题的剖析，揭示鲁迅与时代，与他的同道们之间的互动，以及这种互动对中国社会的深刻影响。

这是一个需要巨人并产生巨人的时代。五四前，北洋政府教育部中一名默默无闻的小官吏周树人，一举而成为名震全国的新文学开山大师的鲁迅。其中的变化，犹如凤凰涅槃，浴火重生，前后判若两人。可以说，中国之有鲁迅，是从《狂人日记》开始的，而鲁迅又凭借其文学实绩，给这场运动以巨大而深刻的影响、回馈。是伟大的五四新文化运动，造就了伟大的鲁迅；而五四新文化运动，也由于有了鲁迅的加入，而波澜壮阔，异彩纷呈，成为中国现代文化史上的奇观，深刻地影响了至今为止的中国历史。

中国最早用马克思主义观点研究鲁迅的李长之认为："我们可以这样说，倘若不是陈独秀在那里办《新青年》，鲁迅是否献身于新文化运动是很不一定的。"[35]这当然是剀切之论。然而，按照这种话语方式，如果没有鲁迅，五四新文化运动在深度和广度上能否达到如此程度，也是很不一定的。这个又牵扯到个人在历史上的作用问题，对此马克思主义的经典作家，早有定论，人们耳熟能详，此不赘。

诚如有学者言，鲁迅的作品"所呐喊所鼓吹所反对的，如果从思想角度说，尽管深度超人，但在基本思想、主张上，却与当时他的朋友和战友们基本相同。并没有什么独特之处。"然而，"在中国近代思想史上，只有他才是真正深刻的。他在发掘古典传统和现代心灵的惊人深度上，几乎前无古人，后少来者。"[36]鲁迅的深刻，凸现了鲁迅作为一个在时代浪潮冲击下进行痛苦的自我转型、抉择的中国知识分子的典型，也成为他言说不尽的历史魅力的所在。

鲁迅与五四新文化运动之间的互动，反映了历史发展的客观要求，是他所处的时代的一个缩影。这种互动不仅发生在鲁迅，也发生他的同道身上。五四时期，是中国历史上最为精彩纷呈的时代。一批心忧天下的时代精英，在大潮中脱颖而出，陈独秀、李大钊、胡适、鲁迅、钱玄同、刘半农，周作人……群星璀璨，英杰辈出。不管他们后来的政治倾向如何，不管他们的人生遭际又是如何纷繁复杂。然在当时，他们是无愧于我们民族的先进分子的称号的。后来被称为中华民族之魂的鲁迅，作为其中的佼佼者，站上了历史的制高点。

伟大的五四运动，在历史的风风雨雨中，已经走过了 90 年。她的深刻内涵，由于从那时起的无数志士仁人的努力，在政治上已经在中国大地上变成了现实，她提出的在思想文化上诸多任务，则还有待我们在中国共产党的领导下，去进行艰苦的努力。笔者认为，五四新文化运动及其后发生的五四运动，其意义远不止这些。在中国几千年的文明史上，五四是为数不多的重要拐点之一。她内在的丰富性和深刻性，甚至突破了她的"外壳"——五四本身，而指向遥远的未来。她对思想文化的现代启蒙和对社会生产力发展的推动，可能要随着历史的演进，通过相当长的一个历史时期，才能逐步显现出来。在这个基础上，作为这场运动的主要参加者和推动者的鲁迅，他的历史地位和作用，才能得到充分的彰显。这，并非题外之论。

注释：

[1] 鲁迅：《〈中国新文学大系〉小说二集序》，《鲁迅全集》第 6 卷，第 146 页，人民文学出版社，2005 年。

[2] 孙伏园：《五四运动中的鲁迅先生》，《鲁迅回忆录》（散篇上册），第 75 页，北京出版社，1999 年。

[3] 《呐喊·自序》，《鲁迅全集》第 1 卷，第 441 页，人民文学出版社，2005 年。

[4] 《呐喊·自序》，《鲁迅全集》第 1 卷，第 441 页，人民文学出版社，2005 年。

[5] 《呐喊·自序》，《鲁迅全集》第 1 卷，第 441 页，人民文学出版社，2005 年。

[6] 鲁迅：《自选集·自序》，《鲁迅全集》第 4 卷，第 468 页，人民文学出版社，2005 年。

[7] 《鲁迅自传》，《鲁迅全集》第 8 卷，第 343 页，人民文学出版社，2005 年。

[8] 钱玄同：《我对周豫才（即鲁迅）君之回忆与略评》，《回望鲁迅——永在的温情》，河北人民出版社，2000 年。

[9] 转引自《鲁迅全集》第四卷，第 529 页注释（5），人民文学出版社，2005 年。

[10] 鲁迅：《我怎么做起小说来》，《鲁迅全集》第 4 卷，526 页，人民文学出版社，2005 年。

[11] 鲁迅：《我怎么做起小说来》，《鲁迅全集》第 4 卷，526 页，人民文学出版社，2005 年。

[12] 鲁迅：《呐喊·自序》，《鲁迅全集》第 1 卷，第 441 页，人民文学出版社，2005 年。

[13] 鲁迅：《自选集·自序》，《鲁迅全集》第 4 卷，第 468 页，人民文学出版社，2005 年。

[14] 毛泽东：《七大工作方针》，转引自《人民日报》1981 年 7 月 17 日。

[15] 鲁迅：《自选集·自序》，《鲁迅全集》第 4 卷，第 469 页，人民文学出版社，2005 年。

[16] 鲁迅：《文化偏至论》，《鲁迅全集》第 1 卷，第 58 页，人民文学出版社，2005 年。

[17] 鲁迅：《热风·四十》，《鲁迅全集》第 1 卷，第 338 页，人民文学出版社，2005 年。

[18] 周作人：《人的文学》，《新青年》5 卷 6 号，1918 年 12 月 15 日。

[19] 鲁迅：《热风·三十八》，《鲁迅全集》第 1 卷，第 327 页，人民文学出版社，2005 年。

[20] 周作人：《鲁迅的故家》，河北教育出版社，2002 年，第 355、356 页。

[21] 鲁迅：《热风·四十》，《鲁迅全集》第 1 卷，第 338 页，人民文学出版社，2005 年。

[22] 周作人：《鲁迅的故家》，河北教育出版社，第 2002 年，第 355、356 页。

［23］鲁迅：《"题未定"草七》，《鲁迅全集》第 6 卷，第 444 页，人民文学出版社，2005 年。

［24］鲁迅：《"题未定"草六》，《鲁迅全集》第 6 卷，第 436 页，人民文学出版社，2005 年。

［25］鲁迅：《自选集·自序》，《鲁迅全集》第 4 卷，第 469 页，人民文学出版社，2005 年。

［26］冯雪峰：《在北京鲁迅博物馆的谈话》，《鲁迅回忆录·散篇》，第 992 页，北京出版社，2000 年。

［27］鲁迅：《华盖集续编·小引》，《鲁迅全集》第 3 卷，第 195 页，人民文学出版社，2005 年。

［28］《列宁选集》第 2 卷，第 512 页，人民出版社，1972 年 10 月。

［29］陈独秀：《我对于鲁迅之认识》，1937 年 11 月 21 日《宇宙风》散文十日刊第 49 期。

［30］鲁迅：《〈阿 Q 正传〉的成因》，《鲁迅全集》第 3 卷，第 395 页，人民文学出版社，2005 年。

［31］鲁迅：《〈农夫〉译者附记》，《鲁迅全集》第 10 卷，第 510 页，人民文学出版社，2005 年。

［32］徐子：《鲁迅先生》，《文艺月刊》（南京）第一卷第一期（1930 年 8 月 15 日）。

［33］鲁迅：《自选集·自序》，《鲁迅全集》第 4 卷，第 469 页，人民文学出版社，2005 年。

［34］鲁迅：《革命时代的文学》，《鲁迅全集》第 3 卷，第 437 页，人民文学出版社，2005 年。

［35］李长之：《鲁迅批判》，第 46 页，北京出版社，2003 年。

［36］李泽厚：《中国现代思想史论》，第 379 页，天津社会科学出版社，2007 年。

鲁迅与中国女性的觉醒

顾红亚（绍兴鲁迅纪念馆）

20 世纪初期，以陈独秀创办的《青年》杂志为起点和中心阵地，发起了一场旨在提倡民主和科学，要求平等自由，个性解放，主张建立民主共和国；提倡科学，反对尊孔复古思想和偶像崇拜，反对迷信鬼神，要求以理性与科学判断一切；提倡新文学，反对旧文学和文言文，开展文学革命和白话文运动的新文化运动。而这场新文化运动的最主要的功绩，在于唤醒了中国人作为"人的觉醒"，使广大的人民群众第一次知道了自己做人的权利，而被压迫在社会最底层的妇女的解放，更是被提到了争取人的自由的第一步："在居人类的半数的女性，人格尚不被正确的认识，尚不曾获得充分的自由，不能参与文化的事业以前，人类无论怎样的进化，总是偏枯的人类"[1]。作为置身于这场五四启蒙运动中一分子的鲁迅，也一直关注着中国妇女的命运，探寻着中国妇女追求自由人格的出路。

一

鲁迅在《灯下漫笔》中提到，中国人一直徘徊在"暂时做稳了奴隶"和"做奴隶而不得的"两种时代的交替中，向来没有真正地享受过作为人所应有的权利和地位。在同一篇文章里，鲁迅又提到"天有十日，人有十等"，最下贱的一等"'台'没有臣，不是太苦了么？无须担心的，有比他更卑的妻，更弱的子在。而且其子也很有希望，他日长大，升而为'台'，便又有更卑更弱的妻子，供他驱使了。"[2]有着这样的认识，源于鲁迅所处的生活环境：从小生活其间的故乡小城的台门中，每时每刻无不上演着妯娌相争、婆媳不和、夫妻反目的种种人间活剧；给他讲故事、使他接受到民间文学熏陶的慈爱的继祖母，仅仅因为曾被太平军俘虏过，而经常受到祖父的无端凌辱，精神上备受折磨；哪怕是到了已经推翻了封建清廷的辛亥革命后，小舅母沈氏为了延续香火，居然支持丈夫纳妾，并与女儿一同上鲁迅家商借买妾的钱。其中更有甚者，辛亥革命后，当鲁迅母亲对老嫚（女性堕民）说："以后我们都一样了，你们可以不要来了"时，作为生活在社会最底层、从未得到过做人权利的女性——老嫚"却勃然变色，愤愤的回答道：'你说的是什么话？……我们是千年万代，要走下去的！'"[3]。可见，作为世界主导者的另一半的女性，生活在社会的最底层，导致了她们是最难觉悟的群体。而这光靠推翻封建制度和喊几句口号是无法解决的。

除了生活环境使鲁迅看到了种种中国妇女的不幸遭遇外，更多的感受来自鲁迅自身的不幸婚姻：1906 年，留学日本的鲁迅收到了"母亲送给我的礼物"——朱安，这是位典型的由封建家庭调教出来的女性：缠足、信奉"女子无才便是德"、遵从"三从四德"，如果鲁迅也是位封建社会的贤臣孝子，那他们的婚姻肯定与许许多多普通人一样，将会是一幅夫尊妻贤父严母慈的家庭和睦图，但偏偏鲁迅是一位接受了现代启蒙思想的年轻人，崇尚人格的独立和自由："聚今人之所张主，理而察之，假名之曰类，则其为类之大较二：一曰汝其为国民，一曰汝其为世界人。前者慑以不如是则亡中国，后者慑以不如是则畔文明。寻其立意，虽都无条贯主的，而皆灭人之自我，使之混然不敢自别异，泯于大群。"[4]而朱安所受的教育却要她以夫为天，唯夫命为从，而这恰是为鲁迅所深恶痛绝的，于是，两人就像两条平行线，永远没有相交的一刻。"在女性一方面，本来也没有罪，现在是做了旧习惯的牺牲。我们既然自觉着人类的道德，……又不能责备异性，也只好陪着做一世牺牲，完结了四千年的旧账。"[5]这就是鲁迅从与朱安的无爱的婚姻关系中所深刻体会到的。

在中国两千多年的封建社会里，以男性本位的儒家思想为基础、以男尊女卑为核心的儒家妇女观一直占据着主导地位，尤其是宋代以后，宋儒理学进一步加强禁锢女性的条条款款，对大众的观念和心态公开或潜移默化地起着作用。"男主外，女主内"使男性掌握着社会的权柄，女性不但在经济上依附于男性，而且在她们的思想中也形成了根深蒂固的只有依附于男性才能生存、女性是男性的附属物意识，这种女性离开了男性就没有了安全感的意识不是接受了新文化、新思想的洗礼就马上能够消除的，正如离枝的红玫瑰花立刻凋零，长期在鸟笼中生活的黄莺再也无法在天空中飞翔，长期的封建思想意识，已经导致女性无法在自由的世界里生存。精神上的奴役比经济上的奴役更可怕，精神上的奴役使人心甘情愿地受社会的压迫而毫无觉醒的自觉。要使一个国家和民族真正获得民主和自由，就不得不把人的觉醒，尤其是女性的觉醒问题提上日程，只有女性的社会地位真正得到尊重，人格获得真正的解放和自由，一个国家才能真正独立于世界民族之林。

二

作为文学家的鲁迅，一直致力于用手中的笔，揭示中国女性在社会中的压迫地位，并努力探寻中国女性在社会中的出路问题。

《祝福》中的祥林嫂想依靠自己勤劳的双手来挣钱养活自己，免去被婆婆当作物品卖掉的命运，但封建的三纲五常早已把祥林嫂的路安排好了：为了筹集给小叔子娶妻的钱，祥林嫂被婆婆强行卖给了深山里的贺老六，深受从一而终思想影响的祥林嫂对这安排是反抗的，但她的反抗是那么微弱，最终她被迫接受了这种买卖形成的婚姻关系，并从贺老六的关爱中体会到了作为女性的幸福。但这种幸福生活很快就被接踵而至的更沉重的打击所代替：夫死子亡。于是，封建礼教中的神权显露了它的狰狞——祭祀时不让端盘子，因为祖宗不会吃不洁之人碰过的东西；而她死后也将被锯开身子分给两个丈夫。最终，"政权、神权、族权、夫权"的四重压迫，把一个祥林嫂，以及千千万万个祥林嫂们逼向了绝境。鲁迅在小说结尾安排的祥林嫂临死前对灵魂有无的怀疑，虽不能说是女性觉醒意识的萌芽，但终究也反映了无数的中国女性对自身所处地位的怀疑。

如果说《祝福》中的祥林嫂、《明天》中的单四嫂子、《离婚》中的爱姑，都还只是属于农村中没有文化、没有受过现代平等教育的那类女性，因此她们也更加看不到形成自身受压迫地位的原因。那么作为接受过教育的新女性子君，她又是如何看待自身，以及自身在家庭中的地位的呢？子君为了追求自身的幸福，勇敢地向封建思想喊出了："我是我自己的，他们谁也没有干涉我的权利！"[6]宣布了作为女性的自己是不属于任何别的人的。公然抗拒那种在家从父、出嫁从夫的传统封建思想。但她对自身权利的自觉只停留在与涓生的结合上，把所有的希望全都寄托在了涓生这一个体身上，从一个家庭的牢笼又跳入了另一个家庭的牢笼中。形式上的被动参与，导致她无法真正摆脱对男性的依赖，当涓生的热情退却之后，子君最终只能又回到封建的家庭中，郁郁而死。只要社会上还存在"养"和"被养"的关系以前，所有中国女性，无论其是目不识丁的农村妇女，还是初步接受了现代教育的像子君这样的知识女性，她们的"苦痛是永远不会消灭的"[7]。因此，鲁迅认为中国女性要想真正获得独立和自由，必须具有经济地位："第一，在家应该先获得男女平均的分配；第二，在社会应该获得男女相等的势力。"而这地位的取得，必须经过不懈的斗争，"或者也许比要求参政权更要用剧烈的战斗"才能获得[8]。而这也就是为什么在推翻了封建社会后，很长的一段时间里，女性还迟迟未能真正拥有她应有的社会地位的原因。只有获得了经济权，才能摆脱对男性的依赖，不成为任何别的人的附属物，成为独立的个体，这也是中国女性获得真正解放的首要的条件，即"一切女性重新回到公共的劳动中去"[9]。

当然，与辛亥革命初期，一些革命者忽视女性自身的生理特点不同，鲁迅看到了女性有别于男性的生理和心理，不把女性单纯化："在真的解放之前，是战斗。但我并非说，女人应该和男人一样的拿枪，或者只给自己的孩子吸一只奶，而使男子去负担那一半。"[10]如果是这样的话，这将是不合理的，也是不科学的，不是把女性真正解放出来，而是走向了另一个极端，把女性完全等同于男性，忽略了女性自身所具有的女性与母性的特点。同乡的巾帼英烈秋瑾，从日本回到国内后，以比男性更刚强的姿态，与满清王朝作斗争。鲁迅对此是持保留态度的，这除了鲁迅向来所认为的以暴制暴并不是一种正确的作法外，可能更多的是立足于思想家的角度来考虑问题，对秋瑾摈弃了作为女性的优势，放弃可以为女性在社会上争取权利与地位等发挥更大的作用的缘故吧。因此，鲁迅特别强调指出，是"必须地位同等之后，才会有真的女人和男人，才会消失了叹息和苦痛"[11]。

作为文学家的鲁迅，直到临去世前，还一直在关注着中国女性的命运和觉醒问题。离辞世不到一个月时所塑造的《女吊》中女吊这一人物，其主旨是复仇、讨替代，但又何尝不是让女吊这一形象代表所有遭受压迫和奴役的中国女性，对男权社会的一种反抗和复仇呢？女吊的一身红衫既寓意着这一女性在生前所遭受的种种痛苦，又暗示着她的反抗之路是非常曲折而艰难的。

三

在日常生活中，鲁迅也不时地关注着中国女性的解放和觉醒问题。

在《鲁迅日记》中有这样的记载："夜律师冯步青来，为女佣王阿花事。"（1929年10月31日）"夜代女工王阿花付赎身钱百五十元。"（1930年1月9日）原来这个王阿花是不堪丈夫的虐待而逃出家门的，希望以自己的双手来养活自己，做了鲁迅爱子周海婴的保姆。但不久她丈夫得知消息准备来抢人，幼年时期在家乡看到的一幕又将在眼前重演。在征得王阿花的同意后，鲁迅聘请律师准备帮她通过法律来解决问题，最后由鲁迅垫付了一些钱，才使王阿花摆脱了她丈夫获得了自由之身。虽然在上个世纪初期的中国，还有许多生活在社会底层的女性没有获得她们应有的地位和权利，而鲁迅就是通过自己这样的一种方式给予她们帮助。

当越来越多的中国女性摆脱了封建的牢笼而走上社会时，鲁迅又清醒地看到了一种可怕的现象，即有些女性"幸而自立之后，又转而凌虐还未自立的人"[12]，尤其是这些女性将担负起教育其他女性的责任，其结果将使受她们教育的女性无法"放开思路，再去较为远大地加以思索"[13]，其实质依然是封建的宗法观念还牢牢地浸淫着女性的思想，无论其为新女性还是旧女性。但同时鲁迅也看到了许多年轻的女性起来反抗这种压迫，这就是北京女师大风潮时期的刘和珍、许广平等人，反抗杨荫榆的独断专横、封闭保守的教学方法，进行了"驱羊（杨）运动"。对此，鲁迅给予了积极的支持，不但草拟《关于北京女子师范大学风潮宣言》、邀马裕藻等教授签名声援，而且还在刘和珍等人被赶出校园时，联合许寿裳、沈尹默等教师给她们上课。更在三·一八惨案后，奋笔疾书，写下了《记念刘和珍君》一文，追忆了与刘和珍的交往，认为刘和珍们代表了"中国女子的勇毅，虽遭阴谋秘计，压抑至数千年，而终于没有消亡的明证了"[14]。

但鲁迅最主要的还是通过他擅长的在文学上的能力来帮助一些文学女青年，使她们在觉醒的进程中不孤独，少走了许多弯路，同时也由她们的口、笔以期唤起更多的人来关注女性解放问题。这其中最突出的例子就是对萧红的扶持和指导。作为一个从日寇铁蹄下逃亡出来的有良知的中国女性，萧红随萧军初到上海时，人地生疏、囊中羞涩，鲁迅没有因为是刚结识的缘故而置之不理，而是首先拿出了二十元钱给他们，让他们先安顿下来。当萧红因为写作环境的改变而一下子文思枯竭时，鲁迅又循循善诱和安慰她："一个人离开故土，到一处生地方，还不发生关系，就是还没有在这土里下根，很容易有这一种情境。……我看你们的现在的这种焦躁的心情，不可使它发展起来，最好是常到外面去走走，看看社会上的情形，以及各种人们的脸。"[15]鲁迅还在百忙之中抽出时间介绍一些文学界的朋友让他们认识，并把萧红写的文章推荐到一些报纸杂志上发表，甚至还把她及其作品介绍给史沫特莱、鹿地亘等外国友人，以此来提高萧红在国际上的知名度，同时也让国际社会了解中国女性笔下的中国人民的困苦与反抗，使萧红这个中国女性不但独立于中国社会，还能屹立于世界女性作家之列。

当鲁迅能够冷静地看到中国女性的不幸，并能以自己的方式给他身边的女性以帮助的同时，对他家庭中的女性，尤其是朱安，却一直无法放下心中的芥蒂。在他对不合理的封建婚姻发出不满的呼声的时候，他也并没有真正去理解一下朱安作为女性在这场婚姻中所遭受的不幸。他以无声的行动反抗着令人窒息的封建婚姻，但他的某些做法也深深地伤害着作为女性的朱安。在北京时期，朱安为了拉近与鲁迅的距离，跟在俞芳姐妹后面向鲁迅学做操，却惹来了鲁迅的厌恶。作为一个思想家，鲁迅能够包容"哀其不幸，怒其不争"的普通的中国女性，却无法容忍在他身边生活的这样的一个女性个体。对朱安似乎没有解放的话语或行动，也许是出于朱安既是封建礼教的受害者又是忠实的执行者的双重性，使鲁迅感到实在无法理喻和调教，但更主要的原因，可能是家内与家外的不同：在家的外面，他是作为一个思想启蒙家的形象出现的，所以能很冷静地看到事物的方方面面；而在家内，鲁迅则是作为一个凡人的形象出现。作为历史中间物的他，固有的传统因子还是深深地在他的血液中流动，导致他对朱安几十年的努力视若无睹。这种现象在鲁迅与许广平之间也同样存在着。记载着两人关系进展的《两地书》中，明显可以看出，许广平是热烈的、勇往直前的，而鲁迅却是犹豫的、瞻前顾后的。这其实也是传统思想在作祟的原因：呼吁女性勇敢地追求自身的幸福，但当看到追求的目标是自身时，虽然内心也是欣喜于这种被追求，可又时时担心自己接受了这种爱后，世人将会怎样看待自己。但真所谓金无足赤、人无完人，鲁迅与朱安、许广平关系上的表现也无损于他作为思想启蒙家的伟大，毕竟他能够清醒地看到：越是压迫在社会最底层的女性，其愚昧程度越深，要使她们得以觉醒的困难也越烈。同时他也自觉自身并不是一个振臂一呼，则应者云集的英雄人物，因此只能以写文字引起世人疗救的注意。

一直以来，鲁迅都是把女性作为一个独立的人来看待的，深深地认为人的觉醒，尤其是中国女性个人的觉醒的重要性和必要性，也为中国女性指出了他作为一个中国男性启蒙思想家眼中所认为的女性独立自主的出路方向。他的一些观点和做法虽然已经过去了近一个世纪，但在当代社会依然具有深远的现实意义，这既显示出了鲁迅思想的超前和睿智，也表明了这个社会还有许多需要我们继续努力去改造的地方，尤其是作为中国现代女性的独立和自主，这是永远不能松懈的。

注释：

[1] 胡愈之、周作人：《妇女问题研究会宣言》。

[2] 鲁迅：《灯下漫笔》，《鲁迅全集》第1卷第227～228页，人民文学出版社，2005年（下同）。

[3] 鲁迅：《我谈"堕民"》，《鲁迅全集》第5卷第228页。

[4] 鲁迅：《破恶声论》，《鲁迅全集》第8卷第28页。

[5] 鲁迅：《随感录四十》，《鲁迅全集》第1卷第338页。

［6］鲁迅：《伤逝》，《鲁迅全集》第 2 卷第 115 页。

［7］鲁迅：《关于妇女解放》，《鲁迅全集》第 4 卷第 615 页。

［8］鲁迅：《娜拉走后怎样》，《鲁迅全集》第 1 卷第 168 页。

［9］马克思：《马克思恩格斯选集》第 4 卷第 70 页，人民出版社，1972 年。

［10］鲁迅：《关于妇女解放》，《鲁迅全集》第 4 卷第 615 页。

［11］鲁迅：《关于妇女解放》，《鲁迅全集》第 4 卷第 615 页。

［12］鲁迅：《寡妇主义》，《鲁迅全集》第 1 卷第 282 页。

［13］鲁迅：《寡妇主义》，《鲁迅全集》第 1 卷第 282 页。

［14］鲁迅：《记念刘和珍君》，《鲁迅全集》第 3 卷第 293～294 页。

［15］鲁迅：《致萧军、萧红》，《鲁迅全集》第 13 卷第 279 页。

鲁迅在五四新文化运动中的地位问题

——纪念五四运动 90 周年

王锡荣（上海鲁迅纪念馆）

一　胡适还是鲁迅?

近几年来，有人提出了"鲁迅还是胡适?"的命题，引起了老大的争论。如果说，这还只是各抒己见，那么有人极而言之"少不读鲁迅，老不读胡适"，而最后真正的结论是不要读鲁迅。胡适呢? 则是应该在年轻时读而到老自然不用读了。有人提出鲁迅胡适都是自由主义知识分子，鲁迅拿国民党政府的钱因而没有骨气，而胡适则保持了一份自由主义知识分子的独立精神云云。还有，说从五四新文化运动一开始，"鲁迅在气质上就是个局外人，最终成了一个新文化人物的强有力的批判者"[1]，鲁迅在五四新文化运动中只是做了一点实际工作，而不是领导者，而比鲁迅小 10 岁的胡适比鲁迅更具"先见之明"，他才是五四新文化运动真正的领导者。此外，胡适还比鲁迅有思想，甚至私德也比鲁迅强，等等。而鲁迅本来并不怎么高明，只是被毛泽东出于政治需要而捧上神坛的。

在这种比较之下，得出"一边是鲁迅，一边是胡适，我选择胡适"的结论不仅是顺理成章，其实是必然的选择。

这跟几十年来的说法当然是大相径庭的。"从来如此，便对么?"人们发出了这样的质疑，从而发现了胡适的高明了。

世事真是难料，几十年来的基本结论似乎真要被颠覆了。

然而，事情真这么简单么? 整个 20 世纪的基本结论就这么的说变就变了么? 天下真的要变了么?

胡适是自由主义知识分子，是五四新文化运动的始作俑者，又是颇有建树的学者，还是知名度很高的社会活动家。既得到过台湾最高领导人的赞赏，也受到过伟大领袖的另眼看待——他不也曾是胡适的仰慕者么，胡适还是道德的楷模，对青年后辈很提携，对妻子、情人的关系也处理得很好。

而鲁迅虽然也受到伟大领袖的高度赞赏，却是被那位后来的台湾最高领导人通缉过的，而且更要命的是，他说的话都成为后来人们做坏事的依据。所以鲁迅当然不是值得歌颂、值得景仰的人伦楷模。

这就是当下几个时髦文人的高论的核心内容。

但是，我们姑且不论近来暴露出来的胡适婚外搞大表妹的肚子，害得人家一辈子不嫁，还有过不止一次婚外情之类的风流韵事还装得跟圣人似的，也姑且不谈他对溥仪去称"皇上"，还不说他与蒋氏的小骂大帮忙事实，光说五四新文化运动，他的功劳究竟怎么看？过去压到地底下固然不该，可今天抬到天上去就对了吗？他提倡新文化运动不假，但是就凭他那两下子提倡，咋呼几声"文学改良"，吟了几首不成样子的大白话诗歌，就大功告成了么？

谁不知道，当年胡适、陈独秀开始大张旗鼓提倡白话文、新文化，提出了一些口号，他们闹了一阵子，因为太空洞，看看没人响应，尽管又弄出了一出低水准的"双簧戏"来，却还是不行，终于弄得"不特没有人来赞同，并且也还没有人来反对"[2]，几乎快要撑不下去了的时候，鲁迅的出现是如何让他们颇激动了一阵子。

诚然，也不要全盘否定胡适的功劳，正如鲁迅说的，他的提倡之功，是不能抹杀的。可鲁迅不抹杀胡适的提倡之功，难道胡适的徒子徒孙倒要来抹杀鲁迅的鼎力支撑之功么？

这就叫人看不懂了：鲁迅到底哪里得罪这帮爷们了？怎么说，也不至于说胡适该继承而鲁迅该扔，甚至"迟早会爱上胡适"[3]！

其实，鲁迅与胡适的功过是非，不是现在人才会想到的，几十年来早就有不少人看到了，不光是毛泽东，比他早的，比他迟的，有的是。

其实，从鲁迅一出现，就有人"捧"了，我们不妨来看一看五四时期的实录。

二　是谁捧红鲁迅？

其实，当时大捧鲁迅的大腕级人物，正是陈独秀、胡适。陈独秀捧鲁迅，这是公开的，毫无保留、毫无隐藏。用他的话来说，就是"佩服得五体投地"！[4]看他写给鲁迅兄弟的书信，就可以知道，他们编辑《新青年》，是十分仰赖鲁迅的小说、周作人的小品的，当然来者不拒，不仅如此，反而时时求稿。实际上，如果没有两位的来稿，《新青年》是会显得苍白空洞的。当然别人也写了不少好文章，但周氏兄弟的文章显然使这刊物生辉，用鲁迅自己的话说，就是使胡适、陈独秀们提倡的"文学革命"有了"实绩"。鲁迅的开始在《新青年》上发表文章，固然是由于钱玄同、刘半农等的力劝，自然也包括陈独秀。而后来的勉力作文，则与陈独秀关系更密切一些。《呐喊》也是在陈独秀的极力敦促之下才决定编辑出版的。

胡适也是大力追捧鲁迅的一个。他1922年写的《五十年来之中国文学》一文，对鲁迅作了这样的评价：

> 至于这五年来白话文学的成绩，……但成绩最大的却是一个托名"鲁迅"的。他的短篇小说，从三四年前的《狂人日记》到最近的《阿Q正传》，虽然不多，差不多没有不好的。[5]

　　陈独秀、胡适是何等样人，这不用介绍了，他们对鲁迅的恭敬，其来有自。因为鲁迅的贡献放在那里，鲁迅的地位放在那里。在学问、功底上，胡适自然不及鲁迅，这是谁都清楚的。本来胡适可以以其提倡新文化的先锋性胜出，但最终在鲁迅出手后，他不得不退后，风头稍逊。在创作上，鲁迅的小说鹤立鸡群，而胡适的诗真只能说是"尝试"。他自知底气不足，便自我安慰："工具还不伏手，技术还不精熟，故还免不了过度时代的缺点"[6]，故他曾请鲁迅、周作人为他修改新诗。继而在鲁迅的杂感面前，胡适更相形见绌。之后胡适开始"踱进研究室"，恐怕与此多少有点关系。在做学问上，胡适与一帮大学者热衷于小说考据，尤其是《红楼梦》，还开始了中国哲学史、文学史的研究，显出了不小的格局。但鲁迅随后以一部《中国小说史略》又一次占据要津，至少不输给胡适。

　　直到 1929 年，"新青年"团体早已解散，鲁迅兄弟早已失和，却也都与胡适渐行渐远了，胡适在 9 月 4 日写给周作人的信中却说："生平对于君家昆弟，只有最诚意的敬爱，种种疏隔和人事变迁，此意始终不减分毫。相去虽远，相期至深。"可见胡适对鲁迅是什么感觉。

　　注意胡鲁关系的人会发现，鲁迅从 1929 年开始，对胡适的态度就不大"恭敬"了，多次抨击新月社，甚至直指胡适本人的言行，直到 1933 年撰文明批胡适，与宋庆龄、蔡元培等开除胡适出民权保障同盟，等等。可是，胡适终其一生都没有对鲁迅不恭敬，甚至当苏雪林那样谩骂鲁迅，胡适反而批评苏，等等。为什么会这样呢？难道仅仅是因为他的绅士风度吗？上面所引这段话，可说给出了一个很好的注解。

　　其实在他们之前，早有人在"追捧"鲁迅了。

　　一个是傅斯年。《新潮》1919 年 2 月号有署名"记者"（应是编者傅斯年）的文章写道："《新青年》里的好文章，就质料而论，胡适君的《建设的文学革命论》和陈大齐君的《辟灵学》，实在是近来少有的。就文章而论，唐俟君的《狂人日记》用写实笔法，达寄托的（Symbolism）旨趣，诚然是中国近来第一篇好小说。"

　　4 月，傅斯年在《新潮》发表《一段疯话》，说："鲁迅先生所作《狂人日记》的狂人，对于人世的见解，真个透彻极了。"5 月，他又在《新潮》里答鲁迅的信，除了诚恳接受鲁迅对其新诗的批评，并恭维鲁迅"《狂人日记》是真好的，先生自己过谦了"。在同一期里，他还写了一篇《随感录》，其中说："文章大概可以分做外发（Expresive）和内涵（Impresive）两种。外发的文章很容易看，很容易忘；内涵的文章不容易看，也不容易忘。中国人做文章，只知道外发，不知道内涵，……《新青年》里有一位鲁迅先生和一位唐俟先生是能做内涵文章的。我固不能说他们的文章就是逼真托尔斯泰、尼采的调头，北欧、中欧式的文学，然而实在是《新青年》里的一位健者。"[7]

　　这位傅斯年，可不是一般人，当时虽然还只是一个北京大学的学生，可是已经崭露头角，编辑了《新潮》，后来是中央研究院历史语言研究所所长，抗战后成为接收专员、台湾大学校长等职。

　　还有一位著名的所谓"只手打倒孔家店的老英雄"吴虞。他的《吃人与礼教》[8]一文，对鲁迅的佩服更是溢于言表："我读《新青年》里鲁迅君的《狂人日记》，不觉得发生了许多感想。我们中国人，最妙是一面会吃人，一面又能够讲礼教。……我觉得他这日记，把吃人的内容，和仁义道德的表面，看得清清楚楚。那些戴着礼教假面具吃人的伎俩，都被他把黑幕揭破了。"

　　还有一个追捧鲁迅的人，也是了不得的：茅盾。1921 年，他就在《小说月报》上发表《评四五六月的创作》，其中说："过去三个月中的创作我最佩服的是鲁迅的《故乡》（《新青年》九卷一号），……我觉得这篇《故乡》的中心思想是悲哀那人与人中间的不了解，隔膜。"[9]

　　第二年，他又在《通信》中写道："至于《晨报副刊》所登巴人先生的《阿 Q 正传》虽只登到第四章，但以我看来，实在是一部杰作。"[10]

　　到 1923 年，鲁迅的《呐喊》出版后，茅盾写了那篇著名的《读〈呐喊〉》，称《狂人日记》为"前无古人的文艺作品"概括给人的印象"只觉着受了一种痛快的刺戟，犹如久处黑暗的人们骤然看见了绚丽的阳光。这奇文中冷隽的句子，挺峭的文调，对照着那含蓄半吐的意义，和淡淡的象征主义的色彩，便构成了异样的风格，使人一见就感着不可言喻的悲哀的愉快。这种快感正像吃辣的人所感到的'愈辣愈爽快'的感觉。……尤其是出世在后的长篇《阿 Q 正传》给读者难以磨灭的印象。现在差不多没有一个爱好文艺的青年口里不曾说过'阿 Q'这两个字。……我觉得'阿 Q 相'未必全然是中国民族所特具。似乎这也是人类的普遍弱点的一种。"[11]

　　其实当时鲁迅在文学上的成就是公认的，"追捧"鲁迅的绝非少数人。《小说月报》1922 年三月号上汪敬熙的《为什么中国今日没有好小说出现?》一文，尽管认为当时没有多少好的小说，但也承认"文学革命之声叫了四五年了。但是看看文学界的现状如何? ……小说的杰作不过只有鲁迅先生的《药》、《明天》、《一件小事》，及冰心的《一个兵丁》几篇短篇小说而已"。1923 年 8 月 31 日《民国日报》一篇记者报道更能说明问题："在中国底小说史上为了它就得'划时代'的小说集，我们已在上海看到了。正红色的封面上印了书名'呐喊'和著者'鲁迅'四字，内容包含着鲁迅先生五年来（一九一八——一九二三）小说创作底全部，一共十五篇。虽然这些都是曾在杂志和日报上看见过的，然而现在一齐收集了，便更容易领略他底技术和思想底特色，所以虽然只是旧稿，也就足以使我们另有新的欢喜在心里跃动了。"作者甚至统计了鲁迅的创作后，发现鲁迅创作最多的年份是 1922 年，月份是 10 月，因而说："我们倘可照这表面而陈述我们的希望，恐怕谁都希望他此后在年都如一九二二年，在月又如十月的吧! 至如那些时常说'我最爱读鲁迅'的朋友们，这更不消说得了。"

　　此外还有 1923 年的《时事新报》有署名"Y 生"的，也写了一篇《读〈呐喊〉》，这样说："近年文艺界中，虽有很多努力的人，在辛勤得播种，但收获的总太少。就创作小说而言，也不过几种，其中有独树一帜特殊的作用，收效最大，最使我们满意之作，就要首推一位化名'鲁迅'君新近出版的《呐喊》了。"[12]同年出版的《小说年鉴》则收入鲁迅的小说五篇。

这是 1923 年在当时文化之都的上海报纸报道，这还不足见鲁迅在五四时期的风行吗？那以后，"追捧"鲁迅的人更多了去了。从小说而杂感，而文学史，而思想。事实上到 1925 年，评论界对鲁迅的认识已经达到很高的地步了，例如王铸的《鲁迅先生被人误解的原因》，先是说"鲁迅先生是一个文艺家：文艺家的心灵，是超越了现代，捉住了那时代的心底深处，而给以表现者。"接着又说：

是的，鲁迅先生虽与我们一样，同住在这个世界里，但他能够看出社会病和一切现世相来：他的口，能作预言的喇叭；他的灵视，能观察出现象背后的实在性来，我们就不行，虽然也有和他同样的感觉器官。

但也正因为鲁迅先生的思想，能超越了时代，所以愈会被一般人不了解[13]。

说鲁迅是预言家，说他的眼光是"灵视"，似乎已经有一层神秘色彩了。这种评价实在不能说不高，按照"神化"论者的逻辑，或许这已是"神化"的苗子了？

另一个鲁迅的"粉丝"表现出来的态度，简直已经顶礼膜拜了：孙福熙在《我所见于〈示众〉者》中，说，他一得知鲁迅发表了小说，立即就急于读到，读时就感到自己不能读懂其一半，因为"他多少年以来所有的境遇的崎岖，加以他观察的锐敏，使他看透世情。"他真诚地表示："若论他的艺术，可惜我的知识太浅，也不能尽量懂得。"他还透露："应本报征求青年爱读书者三百〇九人中有六十九人举《呐喊》的，日常见人也总说起爱看《呐喊》的"。他甚至说："以鲁迅先生的文章之有特性，倘若在国外，各杂志上早已满是研究他的作品与他的生平的文章了。"[14]

中国人如此说，或许因为是后辈而有溢美之意，可是，连老外也这么说，恐怕就不是偶然的了。同在 1925 年，当时在中国的国民军担任顾问的俄国人王希礼对比鲁迅也表示了特别的敬意：他在给一个中国朋友的信中说：

我近来有一个很新的发现，使我的精神上感到无限的愉快，使我对于现在中国的新文学发生一种十分热烈的爱恋！

这个新的发现，就是我由上海到汉口以后，无意中读了鲁迅先生的《呐喊》。……读了鲁迅先生的《呐喊》以后，我很佩服你们中国的这一位很大真诚的'国民作家'！他是社会心灵的照相师，是民众生活的记录者！……他不只是一个中国的作家，他是一个世界的作家！"[15]

这不是后来的转述，而是发表在当时的报刊上的，也没有翻译的误差——他是用中文写的！作为外国人，王希礼也完全没有必要来吹捧一个他完全不了解的中国人！

到 1926 年，鲁迅就被誉为"思想界的权威者"了。在这年《京报副刊》征求青年爱读书十部，结果十部中有九部是古代文学作品，现代作品只有一部——《呐喊》，居《红楼梦》、《水浒》、《西厢》后，占第四位。

也就在同一年，正如人们已经知道的，法国大文豪罗曼·罗兰对鲁迅的《阿 Q 正传》也有一个真诚的赞誉。

这些，可都是当时其他任何人没有能够得到的。这样的高度，这样的崇敬。其实还有大量对鲁迅的美誉，都是将鲁迅与世界大文豪并列的，这里不一一罗列了。

林语堂是发了"费厄泼赖"论，被鲁迅一批评就立即转锋的。刘半农则是被圈子里公认为"浅"而发愤去法国留学。

1926 年以后，鲁迅的地位更是节节升高，到上海后更是立于左翼新文化的潮头，而五四时期《新青年》同一战阵的战友都远远地落在了后面。陈独秀从政且已从巅峰滑落，周作人退入苦茶庵，林语堂走入闲适性灵，唯一风采依然的是胡适，虽然还以新月社等为阵地发着议论，但是显然已经行走在与南京政府合作的边缘了，走入政坛只是时间问题。

三　回眸历史信如何？

从上面的粗略罗列，可以很清楚地看到，鲁迅究竟是怎样脱颖而出的。简单说，1918～1919 年：《狂人日记》发表，初入文坛，出手不凡；1923 年，《呐喊》出版，脱颖而出，声名鹊起；1925～1926 年，《热风》出版，声誉日隆，遐迩闻名，被誉为"思想界的权威者"。

我们以前常常听到这样的说法：五四时期周作人的名气比鲁迅大！其实，看了这里的记载，就可以明白，满不是那么回事！其实只要看看他那篇《〈阿Ｑ正传〉》，从他的文章的姿态、语气看，就可知他基本上处于从属于鲁迅，阐释鲁迅的地位，最多也就是与鲁迅不分轩轾。

至于周围人的情形如何呢？当时有一个说法，叫做"三沈二马二周"，指的是北大的沈士远、沈兼士、沈尹默，马裕藻、马衡、周树人、周作人。但其实，二周的声誉最高，而二周又以鲁迅为高。当时还有一个说法，是所谓"卯字号"，就是北大几位属兔（卯）的名人，即陈独秀、朱希祖、胡适、刘半农和刘文典。这些都是一时隽彦。在这些人中，陈独秀、胡适的地位较高，名气较大，开始倡导新文学运动时，震悚一时。但随之争议渐多，后劲渐弱，鲁迅却后来居上，走到了国际上，所得评价也渐渐超过了其他人。

1926 年秋，鲁迅南下厦门广州，所到之处，拥趸蜂拥，势成泰斗。虽然在广州"四·一五"大屠杀后一度隐匿，但当他与许广平于 1927 年 10 月低调到达上海时，便已成为传奇人物。林语堂孙伏园等都显然以恭敬的态度出现。日人内山完造在其书店认出前来买书的鲁迅时，说的第一句话便是"听说已经从那边过来了"，消息"不胫而走"，可见影响力之大。

接着，在上海，新锐的创造社太阳社猛批鲁迅。此无他，乃是"登龙之术"，多少有点造势的味道。但这也正说明鲁迅在他们心目中的地位：他是五四一代精英的代表人物。在他们的心目中，五四一代精锐都已落伍了，鲁迅是唯一没有被打倒的，所以必欲攻倒之。

继而，当中共高层发现"创太二社"攻击鲁迅后，出手予以制止，指示应该团结鲁迅，一同向黑暗抗争。这又说明，鲁迅的影响力为中共高层所看重。到 1930 年"中国自由运动大同盟"和"左联"成立时，鲁迅均被推为"盟主"，几乎乃是顺理成章的事。这时鲁迅的声誉已经如日中天，在新文化阵营中已无可替代了。

接着，中共主要领导人李立三要求鲁迅发表声明拥护他的"一省与数省首先胜利"方针发起城市暴动，说明李仰赖鲁迅的号召力，同年南京政府对左翼文化采取了威胁利诱并举的方式，对鲁迅实施通缉和诱降并举之策，也说明当局有"擒王"之意，也反证出鲁迅在对手眼中的地位之高。

到此时为止，毛泽东还没有对鲁迅说什么。虽然早年鲁迅也是他的偶像，但后来毛泽东从事武装斗争，对鲁迅的后来知之甚少。直到1933年底冯雪峰到苏区后，因毛泽东当时失意，而有大量机会向毛泽东介绍鲁迅。那以后，毛泽东才开始关注鲁迅。至于他谈论鲁迅，那是在鲁迅逝世一年后。

到鲁迅逝世时，之所以有"民众葬"，誉为"民族魂"，不是毛泽东的作用，而是鲁迅已成为新文化界的偶像。

1937年以后，毛泽东才开始谈论鲁迅，对鲁迅推崇备至。

不能否认，毛泽东后来对鲁迅的大力推举，客观上是将鲁迅的崇高地位推向了极致。毛泽东的"三家五最"、"空前的民族英雄"、"中国现代第一等的圣人"、"新文化的方向"、"新文化运动的主将"、"旗手"的定位，一再声言"我的心是与鲁迅相通的"，号召全民"读点鲁迅"，都是使鲁迅戴上了神圣的光环。

但是，这里有三点必须澄清：

第一，毛泽东固然可以说是"捧"鲁迅的，但是鲁迅并不是毛泽东"捧起来"的。在毛泽东"捧"他以前，他早就是中国文化界的泰斗和偶像了，连位高权重者如蔡元培，也恭称他为"新文学开山"。"民族魂"的称誉本身已达至高无上地位，正无须乎毛泽东来"捧"他达到何种高度。

第二，以后毛泽东固然主导了对鲁迅的评价，但是他并没有"神化"鲁迅。甚至没有达到"凡是"的境地。他也议论过鲁迅的不足，例如关于鲁迅对中医的看法，关于对阿Q农民觉悟的估计，还有对鲁迅在反右中境遇的估计，以及认为鲁迅如活着，当个文联主席什么的地位的设想，等等，都表明毛泽东并没有要把鲁迅抬进神坛的意思。毛泽东是无神论者，从来没有半点要神化任何人的倾向。

第三，后来固然有不少人唯鲁迅所言是奉，即如陈独秀曾经指摘的那样，有"凡是"的倾向，但要说"神化"，毕竟言重了。客观地说，从来没有人真的把鲁迅当作神来对待，也从来没有人来讨论鲁迅身上的"神性"。只是确实有一种"凡鲁迅表扬的一定好，好到底，凡鲁迅骂过的一定不好，不好到底"的倾向甚或习惯，但无论如何还是上纲不到"线"上。

因此，今天来看，不能轻率地给人戴上"神化"的帽子。因为情况复杂，不宜简单化。正如当年人们激于情感，对鲁迅寄予了无条件的信赖，而被讥为"神化"，那么在21世纪的今天，既然人们能够省察到前人极端化的局限，为什么自己却不能避免犯另一种极端化的毛病呢？

又正如 1949 年后胡适就被逐出大陆文坛，而今天人们又试图找回胡适一样，对待历史需要更冷静客观的态度。对待鲁迅，也正需要用同样客观冷静的态度对待。今天有人拼命地贬鲁扬胡，一面絮絮叨叨地数落人们当年的贬胡扬鲁，那不正与对手一样么？而且，当时人是无意识，而且整体时代思辨水平较低，相比之下较可原谅，而在今天再用同样的方式来唱反调，岂非犯同样的错误？何况，如今既然时代有了如此巨大的变化，而思维还停留在上个世纪，这样的论者，即使他说得如何振振有词，吐沫横飞，也比当年持"凡是"思维的人们，并不见得高明，甚至愚蠢得多：那么多年过去，居然还没有一点点长进！

至于要想用否定毛泽东的评价方式来否定对鲁迅的历史地位评价，从而抬起胡适来，就更其昏聩糊涂了：其实鲁迅、胡适的历史地位，前人早有定评，几十年来早已经历了历史的验证，哪里是几番吐沫飞，就能颠覆的！在五四运动 90 年纪念的时候，重温当年人对鲁迅的"追捧"，看看今日有些人们对历史的态度，不禁感慨：有些地方，有些人，是并不与时俱进的。

2009 年 3 月 8 日

注释：

[1] 韩石山 2007 年 8 月在同济大学的演讲。

[2] 见鲁迅《呐喊·自序》。

[3] 见韩石山 2007 年 8 月在同济大学的演讲。

[4] 见陈独秀致鲁迅信。

[5] 胡适：《五十年来之中国文学》，载《〈申报〉五十周年纪念集》，1922 年 3 月。

[6] 胡适：《五十年来之中国文学》，载《〈申报〉五十周年纪念集》，1922 年 3 月。

[7] 均见所列刊物。

[8] 刊《新青年》六卷六号，1919 年。

[9]《小说月报》第 12 卷第 8 期，1921 年 8 月 10 日。

[10] 见《小说月报》第 13 卷第 2 号，1922 年 2 月 10 日。

[11] 见 1923 年 10 月 8 日《时事新报》副刊《学灯》。

[12] 见 1923 年 10 月 16 日《时事新报》副刊《学灯》。

[13] 见 1925 年 4 月 8 日《京报副刊》。

[14] 见 1925 年 5 月 11 日《京报副刊》，孙福熙：《我所见于〈示众〉者》。

[15] 见 1925 年 6 月 16 日《京报副刊·民众文艺》，《一个俄国的中国文学研究者对于〈呐喊〉的观察》。

五四人物研究

论陈独秀对新文化运动的思想贡献

欧阳哲生（北京大学历史学系教授）

　　陈独秀是新文化运动的主要代表。他创刊《青年杂志》，担任作为新文化阵营核心的北京大学文科学长，发掘包括胡适、周氏兄弟、钱玄同等在内的一批《新青年》作者和北大文科教授，是新文化阵营的主要领导者和组织者；在《新青年》上展开青年人生观探讨，高举反对孔教、"文学革命"大旗，热情传播马克思主义，制造了一系列富有影响力的话题，将这一运动一波一波推向高潮，是新文化运动的有力推动者。

　　陈独秀本人亦是一位富有感召力的思想家，他提出了一系列对新文化运动具有震撼力的文化革新思想，表现出一种激进的思想个性，这些为新文化运动拓展了一片辽阔的思想天地，使这一运动狂飙突进。在陈独秀生活的年代，对他的思想成就即有定评。1935年郭湛波在其著《近五十年中国思想史》一书中如是论及陈独秀："陈独秀是中国五十年之大思想家，大政治家；思想之锐敏，魄力之坚强，非他人所可及。是中国近代第一流的思想家。"[1]时过五十年，李泽厚在他的《中国现代思想史论》所载《胡适、陈独秀、鲁迅》一文中评及陈氏时说："与胡适相比，陈独秀在中国现代史（不只是现代思想史）上的地位要高得多，他的历史作用也大得多。然而，他的遭遇和待遇却不幸得多。""与胡适一生基本是学者不同，陈独秀一生是革命家和政治活动家。他的主要兴趣是在政治，是在挽救祖国，唤起人民。从康党到革命党，从办《甲寅》到办《新青年》，从领导五四到领导五卅到大革命，他总是站在时代和斗争的主流和急流中，尽管他最后被急流冲刷到岸边，但他仍然在思考着流速和方向。"[2]冯友兰在其晚年所著《中国现代哲学史》一书中讨论新文化运动时别有所见："新文化运动是由革命势力发动起来的，所以在一开始，内部就有两个主要派别。其间主要的不同，在于承认或不承认帝国主义的侵略是中国贫穷落后的一个主要原因，接受不接受马克思主义为政治上和学术上的指导思想，承认和接受的一派是新文化运动的左翼，不承认、不接受的一派是新文化运动的右翼。"[3]按照这一划分标准，陈独秀、李大钊被视为新文化运动的左翼，胡适、梁漱溟被视为右翼。而"蔡元培兼容并包，对于左、右两翼一视同仁地为他们创造条件，开辟道路。"[4]这些思想史家对陈独秀的评论虽然臧否不一，但不约而同地承认陈独秀是新文化运动的主要代表。陈独秀本人对此亦十分自信："五四运动，是中国现代社会发展之必然的产物，无论是功是罪，都不应该专归到那几个人；可是蔡先生、适之和我，乃是当时在思想言论上负主要责任的人。"[5]那么，从思想史的角度看，陈独秀对新文化运动独特的思想贡献主要表现在哪里？

（一）揭橥青年人生观的话题，塑造"新青年"人格，明确将新文化运动的重心指向青年，从而使这一运动与青年的命运紧密结合在一起。

陈独秀为何要创刊一份《青年杂志》？从他 1914 年 11 月 10 日发表的《〈双枰记〉叙》、《爱国心与自觉心》两文中可找到端倪。在前一文，他哀叹："十年前中国民党之零丁孤苦，岂不更甚于今日。当年咸以脆薄自伤，由今思之，有道德，有诚意，有牺牲精神，由纯粹之爱国心而主张革命，如赵伯先生，杨笃生、吴孟侠、陈望台、何靡施者。"[6]在后一文，他悲叹："今之中国，人心散乱，感情智识，两无可言。惟其无情，故视公共之安危，不关己身之喜戚，是谓之无爱国心。惟其无智，既不如彼，复不知此，是谓之无自觉心。国人无爱国心者，其国恒亡。国人无自觉心者，其国亦殆。两者俱无，国必不国。"[7]显然，他痛感新生的民国人心沦落、民党涣散，情势危殆！

《青年杂志》发刊初始，《社告》即载明其宗旨："一、国势陵夷，道衰学弊，后来责任，端在青年。本志之作盖欲与青年诸君商榷将来所以修身治国之道。二、今后时会，一举一措，皆有世界关系。我国青年虽处蛰伏研求之时，然不可不放眼以观世界。本志于各国事情、学术、思潮，尽心灌输，可备攻错。三、本志以平易之文，说高尚之理。凡学术事情足以发扬青年志趣者，竭力阐述，冀青年诸君于研习科学之余，得精神上之援助。"明确将该刊的工作定位在探讨青年修身治国之道，介绍世界形势和学术，激励青年志趣和精神。本着这一办刊宗旨，在《敬告青年》的创刊词里，陈独秀开宗明义比较中西方"青年观"的差异："窃以少年老成，中国称人之语也；年长而勿衰（Keep young while growing old），英美人相勖辞也；此亦东西民族涉想不同现象趋异之一端欤？青年如初春，如朝日，如百卉之萌动，如利刃之新发于硎，人生最可宝贵之时期也。"他提出，青年应该"自觉"追求的六大形象特征："（一）自主的而非奴隶的"，"（二）进步的而非保守的"，"（三）进取的而非退隐的"，"（四）世界的而非锁国的"，"（五）实利的而非虚文的"，"（六）科学的而非想象的"[8]。《青年杂志》自二卷一号改刊名为《新青年》时，陈独秀为此又指出为何改名"新青年"的缘由："青年何为而云新青年乎？以别夫旧青年也。同一青年也，而新旧之别安在？自年龄言之，新旧青年固可无以异；然生理上，心理上，新青年与旧青年，固有绝对之鸿沟，但不可不指陈其大别，以促吾青年之警觉。""自生理言之，白面书生，为吾国青年称美之名词。民族衰微，即坐此病。"从心理言之，"充满吾人之神经，填塞吾人之骨髓，虽尸解魂消，焚其骨，扬其灰，用显微镜点点验之，皆各有'做官发财'四大字"。在陈独秀看来，"青年之精神界欲求此除旧布新之大革命，第一当明人生归宿问题。""自不应仅以做官求荣为归宿也。""第二当明人生幸福问题"。"吾青年之于人生幸福问题，应有五种观念：一曰毕生幸福，悉于青年时代造其因；二曰幸福内容，以强健之身体，正当之职业，称实之名誉为最要，而发财不自焉；三曰不以个人幸福损害国家社会；四曰自身幸福，应以自力造之，不可依赖他人；五曰不以现在暂时之幸福，易将来永久之痛苦。信能识此五者，则幸福之追求，未尝非青年正当之信仰。"[9]

如就思想史的原创性看，陈独秀理想的"新青年"形象并无多少新意，它与梁启超在20世纪初构建的"新民说"有诸多相同之处。但在民国初年沉闷的政治环境里，当一代青年处在彷徨无路、徘徊不前之际，陈独秀为大家注射了一针强兴剂，使青年们奋起向前。

陈独秀适时地指出当时青年所应有的"政治的觉悟"、"伦理的觉悟"，这是他的"青年观"的一大特点。他认为这是明代中叶中西交通以来中国人的"最后之觉悟"。所谓"政治的觉悟"包括国民对自身正当政治权利的要求，以自由的、自治的国民政治代替官僚的专制的个人政治，多数国民对于政治"自觉其居于主人的主动的地位为唯一根本之条件"。所谓"伦理的觉悟"，"以独立、平等、自由为原则，与纲常阶级制为绝对不可相容之物，存其一必废其一"。陈独秀以为"伦理的觉悟，为吾人最后觉悟之最后觉悟"[10]。这就将思想解放的锋芒直指伦理领域。

陈独秀"青年观"的另一特点是他重视传统道德的现代性转换，提出"所谓持续的治本的爱国主义"。它包括诸种美德：一、勤。人力是"最重大之生产要素"，"人力废而产业废，产业衰而国力瘠，爱国君子，必尚乎勤！"二、俭。"国民而无贮蓄心，浪费资财于不生产之用途，则产业凋敝，国力衰微，可立而俟。""人人节衣省食，以为国民兴产殖业之基金，爱国君子，何忍而不出此？"三、廉。"以中国人专以造罪恶而得金钱，复以金钱造成罪恶也，但有钱可图，便无恶不作。""'贪'之一字，几为吾人之通病，此而不知悔改，更有何爱国之可言！"四、洁。华人不洁之习，招西人之侮，被视为"世界不洁之民族"。不洁之习，"民德由之堕落，国力由之衰微。此于一群之进化，关系匪轻，是以爱国志士，宜使身心俱洁"。五、诚。"浮词夸诞，立言之不诚也；居丧守节，道德之不诚也；时亡而往拜，圣人之不诚也。吾人习于不诚也久矣。""吾愿爱国志士，无论维新守旧，帝党共和，皆本诸良心之至诚，慎厥终始，以存国民一线之人格。"六、信。"人而无信，不独为道德之羞，亦且为经济之累。""是故民信不立，国之金融，决无起死回生之道。政府以借债而存，人民以盗窃而活，由贫而弱，由弱而亡，讵不滋痛！"上述六德，"固老生之常谈，实救国之要道。"[11]也就是说，由于陈独秀赋予其新的内含，这些古老的美德才显现出很强的现实感和现代意义。

陈独秀的"青年观"重视个体、重视个人与社会的关系，这是他区别于传统人生观的主要所在。传统人生观注重个人与家族、宗族的关系，置个人于血缘关系之中；注重个人对君主的尽忠，将个人的命运与君主之"国"联系在一起。也就是说，忠孝是传统人生观的归宿。在《人生真义》一文中，陈独秀表述了自己对个人与社会相互关系的见解：一、"人生在世，个人是生灭无常的，社会是真实存在的。"二、"社会的文明幸福，是个人造成的，也是个人应该享受的。"三、"社会是个人集成的，除去个人，便没有社会；所以个人的意志和快乐，是应该尊重的。"四、"社会是个人的总寿命，社会解散，个人死后便没有联续的记忆和知觉；所以社会的组织和秩序，是应该尊重的。"五、"执行意志，满足欲望是个人生存的根本理由，始终不变的。"六、"一切宗教、法律、道德、政治，不过是维持社会不得已的方法，非个人所以乐生的原意，可以随着时势变更的。"七、"人生幸福，是人生自身出力造成的，非是上帝所赐，也不是听其自然所能成就的。若是上帝所赐，何以厚于今人而薄于古人？若是听其自然所能成就，何以世界各民族的幸福不能够一样呢？"八、"个人之在社会，好像细胞之在人身，生死无常，新陈代谢，本是理所当然，丝毫不足恐怖。"九、"要享幸福，莫怕痛苦。现在个人的痛苦，有时可以造成未来个人的幸福。譬如有主义的战争所流的血，往往洗去人类或民族的污点，极大的瘟疫，往往促成科学的发达。"[12]个人与社会均以追求幸福、享受幸福为目的，个人造福社会，社会构建维持个人幸福的秩序，这就是陈独秀的人生观。

在陈独秀的带领下，《新青年》杂志形成了一股对青年问题探讨的热潮。检索一遍《青年杂志》（《新青年》）上发表的与"青年"这一主题有关的篇目就有：高一涵《共和国家与青年之自觉》（一卷一、二、三号）、一青年《青年论》（英汉对译，一卷一号）、谢鸿《德国青年团》（一卷三号）、高语罕《青年与国家之前途》（一卷五号）、孟明《青年与性爱》（一卷五号）、易白沙《战云中之青年》（一卷六号）、高语罕《青年之敌》（一卷六号）、李大钊《青春》（二卷一号）、吴稚晖《青年之工具》（二卷二号）、刘叔雅《欧洲战争与青年之觉悟》（二卷二号）、谢鸿《法国青年团》（二卷二号）、记者《欧洲飞机阵中之中国青年》（二卷三号）、康普《中国童子军》、《童子军会报告》（二卷五号）、李次山《少年共和国》、《青年之生死关头》（三卷一号）、李大钊《青年与老人》（三卷二号）、郑佩昂《说青年早婚之害》（三卷五号）、罗家伦《青年学生》（四卷一号）、陶履恭《新青年之新道德》（四卷二号）、鲁迅《一个青年的梦》（七卷二、三、四号）、朱希祖《敬告新的青年》（七卷三号）等，至于实际论及青年人生、婚恋问题的篇章则更多。可以说，《新青年》就其探讨的主题和展现的内容来看，是一份名副其实的青年杂志。《新青年》的这一工作定位，对新文化运动和五四运动有着深刻的影响，这两大运动的最大成果就是唤醒了一代青年，也造就了一代青年，使他们成为继之而兴的共产党和"国民革命"的主要骨干力量。

（二）反对康有为提出的以孔教为国教、并编入宪法的建议，认定孔教不适宜现代生活，孔教与宪法精神不符，从而将孔教排除在现代公共道德生活、政治生活之外。

胡适在为《吴虞文录》作序时，称赞陈独秀、吴虞"是近年来攻击孔教最有力的两位健将"[13]。如就实际影响力而言，吴与陈不能同日而语。在《新青年》上我们可以看到，最早提出并探讨孔子问题的是易白沙的《孔子平议》（一卷六号、二卷一号），但将这一问题与现实政治联系起来，并对现实社会和政坛产生震撼作用的却是陈独秀，他先后发表《驳康有为致总统总理书》（二卷二号第四篇）、《宪法与孔教》（二卷三号首篇）、《孔子之道与现代生活》（二卷四号首篇）、《再论孔教问题》（二卷五号首篇）、《复辟与尊孔》（三卷六号首篇）等文，从这些文章置于刊首的编排看，足见陈独秀对这一问题的重视，陈独秀实为新文化阵营中反对孔教的旗手。

陈独秀反对孔教之说，源于康有为《上北京书》，提出"以孔子为大教，编入宪法，复祀孔子之拜跪，明令保守府县学官及祭田，皆置奉祀官，勿得荒废污莱，勿得以他职事假赁侵占。"[14]陈独秀不失时机地抓住这一机会，全方位地开展对孔教的批判。首先，他将孔教与复辟帝制并联在一起，从而在政治上置孔教于反面地位。"孔教与帝制，有不可离散之因缘；若并此二者而主张之，无论为祸中国与否，其一贯之精神，固足自成一说。"[15]"盖主张尊孔，势必立君；主张立君，势必复辟，理之自然，无足怪者。故曰：张、康复辟，其事虽极悖逆，亦自有其一贯之理由也。张、康虽败，而所谓'孔教会'、'尊孔会'，尚遍于国中，愚皆以为复辟党也。盖复辟尚不必尊孔，以世界左祖君主政治之学说，非独孔子一人。若尊孔而不主张复辟，则妄人也，是不知孔子之道者也。"[16]第二，反对在宪法中写入尊崇孔教的条款，认为这与民国崇尚思想自由的宪法精神不符。陈独秀认为："以何者为教育大本，万国宪法，无此武断专横之规定。而孔子之道适宜于民国教育精神与否，犹属第二问题。盖宪法者，全国人民权利之保证书也，决不可杂以优待一族、一教、一党、一派人之作用。以今世学术思想之发达，无论集硕学若干辈，设会讨论教育大本，究应以何人学说为宗，吾知其未敢轻决而著书宣告于众。况挟堂堂国宪，强全国之从同，以阻思想信仰之自由，其无理取闹，宁非奇谈！"[17]"宪法中不能规定以何人之道为修身大本，固不择孔子与卢梭也。岂独反对民权共和之孔道不能定入宪法以为修身之大本？即提倡民权共和之学派，亦不能定入宪法以为修身之大本。盖法律与宗教教育，义各有畔，不可相乱也。"[18]第三，从中国的国情看，中国历史上并无国教之说。"吾国非宗教国，吾国人非印度犹太人，宗教信仰心，由来薄弱，教界伟人，不生此土，即勉强杜撰一教宗，设立一教主，亦必无何等威权，何等荣耀。若虑风俗人心之漓薄，又岂干禄作伪之孔教所可救治？古人远矣！"[19]"夫'孔教'二字，殊不成一名词。""孔教名词，起源于南北朝三教之争。其实道家之老子与儒家之孔子，均非教主。其立说之实质，绝无宗教家言也。夫孔教之名词既不能成立，强欲定孔教为国教者，讵非妄人？"[20]第四，从孔子本身的思想看，它并不适宜现代生活。"孔子生长封建时代，所提倡之道德，封建时代之道德也；所垂示之礼教，即生活状态，封建时代之礼教，封建时代之生活状态也；所主张之政治，封建时代之政治也。封建时代之道德、礼教、生活、政治，所心营目注，其范围不越少数君主贵族之权利与名誉，于多数国民之幸福无与焉。何以明之？儒家之言：社会道德与生活，莫大于礼；古代政治，莫重于刑。而《曲礼》曰：'礼不下庶人，刑不上大夫。'此非孔子之道及封建时代精神之铁证也耶？"[21]最后，从现实需要看，应以科学信仰为正轨。"人类将来真实之信解行证，必以科学为正轨，一切宗教，皆在废弃之列"。"余辈对于科学之信仰，以为将来人类达于觉悟获享幸福必由之正轨，尤为吾国目前所急需，其应提倡尊重之也，当然在孔教、孔道及其他宗教哲学之上。"[22]

吴虞"是学过法政的人"，"他的非孔文章大体都注意那些根据孔道的种种礼教，法律制度，风俗。他先证明这些礼法制度都是根据于儒家的基本教条的，然后证明这种种礼法制度都是一些吃人的礼教和一些坑陷人的法律制度。"[23]陈独秀则主要是从政治层面反对孔教。陈、吴二人反对孔教的言论，代表了新文化运动的一个重要方面。有的论者认为："陈先生在近代思想史的贡献，不在西洋思想的介绍，而在笼罩中国二千余年思想之破坏。孔子的学说思想在中国已根深蒂固，深入社会人心。故攻击孔子学说最力，成为空前的大论战，终结笼罩二千余年的孔子学说，根本动摇，威信扫地。"[24]从民国初年反孔与尊孔之间的斗争来看，从制度上解构儒学意识形态应是民国元年（1912年）蔡元培任教育总长时取消经科的举措。民国五年（1916年）康有为在袁世凯倒毙后重提孔教之议，但康氏背负"保皇"、复辟的恶名，在当时已不复具有号召力。陈、吴主要是从思想上解构儒学意识形态。所以胡适后来说："孔家店之倒也，也不自今日始也。满清之倒，岂辛亥一役为之？辛亥之役乃摧枯拉朽之业。我们打孔家店，乃今回想，真同打死老虎，既不居其功，亦不足言罪也！"[25]在如何具体评估孔孟及其思想的现代意义上，新文化阵营内部并不一致。蔡元培取消经科，主要是基于"思想自由"的原则，他本人对儒家的"中庸之道"却极为推崇。胡适虽为《吴虞文录》作序，但他晚年自述："对孔子和早期的'仲尼之徒'如孟子，都是相当尊崇的"，"对十二世纪'新儒学'（Neo-Confucianism）（'理学'）的开山宗师的朱熹，也是十分崇敬的。"[26]李大钊也明白表示："故余掊击孔子，非掊击孔子本身，乃掊击孔子之为历代君主所雕塑之偶像的权威也；非掊击孔子之本身，乃掊击专制政治之灵魂也。"[27]孔子、儒家、经学自有其不朽的文化价值。如何认识孔子思想的现代意义，如何评估儒学这笔巨大的思想遗产，仍是新文化运动未竟的一项艰巨任务。

（三）倡导革命的思想观念，力图在道德、文学、政治各个领域开展革命，推动近代中国从传统到现代的换型。

陈独秀是一位老革命党人，他有意将自己的革命观念运用到文化领域，故在新文化运动中处处表现了一个革命家的情怀。胡适说："在袁世凯要实现帝制时，陈先生知道政治革命失败是因为没有文化思想这些革命，他就参加伦理革命，宗教革命，道德的革命，在《新青年》上有许多基本革命的信条"。"民国五年袁世凯死了，他说新时代到了，自有史以来，各种罪恶耻羞都不能洗尽，然而新时代到了，他这种革命的精神，与我们留学生的消极的态度，相差不知多少。他那时所主张的不仅是政治革命，而且是道德艺术一切文化的革命！"[28]可见，陈独秀的革命精神使其在《新青年》同人中高出一格。

陈独秀的革命观念从外部来说，来自于他对近代欧洲历史的认识。"今日庄严灿烂之欧洲，何自而来乎？曰，革命之赐也。欧语所谓革命者，为革故更新之义，与中土所谓朝代鼎革，绝不同类；故自文艺复兴以来，政治界有革命，宗教界亦有革命，伦理道德亦有革命，文学艺术亦莫不有革命，莫不因革命而新兴而进化。近代欧洲文明史，直可谓之革命史。故曰，今日庄严灿烂之欧洲，乃革命之赐也。"所以，陈独秀创刊《青年杂志》，其意就是开展一场文化革命，他寻找一切可能的机会作为革命的突破口，反对孔教是为此，推动"文学革命"亦是如此。"孔教问题，方喧呶于国中，此伦理道德革命之先声也。文学革命之气运，酝酿已非一日，其首举义旗之急先锋，则为吾友胡适。余甘冒全国学究之敌，高张'文学革命军'大旗，以为吾友之声援。"[29]

陈独秀的革命观念从内在来说，来自于他所谓新旧对立的思想逻辑。他借抨击帝制表现了这一思想："如今要巩固共和，非先将国民脑子里所有反对共和的旧思想，一一洗刷干净不可。因为民主共和的国家组织、社会制度、伦理观念，和君主专制的国家组织、社会制度、伦理观念全然相反，一个是重在平等精神，一个是重在尊卑阶级，万万不能调和的。若是一面要行共和政治，一面又要保存君主时代的旧思想，那是万万不成。"[30]他在《〈新青年〉罪案之答辩书》为这一观念作了雄辩："本志同人本来无罪，只因为拥护那德莫克拉西（Democracy）和赛因斯（Science）两位先生，才犯了这几条滔天的大罪。要拥护那德先生，便不得不反对孔教、礼法、贞节、旧伦理、旧政治。要拥护那赛先生，便不得不反对旧艺术、旧宗教。要拥护德先生又要拥护赛先生，便不得不反对国粹和旧文学。"[31]新旧对立，新旧不能并存，这是陈独秀为革命铸造的思想逻辑。

陈独秀的革命思想具有浓厚的"破坏"色彩。他在《偶像破坏论》，表达了破除一切旧习俗、旧观念、旧势力的坚定信念。陈独秀所指的"偶像"包括：泥塑木雕的偶像、鬼神、上帝、宗教、君主、国家、节孝的观念等。在这里，陈独秀集反传统偶像论者、非宗教信仰（包括佛教、基督教）者、反对君主制者和反对国家的无政府主义者、传统观念的反叛者多重身份于一身，这完全是一个颠覆一切旧传统、旧思想的革命家的观念。在他看来，"偶像"的共同之处就是虚伪、虚荣、虚假。"'一声不做，二目无光，三餐不吃，四肢无力，五官不全，六亲无靠，七窍不通，八面威风，九（音同久）坐不动，十（音同实）是无用。'这几句形容偶像的话，何等有趣！偶像何以应该破坏，这几句话可算说得淋漓尽致了，但是世界上受人尊重，其实是个无用的废物，又何只偶像一端？凡是无用而受人尊重的，都是废物，都算是偶像，都应该破坏！"为什么要破坏"偶像"呢？"世界上真实有用的东西，自然应该尊重，应该崇拜；倘若本来是件无用的东西，只因人人尊重他，崇拜他，才算得有用，这班骗人的偶像倘不破坏，岂不教人永远上当么？"陈独秀喊出的口号是："破坏！破坏偶像！破坏虚伪的偶像！吾人信仰，当以真实的合理的为标准。宗教上，政治上，道德上，自古相传的虚荣，欺人不合理的信仰，都算是偶像，都应该破坏！此等虚伪的偶像倘不破坏，宇宙间实在的真理和吾人心坎儿里彻底的信仰永远不能合一！"[32]这种"破坏偶像"的姿态，实在是一个大无畏的彻底的革命家的立场。

陈独秀的革命思想还带有强制、果断的性质。他在回答胡适对"文学革命"应该容许讨论的看法时如是说："鄙意容纳异己，自由讨论，固为学术发达之原则，独至改良中国文学，当以白话为文学正宗之说，其是非甚明，必不容反对者有讨论之余地，必以吾辈所主张者为绝对之是，而不容他人之匡正也。"[33]陈独秀的这种果断、甚至武断态度，不只是在"文学革命"中是如此，在其他领域（如道德、反孔教等）也是如此。

《新青年》同人不同程度、不同角度地表现了一种"有意偏激"的革命姿态。胡适提出"重新估定一切价值"的"评判的态度"时，他也认为"要反对调和"："因为评判的态度只认得一个是与不是，一个好与不好，一个适与不适，——不认得什么古今中外的调和。调和是社会的一种天然趋势。人类社会有一种守旧的惰性，少数人只管趋向极端的革新，大多数人至多只能跟你走半程路。这就是调和。""所以革新家的责任只是认定'是'的一个方向走去，不要回头讲调和。"[34]鲁迅也一针见血地批评中国人的国民性过于温和，因而主张进行激烈的改革："中国人的性情是总喜欢调和，折中的，譬如你说，这屋子太暗，须在这里开一个窗，大家一定不允许的。但如果你主张拆掉屋顶，就会来调和，愿意开窗了。没有更激烈的主张，他们总连平和的改革也不肯行。那时白话文之得以通行，就因为有废掉中国字而用罗马字母的议论的缘故。"[35]他还说："可惜中国太难改变了，即使搬动一张桌子，改装一个火炉，几乎也要血；而且即使有了血，也未必一定能搬动，能改装。不是很大的鞭子打在背上，中国自己是不肯动弹的。"[36]陈独秀的革命思想更使新文化运动带有狂飙突进的色彩，胡适谈及他俩在"文学革命"时的互补时说："若照他（指胡适——作者按）这个态度做去，文学革命至少还须经过十年的讨论与尝试。但陈独秀的勇气恰好补救这个太持重的缺点。"[37]从新文化运动的历史进程看，不仅"文学革命"运动得益于陈独秀这种奋勇前驱的革命精神，其他伦理、道德、政治革命也是如此。

1920年当陈独秀转变成为一个马克思主义者后，他对革命有了更高的自觉：（1）"我们为什么要革命？是因为现社会底制度和分子不良，用和平的方法改革不了才取革命的手段。"（2）"革命不过是手段不是目的，除旧布新才是目的。"（3）"政治革命是要出于有知识、有职业的市民，社会革命是要出于有组织的生产劳动者，然后才有效果。"因此，他认为"革命是神圣事业，是不应该许社会上恶劣分子冒牌的呀！"[38]可以说，陈独秀是一个自觉的、与时俱进的革命者。"五四"以后，革命作为正面的观念深入人心，而不是乱党的代名，陈独秀的力倡功不可没。

（四）推崇法国、俄国革命，有意识地将新文化运动引向法俄型的革命道路，为马克思主义在中国的兴起开辟了道路。

陈独秀极口称赞法国、俄国革命在世界近代史上的作用："十八世纪法兰西的政治革命，20世纪俄罗斯的社会革命，当时的人都对着他们极口痛骂；但是后来的历史家，都要把他们当做人类社会变动和进化的大关键。"[39]陈独秀对近代历史的这一认识，是他为自己选择革命所下的注脚。

胡适谈到陈独秀与新文学运动的关系时特别指出："他受法国文化的影响较大，他的英文、法文都可以看书，我记得《青年杂志》（即后来的《新青年》）上，他做过一篇《法兰西人与近代文明》，表示他极端的崇拜法国的文化。"[40]在《法兰西人与近代文明》一文中，陈独秀极力推崇法国近代文化，他如是评价法国文化在西洋文明中的先导地位："近世文明，东西洋绝别为二。代表东洋文明者，曰印度，曰中国。此二种文明虽不无相异之点，而大体相同，其质量举未能脱古代文明之窠臼，名为'近世'，其实犹古之遗也。可称曰'近世文明'者，乃欧罗巴人之所独有，即西洋文明也，亦谓之欧罗巴文明。移植亚美利加，风靡亚细亚者，皆此物也。欧罗巴之文明，欧罗巴各国人民皆有所贡献，而其先发主动者率为法兰西人。"[41]在陈独秀的心目中，法兰西人是西洋文明中的先进民族。

陈独秀认为："近代文明之特征，最足以变古之道，而使人心社会划然一新者，厥有三事：一曰人权说，一曰生物进化论，一曰社会主义，是也。""此近世三大文明，皆法兰西人之赐。世界而无法兰西，今日之黑暗不识仍居何等。"当陈独秀发表《法兰西人与近世文明》一文时，欧战正酣，法、德双方激战，尽管德国在科技、军事方面拥有优势，陈独秀却并不看好德国，而是偏袒法国，因为德国"特其多数人之心理，爱自由爱平等之心，为爱强国强种之心所排而去，不若法兰西人之嗜平等、博爱、自由，根于天性，成为风俗也。"所以，陈独秀认为："若法兰西人，其执戈而为平等、博爱、自由而战者，盖十人而八九也。即战而败，其创造文明之大恩，吾人亦不可因之忘却。"[42]陈独秀心中的法、德之战不仅仅是两大强国之间的战争，而且是平等、自由、博爱与反平等、反自由、反博爱之战，是一场具有意识形态意义的战争。陈独秀与当时观察这场战争的其他中国思想家的看法迥然相异。老一辈启蒙思想家如严复、梁启超眼观第一次世界大战的战火，对"西方的没落"表现出极度的灰心和失望；年青的胡适从这场战争获得的则是对一种具有力感的和平主义、世界主义观念的思想灵感。陈独秀将法国与德国之间的大战界定为民主与强权的冲突，反映了他对法国文化特别的偏好。

胡适还提到陈独秀对法国文学介绍的贡献。"其实陈先生受自然主义的影响最大，看他一篇《欧洲文艺谈》把法国文学艺术的变化分成几个时期：（1）从古典主义到理想主义（即浪漫主义）；（2）从浪漫主义到写实主义；（3）从写实主义到自然主义，把法国文学上各种主义详细地介绍到中国，陈先生算是最早的一个，以后引起大家对各种主义的许多讨论。"[43]胡适提到的陈独秀这篇《现代欧洲文艺史谭》，主要介绍法国的自然主义文学。"自然主义，唱于十九世纪法兰西之文坛，而左喇 Emile Zola，为之魁。氏之毕生事业，唯执笔耸立文坛，笃崇所信，以与理想派文学家勇战苦斗，称为自然主义之拿破仑。此派文艺家所信之真理，凡属自然现象，莫不有艺术之价值，梦想理想之人生，不若取夫世事人情，诚实描写之有以发挥真美也。""现代欧洲文艺，无论何派，悉受自然主义之感化。作者之先后辈出，亦远过前代，世所称代表者，或举俄罗斯之托尔斯泰，法兰西之左喇，那威之易卜生，Heurik Ibesn.（1828～1906年）。"[44]陈独秀对法国文学中的自然主义流派的介绍，对新文学运动和"五四"时期的个性解放运动有很大的引导作用。

俄罗斯"二月革命"以后，陈独秀迅即发表了《俄罗斯革命与我国民之觉悟》一文，预测此后世界形势与中国之关系：（1）"吾国民第一所应觉悟者，欧洲战争，无意识者恒少，故战后而不改革进步者亦恒少。"（2）"吾国民所应觉悟者，此次欧战之原因结果，固甚复杂，而君主主义与民主主义之消长，侵略主义与人道主义之消长，关系此战乃至巨焉。"（3）"吾国民所应觉悟者，吾可怜之中华，未能日久生存于均势之下也。"（4）"吾国民所应觉悟者，俄罗斯之革命，非徒革俄国皇族之命，乃以革世界君主主义、侵略主义之命也。吾祝其成功。"（5）"吾国民所应觉悟者，即令俄之新政府，以非战故与德单独言和，或德意志利用俄之纷扰，目前军事上获若干胜利，吾料新俄罗斯非君主非侵略之精神，将蔓延于德、奥及一切师事德意志之无道国家，宇内情势，因以大变。""吾国民倘有上陈种种之觉悟，自应执戈而起，随列强之后，惩彼代表君主主义、侵略主义之德意志，以扶人类之正义，以寻吾国之活路。"[45]预见到第一次世界大战结束后世界可能出现新的转机，并警示中国应有的自我觉悟，才能找到战后的"活路"。

陈独秀对马克思主义的传播不及李大钊早，也不像后起的一些马克思主义者思想转变比较彻底。他对马克思主义的系统阐释为时较晚，直到《社会主义批评》（1921年1月19日）、《马克思学说》（1922年7月）等文发表后，才显现出他与无政府主义、基尔特社会主义、社会民主主义明确划清了界限。毛泽东评及陈独秀对马克思主义在中国的传播的历史功过时说："我说陈独秀在某几点上，好像俄国的普列汉诺夫，做了启蒙运动的工作，创造了党，但他思想上不如普列汉诺夫。普列汉诺夫在俄国做过很好的马克思主义的宣传。陈独秀则不然。"[46]在理论上，陈独秀比不上俄国的普列汉诺夫，这是事实。但共产主义能够在中国兴起，陈独秀无疑是关键人物。没有陈独秀、李大钊的几篇宣传马克思主义的文章很有可能流为划破茫茫夜空的思想火花，稍纵即逝；没有陈独秀，社会主义思潮也不会那么快与实际政治相结合，并产生她的政党组织——中国共产党。陈独秀是马克思主义之蔚为思潮，共产主义分子者之组建共产党的中坚人物。因为这二者的真正兴起，都是在陈独秀离开北京南下上海后，才出现真正的转机。1920 年 5 月，陈独秀在上海发起"马克思主义研究会"，发起组织中国共产党；《新青年》七卷六号出版"劳动节纪念号"，八卷（1920 年 9 月 1 日）以后连续刊载"俄罗斯专栏"，变成以主要宣传俄国十月革命和社会主义运动的中国共产党上海发起组的机关刊物，这一切都是在陈独秀领导下完成的。至于陈独秀没有像俄国普列汉诺夫那样对马克思主义的传播做出理论贡献，这并不是他个人的问题，而是中国共产党早期难以避免的一个问题。从俄国十月革命爆发，到中国出现象李大钊这样的马克思主义者，再到中国共产党的成立，不过三、四年时间，在这样短促的时间，要求产生一位理论大家显然是一种不恰当的苛求。

在新文化阵营中，陈独秀是一位不忘情于现实政治的思想家。创办《青年杂志》之初，他虽曾宣布："批评时政，非其旨也。"[47]但前三卷均设有"国内大事记"、"国外大事记"栏目，他探讨青年人生观，反对孔教，都表明他对现实政治的深切关怀，所以他很快走向"谈政治"、干政治并不为奇。陈独秀又是一位极具现代意识的思想家，他对传统的反叛，他对个人主义、思想自由、科学观念、民主政治、革命思想的阐释，反映了他对现代性的强烈追求。他将现代化简化为民主、科学，为新文化运动树立德先生、赛先生两面大旗，也反映了他对建构一种新的现代意识形态的追求。陈独秀对传统的批判、对现实政治的批判，都建立在他对建构现代意识形态的自觉上，这是他超越同时代思想家之处。陈独秀思想这种现实性、现代性和批判性的特征正是新文化运动本身的主体特征。作为新文化运动的发动者，陈独秀思想粗犷，他的理论修养既不如年长的蔡元培，也不如年青的胡适，他俩都受过系统的西方哲学训练，对理论探讨有职业思想家（或思想史家）的兴趣。在革命理论修养方面，陈独秀也不如李大钊，李氏在日本接受过较为系统的政治理论教育和训练。他激情有余而理性思考不足，破坏太甚而实际建树却少，行动果敢而思想并不周全。从他的真正兴趣所在和表述的思想内容来看，他实为一位思想倾向行动，政治重于文化的政治思想家。新文化运动之转变为一场政治运动，与他的个人取向有着相当密切的关系。

注释：

［1］郭湛波：《近五十年中国思想史》，济南：山东人民出版社，1997 年 3 月版，第 82 页。此书 1935 年 11 月由北平人文书店初版，初题《近三十年中国思想史》。1936 年 3 月修订再版，改题《近五十年中国思想史》。

［2］李泽厚：《中国现代思想史论》，东方出版社，1987 年 6 月，第 99～100 页。

［3］冯友兰：《中国现代哲学史》，广东人民出版社，1999 年 8 月，第 62 页。

［4］冯友兰：《中国现代哲学史》，第 63 页。

［5］陈独秀：《蔡孑民先生逝世后感言》，原载 1940 年 3 月 24 日《中央日报》，收入《陈独秀文章选编》下册，第 642 页。

［6］收入《陈独秀著作选》上册，上海人民出版社，1993 年 4 月，第 110 页。

［7］收入《陈独秀文章选编》上册，第 67 页。

［8］陈独秀：《敬告青年》，原载 1915 年 9 月 15 日《青年杂志》第 1 卷第 1 号，收入《陈独秀文章选编》上册，三联书店，1984 年 6 月版，第 73～78 页。

［9］陈独秀：《新青年》，原载 1916 年 9 月 1 日《新青年》第 2 卷第 1 号，收入《陈独秀文章选编》上册，第 112～114 页。

［10］陈独秀：《吾人最后之觉悟》，原载 1916 年 2 月 15 日《青年杂志》第 1 卷第 6 号，收入《陈独秀文章选编》上册，第 107～109 页。

［11］陈独秀：《我之爱国主义》，原载 1916 年 10 月 1 日《新青年》第 2 卷第 2 号，收入《陈独秀文章选编》上册，第 131～136 页。

［12］陈独秀：《人生真义》，原载 1918 年 2 月 15 日《新青年》第 4 卷第 2 号，收入《陈独秀文章选编》上册，第 239～240 页。

［13］胡适：《吴虞文录》序，原载 1921 年 6 月 20、21 日《晨报副镌》，收入欧阳哲生编《胡适文集》第 2 册，第 609 页。

［14］康有为：《致北京书》，原载 1916 年 9 月 20 日《时报》，收入汤志钧编《康有为政论集》下册，中华书局，1981 年，第 957 页。

［15］陈独秀：《驳康有为致总统总理书》，原载 1916 年 10 月 1 日《新青年》第 2 卷第 2 号，收入《陈独秀文章选编》上册，第 139～140 页。

［16］陈独秀：《复辟与尊孔》，原载 1917 年 8 月 1 日《新青年》第 3 卷第 6 号，收入《陈独秀文章选编》上册，第 232 页。

［17］陈独秀：《宪法与孔教》，原载 1916 年 11 月 1 日《新青年》第 2 卷第 3 号，收入《陈独秀文章选编》上册，第 145 页。

［18］陈独秀：《再论孔教问题》，原载 1917 年 1 月 1 日《新青年》第 2 卷第 5 号，收入《陈独秀文章选编》上册，第 166 ~ 168 页。

［19］陈独秀：《驳康有为致总统总理书》，原载 1916 年 10 月 1 日《新青年》第 2 卷第 2 号，收入《陈独秀文章选编》上册，第 139 ~ 140 页。

［20］陈独秀：《再论孔教问题》，原载 1917 年 1 月 1 日《新青年》第 2 卷第 5 号，收入《陈独秀文章选编》上册，第 166 ~ 168 页。

［21］陈独秀：《孔子之道与现代生活》，原载 1916 年 12 月 1 日《新青年》第 2 卷第 4 号，收入《陈独秀文章选编》上册，第 155 页。

［22］陈独秀：《再论孔教问题》，原载 1917 年 1 月 1 日《新青年》第 2 卷第 5 号，收入《陈独秀文章选编》上册，第 166 ~ 168 页。

［23］胡适：《吴虞文录》序，原载 1921 年 6 月 20、21 日《晨报副镌》，收入欧阳哲生编《胡适文集》第 2 册，第 609 页。

［24］郭湛波：《近代中国思想史》，香港：龙门书店，1973 年 3 月版，第 304 页。

［25］胡适：《论六经不够作领袖人才的来源》，原载 1932 年 9 月 11 日《独立评论》第 11 号，《胡适文存第四集》卷四，收入《胡适文集》第 5 册，第 421 页。

［26］胡适著、唐德刚译注：《胡适口述自传》第十二章《现代学术与个人收获》，收入《胡适文集》第 1 册，北京大学出版社，1998 年，第 418 页。

［27］李大钊：《自然的伦理与孔子》，载 1917 年 2 月 4 日《甲寅》日刊，收入《李大钊文集》第 1 册，人民出版社，第 250 页。

［28］胡适：《陈独秀与文学革命》，原载 1932 年 10 月 30、31 日《世界日报》，收入《胡适文集》第 12 册，第 35 页。

［29］陈独秀：《文学革命论》，原载 1917 年 2 月 1 日《新青年》第 2 卷第 6 号，收入《陈独秀文章选编》上册，第 172 页。

［30］陈独秀：《旧思想与国体问题——在北京神州学会讲演》，原载 1917 年 5 月 1 日《新青年》第 3 卷第 3 号，收入《陈独秀文章选编》上册，第 206 页。

［31］陈独秀：《〈新青年〉罪案之答辩书》，原载 1919 年 1 月 15 日《新青年》第 6 卷第 1 号，收入《陈独秀文章选编》上册，第 317 页。

［32］陈独秀：《偶像破坏论》，原载 1918 年 8 月 15 日《新青年》第 5 卷第 2 号，收入《陈独秀文章选编》上册，第 276 ~ 279 页。

［33］陈独秀：《再答胡适之（文学革命）》，原载 1917 年 5 月 1 日《新青年》第 3 卷 3 号，收入《陈独秀文章选编》上册，第 208 页。

［34］胡适：《新思潮的意义》，原载 1919 年 12 月 1 日《新青年》第 7 卷第 1 号，收入欧阳哲生编《胡适文集》第 2 册，第 557 页。

［35］鲁迅：《三闲集·无声的中国》，收入《鲁迅全集》第 4 卷，人民文学出版社，1982 年，第 13 ~ 14 页。

［36］鲁迅：《坟·娜拉走后怎样》，收入《鲁迅全集》第 1 卷，第 164 页。

［37］胡适：《五十年来中国之文学》，《胡适文存二集》卷二，收入《胡适文集》第 3 册，第 255 页。

［38］陈独秀：《革命与作乱》，载 1920 年 12 月 1 日《新青年》第 8 卷第 4 号，收入《陈独秀文章选编》中册，第 64 页。

［39］陈独秀：《二十世纪的俄罗斯革命》，载 1919 年 4 月 20 日《每周评论》第 18 号，收入《陈独秀文章选编》上册，第 381 页。

［40］胡适：《陈独秀与文学革命》，载 1932 年 10 月 30、31 日北平《世界日报》，收入欧阳哲生编《胡适文集》第 12 册，第 34~35 页。

［41］陈独秀：《法兰西人与近世文明》，载 1915 年 9 月 15 日《青年杂志》第 1 卷第 1 号，收入《陈独秀文章选编》上册，第 79 页。

［42］陈独秀：《法兰西人与近世文明》，载 1915 年 9 月 15 日《青年杂志》第 1 卷第 1 号，收入《陈独秀文章选编》上册，第 81 页。

［43］胡适：《陈独秀与文学革命》，载 1932 年 10 月 30、31 日北平《世界日报》，收入欧阳哲生编《胡适文集》第 12 册，第 35 页。

［44］陈独秀：《现代欧洲文艺史谭》，载 1915 年 11 月 15 日《青年杂志》第 1 卷第 3 号，收入任建树等编《陈独秀著作选》第一卷，上海人民出版社，1993 年 4 月，第 156~157 页。

［45］陈独秀：《俄罗斯革命与我国民之觉悟》，载 1917 年 4 月 1 日《新青年》第 3 卷第 2 号，收入《陈独秀文章选编》上册，第 197~198 页。

［46］毛泽东：《"七大"工作方针》，载 1981 年 7 月 17 日《人民日报》。

［47］陈独秀：《通信·答王庸工（国体）》，载 1915 年 9 月 15 日《青年杂志》第 1 卷第 1 号，收入《陈独秀文章选编》上册，第 82 页。

陈独秀的两位特殊的战友

唐宝林（中国社会科学院近代史研究所）

  说到新文化运动中的文学革命，除了主将胡适和掌握帅旗的陈独秀之外，还应提到两位干将：钱玄同和刘半农。

  钱玄同在当时就被人称为"文学革命军里一个冲锋健将"，又说他是"说话最有胆子的一个人"。鲁迅后来则称他是"在寂寞中奔驰的猛士"。这是因为他在这个革命中做出了重大的贡献，而且在某些方面比陈独秀还要狂狷和偏颇。他出身于书香门第，因此旧学的功底十分深厚，而思想的发展也与同时代先进分子的相似，信仰过康、梁维新主义，转而赞成"排满革命"。1905 年赴日后，参加过张继、刘师培举办的宣传克鲁泡特金思想的"社会主义讲习会"，深受无政府主义影响；后又与鲁迅兄弟等一起听章太炎讲述中国国学，成为"国粹派"，"一志国学，以保持种性，拥护民德"[1]，坚决主张"师古"、"复古"、"存古"。辛亥革命后他还宣称："我以为保存国粹底目的，不但要光复旧物；光复之功告成以后，当将满清底政制仪文一一推翻而复于古。不仅复于明，且将复于汉唐；不仅复于汉唐，且将复于三代。"[2] 可见他复古、保守、倒退到何等程度。这样的守旧顽固派，按常理说，必然竭力抗拒新文化运动，令人奇怪的是，钱玄同却采取了截然相反的态度：发生一百八十度的大转弯，反过头来全面批判传统文化。与陈独秀、胡适等人比，他的批判虽然缺少深刻的理论思维，也缺少充分严密的论证，但其激烈程度超过陈独秀和其他同仁。许多学者探索过钱玄同突然发生如此大转变的原因，一般都不得要领。笔者认为主要是由他的性格决定的。钱是一个感情富于理性、性格外向、心中没有什么城府的坦荡君子，与胡适的性格完全不一样，倒与陈独秀有某些相似，如觉今是而昨非，在某种因素的刺激下，能够坚决地放弃过去曾经十分坚持的立场和观点。促使钱玄同实现这个一百八十度大转弯的主要因素，就是陈独秀已经出版了一年多的《新青年》杂志，即已经进行了一年多的新文化运动，尤其是刚刚发轫的包括文字、文章、语言在内的文学革命。

  清代中叶以后，文坛上主张"阐道翼教"的桐城派成为散文中占统治地位的流派，还有讲究句子骈俪、用词华藻的《文选》派，与它并立，窒息着中国文学和思想的发展。在北京大学更是如此。1902 年桐城派著名领袖吴汝纶任当时名为"京师大学堂"（北大前身）总教习，请了桐城派文人林纾、陈衍等当经文科教员。1914 年，夏锡琪为北京大学文科学长，引进黄侃、马裕藻、沈兼士等章太炎一派学者，来北大任教，打破桐城派一派独大学风，推崇晋宋之文，音韵考据之学大盛，被称为"文选派"。但是，两派形式虽不同，却都主张"文以载道"，宣传封建主义的宗族观念和孔孟之道，窒息青年的思想发展。钱玄同受陈独秀正在提倡的文学革命的启发，在1917年1月1日与沈尹默的访谈中说："应用文之弊，始于韩、柳，到八比之文兴，桐城之派倡，而文章一道，遂至混沌。"[3]接着，他在给陈独秀的信中，激烈攻击了当时神圣不可侵犯的桐、选两派，说他们是"选学妖孽、桐城谬种"；并积极拥护胡、陈提倡的文学革命。对钱玄同明确参加文学革命阵营，陈独秀十分高兴，并给予高度评价："以先生之声韵训诂学大家，而提倡通俗的新文学，何忧全国之不景从也？可为文学界浮一大白！"[4]陈独秀对钱玄同把文学守旧派概括成"选学妖孽和桐城谬种"特别欣赏，在他的文章中经常采用，甚至在晚年写的未完成两章回忆录中，还戏称自己童年时是"选学妖孽"。而陈独秀与胡适二人发生关于"以白话文为正宗"是否可容他人匡正的争论时，钱则坚决站在陈独秀一边。7月2日，他致信胡适表示："最赞成独秀先生之说"，以白话文为文学正宗，"'其是非甚明，必不容反对者有讨论之余地，必以吾辈所主张者为绝对之是，而不容他人之匡正。'此等论调虽若过悍，然对于迂缪不化之选学妖孽与桐城谬种，实不能不以如此严厉面目加之。因此辈对于文学之见解，正与反对开学堂，反对剪辫子，说'洋鬼子脚直，跌倒爬不起'者见解相同，知识如此幼稚，尚有何种商量文学之话可说乎！"[5]

与此同时，钱玄同仿胡适的《文学改良刍议》花两个月时间，写出了《论应用之文亟宜改良》一信，提出应用文改良十三事：

一、以国语为之。

二、所选之字，皆取最普通常用者，约以五千字为度。

三、凡一义数字者，止用其一，亦取最普通常用者。

四、关于文法之排列，制成一定不易之"语典"，不许倒装移置。

五、书札之款或称谓，务求简明确当，删去无谓之浮文。

六、绝对不用典。

七、凡两等小学教科书及通俗书报、杂志、新闻纸，均旁注"注者字母"，仿日本文旁注"假名"之例。

八、无论何种文章，必施句读及符号。惟浓圈密点，则全行废除。

九、印刷用楷体，书写用草体。

十、数目字可改用"阿拉伯"码号，用算式书写，省"万"、"千"、"百"、"十"诸字。

十一、凡纪年尽改用世界通行之耶稣纪元。

十二、改右行直下为左行横迤。

十三、印刷之体，宜分数种，以便印刷须特别注意之名词等等。

从此内容看到，经钱玄同这样一规划，原来以白话文为中心的胡适文学改良主张，扩张到书写、印刷、语言、文字改革等全面改革的方案[6]。陈独秀见后表示："先生所说的应用文改良十三样，弟样样赞成"[7]，并很快在《新青年》和北京大学文科改革中试行推广。其中大多数都已成为我们今天的习惯，而在当时却具有何等重大的革命意义。

但是，钱玄同也的确具有比陈独秀更多的书生气与感情用事的成分。有人说："新文化运动诸人大都具有比较强烈的反传统思想，但其顶尖人物则是钱玄同。"确实如此，以钱玄同提出的废除汉字主张而言，就成了当时和以后守旧派人士攻击新文化运动最大的口实，也是使这个运动失去许多一般群众的一个难以弥补的缺陷。钱在读了陈独秀的"力主推翻孔学、改革伦理"的文章后，写信给陈表示："玄同对于先生这个主张，认为救现在中国的唯一办法。然因此又想到一事：则欲废孔学，不可不先废汉文；欲驱除一般人之幼稚的野蛮的顽固思想，尤不可不先废汉文。"[8]因为汉字是儒家伦理的载体，所以反孔也就必须废除汉字。这个逻辑也太形而上学了。其实，在这个问题上，钱玄同只是当了首先说出的炮手而已，因为这个主张不仅是他信中提到的吴稚晖首先提出，陈独秀、刘叔雅、鲁迅（周豫才）也有这个意见。在给陈写这封信以前即 1918 年 1 月 2 日的日记中，钱写道："独秀、叔雅二人皆谓中国文化已成僵死之物，诚欲保种救国，非废灭汉文及中国历史不可，吾亦甚然之。此说与豫才所主张相同。"

因此，此信发表时，陈独秀附言表示赞成，甚至用进化论的观点认为将来废除汉语亦是必然的趋势。他说："吴先生'中国文字，迟早必废'之说，浅人闻之，虽必骇怪；而循之进化公例，恐终无可逃。惟仅废中国文字乎？抑并废中国言语乎？此二者关系密切，而性质不同之问题也。各国反对废国文者，皆以破灭累世文学为最大理由。然中国文字，既难传载新事，新理，且为腐毒思想之巢窟，废之诚不足惜。"至于汉语，他认为今日"国家"、"民族"、"家族"、"婚姻"等观念，皆野蛮时代狭隘之偏见所遗留，将来"国且无之，何有于国语？当此过渡时期，唯有先废汉文，且存汉语，而改用罗马字母书之"[9]。

可见，在当时进化论和无政府主义思想影响下，陈独秀的思想浪漫到什么程度。不过他毕竟已有较深的阅历，特别是他在任安徽省都督府秘书长时期进行改革失败的教训，在现实斗争中，他知道想的与说的、做的之间，应该掌握一定的分寸；更不应该把遥远的将来可能实现的设想，来干扰当前的斗争。所以，他没有把文学革命引进废除汉字、废除汉语的死胡同，并且努力减少这种片面主张带来的负面影响。1918 年 8 月，《新青年》公布的任鸿隽致胡适的信中，批评了钱玄同废灭汉字的主张"有点 Sentimental"。1919 年 1 月 5 日，《时事新报》发表漫画，又讽刺钱的这个主张。7 日，蓝公武在《国民公报》上发表给傅斯年的信，声称《新青年》中有了钱玄同的文章，于是人家信仰革新的热心遂减去不少，等等。这些批评表明钱的这个主张已经严重脱离群众，不止是保守派，中派和一些革新派也难以接受了。陈独秀不得不出来声明：钱的主张是"用条石压鸵背"的医法，"本志同人多半是不大赞成的"。同时，他也为钱的主张作了最大限度的辩护："钱先生是中国文字音韵学的专家，岂不知道语言文字自然进化的道理？他只因为自古以来汉文的书籍，几乎每本每叶每行，都带着反对德、赛两先生的臭味；又碰着许多老少汉学大家，开口一个国粹，闭口一个古说，不啻声明汉学是德、赛两先生天造地设的对头；他愤极了才发出这种激切的议论……但是社会上有一班人，因此怒骂他，讥笑他，却不肯发表意见和他辩驳，这又是什么道理呢？难道你们能断定汉文是永远没有废去的日子吗？"[10]

　　至于中国文字的拼音化问题，一直是中国文字改革家关注的重大问题。1927 年以后，钱玄同进行反省时，对早年的激烈言论颇多后悔，但是，对提倡"国语罗马字"一事却始终坚持，并提议从汉字注音或改用罗马字拼音入手。陈独秀深以为然，并在 1927 年大革命失败后，专心于此，写出了《中国文字拼音草案》。

　　从以上可看到，当时《新青年》同人中，对文学革命的大业无大分歧，但在具体做法上有急进与缓行之别。陈独秀、钱玄同等确是把这当作革命来干，为达目的可以不讲究方法和手段，对旧的落后的东西疾恶如仇。而胡适等人主要视为学理上的变革和创新，因此主张以充分说理取胜，行动上虽带有很多的书生气，但理性思考较浓。两种方法各有所长，对于顽固的保守派甚至当权的反动派来说，后者是无济于事的，但对于广大中间群众来说，前者不容易得到同情。

　　如任鸿隽 1918 年 9 月 5 日致胡适信就认为，钱玄同、刘半农演的"王敬轩"双簧恐有失《新青年》的信用。胡适在给钱玄同的信中，也对此不以为然。他说他找张厚载写探讨文学改良的文章，"也不过是替我自己找对方的材料。我以为这种材料无论如何总比凭空闭户造出一个王敬轩的材料要值得辩论些。"

　　又如：这年 11 月 3 日，任鸿隽自美回国后给胡适的信，对钱玄同文章中常作骂人语，非常反感，认为"第一，要洗涤此种黑脑筋，须先灌输外国的文学思想，从事谩骂是无益的。第二，谩骂是文人一种最坏的习惯，应当阻遏，不应当提倡。"可以说，胡适由于与任鸿隽、张厚载这类保守派、中间派的人接触较多，自然免不了多受影响，所以，他与陈独秀革命派的分裂，终究不可避免。

　　刘半农也是一个怪才。他四岁从父识字，六岁入塾，读到中学因爆发辛亥革命，学校停闭而辍学。以后凭着自学，对中外文学的研究颇有功底，先后受聘于上海《中华新报》、中华书局的编译员，从事翻译和创作。他发表的《玉簪花》、《髯侠复仇记》等言情小说，当时很有影响，受到陈独秀的注意。所以从 1916 年 10 月出版的《新青年》第 2 卷第 2 号开始，就为刘半农开辟《灵霞馆笔记》专栏，连续刊登他研究中外文学的心得。陈独秀进入北京大学后，就邀请他任北大预科教员。胡、陈发动文学革命，刘立即响应。先后发表《我之文学改良观》、《诗与小说精神上之革新》[11]，进一步全面阐述了对散文、韵文、诗歌、小说、戏曲等方面的意见，并有不少创见，弥补其他人的不足。如他赞成以白话文为正宗，但认为白话中应吸收文言的优点，同时提出不用不通之字，破坏旧韵重造新韵，增多诗体，提高戏曲在文学中的地位，注意分段等，无论对旧文学的批判还是对新文学的建设，都保持着较清醒的头脑，这在当时是难能可贵的。他还勤奋做建设性的基础工作，如亲自用传统风格写了不少通俗小说、白话诗文，还证集大量民间歌谣。他写的白话诗、无韵诗，语言明快，内容进步，颇受群众欢迎，一度广为流传；数年内，他征集了几千首民间歌谣，经他亲自整理发表了140首，开创了研究民间文艺的先河。他还创造了"她"和"它"字的用法，受到了鲁迅的赞扬。鲁迅很喜欢这位战友，说"他活泼，勇敢，很打了几次大仗"，尽管浅，有失之无谋的地方，但"要商量袭击敌人的时候，他还是好伙伴"[12]。

这里所说的"大仗"，特别是指1918年《新青年》实行轮流编辑之后，3月15日，轮到刘半农编辑第4卷第3期时，为了刺激舆论，扩大新文化运动的影响，他与钱玄同商量后决定演一出双簧戏：由钱玄同化名王敬轩，当保守派，给"《新青年》诸君子"写信，对文学革命提出种种责难；由刘半农出面作答，逐条进行批驳，嬉笑怒骂，激情喷发，并指名批判了顽固派首领林纾。此着果然在读者和保守派中激起很大反响。大大改善了《新青年》初期赞成者不多、反对者也不多的寂寞处境。这一幕"固然近乎恶作剧，却是现代中国报刊史上精彩的一笔"[13]。缺点是过分渲染了反对者的"无知"，有欠公道。因此也加深了刘半农与胡适之间的裂痕。胡适本来就看不起没有上过大学、没有拿过学位、更没有外国留学的刘半农，现在更不屑于这种不光明的手段。

陈独秀处理这个事件也不够冷静。当保守派以"崇拜王敬轩先生者"的名义提出抗议，说"王先生之崇论宏议，鄙人极为佩服，贵志记者对于王君议论，肆口侮骂，自由讨论学理，固应如是乎"时，陈独秀竟然这样回答：本志对于"不屑与辨者，则为世界学者业已公同辨明之常识，妄人尚复闭眼睛胡说，则唯有痛骂之一法。讨论学理之自由，乃神圣自由也；倘对于毫无学理毫无常识之妄言，而滥用此神圣自由，致是非不明，真理隐晦，是曰'学愿'；'学愿'者，真理之贼也"[14]。这就太意气用事了，不仅刺激对方过度地反弹，也会失去中间群众的同情。如当时还在国外留学的张奚若给胡适的信中说：读过《新青年》、《新潮》、《每周评论》后，"是赞成，是反对，亦颇难言。盖自国中顽固不进步的一方想起来，便觉可喜，便觉应该赞成。然转念想到真正建设的手续上，又觉这些一知半解、不生不熟的议论，不但讨厌，简直危险"；"但因社会不能停滞不进，而且我们总是带有几分好新的偏向，故到底恐是赞成之意多于反对之意"。又指出，《新青年》等刊物的编者们，说话"有道理与无道理参半。因他们说话好持一种挑战的态度——谩骂更无论了——所以人家看了只记着无道理的，而忘却有道理的"。他甚至说："你老胡在他们这一党里算是顶顽固了。"[15]

且看，连胡适这种在新文化运动中比较"讲道理"的人都被称为"顶顽固了"，那么像陈独秀、钱玄同、刘半农等，在中间派眼中会是怎样一种形象，就可想而知了。

注释：
[1]《钱玄同日记》第5册，1909年1月22日。
[2]《三十年来我对于满清的态度变迁》，《语丝》第8期。
[3]《钱玄同日记》第16册。

［4］钱、陈二人通信均载《新青年》第 2 卷第 6 号，1917 年 2 月 1 日。

［5］《新青年》第 3 卷第 3 号。

［6］通信，《新青年》第 3 卷第 5 号，1917 年 7 月 1 日。

［7］通信，《新青年》第 3 卷第 5 号，1917 年 7 月 1 日。

［8］《新青年》第 4 卷第 4 号，1918 年 4 月 15 日。

［9］通信，《新青年》第 4 卷第 4 号，1918 年 4 月 15 日。

［10］陈独秀：《＜新青年＞罪案之答辩书》，《新青年》第 6 卷第 1 号，1919 年 1 月 15 日。

［11］二文分别刊于《新青年》第 3 卷第 3、5 号，1917 年 5 月 1 日、7 月 1 日。

［12］鲁迅：《忆刘半农君》，《鲁迅全集》第 6 卷，人民文学出版社，1973 年，第 74、75 页。

［13］陈平原：《回眸＜新青年＞》序三，河南文艺出版社，1997 年。

［14］问答二信均载《新青年》第 4 卷第 6 号，1918 年 6 月 15 日。

［15］张奚若致胡适函（1919 年 3 月 13 日）。

五四文化人后续关系管窥

——关于周作人与蔡元培

张晓唯（南开大学高等教育研究所教授）

由五四新文化运动而成就的一代文化人当中，周作人与蔡元培的关系比较特别。周显然不属于蔡元培革新北大所倚重的核心人物，然而"太炎弟子"和"某籍某系"的双重身份，又使他忽远忽近地游离于蔡氏周边，得以平静观察，偶或发表意见，力求施以援手而有所匡正补救，却常常难以被真正采纳。比较起那些置身学府心系天下的同事们（如胡适等人），周作人既现实又"本分"，对于蔡元培在北大之后的"事功"常常发表"冷静之言"，与讲学兼议政的主流派自由人士对于五四的高调褒扬显有区别，甚或有意加以"贬损"，因而也就少了些神化之嫌。如果说蔡元培对于北大故人在后来的交往中虽礼仪如常却终存远近之别，则周氏的处境属于文化显要与人脉边缘的不均衡状态。亦因如此，二人关系的演变为我们提供了一个细微观察五四文化人后续关系的管道。

其实，蔡元培与周树人（鲁迅）、周作人、周建人三兄弟之间，均有不同程度的交往。他们都是绍兴人，又都致力于文化教育事业。蔡作为同乡前辈，对周氏兄弟的才华十分赏识，大力提携；而周氏兄弟也充分信赖和尊敬这位前辈，时常以要事相求。其中，周作人与蔡元培之间的关系，虽然没有其兄鲁迅与蔡在民权保障同盟时期的那种特殊情谊，但五四时期他们的交往还是比较频繁的。

一

周作人比蔡元培小十七岁，很早就闻知家乡出了一位"作怪八股的蔡翰林"，后竟参加了排满的革命党，因而视蔡为颇具传奇色彩的人物。1906 年春，蔡元培应秋瑾等人之请，回乡主持学务公所，推动绍属八县的教育事业。他邀约裘吉生、杜海生等人相助，与秋瑾相识的周作人亦在被邀之列。但此时周正在南京水师学堂等待官派出国留学，未能应召。1907 年后，蔡元培在德国莱比锡写信给在日本留学的堂弟蔡元康（谷清），诉说学德语之难，时元康与鲁迅、周作人同住东京伏见馆，过从甚密，遂提及此事，周氏兄弟都说："最要紧的是有一部好字典"，元康即复函相告。其后，元康又将周氏兄弟合译的《域外小说集》寄给蔡元培，这部"译笔古奥"的文集，给蔡留下了深刻印象。多少年后，他为《世界短篇小说大系》作序时还提到"中国短篇小说的译集，始于周树人，作人昆弟的《域外集》，但好久没有继起的。"民国元年，蔡元培延揽鲁迅入教育部，在绍兴从事地方教育的周作人从家兄那里直接得知蔡的近况，了解自然加深一层。到 1916 年 11 月，蔡元培就任北京大学校长之前回乡省亲，身为绍兴教育会长的周作人屡次拜访，并陪同其演说，二人始初次交往。周作人感到：这位曾被一些乡人比为洪水猛兽的前辈，其实是个："端正拘谨，古道可风"的人。

1917 年初，经鲁迅、许寿裳推荐，蔡元培同意周作人到北京大学任教。周于 4 月 1 日至京，随后即往马神庙北大校长室和东城遂安伯胡同蔡寓访蔡，皆不遇。4 月 5 日，蔡亲自到南半截胡同绍兴县馆访周，告知学期中间本科不便开设新课，拟请他先在预科教授国文。周来北大的志趣是讲授英文和欧洲文学史，教预科国文非其所愿．于是，4 月 10 日 "至大学谒蔡先生，辞国文事，又告南行。" 就在周作人打点行囊，准备离京返里之时，接到了蔡元培的信函，请他担任附设在北大文科的国史编纂处编纂员，每日工作四小时，月薪 120 元．周欣然同意，于 4 月 16 日正式到校任职，同年 9 月，又收到了校方请其担任文科教授的聘书。周作人的进入北大，是其人生历程的一大转机，而促成此事的关键，是蔡元培的热诚帮助。

自 1917 年至 1923 年初，蔡元培和周作人同在北大任职，无论是工作方面，还是在五四新文化运动中，二人都有比较多的交往。国史编纂处附设北大之初，只有张相文、屠寄、周作人、沈兼土等几位编纂员，处长即由蔡元培兼任。由于尚无实际编史任务，周作人的具体工作是收集、翻译外文资料。他除了日常在图书馆采编资料外，还常常从蔡元培那里接受外文书刊及译稿的翻译、校阅工作。通常是蔡将书刊及文稿面交或函送于周，周集中时间翻校后再面交给蔡，这些书稿计有：《中国美术史》、《支那美术》译稿、《大学评论》、《日支时论》、《廓清》、《支那》等等；工作之余，周亦曾就时局变化和个人行止等事征询于蔡。张勋复辟前夕，周跑去找蔡，"问他对于时局的看法，他也不说好坏，只简单明了地回答，只要不复辟，他总是不走的。" 这话使周感到镇定。俄国十月革命后，引起不少知识分子的关注，周作人也不例外，他甚至动了赴俄考察的念头，1918 年 4 月 26 日，周 "上午往校，访蔡先生，说明年往俄事。" 两天后，"蔡先生来谈"。赴俄虽未成行；但二人就此事进行过商讨。就在这一年，蔡元培为矫正风气，发起 "进德会"，周作人积极响应，申报为 "乙种会员"，其戒约为："不嫖、不赌、不娶妾、不做官吏、不做议员。" 9 月，周将自己的进德会志愿书面交予蔡。

五四运动前后，周作人热衷 "新村" 运动，先后在《新青年》、《新潮》等刊物上发表《日本的新村》、《访日本新村记》等文，介绍日本日向新村的情况及其创建人武者小路实笃的著作。这使一向信奉 "互助论" 的蔡元培发生了兴趣，新村所追求的 "各人应该互相帮助，实行人的生活" 的理想，更引起他的思想共鸣。1919 年 12 月，蔡写了《读武者小路实笃的著作有感》一文，文章说："我读了周先生所译的武者先生的信与诗，很有几种感想，随笔写在下面，送给《新青年》记者：……武者先生与他的新村同志，都抱了人道主义"，"这种人，我们很觉难得。" 此文发表在《新青年》

第七卷三号上。思想上的共同倾向，使蔡、周二人对这一时期北京成立的工读互助团均采取了积极支持的态度，他们与陈独秀、胡适、李大钊等共同刊登启事，为工读互助团募集经费。当周作人宣布新村北京支部正式成立后，蔡曾热情介绍外地青年到八道湾十一号，与周接洽。可以说，五四时期，他们的思想主张具有许多共同点。

在个人交往方面，他们也保持着学人之间的密切关系。鲁迅、周作人兄弟喜好搜集汉碑图案拓本，蔡元培则倡导美育，珍视古往今来的美术佳品。周作人到北大不久，即接到蔡寄送的定州石刻拓本四种，并到蔡寓"观龟甲兽骨文字"，日本友人刚刚送来云冈石窟的照片，周"即持至蔡先生处"。其同好之乐，于此可见一斑。作为后学晚辈，周时常向蔡借阅善本古籍，例如《碎醒石》、《古和阗》等，为了学习世界语，还托其趁出国考察之便代购有关书籍。周早年用文言翻译的小说《黄蔷薇》一直难于付梓，1920 年经由蔡向商务印书馆介绍，方得以出版。而蔡对周亦十分器重，曾以要事相托——1920 年 10 月，蔡将赴欧美考察，特意写信给周，内云："越缦先生日记，除五十一册已付印外，其前有十四册，遵先生识语，拟节录备印。托孙公达君加签，陶万福君缮写。已抄过五册，第六册未抄毕。第七册以后，虽有旧日甲、乙、丙、丁等签，然尚须审查一过。弟即日出京，谨以奉托。俟陶君第六册抄毕，请以第七册付之。其后递易。别有抄本三册，均与原本重复，亦奉上，备对勘。"原来，蔡元培在 1919 年初，与傅增湘，张弧等发起影印李慈铭的日记，引起学术界的广泛关注，经过蔡的一番努力，同治癸亥至光绪戊子（1863～1888 年）的五十一册日记于 1920 年由商务印书馆影印出版，这就是风行一时的《越缦堂日记》。但 1863 年之前尚有十余册日记，根据李慈铭的生前意愿，拟节录出版。1920 年，蔡开始主持对日记的节录工作，责成《北京大学月刊》编辑处人员摘抄。此时，蔡远行在即，特向周作人郑重托付此事。1922 年 3 月，蔡提议北大编印《文艺季刊》，又特别请周出任季刊的编辑。

1923 年 1 月，蔡元培不满教育总长彭允彝干涉罗文干案的行径，愤然辞职，其后，远走欧洲，直到 1926 年 2 月，应北洋政府电促回到上海。这时北伐战争即将开始，而北方政局亦日非一日，蔡勾留沪杭，无意北上。周作人于 4 月 25 日写了一封词意恳切的长信给蔡，陈述种种理由，说明其北返之必要，表示：如"先生复归长校，不特在风雨飘摇之中，学校可望渐臻稳固，即个人亦可得请益之机会，实属至可欣幸之事。"并说"作人在北大将及十年，除教课外，于教务素不过问。今因先生不来北京，与北大前途关系至大，偶有所见，不敢缄默，敬以奉陈，狂愚之言，尚祈宽容是幸。"蔡对周来函"语长心重，感荷无已"，随即复函，谢其盛意。那时，周对蔡尚满怀热望。然而出于政治上的考虑，蔡不得不"弃职"北大，以至连胡适对此亦大为不满，周的失望也就可想而知。

二

1927 年，国民党实行"清党"，残酷屠戮共产党人和进步青年。面对腥风血雨，主张人道主义的周作人为之震惊和激愤；对参与"清党"的蔡元培颇有微词和责难。

还在 1926 年蔡回国之初，曾就政治、教育和共产主义等问题与《国闻周报》记者谈话，明确表示："对于共产，赞成其主义，但主采克鲁泡特金之互助手段，反对马克思之阶级争斗。"周作人为此写了《外行的按语》一文，表示不同意见，他认为，"阶级争斗已是千真万确的事实"，"互助实在只是阶级争斗的一种方法"。二人的思想已表现出某种歧异。1927 年 9 月，周作人在他主编的《语丝》上先后发表《怎么说才好》、《功臣》等文，抨击"清党"中的残虐行为，其中不无愤慨地指出，"最奇怪的是智识阶级的吴稚晖忽然会大发其杀人狂，而也是智识阶级的蔡（元培）、胡（适）诸君身在上海，又视若无睹，此种现象，除中国人特嗜杀人说外，别无方法可以说明。"他认为，"南方之事全败于清党"，而"吴、蔡诸元老"难卸其责。这是周对蔡公开的一次批评责难。

随后，在 1928 年至 1929 年间，北方学界面对南、北政权更迭，以至围绕北平大学区的设置引发一波又一波风潮，纷纭扰攘，久难平息，可谓多事之秋。周作人亲历其事，在与好友江绍原的私札往来中多有议论，其中涉及对所谓北大五四新文化传统的不予认同、人事变迁的取舍态度以及郁结于胸的学界派别意识等等。由此可以窥知"改朝换代"之际周作人这类知识分子的微妙处境和彷徨心态。

北平大学区风潮的远因，可回溯到 1927 年夏季奉系势力入据北京，强行合组国立九校为"京师大学校"（校长刘哲），致使北京大学在名义上一度不复存在。珍视北大传统的人们扼腕痛惜，但曾经为"五四健将"的周作人却另有所见：合并国立各校，"我虽未必赞成，觉得这样办亦无妨，因我也觉得北大或其他各大学之毁坏殊不甚足惜"。在他看来，北大的光荣传统乃属子虚乌有，该校近十年来所从事的幼稚的新文化运动实无功罪可言，胡适诸人高自标榜为中国的文艺复兴，"殊属过奖"，不足置信。此语出自曾经参与新文化运动且与北大关系非浅的周作人，不免令人感到困惑，然而在他却是并非冲动的"冷静之言"。秉此认知，周作人其后在北平大学区风潮中与坚持护校的北大学生的立场大相径庭。不过，可能是为了"少几点钟的功课"，周作人未曾接受"京师大学校"发来的聘书，一度沦为"自由人"，而这恰恰成为他后来蔑视"前恭后倨"的护校学生们的一种心理优势。

仅仅一年之后，奉系势力退往关外，国民党的北伐军进入北京。原北大师生谋求复校，恢复校名。可是随着北京易名为北平，加之教育行政高层意见不一，"京师大学校"改称中华大学，合校体制未作任何变动，北大复校的努力遭受顿挫。出任中华大学校长者为李石曾，此人一向与"现代评论派"不睦，当年为反对教育总长章士钊而力主北大脱离教育部，与周氏兄弟属于同一营垒。显然，周作人对李石曾北来出掌校政心存期待："闻李石公明日可抵上海，……想中华大学可以渐渐组织起来，惟现代派诸君子似因此有点灰心，无再来北平重整旗鼓之势。"此时的周作人，面对"改朝换代"之际朋友们多已高升，而自身仍为"布衣"的处境竟也处之泰然，所想望者乃是"回归"大学实现组建"日本文学系"的梦想；同时又能够避开笔战虽过而余怨未消的现代评论派"正人君子们"。稍后他又闻知李石曾校长筹得经费 50 万，寒假前可无短绌之虞，便愈加露出谨慎的乐观。

然而，李石曾无视教育界的反对意见，执意在北方推行大学区制，改中华大学为北平大学，进而涵盖平、津、冀、热（河）四省市，设立北平大学区。当 1928 年冬他北上实施这一宏大计划时，却遭到原北大学生的武力抵制，引发一场震动学界的大风潮。周作人对学生的举动十分反感，颇有讥议："北平大学在筹备开门，惟北大学生尚在反对改组，此辈刘哲时代的顺民到此刻忽然扛出'北大光荣'的牌子来要保存整个的北大，未免可笑"。当学生武力护校与强行接收的大学区当局发生冲突，进而冲击李石曾住宅后，周氏更加痛责学生："此辈以重打赵家楼自豪，其实乃五四精神之败类，北大前途因此未可乐观"。

周作人在北平大学区风潮最激烈之时曾有一番议论：学生们"反李（石曾）而拥蔡（元培），不知政治上蔡、李本是一派，北平大学办法亦系蔡在任所时所定，蔡固系五四之首魁（？），但现在又已提议停止青年运动，不知何以如此为学生所看中也？闻北大护校一派人对于所谓语丝派、猛进派均欲打倒，惟现代派可以拥护，此虽亦是流言，或不无几分真实"。据此看来，人事因素构成此次风潮的主因。

有一种较为通行的说法，三十年代的教育界，蔡元培的"北大系"和李石曾的"中法系"并立，不时摩擦，此消彼长，而发端即始自北平大学区设置前后。实则蔡、李二人在思想、政治、教育诸方面颇多一致或相近，曾长期合作，私谊可称洽契。不过，南京国民政府时期二人身后隐然各存一文人圈，虽大小不同，且时相交迭，然或因意见相左，或由利害所关，龃龉摩擦，蔡、李于此亦难全然置身事外。试行大学区制，本是蔡、李力主所致，然涉及北方教育权，二人又各有主张，难以协调。李石曾得到南京政府中枢护持，雄心万丈，志在必得，而蔡元培居于少数，退处下风。可是李氏在教育界不甚孚人望，用人偏重留法一派，示人以不广，胡适对李即一向不大看重，其日记称："十年以来，无有一次看得起此人的"。如此种种，当北大师生探知教育行政高层对设立北平大学区存在分歧（蔡主张慎重），出现"反李拥蔡"的风潮也就在"情理"之中了。显然，包括李石曾在内的"南京诸公"对蔡元培在北大的精神影响力估计不足。

岂止"南京诸公"，身处北方学界的周作人对"北大师生至今尚迷信蔡公"同样困惑不解，连连称奇："惟反李而不反蔡乃一奇，或者蔡公更善于做官可用为说明"。在此，周氏对蔡施以贬义已显而易见。尤其令周氏颇感刺激的是，蔡在国民党中央会议上列名提出停止青年运动议案，周后来慨叹："观蔡公近数年言行，深感到所谓晚节之不易保守"。不妨说，周作人对北大光荣传统的不予认同，某种程度上是对蔡元培等深感失望之后的一种逆反。因此，大学区风潮当中，周与北大学生几乎反其道而行之，自称"反蔡而不拥李"。不拥李略嫌空洞，反蔡倒有几分真实。

周作人的"反蔡"还与他拒斥胡适等"现代评论派"的隐秘心理有关。风潮中学生们的"拥蔡"立场与"惟现代派可以拥护，其他各派均欲打倒"的流言，无疑牵动了周氏那根敏感的神经。前不久还在暗自庆幸现代派诸君子无来北平重张旗鼓之势，而今他们的"幽灵"又在北方学界游荡了，如何叫周氏不警觉？周作人与胡适诸人曾一度"谬托知己"，后来因"女师大事件"反目成仇，势若水火，虽已时过境迁，终是心存芥蒂。他身在北方，却始终关注"论敌"们的后续动态：北伐后不久，"闻现代派诸公在东南甚得法，新月书店又已开张，喜可知也！殊令人有蒋总司令的革命乃是为他们而革的之感"。这大概就是他晚年撰写《知堂回想录》忆述"北伐成功后，所谓吃五四饭的都飞黄腾达起来，做了新官僚"的初始印象。蔡元培出任南京政府大学院长，坚邀胡适充任大学委员会委员一职。对此，周氏这样议论道："在北方的人看去，他（胡适）似乎是太上院长"。学界向有"蔡、胡一体"之说，周作人对此确乎深信不疑。

三

蔡元培似乎并不介意周作人的批评和责难，20 世纪 30 年代，他在许多介绍中国文化的著述中屡屡提及周，仍与之交往。1931 年 5 月，蔡撰写《二十五年来中国的美育》一文，在介绍有影响的文学期刊时，提到："《语丝》为周树人、作人兄弟等所主编，一方面，小品文以清俊胜；一方面，讽刺文以犀利胜。"同年 6 月，蔡又在另一篇全面介绍中国新文化的文章中写道："至民国七年，胡适、陈独秀、钱玄同、周作人等，始排斥文言的文学，而以白话文为正宗的文学。"可见，蔡对周在新文学运动中的突出表现是念念不忘的。1934 年 4 月，林语堂主编的《人间世》创刊号发表了周作人的"五十自寿诗"，诗用险韵，和之颇难。平素不大作诗，更极少公开发表诗作的蔡元培，居然连和三首，寄赠周作人。其三曰："新年儿女便当家，不让沙弥袈了裟。鬼脸遮颜徒吓狗，龙灯画足似舔蛇。大么轮值恩赢豆，数语蝉联号绩麻。乐事追怀非苦话，容我一样吃甜茶。"诗中记叙新年儿戏情形，写入许多越语乡俗，还细加注释。周作人读之，不禁感到：这位前辈"于游戏之中自有谨厚之气"，其童心未泯，"亦自不可及也。"此后周一直珍藏着蔡的和诗手迹。1935 年 4 月，蔡又致函兼任孔德学校校董的周，介绍正在寻觅工作的北大毕业生王文灿，请周"鼎力提携，量予位置，不胜同感，"可知，一直到抗战前夕，二人之间尚有书信往来。

值得注意的是，周作人晚年多次忆及蔡元培：1958 年 1 月在《羊城晚报》发表《蔡孑民》一文；60 年代，撰写《知堂回想录》，在回顾其一生经历的二百余篇短文中，竟有七篇专门忆述蔡，远非书中其他人物可比，足见蔡在周心中的分量之重。周评论蔡道："他到老不殖财，没有艳闻，可谓知识阶级里少有人物。"关于蔡著名的"兼容并包"主张，周认为："我以为是真正儒家，其与前人不同者，只是收容近世的西欧学问，使儒家本有的常识更益增强，持此以判断事物，以合理为止，所以即可目为唯理主义。"正是通过这些文字，周作人抒发了内心对这位同乡前辈的尊敬与怀念。

周作人的"长寿"，使他对社会和时代的观察延续到六十年代中期，世间的沧桑风雨，应当令他特别怀想五四时期的北大故人，其中，涉及蔡元培的议论和评说，似乎更带有某种"回归"意味，倒真是每每发为冷静之言矣。五四文化人的后续关系，勾勒出二十世纪中国知识分子的心路历程，也演绎着中国人的思想。

五四运动总司令——陈独秀

李银德（安庆市陈独秀研究会）

　　1919 年爆发的五四运动，是中国近代史上具有划时代意义的大事件，它标志着中国旧的资产阶级民主主义革命的结束，无产阶级领导的新民主主义革命的开始。同时，也为中国共产党的创立，在思想上和干部上作好了准备。这一伟大革命运动的组织者和领导者，就是安庆人陈独秀。毛泽东在中共"七大"预备会上的报告中称"陈独秀是五四运动的总司令"。

　　五四运动时期，风云人物中李大钊、胡适、鲁迅等都对当时运动做出过卓越的贡献。毛泽东推崇陈独秀为总司令，不是平白无故的随便说说，而是在党的重要的会议上慎重的发言，是以历史唯物主义的观点和实事求是的科学分析而做出的评价。

　　五四运动总司令的称号，陈独秀当之无愧：

　　其一，陈独秀创办的《新青年》吹响了五四运动的号角。1915 年 9 月，《新青年》创刊起，就高举爱国主义、民主与科学、反帝反封建、走社会主义救国之道四面旗帜，号召以民主与科学来"救治中国政治上、道德上、学术上、思想上一切的黑暗"。《新青年》从创刊到休刊，前后七年。其时，正是中国人民特别是青年知识分子思想大解放的年代。而陈独秀所高举的四面旗帜，正是联合团结、启迪教育整整一代青年的思想基础。毛泽东曾告诉斯诺说："《新青年》是有名的新文化运动的杂志，由陈独秀主编。当我在师范学校做学生的时候，我就开始读这一本杂志，我特别爱好胡适、陈独秀的文章。他们代替了梁启超和康有为，一时成了我的模范。"1917 年，周恩来到日本后，在朋友严智开那里借到了《新青年》第三卷全份。读后颇受启发。他在日记中记道："晨起读《新青年》，晚归复读之。于其中所持排孔、独身、文学革命诸主义极端赞成。"又记："这几天连着把三卷的《新青年》仔细看了一遍，才知道我以前在国内所想的全是大差，毫无一事可以做标准……今后要按着二月十一日所定的三个主义去实行，决不固持旧有的与新的抗，也不可惜旧有的去恋念他，我愿意自今以后，为我的思想、学问、事业去开一个新纪元才好呢！"日记中又记："我觉得我这次领悟，将以前的全弃去了，另辟新思潮，求新学问，做新事情。"看过《新青年》，周恩来还用这句诗来表达他这次的思想变化："风雪残留犹未尽，一轮红日已东升！"恽代英当年写信给《新青年》杂志说："我们素来的生活，是在混沌的里面，自从有了《新青年》渐渐醒悟过来，真是像在黑暗的地方见曙光一样。"参加过五四运动和受到运动影响振奋起来的人，无例外地都受到了《新青年》的启迪和鼓舞，先进的知识分子突破了资产阶级民主的樊篱，开始找到了马克思主义，并以此观点来分析世界形势和中国社会。陈独秀的功绩，就是把这一新的思潮，直接引导到推动五四运动的爆发和发展。

其二，陈独秀是五四运动中冲锋在前的勇士。他认为五四运动和以往的爱国运动均不同，必须采取"直接行动"，"对中国进行根本改造"，并把斗争矛头指向侵略中国的帝国主义和统治中国的北洋政府。他不畏强暴，不怕牺牲，直接参加到运动的第一线，组织带领青年学生与军阀们展开了殊死的斗争。五四运动爆发以后，关心他的朋友劝他离开北京，他气愤地说："我脑筋惨痛已极，极盼政府早日捉我下监处死，不欲生存于此恶浊之社会也。"他和李大钊主办的《每周评论》，从 5 月 4 日至 6 月上旬，用全部版面报道五四运动发展情况，连续出版三期"山东问题"专号，提出"不复青岛宁死！""头可断，青岛不可失！"等口号，介绍青岛问题历史真相，揭露帝国主义侵略中国的罪行，抨击北洋政府的卖国行径，以及报道北京学生被捕经过及遭受迫害的情况。一个月内陈独秀发表了 7 篇文章和 33 篇《随感录》。他在《为山东问题敬告各方面》一文中，指出日本侵害了东三省，又侵害山东，这是我们国民全体的存亡问题，无论是学界、政客、商人、劳工、农夫、警察、当兵的、做官的、议员、乞丐、新闻记者，都应出来反对亲日派才是，万万不能袖手旁观。陈独秀是言行一致的人，"不能袖手旁观"不是说给别人听的。他除了参加策划学生的一些集会外，6 月 9 日，又亲自起草《北京市民宣言》，交胡适译成英文，10 日连夜印好有中英两种文字的传单，11 日下午亲自到北京闹区"新世界"楼上散发。因此被捕入狱，被关押了 98 天。陈独秀被捕，舆论大震，国内外各大报纸和通讯社纷纷报道。全国各地、各阶层人士动员起来营救陈独秀。孙中山对陈独秀被捕非常关心，在上海约见北洋政府代表许世英时，质问许，你们逮捕了陈独秀，"足以使国人相信，我反对你们是不错的。你们也不敢把他杀死，死了一个，就会增加五十、一百个，你们尽管做吧！"李大钊不分日夜到处奔波，为营救陈独秀竭尽全力。陈独秀出狱时，李大钊写了《欢迎陈独秀出狱》三首诗，其中写道："你今出狱了，我们很欢喜！……什么监狱什么死，都屈服不了你。"毛泽东在《湘江评论》上发表《陈独秀之被捕及营救》一文中说："陈君之被捕，决不能损及陈君的毫末，并且是留着大大的一个纪念于新思潮，使他越发光辉远大。……我祝陈君至坚至高的精神万岁！"陈独秀坐牢的日子里，全国学界、教育界、政界、军界、工商界营救的洪流汇集成宣传陈独秀、宣传"五四"精神的波涛。真理战胜了暴政，爱国主义战胜了卖国主义。逮捕与营救，迫害与反迫害的斗争，使陈独秀的革命形象更加高大光辉了。

其三，陈独秀为中国人民指出了前进的方向。经过五四运动的洗礼，中国人民有了新的觉悟，特别表现在一批有志的青年知识分子中，他们以救国救民为己任，寻找探索中国之出路。各种流派和学说兴起。中国社会的前进，是走西方资本主义道路；还是学苏俄"十月革命"走社会主义道路，成为社会发展的争论焦点。陈独秀和李大钊等积极向人们宣传俄国十月革命的成果，介绍马克思主义。在陈独秀被捕期间胡适接办《每周评论》，他在第二十六、二十七号中把《杜威讲演录》编辑成专号，介绍实验主义，又在《新青年》第六卷第四号中发表"实验主义"的文章，在《每周评论》第三十号上发表"多研究些问题，少谈些主义"文章。陈独秀出狱后甚为不满，10月5日，《新青年》改组，陈独秀收回了编辑权，改轮流编辑为仲甫一人编辑。接着又开展了对张东荪、梁启超的冒牌"社会主义"论调的批判。陈独秀把这次论战的双方文章集中起来刊于《新青年》第八卷第四号上，并冠以"关于社会主义的讨论"的总标题。陈独秀在完成了由民主主义向社会主义思想的转变后，在上海立即投入到工人运动中去，深入社会，深入工厂做社会调查。他深感用科学社会主义来改造中国社会，必须要有强大的思想武器。因此，他委托陈望道译《共产党宣言》、恽代英译《阶级斗争》、李季译《社会主义史》、李汉俊译《马克思资本论入门》等书，于1920年先后出版，寄送全国各地。从此，马列主义的理论，社会主义的道路才展现在中国人民的面前。

其四，陈独秀把五四运动中涌现出来的先进骨干带进了中国共产党。经过五四运动，马列主义在中国得到广泛的传播，在马列主义与中国工人运动相结合的过程中，中国共产党的酝酿成立已是历史发展的必然。"南陈北李"在创建中国共产党的功绩，永垂青史。中国共产党的创立是在列宁领导的共产国际帮助下完成的。五四运动期间，列宁一直在关注着中国的革命形势。为了了解中国的情况，1920年4月，列宁派俄共（布）远东局负责人之一维经斯基到中国来。李大钊向维经斯基介绍，在中国建党，从社会影响、个人名望首推陈独秀。维经斯基到上海后，经与陈独秀交谈，又召开了座谈会，认为在上海创建中国的革命政党时机已经成熟。1920年5月，陈独秀邀沈雁冰、李达、李汉俊、陈望道、邵力子等成立一个秘密组织——马克思主义研究会。为了名称问题，陈独秀写信给李大钊。李回信说，按共产国际的意思，组织名称"就叫共产党。"8月，中国共产党上海发起组成立，推陈独秀任书记，接着函约各地社会主义分子组织支部。陈独秀又将上海建党情况告诉李大钊，要他负责北方京、津、唐山、山西、山东、河南等地工作。上海则负责苏、皖、浙等省。经过将近一年的筹备工作，1921年7月，中国共产党第一次代表会议终于在上海召开。中国的历史开辟了新的篇章。毛泽东、董必武、蔡和森、周恩来、瞿秋白、吴玉章、李立三、李达、陈望道等在谈到自己参加共产党时，均称无不受到陈独秀的影响和教诲。毛泽东回忆说："陈独秀谈他自己的信仰那些话，在我一生中可能是关键性的这个时期，对我产生了深刻的印象。"

五四运动已经过去90周年了。五四运动的爱国精神，五四运动所追求的"民主与科学"的精神，至今仍是值得继承的一笔财富。五四运动的总司令，不论他在以后犯过什么错误，仍应值得我们永远怀念。

名者实之宾——钱玄同名字考

刘　静（北京新文化运动纪念馆）

钱玄同（1887～1939年）民国时期的教育家，思想家和文字音韵学家，同时也是五四新文化运动的一员猛将，改革激进派的自由主义知识分子代表之一。钱玄同是一位小学大家，在日本时师从章太炎学习说文，对文字学造诣极深，他给自己取的名、字、号都是极有寓意的。可以说钱玄同在不同的时期使用不同的名、字、号，从另一个侧面体现了他的学术内涵，也是表述其精神主旨的符号，后人从这些名、字上不难领悟出钱玄同的学术精神和价值取向。

在北京新文化运动纪念馆收藏的钱玄同遗物中，有一件钱玄同开列的名与字更改年表，列出了钱玄同从1887至1912年26年中名与字的变更。表格如下：

钱玄同开列的名与字更改年表

西历纪元	我之年龄	名	字
1887	1	师黄	德潜
1888	2	师黄	德潜
1889	3	师黄	德潜
1890	4	师黄	德潜
1891	5	师黄	德潜
1892	6	师黄	德潜
1893	7	师黄	德潜
1894	8	师黄	德潜
1895	9	师黄	德潜
1896	10	师黄	德潜
1897	11	师黄	德潜
1898	12	师黄	德潜
1899	13	师黄	德潜
1900	14	师黄	德潜
1901	15	师黄	德潜

西历纪元	我之年龄	名	字
1902	16	师黄	德潜
1903	17	师黄	德潜
1904	18	师黄	德潜
1905	19	师黄	德潜
1906	20	师黄	德潜
1907	21	夏阳历八月改起	季，中季
1908	22	夏	季，中季
1909	23	夏	季，中季
1910	24	夏	季，中季
1911	25	夏	季，中季
1912	26	夏	季，中季
1913	27	夏	季，中季
1914	28	夏	季，中季
1915	29	夏	季，中季
1916	30	夏九月十二以后玄同	季，中季
1917	31	玄同	玄同

　　从这个表格中可知，钱玄同在1907年8月之前，名师黄，字德潜。师黄，应是钱玄同父亲钱振常所取，钱家的家谱《钱氏家乘》记录的即是"师黄"这个名，钱振常也许是希望小儿子能够师从黄宗羲[1]。黄宗羲（1610～1695年），字太冲，号梨洲，世称南雷先生或梨洲先生，浙江人。明末清初经学家、史学家、思想家、地理学家、天文历算学家、教育家。黄宗羲与顾炎武、王夫之并称明末清初三大思想家；黄宗羲亦有"中国思想启蒙之父"之誉。钱玄同的好友周作人认为："师黄"是钱玄同"小时候的名字，黄即是黄山谷"[2]。黄山谷即黄庭坚（1045～1105年），北宋书法家、文学家。字鲁直，号山谷道人、涪翁，江西人。其诗书画号称"三绝"，与当时苏东坡齐名，人称"苏黄"。钱玄同生于书香门第，从小受到过严格的封建文化教育，无论是师从黄宗羲还是黄山谷，都体现了钱父望子成龙的心愿。

　　夏，指的是华夏，是钱玄同复古排满思想的体现，钱玄同经历了从保皇派到排满复古到反复古的极端转变。一个人思想的剧变总是与其身处的社会背景和个人经历分不开的。1903年，年轻的钱玄同读了章太炎的《驳康有为论革命书》和邹容的《革命军》，"受了一番大刺激"，以前"尊清"的思想，"竟为之根本动摇了"[3]。为了表示"义不帝清"的决心，1904年钱玄同毅然剪掉了辫子，1907年8月，又将自己的名改为夏，号汉一，都是复古排满的意思；字为季或中季（季，一般指兄弟排行次序最小的，钱玄同出生时，父亲钱振常已经 62 岁了，是家里最小的孩子）。抗日战争爆发后，1938 年春，钱玄同又一次启用了"夏"这个名字，表示是"夏"而非"夷"，决不做敌伪的顺民。

玄同，1917 年，钱玄同将名与字都改成"玄同"，也有人认为"玄同"是名以字行。按《老子》："塞其兑，闭其门，挫其锐，解其纷，和其光，同其尘，是谓玄同。"苏辙解："默然不言，而与道同矣。"民国初年的政教反动的空气，即 1915 年袁世凯的洪宪帝制和 1917 年的张勋复辟运动则刺激钱玄同开始反复古。1917 年也是新文化运动风起云涌之时，胡适的一篇《文学改良刍议》更是激起了文学革命的大潮，钱玄同此时再次更改名与字，表达了对新文化新思想的赞同，亦从此对旧文学旧思想进行更猛烈的抨击。

疑古，是钱玄同的号，他甚至在 1925 年 8 月废姓，直接以"疑古玄同"为名。疑古代表的是一种学术精神，胡适说："大胆假设，小心求证"，相对于钱玄同更为激进的性格，就是直接"疑古"了。从"疑古"而出的就是疑古派了，1921 年顾颉刚任北京大学国学门的助教，兼任《国学季刊》编委，编写《辨伪丛刊》，时常与胡适、钱玄同等人书信往来，讨论古史、伪书、伪事等问题。自 1923 年顾颉刚发表《与钱玄同论古史书》，到 1926 年《古史辨》第一册问世，标志着疑古派——古史辨派正式形成。

钱玄同的疑古思想，从学术渊源上看，主要来源于清中叶以后复兴的今文经学。他曾经回忆过："记得 1901 年，我那年十五岁，《春秋三传》都早已读过了，觉得同是一条经文而《三传》的记事和说义可以完全不同，乃至完全相反，实在有些古怪，因此常常翻《皇朝五经汇解》中关于《春秋》的一部分，要看那清代学者对于《三传》的考证和批评。在此书中见到引刘氏的《左氏春秋考证》，于是向《皇清经解》中找到原书来读，看他所考证的非常精当，从此我就不信《左传》了。"[4] 这是钱玄同怀疑儒家经典的开始。钱玄同、胡适、顾颉刚三人都对姚际恒、崔述等疑经辨伪思想十分推崇，顾颉刚一直致力于收集姚、崔等人的遗作编辑出版，他在 1932 年给钱玄同的信中还说："如果能在此数年中将姚立方和崔东壁二人的遗书悉能印出，则我们三人（注：即胡适、钱玄同、顾颉刚）在前十年所立下的志愿就算达到了。"[5]

钱玄同的字号还可以从他留下来的名章中获得一些线索，目前所知钱玄同及夫人徐婠贞共留有印章 102 枚，北京新文化运动纪念馆馆藏其中的 87 枚，包括钱季 3 枚、钱怡 1 枚、疑古 6 枚、疑古玄同 6 枚、钱玄同 8 枚、中季 3 枚、钱夏 9 枚、夷古/夷罛 5 枚、饼斋 5 枚、钱夏字季 3 枚、疑古室 1 枚、犷叟 1 枚、泉玄同 2 枚、觚庵居士 1 枚、肄觚 1 枚、觚雪 1 枚等等。

其中夷古/夷罛、疑古室、肄觚、觚庵居士、犷叟等，据周作人《知堂回想录》下："觚闇是其晚年别号之一。去年冬天曾以一纸寄示，上钤好些印文，都是新刻的，有肄觚，觚叟，觚庵居士，逸谷老人，忆菰翁等。这大都是从疑古二字变化来，如逸谷只取其同音，但有些也兼含意义，如觚觚本同是一字，此处用为小学家的表征，菰乃是吴兴地名，此则有敬乡之意存焉。玄同又自号鲍山犷叟，据说鲍山亦在吴兴，与金盖山相近，先代坟墓皆在其地云。曾托张越丞刻印，有信见告云：'昨以三孔子赠张老丞，蒙他见赐圹叟二字，书体似颇不恶，盖颇像百衲本第一种宋黄善夫本《史记》也。唯看上一字，似应云，像人高踞床阑干之颠，岂不异欤！老兄评之以为何如？'此信原本无标点，印文用六朝字体，圹字左下部分稍右移居画下之中，故云然，此盖即鲍山圹叟之省文。"[6]

饼斋，钱玄同的别号，他在《刘申叔先生遗书序》中号称："愿为卖饼家，不做太官厨。"署名为"疑古老人钱玄同序于北平寓卢之饼斋"，为此，蔡元培在致钱玄同函中曾问过："先生以饼名斋，用意为何？"[7]"卖饼家"语出《三国志·魏书·裴潜传》引《魏略》："严幹，字公仲……特善《春秋公羊》。司隶钟繇不好《公羊》而好《左氏》，谓左氏为大官，而谓公羊为卖饼家。"龚自珍曾有"昨日相逢刘礼部，高言大句快无加，从君烧尽虫鱼学，甘作东京卖饼家"一诗。都是推崇卖饼家的今文经学《公羊传》，不好太官厨的古文经学《左传》，钱玄同是著名古文学家章太炎、今文学家崔适的入室弟子，是一个旧学功底深厚的学者，他的好朋友周作人就说他"总以今文学派自居"，"饼斋"这个别号就是从经今古文之争的一个典故而来的。作为文学革命最早的响应者之一，钱玄同主张写文章不用典，采用白话文，但在传统文化的熏陶之下，他的字号典故也是相当多的。

钱玄同还有一个名字叫钱怡，据说是"钱玄同6岁时，常熟的伯母去世，要发讣文，不知他的名字，因其兄名'恂'，所以就替他起一个竖心旁的字'怡'。后在日本留学期间学籍上的名字便是钱怡。"[8]北京新文化运动纪念馆亦馆藏了一枚"钱怡"印章。

以上仅是笔者据能找到的资料所写，还有更多的材料需要去发掘，钱玄同集新旧学问于一身，不仅从他的著述中可以考据他的学术根源、领略他的凌厉文风，就是从他不断变化的名与字，也能体现其旧学新知和鲜明性格，也是研究钱玄同的一个侧面。

注释：

[1] 李可亭：《钱玄同传》，河南大学出版社，2002年。

[2] 周作人：《知堂回想录》下，河北教育出版社，2002年。

[3] 钱玄同：《三十年来我对于满清的态度的变迁》，《钱玄同文集》（第二卷），中国人民大学出版社，1999年。

[4] 钱玄同：《左氏春秋考证书后》。

[5] 顾颉刚致钱玄同函，北京新文化运动纪念馆馆藏。

[6] 周作人：《知堂回想录》下，河北教育出版社，2002年。

[7] 蔡元培致钱玄同函，北京新文化运动纪念馆馆藏。

[8] 李可亭：《钱玄同传》，河南大学出版社，2002年。

傅斯年与五四运动

栾　伟　陈子宾（聊城市傅斯年陈列馆）

　　傅斯年（1896～1950 年），字孟真，山东聊城人。我国近现代著名的史学家、教育家和社会活动家。1916 年傅斯年考入北大本科国文门，他天资较高，才华出众，成为学业上的佼佼者，被同学成为"孔子以后第一人"。当时，傅斯年师从刘师培、黄侃，专心学习国学。如果不是后来蔡元培出任北大校长，傅斯年有可能成为一代国学大师。

　　1917 年 1 月，蔡元培出任北京大学校长。他决心将当时一个汇集着官僚和纨绔子弟的腐败学堂，改造成一所新式的名副其实的全国最高学府，为国家培养医国救民、改革社会的有用人才。为此，蔡元培在北京大学实施了一系列的改革。

　　在领导体制的建构上，贯彻教授治校和教学民主原则。在学风上，提倡兼容并蓄，学术自由。正是这种"兼容并包"的民主办学的方针，使得北大讲坛吸引了一大批名流学者，一时间北大人才济济，成为中国新文化运动的中心。北大这一学术氛围对傅斯年的思想转变产生了重大影响。使傅斯年开始从传统国学的樊笼中挣脱出来，投身到文学革命阵营。

　　以傅斯年为代表的青年学子，不仅投身于新文化运动，而且积极参加各种社会活动，其中尤以参加五四运动为代表。

　　1919 年，巴黎和会召开，作为战胜国，中国北京政府派代表参加了会议。在会上，各帝国主义国家的代表将德国在中国山东的权益转让给了日本，而北京政府竟要求出席会议的中国代表在丧权辱国的合约上签字。5 月 3 日，当傅斯年从蔡元培校长那里得知巴黎和会上中国外交失败的消息时，痛愤难抑，立即和罗家伦、许德珩等召开紧急会议，商讨对策。当晚，他们召集了北大全体学生和在京其他十二所大中学校的代表在北大三院礼堂召集临时会议，决定第二天举行游行示威。会上公推代表二十人，傅斯年为五四运动总指挥。

　　5 月 4 日，学生高举"外抗强权，内惩国贼"的标语在校园集合，傅斯年扛着大旗率领学生在天安门与其他院校学生会合，然后向东交民巷使馆区进发，准备向各国使馆抗议示威。走到东交民巷，受到军警的阻拦。这时有学生提出，我们找卖国贼算账去。于是学生直奔赵家楼曹汝霖的住宅，火烧了曹汝霖的住宅，痛打了章宗祥。

　　5 月 5 日，在讨论学生下一步的行动时，众人意见不一致，其中一人因意见不同而与傅斯年言语冲突终至动武互殴，傅斯年气愤之余，从此不再参加学生会工作。傅斯年虽然因个人意志不再直接参与继续发展的学生运动，但仍然一如既往地加以关注和支持，并对五四运动及青年以后的努力方向进行了总结和论述。

首先，傅斯年认为五四运动是一个重要的开端："从五月四日以后，中国算有了'社会'了"。他提出了一个很有启发意义的见解，他指出，五四运动原是无领袖，不用手段和不计结果的，是自下而上生发出来的社会运动。因而可说是真的社会运动。这一点极具深刻意义。如果运动是由极少数领袖事前计划好的，"有领导"的搞起来的，这就有"运动群众"的意味。此种运动如果成功，其结果会造就一批"神圣"，他们拥有崇高的威望和巨大的势力、影响。以致权力集中到这少数人甚至一个人的手里，所成就的仍然不会是有机的社会，仍只是有群众而无社会。五四运动的发起，是基于各个人对社会的责任心的觉醒。用傅斯年的话说，"五四运动可以说是社会责任心的新发明"。这种基于各个人的责任心而发起的运动，才是真的社会运动。沿着这个方向扎实做去，才会成就一个有机的社会。相反，若是在大众还没有自觉的责任心的时候，少数人乘社会某种失控失序的情况，用一些响亮动听的口号把群众鼓动起来，那是不可能真正造成有机的新社会的。

其次，傅斯年表达出一个明确的看法：改造社会必须是自下而上的。"凡相信改造是自上而下的，就是以领袖的力量改造社会，都不免有几分专制的臭味。凡相信改造是自下而上的，就是以社会的培养促进改革，才算有彻底的觉悟"，这一点同样有极深刻的意义。回首过去一百多年来，不少仁人志士都相信革命是根本解决中国问题的唯一途径，他们为此奋斗甚至牺牲生命。但到头来，剖析一下中国的社会，究竟改造了多少，真是令人感慨万千。

第三，与前述两点密切相关的，傅斯年认为社会的改造，社会的进化，不能"跳墙"，就是不能超越必经的阶段。他说："兼程并进的进取，何尝不是中国此刻所要求的。不过，分别看来，快走则可，隔着个墙跳过去则不能。我以前很觉得跳墙的进取最便当。现在才知道社会的进化不能不受自然规律的管辖，从甲级转到乙级，必须甲级试验失败了，试验他的人感觉着不彻底不圆满了，然后进入乙级，乙级的动作方有魄力，否则乙级建立在空中，力量必然薄弱。"

中国社会的改造、进步，能否"越级"的问题，自清末以来就争论不休。傅斯年以其极端锐敏的思想力，总结前人的思想遗产，加上切身的体验，得出他自己的不可"跳墙"论，实在是了不起的真知灼见。

第四，傅斯年在其改造社会的思考中，提出另一个重要的问题，是社会与政府的关系问题。他在纪念五四运动一周年写的文章《青年的两件事业》里说："假使中国有社会，决不会社会一声不响，听政府胡为，等学生出来号呼。假使中国有社会，决不会没有舆论去监督政府。假使中国有社会，绝不会糟到这个样子。"显然，傅斯年认为，社会具有制约政府的功能。正因为中国无社会，因而无制约政府的力量，才使专制制度垂二千年而不亡。傅氏指出："专制是和社会力量不能并存的。所以专制存在一天，必尽力破坏社会力。"验之中国历史，可谓不勘之论。傅斯年也正是着眼于铲除中国的专制制度，才要改造社会，这才是真正从根本上下工夫。没有一个足以制约、监督政府的社会，打倒专制，追求民主的口号喊得再响，或者用暴力打倒再多的"专制者"，结果仍摆脱不了专制。这是相当深刻的思想。

第五，他充分认识到了青年的历史使命，号召青年学习新知识，献身社会，彻底改造社会，为国家富强和民族独立而奋斗。

最后，傅斯年认为学生运动的根本目的是救国救民，而要达到这个目的，必须进行启蒙和发动民众，提高民众的社会责任感，青年学生只有和广大民众结合起来，才能实现这一目标。他强调五四运动在促进民众觉醒方面起了巨大作用，他说："五四运动过后，中国的社会趋向改变了。有觉悟的添了许多，就是那些不会自己觉悟的，也被这几声霹雳，吓得清醒。"这种民众的觉悟和清醒，是社会进步的先声。傅斯年先生明确认识到了五四运动在促进民众觉醒的意义，而且只有民众觉醒，才能达到救国的目的。

傅斯年先生对五四运动的总结，推动了中国社会运动的发展。因此，从某种意义上说，傅斯年不仅是参加五四运动的人物之一，而且也是最早、最深刻地认识到五四运动的伟大意义的人物之一。虽然傅斯年没有参加五四运动的整个过程，但是，提起五四运动绝对不能不提傅斯年，否则五四运动史是不完整的。

关于傅斯年在五四运动中贡献，毛泽东和连战都给予高度评价。1945 年 7 月，傅斯年等一行 6 人到延安访问，毛泽东曾单独拿出一个晚上与傅斯年进行交谈。在交谈过程中，毛泽东高度评价傅斯年在五四运动中大出风头，为反帝反封建做出了贡献。连战先生在北大演讲时，也提到"傅斯年先生是五四运动的健将"。

今年是五四运动 90 周年，我们在这里深切缅怀傅斯年等"五四"健将，就是要弘扬"五四"精神，把我们伟大的祖国建设得更加美好富强！

傅斯年与傅斯年研究

陈清义　王　栋（聊城市傅斯年陈列馆）

傅斯年（1896～1950年），字孟真，山东聊城人。中国近代著名的史学家、教育家和社会活动家。曾先后担任国民政府中央研究院历史语言研究所所长、研究院总干事、国民参政会参政员、国民参议会参议员、北京大学代校长、台湾大学校长等职。

新文化运动时期，他叱咤风云，创办《新潮》杂志，宣传科学和民主思想。1919年，他作为五四运动的学生领袖之一，参加了这场反帝反封建的学生运动。此后，他怀着科学救国的愿望，留学英德七年，广泛涉猎哲学、历史学、政治学、物理学、化学、数学、地质学等学科。

作为史学家，他曾长期主持中央研究院历史语言研究所的工作，为抢救和保护祖国传统文化遗产，做出了积极的贡献。作为教育家，他对当时中国的教育宗旨、教育内容、教育方式和教育制度都进行了积极改革和探索，使北大、台大等教育机构各项工作突飞猛进，硕果累累。作为社会活动家，他忧国忧民，积极参政议政，投身到抗日救国的社会洪流之中。抗战胜利前夕，他以国民党参政员身份访问延安，为国共合作进行斡旋，更是他社会活动中的一件大事，人生的一个亮点。

傅斯年先生虽然逝世半个多世纪了，但是他留下了宝贵的学术成果和学术思想，留下了一位中国传统知识分子的优秀品性和精神，值得我们永远怀念。随着海峡两岸经济文化交流的日益增加，傅斯年学术思想研究也日益引起人们的广泛关注，一大批有影响的研究成果相继问世。台湾大学、台湾中央研究院历史语言研究所、台北故宫博物院、北京大学、聊城大学等已逐渐成为傅斯年研究的重要基地。山东聊城也专门成立了傅斯年陈列馆，供海内外学人和游客，深切缅怀傅斯年先生不平凡的一生。今就近年来傅斯年研究的基本情况、重要问题和有代表性的观点作简要概述，以供方家指正。

一　关于傅斯年研究的一般情况

傅斯年的研究始于傅先生的仙逝，1991年全国第一届"傅斯年学术研讨"会以后，傅斯年研究开始进入一个崭新的阶段。它突出表现为研究成果层出不穷，数量繁富；研究领域不断拓宽；成果体裁形式多样；参与研究人员遍及海峡两岸；研究机构日益健全。

（一）研究成果数量繁富

据不完全统计，自 1991 年以来，海峡两岸共编辑出版了有关傅斯年的著作 30 余部，在国家正规刊物上发表论文 600 余篇，相关文章或信息 24 万余条。其中尤以聊城大学、聊城市政协编著的《傅斯年》（山东人民出版社，1991 年），岳玉玺、李泉、马亮宽合著的《傅斯年：大气磅礴的一代学人》（天津人民出版社，1994 年），王汎森、杜正胜编辑的《傅斯年文物资料选辑》（台北中研院史语所，1995 年），王为松编著的《傅斯年印象》（学林出版社，1997 年），马亮宽著的《傅斯年教育思想研究》（辽宁教育出版社，1997 年），李泉著的《傅斯年学术思想评传》（北京图书馆出版社，2000 年），焦润明著的《傅斯年传》（人民出版社，2002 年），石兴泽著的《傅斯年别传》（中国社会出版社，2005 年），岳南著的《陈寅恪与傅斯年》（陕西师范大学出版社，2008 年）等一批专著更见功力。

（二）研究领域不断拓宽

近年来，有关傅斯年的研究涉及方方面面。学术界比较关心和集中讨论的问题，主要有傅斯年的教育思想、政治思想、史学思想和社会活动等等。

研究门类齐全，体裁多样。近年来傅斯年研究的重要特点之一，是研究成果呈现出题材的多样和门类的齐全。就现在出版的 30 余种专著而言，这中间既有专门精深的学术性著作，又有旨在普及与提高相结合、雅俗共赏的一般性读本。具体而言，以专门精深的学术性见长的，有马亮宽、布占祥编著的《傅斯年与中国传统文化》、李泉著的《傅斯年学术思想评传》、马亮宽著的《傅斯年教育思想研究》等；以叙述深入浅出、雅俗共赏的一般性读本，有王为松编的《傅斯年印象》、石兴泽著的《傅斯年别传》、焦润明著的《傅斯年传》、岳南著的《陈寅恪与傅斯年》等等。以上专著的出版发行，为人们学习、了解、研究傅斯年，提供了十分有益的帮助。

研究机构逐步健全，研究者地域分布广泛。随着海峡两岸对傅斯年研究的普及与深入，两岸陆续成立了一些专门的学术机构和团体，如聊城大学成立了傅斯年研究所，聊城市委成立了傅斯年研究会等。在联络傅斯年研究专家、促进学术交流等方面做了大量有益的工作，为研究活动的日益活跃和学术交流的蓬勃开展奠定了基础。同时，遍及海峡两岸的傅斯年研究者也分布于祖国各地，成为傅斯年研究队伍中的中坚力量和生力军。

二　傅斯年研究中的几个重要问题及观点

（一）傅斯年的教育思想

就中国现代教育家而论，傅斯年的教育思想在许多领域没有开风气之先，却有继承、发扬光大之功，他所强调的办教育的原则和理想也符合时代和教育的一般规律，可以说他的教育思想自成体系，适于时代，具体来说，主要包括以下几个方面：

1. 教育兴国思想

傅斯年是三、四十年代教育救国论的代表人物和中坚分子，早在"五四"时期，傅斯年就提出要拯救国家民族，首先要改造国民性，提高民众的文化素质。要达到这个目的，只有教育最为有效。他从青年时代决心献身教育事业，一生无悔无怨。他从不侈谈空泛的教育理论，而孜孜追求教育的社会效果，时刻注意为社会培养和输送有用人才。可以说，傅斯年从事教育的主要目的是爱国、救国、动员全国人民努力奋斗，摆脱帝国主义的侵略和奴役，走向独立和富强。他一生为此进行了长期奋斗，并做出了重要贡献。

2. 教育独立观念

傅斯年是教育独立思潮的代表人物之一，他与蔡元培、胡适等人为教育独立进行了长期奋斗。从某种意义上说，30年代以后傅斯年成为教育独立思潮的主将，他一生为教育独立而积极努力。他强调，教育不独立是办不好的，反对各级政府干涉教育。在他晚年任台湾大学校长期间，正是国民党政权撤退到台湾初期，局势混乱，政治斗争激烈，国民党政权为了稳固一隅统治，实行白色恐怖，乱捕乱杀，对台湾大学师生也是如此。傅斯年对此极为不满，亲自出面和国民政府交涉，不准军警随便到台湾大学逮捕师生，即使有确凿的证据，逮捕人也必须经校长批准，并且定为一项制度，形成这样一个传统，至今仍继续保留。傅斯年力争这项权利，是他坚持教育独立，摆脱政府控制教育的一项重要举措。当时国民党政府还要求各机关学校实行连保制度，当局其时也要台大师生办理连保手续，傅斯年出面进行抵制，他一个人进行保证，有问题发生，他愿意负全部责任。其结果在台大没有实行连保制度。傅斯年的这种举措反映了他教育独立的思想，即学校是教育的主要阵地，尤其大学是独立的学术研究和教育的场所，应该具有相对的独立性，政治机构不能随便干预。正如傅斯年去世后台湾的一些报纸所评论："傅斯年先生执掌台大两年最大的成就，在于保持了学术独立和尊严，扩大了研究空气。"傅斯年坚持教育独立，目的就是反对政治势力和专制统治者控制教育，把学生培养成自己的工具。傅斯年教育独立的观念实际上是在某种程度上，包含了中国传统中最有价值的"道德"观念和西方的自由平等观念。

3. 教育机会平等观念

虽然教育本身没有阶级性，并且历代教育家都曾提倡有教无类、教育平等的思想观念。但是实际上教育是阶级统治的工具，在阶级社会，教育始终是为统治阶级服务的。教育平等很难切实实施。傅斯年作为具有自由主义倾向的教育家，虽然他不可能向教育民众化方面走得太远，但他却是一生都在努力实施教育机会均等的理想。从早年他就一再强调贫富人家子弟受教育的机会应是均等的。虽然他自己也认为这在当时是不可能的，但是作为他的理想和追求，他一生都在为实现他的理想积极努力。他在任职中山大学、兼职北大、参与教育讨论时不止一次地提出以多设奖学金的方式，帮助出身贫苦的优秀学生，使其不失去求学的机会。他在出任台湾大学校长后，更是在力所能及范围内实现自己的理想。在台湾大学设置了多种奖学金和奖助金，如工读奖助金、成绩奖、台籍贫寒学生救济金等。除此以外，他还多方设法，争取给贫苦学生学习提供方便。更为难得的是，他把这一切作为办学的一项目标努力促其实现。他去世前列席台湾省参议会，回答参议员对台湾大学校务的质询时说："奖学金制度不应废止，对于那些质资好肯用功的，仅只为了没钱而不能升学的青年，我是万分同情的，我不能让他们被摈弃于校门之外。"并强调说："我们办学，应该先替学生解决其所有之困难，使他们有安心求学的环境，然后才能要求他们用心勤学。如果我们不先替他们解决，不让他们有求学的安定环境，而只求他们努力读书，那是不近人情。"他说这话当时是有所指的，心情激动，几秒钟后便猝然去世，这几句话便成了他最后的遗言。傅斯年作为一个教育家，他的思想境界无法突破其时代的局限，他无力实行教育向社会平等开放，而只是提倡多设奖学金，解决贫苦学生的求学问题，这自然只能惠及极小的一部分人，但他在当时已经注意教育不平等问题，并为此而积极努力，说明他对这个问题已有成熟的观念。而这种思想观念应该说是教育的根本目标之一。

（二）傅斯年的史学观

傅斯年的史学观，简单说就是"史学即是史料学"，他认为史学家的责任就是"上穷碧落下黄泉，动手动脚找东西"。"只要把材料整理好，则事实自然显明了。一分材料出一分货，十分材料出十分货，没有材料便不出货"。从20世纪20年代开始，直到40年代，以傅斯年为代表的中国现代史学中的"史料学派"，为中国现代史学奠定了非常好的基础。

"史学就是史料学"是傅斯年最具代表性的史学观点，也是他治史的灵魂。他认为，史料是史学的生命所系，是史学活动的宗旨，因此，有的史学专家称他为史料学的奠基人，亦不为过。他的史学思想主要表现为：第一，高度重视史料对史学研究的重要性；第二，强调在史料的整理和使用上应持客观态度。他认为整理和使用史料时应坚持实事求是；第三，强调把历史学作为一门科学就要舍弃主观和武断。不难看出，傅斯年史学思想的核心与主旨，唯在强调史料对于史学的头等重要性，强调史学研究应当论从史料出发，不可偏离史料去放言史观，空谈史意。可见强调史料的客观性是他史学思想的灵魂所在。

基于独特的历史认识，傅斯年在具体历史研究中也形成了一套相应的研究方法。受西方文化影响，傅斯年也强调事物的进化性，认为科学的研究方法应与时代相适应，与时代俱进。他强调历史学应广泛吸收其他学科的理论方法，"现代的历史学研究，已经成了各种学科的方法之汇集，地质、地理、考古、生物、气象、天文等学，无一不供给历史问题者之工具"。各学科的理论方法如何取舍呢？他提出了"有用"的评价标准。他在《考古学之新方法》一文中指出，方法本身"无所谓新旧，所谓新方法，不是在好高，不是在骛远，假定这个方法，用来可以得到新的知识，就是好方法，若是用来得不到新知识，即不可靠，就不算是好的方法，也就不是新的方法"。

在史学研究中，傅斯年非常注重史学方法的应用，他简明扼要地指出史学的研究方法就是比较研究。他说："假如有人问我整理史料的方法，我们要回答说：第一是比较不同的史料，第二是比较不同的史料，第三还是比较不同的史料"。他认为史学就是史料学，史料学便是比较方法之应用。他觉得在处理任何一种史料时，都不可以姑妄信之，要对史料进行对比、鉴别、筛选。因为"史料是不同的，有来源的不同，有先后的不同，有价值的不同，有一切花样的不同。比较方法的使用，每每是'因时制宜'的，处理每一历史的时间，每每取之特别的手段，这手段在宗旨上诚然不过是比较，在迎合事体上都是甲不能转到乙，乙不能转到丙，丙不能转到丁……"。傅斯年还继承了我国古代运用历史比较的优良传统，又借鉴西方比较史学和比较语言学的理论与方法，提出了将不同性质的史料加以对勘互证的八则比较方法，即：直接史料对间接史料，官家记载对民间记载，本国记载对外国的记载，近人记载对远人记载，经意的记载对不经意的记载，本事对旁涉，直说对隐喻，口说对著文等等。

傅斯年作为中国近代史上一位著名的历史学家。首先，他引入了西方实证主义史家的观点，为中国传统史学注入了新鲜血液，并且提倡用自然科学的方法研究历史，肯定和发扬了科学的态度。其次，他大力倡导史料的整理，为保存和抢救历史珍贵文献作出了贡献。他带领历史语言研究所的同仁对清代内阁文库中的明清档案，对《清实录》、敦煌卷子、汉魏竹简等都做了比较系统的整理工作。另外，他努力使用新工具。他关于历史学是科学的思想以及他对治史方法的细化和丰富，应该在中国近代新史学的诞生以及发展与成熟的过程中占有非常重要的地位。

（三）傅斯年的社会活动

傅斯年不仅是历史学家、教育家，也是政治家和社会活动家。五四运动时期，他担任学生游行的总指挥，扛起了反帝爱国的大旗；在国民党执政时期，他仅凭一枝利笔和赤血丹心，用笔杆子，批判时弊，打倒了国民党孔祥熙、宋子文两任行政院长；也曾为国共两党的和谈积奔走，积极拥护和响应毛主席提出的把各党派和无党派的代表人物团结在一起，成立联合政府的主张，并于1945年7月同褚辅成、黄炎培等6人以民主人士身份一同到达了延安与毛泽东、周恩来、王若飞等中共领导人进行了会谈。无论作为学者，还是作为社会活动家，傅斯年先生在中国现代史上的价值都是不可估量的。

此外，近年来傅斯年研究的内容，还体现为傅斯年的生平事迹、傅斯年的历史地位与影响、傅斯年的新文学思想、傅斯年的人际关系等等。我们深信，随着研究的不断深入，并经过不懈的努力，傅斯年研究一定会取得更加丰富的成果。

恽代英与武汉五四运动

王　谦（武汉市革命博物馆）

　　1919 年 5 月 4 日由北京发起而全国响应的五四运动，是一次规模浩大、举世闻名的革命活动，它揭开了中国工人阶级领导的新民主主义革命的序幕。武汉这座华中重镇当时也不例外地受到波及，从学生运动发展到社会各阶层的运动。在这次斗争中，恽代英是武汉学生运动当之无愧的领导者，作出了杰出的贡献。

"五四"之前的爱国活动

　　恽代英，又名遽轩，字子毅，祖籍江苏武进，1895 年出生于武昌，1914 年就读武昌中华大学经文预科班，1915 年夏考入该校文科中国哲学门，1918 年毕业后任中华大学中学部主任（即校长），在校期间，他经常阅读《新青年》、《新潮》等进步书刊，爱国爱民之心逐渐增强。他经常为《新青年》、《妇女杂志》、《体育杂志》、《青年进步》、《光华学报》等报刊撰写文稿或翻译文章，在上面发表，以犀利的笔锋刺向帝国主义和封建主义。陈独秀、李大钊等发起新文化运动后，恽代英在武汉率先响应。1917 年 10 月 8 日，恽代英与黄负生、梁绍文、冼震四人在中华大学学生中发起组织武汉地区第一个进步团体——互助社。互助社以"群策群力自助助人"为宗旨，阅读进步刊物，团结进步学生。经过经常性的学习、讨论，社员们提高了爱国主义觉悟，加强了品行修养。互助社每次开会前都要齐声朗诵的"互励文"，就是这些热血青年爱国爱民的真实写照。"互励文"由恽代英起草，文中字里行间洋溢着爱国主义思想："我平心静气，代表我们大家说，以我们的良心做见证，我们今天来，报告了，商量了一切事情，我们所说的都是出于我们的真心。我们晓得：今日我们的国家，是在极危险的时候，我们是世界上最羞辱的国民。我们立一个决心，尽我们所能尽的力量，做我们所应做的事情。我们不应该懒惰，不应该虚假，不应该不培养自己的人格，不应该不帮助我们的朋友，不应该忘记伺候国家，伺候社会。我们晓得：我们不是没有能力，国家的事情不是没有希望。我们散会以后，在明天聚会以前，还盼望都有个有价值的报告。因为我们从这以后，是实行的时候了。"[1]

　　1918 年 5 月，日本帝国主义胁迫段祺瑞政府签订"中日陆军共同防敌军事协定"，阴谋出兵我国东北。消息传出，激起了中国人民的公愤，全国各地青年掀起了反对日本帝国主义和段祺瑞政府卖国行径的爱国热潮。在武汉，恽代英领导互助社社员积极活动于各大、中学校，印刷散发提倡用国货不用日货的传单。由于当时警察方面已通知各印刷厂所不准印刷爱国传单，恽代英遂与互助社社员、进步青年学生们连夜自己动手印传单。经过一夜辛劳，印出1200余张。与此同时，恽代英他们还编辑了《武昌国货调查录》、《日本新密约二十一条》、《国耻演说》等小册子。传单及宣传册印好后，第二天恽代英带领互助社社员立即与湖北第一师范、外国语学校等校的爱国学生一起，上街调查国货，向群众散发传单、小册子。他们还身体力行，不用"仇货"（即日货），而用国货。恽代英在当时的日记中写道："同人热心身体力行的提倡国货，其意殊可佩服。慈将可以代用洋货之国货众所传述者录下。余誓非万不得已不购外货矣。洋布、竹布，可以棉布代之。又布机洋布之粗者亦国货。洋纱，可以夏布葛布代之。呢，可以中国呢代之。洋瓷脸盆，可以木或铜脸盆代之。鞋，可以粗布鞋代之。此外一方仍调查较精美之国货而记录之，互相通知。一方当用力改良棉业及其他制造。"[2]怎样以国货取代洋货，阐述之具体，可见当时这些热血青年的拳拳爱国之心。

为了表示爱国的决心，恽代英与互助社的社员们用中国产的剃刀剃光了头发，名曰"爱国头"。他们外出购物，买一个篮球，哪怕是一瓶墨水，都要看是不是中国货，就连印发的传单上也不忘在纸后注明："这是中国纸！"

恽代英等进步青年在武汉开展的爱国活动，尽管"在一些问题上还缺乏科学的分析批判能力，在思想上带有较浓重的空想主义色彩，但他们的思考和呐喊毕竟使武汉的知识分子和青年学生的思想得到了前所未有的解放，推动了武汉地区新文化运动的进一步开展。"[3]为武汉的"五四"爱国主义运动奠定了基础。在恽代英发起的互助社的影响下，武汉地区先后成立了健学会、辅仁社、仁社、诚社、日新社、为我社、新声社等团体，越来越多的进步青年加入到寻求救国救民道路的行列。

搏击于"五四"洪流中

从1919年1月开始在法国召开的协约国"巴黎和会"，协约国之一的中国属战胜国一方，理应收回自己的主权，但和会却对日本妥协，决定由日本接管战败国德国在中国山东的一切特权，当时的北京政府竟准备在和约上签字。消息传到国内，早已积怨在胸的中国人民愤怒了。5月4日，北京大学等校数千学生首先在天安门广场集会，他们高呼"外争国权，内惩国贼"、"取消二十一条"、"拒绝和约签字"、"誓死争回青岛"等口号，并举行了声势浩大的示威游行，烧了卖国贼曹汝霖的邸舍。"五四"前，已任中华大学中学部主任的恽代英等武汉进步青年就密切注视着巴黎和会的进展，并与武昌高师学生陈潭秋、中华大学学生林育南、武昌高级商校学生李求实等酝酿在"五七"国耻纪念日举行纪念活动。5月6日，《汉口新闻报》首先报道了北京"五四"运动的消息，恽代英等青年闻讯后奋起响应，立即领导武汉学生界掀起了爱国热潮。当天他便寄发"勿忘国耻"明信片（录民国四年总商会通电）40张于各处友人，并草拟了题为《四年五月七日之事》的传单，连夜与学生们赶印出600余份。其激昂的爱国热情溢于纸上："有血性的黄帝子孙，你不应该忘记四年五月七日之事，现在又是五月七日了,那在四十八点钟内,强迫我承认二十一条协约的日本人,现在又在欧洲和会里,强夺我们的青岛,强夺我们的山东,要我们四万万人的中华民国做他们的奴隶牛马。你若是个人,你还要把金钱供献他们,把盗贼认做你的父母吗?我亲爱的父老兄弟们,我总信你不至于无人性到这一步田地。我不愿意同学不说爱国的话,因为不说是心死了。我不愿意同学只说不做,因为这是无真心无胆气的表征。我不愿意同学不趋于极端,因为不如此,不见他有真感情、真知识。"[4]

5月7日国耻纪念日这天,武汉各机关、学校放假一天,以示不忘国耻。中华大学则在这天召开运动会,以发扬尚武精神,谋振扬国威。恽代英与林育南等学生捧着爱国传单在会场上广为散发,同学们一字一句读着那极具鼓动性的传单,无不热泪盈眶,振臂高呼爱国口号。正当运动会上师生们人心鼎沸时,北京学生南下的代表来了,向恽代英等介绍了北京"五四"运动详情,这便更激发了大家的爱国热情。运动会后,恽代英与学生们上街散发爱国明信片和传单,过往群众争相传看。恽代英起草的这份传单,5月9日的《大江报》予以登载,通过新闻媒介,使更多的群众投入到同情、支持学生爱国运动的热潮中来。

5月9日,武汉各校学生代表汇聚中华大学,商讨声援北京学生界事宜。会上,代表们一致决定成立"武昌学生团",并推举恽代英为学生团撰写宣言书。恽代英立即搜集资料,赶写了4000余字的题为《对山东、青岛诸问题的宣言书》,同时向北京学界发声援电。他还为学生们起草致北洋军阀政府、各省督军署等处的电稿,揭露帝国主义侵华罪行,呼吁人民群众对武汉学生界正义斗争的支持。10日,恽代英等中华大学、高师15位学生代表聚会议事,决定与北京学生采取一致行动,外争国权,内惩国贼。14日,恽代英等代表又在中华大学开会,决定根据斗争的需要和形势的发展,将"武昌学生团"改名为"武汉学生联合会",恽代英、林育南、陈潭秋、李书渠、廖焕星、李求实等为骨干。会后,派武昌高师代表高鸿缙前往汉口电报局,拍发武汉大、中学生5174人致北京大总统电,力主壮民气为外交后盾,反对丧权辱国。17日,武汉学生联合会在恽代英等的指导下在中华大学内正式成立,并通过了新的宣言,从此,武汉的学生爱国运动便在学生联合会的指导下蓬勃开展起来。学联成立后,全体代表于下午4时许赴湖北督军署和湖北省长署请愿,要求当局承认学生联合会,请予立案,发行印刷品,力争青岛,组织游行大会。但军署、省长署故意搪塞,不允许游行。

5月18日中午12时,恽代英等武汉学联代表不畏高压,发动武汉各校3000余学生在阅马场集会,声援北京学生的爱国行动,集会后举行了声势浩大的示威游行。恽代英等学联骨干走在队伍前头,学生们手持写有"打倒卖国贼"、"争回青岛"、"誓雪国耻"、"提倡国货"等口号的小旗。游行队伍从武昌路经府院街、察院坡、司门口、长街、保安门、大朝街,复又转阅马场,沿途学生们振臂高呼爱国口号,声泪俱下的讲演、散发传单,围观群众无不为之感动。学生的爱国行动得到了武昌市民的支持,游行队伍所到之处,群众纷纷表示不购买代销日货,有的市民还送来茶水点心慰问学生。这次游行之后,武汉的爱国学生运动一浪高一浪,从学生参加发展到有商界、工人等各业人士都参加的群众爱国运动。

5月20日，恽代英等又率文华大学、圣约瑟学校、博文学院等教会学校3000多名学生举行示威游行。那天下着滂沱大雨，同学们衣服都淋湿了，仍坚持搞完活动，沿途群众看了，无不钦敬之至。

在学生集会、游行的宣传鼓动下，武汉地区的"五四"运动掀起高潮，三镇群众"提倡国货，抵制日货"运动迅速开展起来。5月21日，恽代英和互助社的社员们发起组织"学生实行提倡国货团"，并拟订了《学生实行提倡国货办法大纲》。中华大学国货贩卖部将凡学生应用之物，一律用国货备齐，并劝导学生前往购买。造币厂工人发起组织了提倡国货协进会，号召各工厂工人一致行动起来提倡国货，并于5月24日夜晚邀集该工厂及修理机件店伙，在洗马场集合，议决一律禁止代销日货。汉阳铁厂职员发起组织十人团，进行抵制日货活动，并在厂内设国货贩卖部。人力车工人将日产轮胎全部换下，改用国货，以示爱国。总商会组织贩卖团，抵制日货，专运国货，分赴各乡镇销售。汉口洋货业改售国货后，5月19日在该帮公所集合，决定将原有外货调查封存，以后一律禁止再购，并派人负责检查督促。

面对武汉三镇的革命洪流，湖北督军王占元命令军警对手无寸铁的爱国学生"格杀勿论"。5月20日，王占元传见各校校长，命令他们对学生严加管束，否则即唯各校校长是问。王占元的做法激起了学生们的愤怒，武汉学联的领导人恽代英、林育南等商议，决定策应北京、上海的行动，举行总罢课，并发布《武汉学生罢课宣言》，宣言里提出的罢课要求是：（甲）争回青岛；（乙）惩办国贼；（丙）恢复学生自由。王占元闻讯后，严谕各校校长管好学生，切勿罢课，不得让教职员及学生外出，违者严办不贷，并宣布全市特别戒严。5月31日晚，"荷枪之军士攘往熙来，荷枪之警士成群结队，抱冰亭畔，黄鹤楼前以及各校门首，巡查之经过不啻莺梭，防守之密布几同蛛网。"[5]在反动军阀的高压面前，恽代英与爱国学生并没有屈服，6月1日，恽代英联络了武汉地区18所学校的59000学生举行总罢课。这天，武汉各大、中学校门前军警林立，气氛十分紧张，大街小巷上巡警密布，交通几乎中断。总罢课原定12时出发游行演讲，但因军警阻挠，学生不能出校门。午后1时许，火急火燎的学生们再也忍受不住了，他们不约而同地从二三丈高的院墙上翻墙、毁墙而出，高举大旗、横幅，从粮道街、巡道岭、昙华林等地冲上大街，汇集一起，涌向阅马场、黄鹤楼、督军府等预定集会地点。在各预定讲演地点，早有军警防守，不准学生演讲，于是学生们与反动军警发生了冲突。武昌高师被军警防守，不准学生出入，学生陈开泰等上前质问理由，军警即用刺刀乱戳，当场伤十余人，陈开泰同学被刺刀戳穿右大腿，晕倒在地。私立法政学校学生李克振等八人在武昌北城角演讲时，被陆军二师七团三营所捕。湖北中学学生张万生等四人在阅马场被警察三署所捕。此外，还有文华大学、高等商科学校、中华大学、第一中学、启黄中学、甲种工业学校等校，均有学生被捕，总计被捕者数十人，负伤者十多人，这就是反动军警一手制造的轰动全国的"六一"惨案。

惨案发生后，恽代英立即到医院看望受伤学生，鼓励他们坚持斗争，并安排林育南、李书渠、李求实等进步青年，聚集司门口省署，夜卧长街，要求释放无辜学生，缉拿杀人凶犯。同时，恽代英还以武汉学生联合会的名义向全国各地发出讨伐王占元的通电。

惨案发生后，反动军阀王占元不但不有所收敛，反而于6月2日通令各校提前于6月3日放暑假，限令学生三日内全部离校，企图从根本上瓦解爱国学生队伍。反动军阀的罪恶行径，激怒了武汉三镇人民，他们以各种形式，对学生爱国运动表示支持。当晚，武汉各校校长召开特别会议，决定赴省署抗议，要求当局释放被捕学生，撤去各校门前军警岗哨。3日，武汉律师公会召开紧急会议，施洋副会长提出援救学生案，呈请法庭提起公诉，并致书湖北当局，要求惩办凶手，抚恤学生，恢复学生自由。6月5日，汉口英租界平和、茂荣二花厂工人首先罢工，主张斥退侵华日本人。6月7日，恽代英、施洋等发起"武汉各界联合会"，组织商界罢市、工界罢工。当日，武汉码头工人拒不卸日货。6月8日，汉阳兵工厂以及武汉各大工厂的工人集会，讨论提倡国货等事宜，并决定成立各行各业十人团，进行爱国宣传。6月9日，武汉土木工人2万多人罢工，要求增加工资。10日，汉口数十家商店发表《罢工宣言》，各商店门口书有"国耻痛心，休业救国"的大字。为了进一步动员全市商界开展罢市斗争，当晚恽代英代表武汉学联，草拟了"为什么要罢市"、"罢市的目的与方法"等传单，由学生连夜散发到各商店。6月11日，武昌商人也全体罢市，并发表《商民罢市之宣言》，提出了"不惩国贼，决不开市"、"罢市救亡"、"万众一心"等口号，贴出了"保中国国土，禁敌国货物"、"愿为爱国死，不作亡国奴"等标语。与此同时，申汉轮船水手及伙夫也举行同盟罢工，使上海至汉口间的交通中断。12日，武汉各公司大小商船工人相继罢工，一律停止装运客货；在日本人开设的工厂中做工的中国工人也纷纷离开工厂，不为日商做工。铁路、邮电的工人也掀起罢工高潮。此后，武汉各行各业罢工连绵不断，此起彼伏，群众性的爱国运动席卷整个江城。

武汉声势浩大的三罢斗争及其他各阶层、各社会团体的斗争，震慑了反动军阀，在群众的强大压力下，湖北督军政府被迫释放了被捕学生，惩办了直接参与制造"六一"惨案的武汉警务处长和保安处长。武汉由学生运动发展到各界人民参加的爱国运动取得了胜利。6月28日，北洋政府被迫批准曹汝霖、章宗祥、陆宗舆三个卖国贼"辞职"，电令参加巴黎和会的中国代表拒绝在和约上签字，至此，"五四"运动在全国取得了伟大胜利。

在这场斗争中，恽代英的精神完全为国家的大事所吸引，食不甘味，夜不能寐，奔走串联于各校、社会之间，深入罢课罢市第一线，了解情况，谋划策略，是各界群众公认的青年运动领袖。

"五四"以后的革命活动

"五四"运动的最伟大的成就就是启开了共产主义运动的大闸，从此无产阶级领导的革命洪流汹涌于中华大地。"五四"运动给工人运动与马克思主义相结合提供了契机，从而为在中国建立无产阶级政党奠定了坚实的基础。五四运动后，进步的、革命的宣传马克思主义的刊物陆续创办，给全国各地的文化带来了一派生机，武汉地区也不例外地受到影响。在创办武汉地区的进步刊物、进步社团中，恽代英又走在前面。

1920 年 2 月，恽代英、李书渠、林育南等进步青年创办了利群书社（初为利群书局）。书社设在武昌胡林翼路 18 号（今横街），李书渠为经理。书社以互助社为核心，日新社、辅仁社、键学会等团体的大部分社员组成。该社是"五四"时期武汉地区最大的社团，起初具有工读互助团的性质，后来随着恽代英、林育南等成员向马克思主义的转化，它成为长江中游地区宣传马克思主义的重要阵地，经销《共产党宣言》、《共产主义 ABC》、《恩格斯资本论入门》、《阶级争斗》等著作，以及《共产党》、上海《星期评论》等报刊。书社吸引着武汉地区的一些进步团体和许多进步青年，"马克思主义学说研究会"、"妇女读书会"等经常在这里开展活动。书社也是武汉地区对外的联络点，它是《新青年》、《新潮》、《少年中国》等杂志的代销处，与北京、上海、长沙、安徽、陕西等地进步团体保持密切联系。1920 年 7 月 7 日，毛泽东从北京返湘途中到武汉，与利群书社创始人恽代英亲切晤谈，交换宣传新思想、新文化的意见，探索救国救民的道路。回湘后，创办文化书社。同年 9 月，长沙文化书社成立后，毛泽东请恽代英作信用介绍。中国共产党成立后，利群书社大多数成员先后加入党、团。

由恽代英等主办的《互助》月刊在 1920 年 10 月创刊，还编有《我们的》等刊物。这些刊物有较明确的政治态度，是武汉地区探讨社会改造的园地，也是研究社会主义学说的早期阵地。1921 年 1 月 2 日，由恽代英、黄负生、刘子通等创办的《武汉星期评论》问世，总代售处是武昌利群书社，通信处汉口长清里 92 号，代派处武昌时中书社、长沙文化书社。最初的宗旨为"改进湖北教育与社会"，武汉地区党组织建立后，该刊成为武汉党组织的机关刊物，旗帜鲜明地宣传革命思想，抨击旧制度，改革教育，宣传改造社会，指导知识青年投身革命斗争。它还经常刊登有关工运、妇运等方面的文章和报道，在传播马克思主义、推动组织的发展、促进工运、学运、妇运的发展等方面，均发挥了重要作用。

注释：

[1]《恽代英日记》，中共中央党校出版社，1981 年。

[2]《恽代英日记》，中共中央党校出版社，1981 年。

[3]《武汉史稿》，中国文史出版社，1992 年。

[4]《恽代英日记》，中共中央党校出版社，1981 年。

[5]《汉口新闻报》1919 年 6 月 2 日。

匡互生的贡献及其人生轨迹转变探究

——由暴力的勇者到人格教育的智者

刘立勇　朱与墨（第一师范青年毛泽东纪念馆）

一　少年、青年时期匡互生："愿持三尺剑，斩尽民贼以为快"

匡互生（1891～1933年），湖南邵阳邵东人。当地民风彪悍、任侠好武，少年匡互生视为民请命、逼富救灾、举义反清的贺金声为英雄，立志要像他那样为百姓为正义而献身。贺金声受骗、英勇就义后，14岁的匡互生在读书的同时，跟随一位贺金声的旧部属学习国术。坚持数年，练就了一副铁骨钢筋的身板。16岁以后，他又随师研习船山学说，反抗黑暗的精神日益强烈。

1911年10月，武昌起义胜利后，各省都积极响应。湖南更是一马当先。20岁的匡互生，正在长沙邵阳驻省中学读书，他毅然走出校门，跟着体育老师石基勇敢地加入了攻打巡抚衙门的战斗。战斗结束后，他又报名执行防守小西门的任务。接着，他参加了学生军，时刻准备出兵武汉参与北伐。后因南北议和袁世凯窃取了辛亥革命的胜利成果而中止，他返回了学校。

辛亥革命失败后，湖南的督军汤芗铭鱼肉百姓，无恶不作。一次课间作文，国文教习卢国松出了一道《时事感言》的作文题。匡互生对汤芗铭祸湘的极端不满，倾泻于文，写下了"愿持三尺剑，斩尽民贼以为快。"老师批语"除贼务尽"。国文教员李洞天把此文作为优秀习作予以展览。后此文被汤芗铭获知，欲拿匡互生问罪，校长刘策成和国文教习李洞天老师闻讯后，连夜护送匡互生离境脱险。李洞天老师主动担当起了责任。结果，李洞天老师被捕入狱，被杀害于长沙南门口荒野，校长刘策成也因《时事感言》一事被判10年徒刑。匡互生为此神秘失踪，更名匡济。这件事深刻地影响着匡互生的一生，更加坚定了他"愿持三尺剑，斩尽民贼以为快"的意志。

1915年，匡互生考入了北京高等师范学校。在校期间，时值袁世凯已接受"二十一条"，段祺瑞又向日本大笔借款，与日本帝国主义签订军事协定。匡互生愤怒至极。为抗议北洋军阀的卖国行径，他组织大家痛论国事，并相约参加1918年5月的北京学生向总统府请愿的爱国活动。但是，由于当时缺乏斗争经验，"请愿"失败。匡互生由此得出"爱国学生运动若无中坚分子领导则不能奏效"的结论。于是，在1918年下半年，他又在高师秘密组织了一个爱国团体——同言社。后来改名为"工学会"，提出

"爱国救国，反对强权主义"等口号[1]。

1919 年 4 月底，中国外交在巴黎和会上失败的消息传到北京，匡互生慨叹：庆父不死，国无宁日。自言"筹思数夜不交睫"。最后，他终于决定"以暴力除掉曹、陆、章三个卖国贼"。1919 年 5 月 2 日、3 日，匡互生与校内外的志同者秘密聚会，确定马上实施暴动。于是立下了生死相约："绝无丝毫恐惧和苟且偷生之念头。"觉得唯有"同往牺牲之快乐"。在暴动前，他们每个人都将遗书交付于朋友。匡互生在遗书上这样写着："我死后，要家人知道，我为救国而生，为抗敌而死，虽死无憾。"此后，匡互生等便打听到国民外交协会拟于 5 月 7 日在中央公园召开国民大会并让曹汝霖等人到会接受质询的消息，便决定在这一日暴动，直接把曹汝霖等卖国贼打死在会场上。后来，因五四运动提前爆发，于是他们又决定提前行动。"明天就是去死，也要死得壮烈"匡互生内心充满着壮烈[2]。这便是匡互生火烧赵家楼的缘起。

五四运动后，匡互生参加了李大钊、邓中夏创立的马克思主义研究会。毕业后他回到长沙，1920 年，湖南督军张敬尧贪杀抢掠，成为湖南公害，三湘四水掀起了"驱张"运动。匡互生在毛泽东起草的《驱张宣言》上签名以后，与何叔衡以公民身份赶往衡阳，同先期到达衡阳的绅商学界代表易培基拜访吴佩孚，请求吴佩孚出兵"驱张"。离开吴佩孚的住所后，匡互生觉得吴很冷漠，决定到郴州找恩师刘策成。当时湘军总司令谭延闿驻军郴州，湘军总指挥赵恒惕驻军在郴州永兴，刘策成任赵恒惕的秘书。匡互生日夜兼行走到永兴，找到刘策成叙旧后，便说明要借炸弹来意，去独身冒死炸死张敬尧。他说服了刘策成，在刘的帮助下，他从赵恒惕处成功借到五枚炸弹。他试爆了一枚炸弹，又日夜兼程赶到长沙，伺机炸死张敬尧。几次潜伏，但一直没能得到炸死张敬尧的合适机会。

二　匡互生的人格教育实践：立己达人

（一）匡互生对湖南一师师范教育的创新和贡献

1920 年驱走张敬尧后，湖南一师校长易培基聘匡互生为教务主任主持一师工作。他到任后，提出要把一师建成全省新文化运动的先锋阵地和中心，首要的任务是必须更新教师队伍。对"老条例"作了一次大修改，并增加了"一师附小的主事可以到一师教课"这么一条，为让毕业于本校的毛泽东有资格登上母校讲坛铺平了道路。就这样，毛泽东被破格聘任，成为一师 22 班的国文教员，并成功培养了夏曦、郭亮等一批革命志士。匡互生在主持长沙第一师范教学工作期间，实施了一系列重大改革。首先是更新师资队伍，除聘任毛泽东为一师教师外，还聘请了李达、周谷城、舒新城、夏丏尊、李维汉、田汉、赵景深、孙良工、辛树帜、熊梦飞、王鲁等一批有学识的教师，还先后邀请杜威、罗素、章太炎、章士钊、恽代英、江亢虎等中外名人来一师讲演，极大地提高了一师的教学水平和社会声望。其次，匡互生主持修改旧教材，增加与充实反帝反封建的新内容，如辛树帜老师开湖南之先河公然向学生进行性教育。第三，匡互生在教学管理上主张男女同校，1921 年第 21 班开始招女生，易培基首先把自己的女儿送到学校。第一届女生中，出了新中国成立后担任全国妇联书记处的书记曹孟君[3]。学校提倡自由讨论、独立思考，鼓励学生实行民主管理。这些充满新鲜空气的举措，不仅使当时的湖南第一师范成为湖南地区具有很高水平的知名学校，也使湖南一师成为当时湖南地区传播新文化、新思想的重要阵地和中心。湖南一师的招生也开始走出湖南走上全国和国际，如南洋和朝鲜也有学子慕名而来。在此期间，匡互生参加了"新民学会"，并与毛泽东共同发起组织"文化书社"。

　　（二）匡互生的人格教育实践及教育改变社会的理想图景

　　1921 年 10 月到 1923 年，匡互生远赴江浙进行新村实验，去建构自己的理想王国。在军阀混战年代，他的新村乌托邦实验破产了。后赴春晖中学任教，在教育理念上又因与学校当执者道不同而退出。1925 年，他与一帮离开春晖的同仁到上海创办立达中学。学校因孔子《论语》中"己欲立而立人，己欲达而达人"之句而得名。他们的办学宗旨是"修养健全人格，实行互助生活，以促进文化，改造社会"。进行教育改良社会的实践。他也规定立达叫学园而不叫学校，因为匡互生认为，学生好比幼苗，这里就是他们自由发展、健康成长的园地。他遍请名师，除春晖过来的丰子恺、朱光潜、周为群、刘薰宇、夏丏尊等几位教师外，又先后聘请了方光焘、刘叔琴、夏衍、陈望道、陶元庵、黄涵秋、丁衍镛、许杰、陶载良、陈范予等知名人士担任教职，又设立"立达学会"，聘任沈雁冰、叶圣陶、郑振铎、胡愈之、朱自清、刘大白、周予同、章锡琛等 51 位著名学者为立达学会会员，几乎囊括了当时上海的所有文化知名人士。还时常邀请著名人士来立达演讲，鲁迅即为其中之一[4]。匡互生突破中国学校普遍存在的官本位陋习，进行爱心教育，学校的校徽就设计为"心"型。并尝试尊师爱生的学校新体制：不设校长，不立校规，只以"立己达人"为校训。匡互生以身作则，提倡人格感化教育，因人施教，因材施教，努力使每一个学生都能在一个自立自强的健康氛围中学习、成长。匡互生为培养学生的创造精神和尊重劳动的优良习惯，在学校教学中贯彻教育和劳动相结合的方针，努力改变应试教育的不良习气，积极探索在调动学生个人兴趣基础上，切实培养学生的学习能力与创造能力的教育新路径。在具体教育实践上，有三个鲜明的特点：

　　（1）民主治校、立己达人。立达不设校长，也不设校规，尊重个性，尽量避免体制化磨消学生个性。学园由教师、工友、学生各选代表组成校务委员会，学校重大事务均由委员会讨论决定再分交有关部门执行，使得立达所有师生都能树立主人翁思想，养成民主习惯。很快，立达就以民主严谨的教学风格与优秀的教学质量在社会上享有盛誉。

　　（2）课堂教学促进自由发展。匡互生认为教育的真义是引发而不是规制，为此，立达提倡学生"自觉、自动、自治，以立自由之基础"。学校自订课程自编教材。在教学方法上，立达重视学生在教学中的主动性，主张教师讲授与学生自由讨论相结合，鼓励学生自由组织学习团体，学校的图书馆、实验室全天开放，学生只需登记即可使用。匡互生主张要在学生未受到社会不良习俗感染之前，引导他们认真学习，树立起

"真善美"的道德情操，以抵制社会上"假丑恶"的腐蚀。

（3）教学活动和社会实践互动。1928 年春，匡互生在学园后面的空地增设了立达农场，并从美国引进优良鸡种和蜜蜂良种，从事养鸡、养蜂和园艺种植，供全体师生劳动实践，从而使劳心与劳力有机地结合起来。1929 年，匡互生又开办农村教育科，分设养鸡、养蜂和园艺三个专业，既培养了大批农村教育人才，又培养了大批生产能手[5]。

匡互生和立达创办者们在当时的社会历史条件下，试图通过教育来改造社会，特别是通过工学结合，农村教育来影响社会，改造社会，以振兴中华，希望中国社会在二十世纪的竞争中，避免没落和被压迫的厄运，实际上只能是一种幻想。在教育实践中贯彻着匡互生人格教育和生产教育思想。他和立达创办者们在揭露旧社会旧教育的弊病，追求理想教育，指出并实践新人培养的途径上都做了极有意义的贡献。匡互生就是这种"健全人格"的表率，他对学生从不说教呵斥，他与个别犯错误的学生谈话时总是首先自责，因为学生犯错首先是老师教育的失败，每每声泪俱下，使学生深受感动，乃至多年后仍为当时的错误感到后悔。他以自己的真诚和对学生的爱心赢得了学生的敬爱。他甚至几次对学园抓到的小偷给予关爱，赠送银圆供他们做小本生意，鼓励他们走上正道。1933 年，匡互生病危之际需要输血，立达数百学生争相献血，那些因血型不合的学生则闷然不乐："我们惭愧不能给匡师输血"。医生都说："真是一位异常受学生爱戴的老师，这样热烈献血的情况我们从未见过。"匡互生逝世后，立达师生不愿将其葬在公墓，他们冲破阻力坚持将匡互生葬在立达农场，以寄哀思。难能可贵的是，据一位立达校友的回忆，立达自创办后所有师生克公守法，未闻有违法乱纪者，足见匡互生人格教育思想的成功[6]。立达在个性发展教育上的理论和实践，更为我们今天的教育改革提供了有益的经验和启示。

匡互生主张把人从封建的伦理关系中解放出来，弘扬人的个性独立，提倡人的主体精神，而"教育应以发展个性为主要职责"，他鼓励学生探索真理，实现真理，认为，人缺乏追求真理的精神，是最可悲哀、最可恐惧的事，人生缺乏真理，就要失去之所以为人了。与此同时，他又明确提出，人的一生还必须对社会及其进步尽责任，这是发展个性、培养健全人格的唯一归宿。受当时开始传入中国的社会主义思潮的影响，他对腐朽没落社会必须改造，怀有巨大的热情，认为虽然孤零零的小我是很少意义的，但是各个小我是平等的，许许多多渺小的个人，从爱出发，从责任感出发，尽到自己的本分，就可连锁在一起，组成一个同宇宙一般悠久，同天地一般广阔的大生命[7]，这就是他教育改良社会的理想图景。

三　匡互生与毛泽东人生轨迹比较及匡互生转变为人格教育智者原因探究

匡互生和毛泽东都出生在湖南湘中地区，从小接受着湖湘文化的熏陶。但匡互生所在的邵阳民风更为彪悍。比较以下他们两位的活动年谱，我们发现他们的人生轨迹是大相径庭的。1921 年前，当毛泽东是位教育救国的社会改良主义者时，匡互生是一位主张暴力救国者，这从他"愿持三尺剑，斩尽民贼以为快"的《时事感言》、火烧赵家楼并准备暴动和"驱张"运动中刺杀张敬尧等事迹中鲜明可见。但当毛泽东接受马克思主义的国家革命理论和俄罗斯"十月"革命实践，成为暴力革命救国论者时；匡互生却接受了克鲁泡特金的温和的社会改良主义、走上教育救国的道路。

他们的人生轨迹在长沙曾经汇合在一起，他们在长沙楚怡学校首次相见，并且彼此仰慕，匡互生非常欣赏毛泽东在《湘江评论》上的《创刊宣言》。随后，他水到渠成地成了毛泽东、何叔衡等人组织的新民学会会员。他任湖南第一师范教务主任后，与湖南一师附小主事毛泽东友谊日益加深，并力排众议，破格评毛泽东为师范部国文教员。他又随同毛泽东一起组织了"文化书社"，并任宝庆分社负责人。相识以来，匡互生对毛泽东一直由衷敬佩。这既表现在"驱张运动"中毛泽东的出众胆略，也体现在毛泽东制定的新民学会宗旨"革新学术，砥砺品行，改良人心风俗"与"改造中国和世界"的理想，吻合了匡互生的追求。但如何改造中国和世界，匡互生同毛泽东的另一诤友萧子升一样选择了温和的社会改良主义，但萧子升后来投入了国民党，匡互生却拒绝了国民党的官位，选择了非党派中立路线。究其原因有这么几种可能：第一，军阀混战，城头频变大王旗，由于没有马克思主义的国家革命理论的指导，对暴力武力失去了信心。特别是 1921 年谭延闿和赵恒惕争权斗争，长沙城内发生有人炸赵恒惕的事件。曾向赵恒惕借炸弹欲炸张敬尧的匡互生便被列为赵恒惕秘密逮捕黑名单上的第一名。而匡互生恩师刘策成就在赵恒惕幕内，另一知遇恩人易培基却是谭延闿幕内红人。因此，他选择回避、选择了改良主义，躲到江浙去搞新村实验。第二，悬壶济世的高级知识分子斯文情结使他放弃了以暴制暴的初衷。从北高师毕业在当时已经是很少有的高级知识分子，当时进步的高级知识分子参与游行的有，但直接从事起义武装斗争的很少。另外，在他与周为群的谈话中可以窥见："原来，总以为李太一（20世纪 20 年代无政府主义者，著有《无政府党的精神》等书）说的对，一枚炸弹等于十万份传单，刺杀一两个食客可以减少平民痛苦。后来，对社会有了更多了解之后，才认识那是错的，并不是人生来就是坏的，而是社会体制使他们变坏的。倘若不改变社会体制，不改造社会体制，不改变人性，我们一面杀坏人，社会又会产生新的坏人。"[8]在这里，他认识到简单地以暴制暴的局限性，但他没有认识到社会体制是由当权的统治阶级制定的，不推翻统治阶级而谈改造社会体制无异于与虎谋皮，也正如当时毛泽东所正确认识到的，简直如"老虎口里讨碎肉"般不可能。第三，师范职业使命感和当时流布中国的教育救国论，使他选择了教育改造社会的道路。第四，耿直和侠义的乡土情愫，以及深受在无政府党的精神的影响，使他在面对毛泽东、何叔衡等诤友与易培基、刘策成良师等做出方向选择时，他选择了无党派中间路线。当然，在没有完整得到和阅读匡互生的书信手稿前，笔者不敢做更多的推断。

匡互生去世后，巴金称他是"一位有理想、有干劲、为国为民的教育家"；叶圣陶赞扬他是"为青年而献身"；朱自清歌颂他"心里那一团火是热、是力、是光"；周予同说他"是中国现代史上最值得纪传的人物"；毛泽东称赞他是教育事业的"苦行僧"。

注释:

［1］高志林:《五四"先贤匡互生》,《文史精华》, 2004 年第 12 期。

［2］赵海洲、赵文健:《匡互生传》,上海书店出版社, 2001 年 10 月, 第 47 页。

［3］校史编写组:《湖南第一师范学校校史（1903～1949）》,上海教育出版社, 1983 年, 第 158～160 页。

［4］陈祖怀:《匡互生:从"五四英雄"到创办"立达学园"》,《档案与史学》2001 年第 6 期。

［5］马建强:《匡互生——鞠躬尽瘁,为了理想教育之梦》,《小学青年教师》2004 年第 11 期。

［6］罗海兵:《笃志教改终不悔——匡互生及其教育思想》,《湖南第一师范学报》2003 年第 1 期。

［7］朱怡华:《匡互生和立达学园》,《上海教育科研》1989 年第 5 期。

［8］赵海洲、赵文健:《匡互生传》,上海书店出版社, 2001 年 10 月, 第 84 页。

"五四"前后的沈士远

姚荣文（陕西省汉阴三沈纪念馆）

1903 年，"三沈"之父因病在陕南宦所去世，于是举家迁离生活了 20 年的汉阴山城，移居西安。1907 年，"三沈"昆仲陪同母亲举家移居祖籍浙江吴兴。到浙江后，长兄沈士远随即被浙江省高等学堂聘为国文主讲。

20 世纪初期的浙江，尤其是杭州，革命党人十分活跃，革新空气甚为浓烈，浙江高等学堂为省内最高学府，注重外文、史地、法政、国际时事等新学科，学校风气开通，名师云集，达一时之盛。学校聘任的沈士远先生等，都是积极倡言推翻清廷的激进分子，他们的民族民主意识，对在此读书的青年学生陈布雷产生了重大的影响。据《陈布雷回忆录》载，沈士远先生与学生最接近，学生也极敬仰，陈布雷常去其宿舍请求指导。"沈先生常以《复报》、《民报》、《新世纪》密示同学，故诸同学于国文课艺中，往往倡言'光复汉物，驱除胡虏'，毫无顾忌。唯有时以某某字样代之而已。"17岁的陈布雷当时就逐步接受了孙中山的革命思想，他和几个相知的同学常到沈士远先生处借阅禁书，感受到从八股与古时议论文解放出来的新文体写出来的政论文章，更具有流畅有力，说理透彻，论事气壮，激情动人的力度，并以自己的作文效习之，这对他后来能成为民国第一流的政论家，新闻界撰写评论闻名一世，无疑具有很大的影响。沈士远先生也十分欣赏这个得意门生，对陈布雷的评价是："已接受并信仰中山先生之革命思想，又能以文字表达其革命意志。"

1917 年，沈士远先生被聘至北京大学任教，故而从浙高来到了新文化运动如火如荼的北京。这时的北京大学，正是蔡元培接任北大校长之后，在蔡元培"兼容并包"办学思想的感召下，新文化运动的重要代表相继聚集北大，形成了新思想活动的场所，北大开始发生巨大变化的时期。这时，陈独秀创办的期刊《新青年》从上海迁至北京大学出刊；北大新权力机构——校评议会正式成立，沈士远先生亦进入评议会；陈独秀和胡适主编的《每周评论》也于 1918 年在北大创办；1918 年，毛泽东也从湖南来到北大旁听，后任北大图书馆管理员。这时的沈士远先生，既是新文化运动的接受者，也是新文化运动的宣传者和捍卫者。五四运动爆发前后，北京各校学生和教职员也各自组织起来，成立了各种组织。北大成立了教职员会，并发起组织了北京中等以上学校教职员会联合会，开始推康宝忠做主席，马叙伦做书记。后因康病逝，马叙伦改任主席，沈士远任书记，直接参与领导了这次伟大的爱国运动。《李大钊文集（下）》

中，有李大钊在五四运动之后，为保释北大学生陈德荣，请时任北大庶务部主任沈士远拟稿的信函："士远先生：陈德荣君事，弟探询之结果不得要领，我想由校出一保呈亦无何妨。他们盼望很切，乞即属文牍处拟稿如何？弟李大钊"。之后，沈士远先生为保护、营救在五四运动中被捕的学生、挽留因不满北洋政府逮捕学生而辞职的蔡元培校长和保护北大不被迁校解体等做了大量工作。

1919年5月8日，五四运动爆发后，蔡元培为抗议政府逮捕学生，于5月8日提交了辞呈。并于9日悄然离京。6月15日，蔡元培在《不愿再任北京大学校长的宣言》中说："我绝对不能再作不自由的大学校长：思想自由，是世界大学的通例。"之后，由于北大师生的极力挽留，另外，有沈士远等人参与的北大评议会委派沈尹默、马幼渔等人专程前往杭州，恳请蔡元培回北大任校长，最后，蔡元培终于同意，并强调答应只做北大师生的校长。

五四运动时，有一天沈士远和沈尹默、马幼渔，钱玄同等人正在商量事情时，胡适、罗家伦、傅斯年等人找到他们，胡适等人以革命需要为理由，为不受政府控制，主张把北大迁到上海租界办学，因当时北大评议会是学校最高权力机构，沈士远、沈尹默、马幼渔、钱玄同等人均是评议会的，以此想请北大评议会进行决定。他们还提议，哪些教员可以去，哪些学生可以去，哪些不可以去等。沈士远、沈尹默等当时就回答胡适等人说，这件事情重大，要仔细商量。那时候，当局因北大学生运动而对北大校方的压力比较大，加之蔡元培校长不满政府镇压学生运动而愤然离职，但是感觉胡适等人的这个想法是拆伙的打算，不能同意，因为弄得不好，北大就会分裂，会垮台。于是，沈尹默、沈士远等人决定在第二天早上七时开评议会时讨论。开会之前，沈士远即去找了胡适，告诉胡适说：北大搬迁上海，我们不同意。最后，北大评议会讨论的结果是不同意迁往上海。

1921年春夏，北京又爆发了旨在发展教育事业，争取教职员生存权利的反对北洋政府黑暗统治的索薪斗争。参加的学校有北京大学等八所高等院校。各校选派三名代表组成"北京国立专门以上各校教职员联席会议"，并举行了游行、请愿活动。在经过多次与教育部索欠薪金不得结果的情况下，6月3日，各校教师学生千余人到国务院请愿，李大钊也参加了这次请愿活动，遭到了殴打。"北大校长蒋梦麟受伤不能行动，法专校长王家驹、北大教授马叙伦、沈士远头破额裂，血流被体，生命危在旦夕，李大钊昏迷倒地，不省人事。"在全国人民的支持下，八校长达四个多月的索薪和为争取教育经费的斗争终于以教育界获得胜利而告结束。

党史上有"南陈北李，相约建党"之说。信仰孙中山先生三民主义的沈士远时任北大庶务部主任，与北大文科学长陈独秀、北大图书馆主任李大钊是同事，他从思想上同情这些革命者并尽力提供帮助。1920年1月的一个傍晚，时在教育部供职的马叙伦得到军阀政府要在当夜逮捕陈独秀的消息，焦急万分。他所知陈独秀住在东城脚下福建司胡同刘叔雅家，相距约十五六里，时间紧迫，当面去通知陈独秀已来不及。他当即决定用电话求助距陈独秀住处较近的沈士远教授转告。但在电话中又不能说出陈独秀的名字，便说："告前文科学长速离叔雅所。"陈独秀得此消息，遂连夜躲避。翌日晨，在李大钊的陪同下，陈独秀换装乘骡车离开北京，遂得脱险。

沈士远先生在北京大学有一个雅号，名曰"沈天下"。据著名历史学家谢兴尧先生《红楼一角》回忆文章，当年沈士远先生也是他的老师，曾听过沈先生的课，记得当时师生们都称沈先生为"沈天下"。"啥叫沈天下呢？因为预科里的国文功课，最重要的有两门，一是'国故概要'，一是'文论集要'。这两种都选得很好，都算北大有名的杰作。概要共六册，由周秦诸子讲到汉学考据；又由汉经宋理，讲到清代朴学，虽然均是些旧文章，而中国思想，学术的源流，完全包括在内，后来有书局把它翻印出来，似乎叫《中国学术史》，又名《国故论衡》，当时不觉得怎样，现在看起来，不免有点高深。既然是诸子百家，三教九流，所以一打头便是老庄孟荀的文字，这里面当然是孟子最容易明白，说的都是大白话，老子荀子是有平易有艰深，也可以查查注子，翻翻《辞源》。（那时候还没有《辞海》《辞通》，《辞源》还不贵，老师和学生还买得起。）他是寓言十九，一会儿讲道，一会儿谈玄，大半可以意会，未便言宣，读起来固然费脑筋，言起来亦多费唇舌。而头一个题目便是《天下篇》，沈先生之享大名，即得力于此。因为他从开学起，直至散馆，由秋徂冬，还没把庄子的天下打下来，今天天下，明天天下，天天天下，弄得大家一听天下没完没结，因此便有人送他一个大号——'沈天下'。这不是玩笑，而是表示是'天下专家'，天下都是他的，沈先生亦可以自豪矣。"

据周作人先生回忆文章《三沈二马》载：沈大先生沈士远，他的名气都没有两个兄弟的大，人却顶是直爽，有北方人的气概；他们虽然本籍吴兴，可是都是在陕西长大的。他最初在北大预科教国文，讲解的十分仔细，讲义中有一篇《庄子》的《天下篇》，据说这篇文章一直要讲上一学期，这才完了，因此学生们送他一个别号便是"沈天下"。

沈士远先生在与朋友同事们聊天时，总是谈些正南巴北的事情，如做学问或是学校里工作上的事。但与朋友们聊天时，朋友们常是漫无边际，中外古今，无所不谈，谈着谈着就不免要走板儿常涉及一些不太雅的事。而每逢谈到此处，这沈大先生的脸上便先是显现出一种特殊的表情，流露出紧张和不好意思的情绪，甚至有些惶乱。在这种情况下，即使是在最有学问和社会地位的大教授们谈天时，也未能免俗。沈士远先生给北大教授们的印象是太老实厚道，且又直爽，憨憨厚厚，傻傻乎乎，兢兢业业地做学问。

早在1917年时，北京大学校长蔡元培在北京创办了一所新型的学校——孔德学校。用"孔德"做校名，是希望把法国的实证主义介绍到中国，所以以法国近代实证主义哲学家孔德的名字命名。学制是小学六年，中学四年，共十年。1924年增设大学预科两年，学制共12年。孔德学校的创办人除了北大校长蔡元培，还有李石曾、沈尹默、沈士远、马叔平、陈大齐、钱玄同、马隅卿、马幼渔、马季明、沈兼士、朱希祖等，他们都是北京大学的教授，也是孔德学校的兼职老师，又是"五四"新文化运动的倡导者。他们对当时北洋军阀反动统治下教育程式深为不满，主张提倡民主和科学，改革教育。孔德学校的办学宗旨是"教"与"育"并重，要熔冶"思想的人"、"情感的人"和"实际创作的人"。即不仅把学校办成读书的场所，还要使它成为人格养成的地方。1952 年 9 月，孔德学校更名为北京市第二十七中学。

北京的八道湾有个大宅院，曾经是周作人和鲁迅兄弟居住的地方，在这里一度成为京城文人和名流聚集之地。当时，经常出入这个宅院的有钱玄同、沈士远、沈尹默、刘半农、马幼渔、俞平伯、废名等人。后来人们都说，那时出入这里的都是非等闲之辈啊。

五四运动前后，北京女子高等师范学校校长是许寿裳，他和北大校长蔡元培先生是同乡又是至友。这样，北大每有学术讲演，高师的学生可以被允许参加，而且北大的教授和讲师也 到高师去兼职授课。1926 年夏，许广平即将毕业于女师大，8 月 13日，许广平与陆晶清、吕云章宴请了鲁迅、沈尹默、沈士远、许寿裳等教授。据许广平的《鲁迅回忆录》说，她所在的班里北大兼职的名教授和老师很多，像马裕藻、鲁迅、沈尹默、沈兼士、沈士远，都是高师的学生们所敬仰和崇拜的。"五四"之前，鲁迅居杭州时，就曾与沈士远、沈兼士、沈尹默三兄弟相识，并和沈士远、沈尹默过从甚密。相互还写过一些赠诗等。

1927 年 4 月 6 日，李大钊不幸被张作霖队伍逮捕。是日正值清明，周作人、钱玄同、沈尹默等相约在海淀春游，李大钊之子李葆华是孔德学校的学生，也到那里找他们的旧同学，当日一同前往，并借宿在沈士远家。次日，在报上看到李大钊被捕的消息，只得将李葆华继续隐匿城外。后由沈尹默设法，化名杨震，送往日本留学。

五四运动前后的沈士远先生思想激进，支持并投身革命，是早期中国共产党人的亲密战友，是北大革故鼎新的重要成员之一，他既是大学问家，也是社会活动家。他后来虽寄身官场，但他所任职务始终与教育有关，如湖北省教育厅长、浙江省教育厅长、考试院考选委员会副主任等，他为中国现代的文化教育事业做出了重要贡献。

三沈的精神内涵

戴承元（安康学院中文系）

　　沈士远、沈尹默、沈兼士兄弟三人祖籍浙江吴兴，出生成长于陕西汉阴。从1913年起，他们先后来到北京大学著书立说、教书育人。他们学识宏富，才华横溢，名著京师，时人以"三沈"并称之。嗣后，兄弟三人的人生历程虽各自不同，但他们始终未离文化、教育领域，或建功于教育行政，或建树于诗词、书法艺术，或精研汉字、倾心血于历史档案，成就斐然，影响深广，魅力恒久。在革故鼎新的新文化运动时期，他们既是"五·四"运动的积极倡导者、参与者，又是优秀传统文化的继承者和发扬光大者。他们将毕生的精力都投入到了民族复兴、祖国富强的伟大事业之中，为我国的现代文化建设做出了突出的贡献。

　　"三沈"得名于旧北大时期，但将他们视作一门数杰的文化现象，则是近几年的事。2004年9月25日，汉阴县建成三沈纪念馆并召开第一届三沈学术研讨会，会上北京大学教授陈玉龙先生认为"三沈"是"三曹"、"三苏"、"三袁"等历史佳话的续写，应将"三沈"放在中国文化史的大视野中进行研究。2007年9月10日国内第一座三沈塑像在安康学院落成并召开第二届三沈学术研讨会，时任全国人大副委员长的许嘉璐先生提诗祝贺，诗云："安康远绍眉山盛，文脉涓涓赖久长。"许先生将安康的三沈与眉山的三苏相提并论，从而使三沈进入了中国文化史上一门数杰的历史序列。

　　三沈的精神内核是什么？

　　我认为是：勤勉的学风；开阔的眼界；科学的精神；高尚的人品；爱国的情怀。

　　（1）勤勉的学风。三沈能成为中国现代文化巨子，不是他们天生聪明，最根本的原因是他们自幼勤奋苦读，终生学习不辍。尹默先生在《自述》中说："我自小就没有记忆力，十四岁那一年，因为背不过书，急得生了病，在家中修养了一个时期。"[1]可见尹默先生自小记忆力就不是太好，但他能始终坚持刻苦学习，勤勉上进，他为背不过书而急，他为学业不能精进而急，以至生了病，而且很严重，到了要在家中修养的程度，尹默先生于学习用心专一的程度于此可见。沈氏三兄弟少居陕南，无良师可以请益，又不能进官学修读，主要靠的是自学思考。尹默先生在北京大学教授的是汉魏六朝诗文，曾有人问他的老师是谁，尹默先生幽默地说自己的老师是曹雪芹，这是因为尹默先生在十四岁那年养病期间，一连读了几遍《红楼梦》，《红楼梦》这部诗情浓郁的小说启发了他的诗思，也成为他当时处世接物的指导。自学而能成为大家，他所付出的艰辛恐怕是今天的学子难以体会的。沈氏三兄弟幼承庭训，从小爱书习书，在书法艺术领域里均有造诣，特别是尹默先生，是书法界公认的大师。我们不能忽略一个事实，那就是尹默先生视力极差。一个高度近视的人要临池习书，其困难程度是可想而知的，没有超越常人的毅力是坚持不下来的。尹默先生一生临池不辍，即使到了重庆，战火纷飞的年代，尹默先生的书法已达到了当世第一的境地，先生仍然坚持不懈地习书，王静芝先生见尹默先生的那一幕让人难以忘怀：尹默先生稍胖，大夏天的重庆炎热无比，尹默先生在家脱光了上身，祖裼作书，大汗淋漓[2]。尹默先生的成就不是靠聪慧，而是靠用心专一，勤奋努力取得的。尹默先生迈入书法道路的第一步是走了弯路的，陈独秀直率的批评使他幡然猛醒[3]，之后他竟花了几十年时间洗刷早年的习气，终于在继承中创新，自成高格。常人是老不学艺，而尹默先生则不然，六十岁以后才开始研习作慢词，七十岁开始读马列著作，可谓终身学习的典范。大先生士远，三先生兼士的情形也大抵如此。三位沈先生初进北大设坛讲学不过三十岁左右的青年，他们登坛的资格是少年苦读获取的，他们事业上的辉煌成就是用终身学习铸就的。

　　三位沈先生的成就再一次印证了"勤奋出天才"，"业精于勤"这个古今恒理。今天的陕南学子更应从中获得启示，我们总报怨教学条件不好，三位沈先生当年在陕南的学习条件好吗？尹默先生在《自述》中说："因早家僻居陕南，既无良师，可以请益，且以远处外省，又不能回故里应科举考试，以资磨练，入学校肄业，更不可能。"外在条件对一个人的成才是重要的，但主观因素更重要，勤奋努力，用心专一才是成才的关键。

　　（2）开阔的眼界。眼界长境界，境界开眼界，二者辅弼相生。王国维将"昨夜西风凋碧树，独上高楼，望尽天涯路。"喻作治学的第二境界，也就是这个意思。沈氏三兄弟生长于秦岭巴山之间，但可贵的是他们的视阈未被秦岭巴山遮蔽，他们的心飞翔得很远很高。尹默先生、兼士先生在父亲去世，家庭经济拮据的情况下，毅然决定去日本自费留学，感受时代风云际会，追赶世界潮流。兼士先生如果不去日本师从章太炎，他能在汉字研究领域里取得如此巨大的成绩是无法想象的。尹默先生一渡日本虽然只有九个月时间，但对他的影响依然是巨大的。1917 年，蔡元培先生任北大校长，尹默先生即向蔡校长提出了改革北大的三点建议：第一，北大经费要有保障；第二，要在北大章程上规定出教师组织评议会。这一点至关重要，所谓评议会，就是教授治校，即使校长突然辞去，学校也不会因此致乱；第三，规定每隔一定年限，派教员学生出国留学[4]。蔡先生完全采纳了尹默先生的建议，从此北大校风焕然一新。这三点建议也成为今日中国高校治校的基本思路。尹默先生显然是总结了当时世界高校办学的成功经验后提出的改革思路，这正得力于他东渡日本增长的识见。沈尹默先生是传统诗书世界里的文人，但他并不保守，善于融古发新，他是新诗的首倡者之一，他以他的新诗创作实践与胡适等"五·四"干将开启一代新文风。沈兼士先生虽师从章太炎先生致力于汉字学研究，但他无门派之囿，转益多师、博采众长，融汇中西文化成果，具有通达而宽广的视野。兼士先生虽是国学大师，但他亦主张工业强国，抗日战争胜利后，兼士先生多方奔走呼吁，于1946年成立了国立北平高级工业职业学校，兼士先生为学校制定了办学方针，还和学生一起守岁过年，寄托他的强国之梦。从这一行动中，我们亦能体会到兼士先生主文而兼重理工的超拔的见识。士远先生一生寄身于教苑与官场之间，为教授讲学则融通古今、博闻强记，为官行政则是民国年间著名的政论家，可见亦是一位通达之士。三沈的见识亦来自于他们的博学，士远先生讲《庄子》引经据典，贯通古今，一学期只讲了《天下》一篇，因此得名"沈天下"之雅号，兼士先生兼通文史哲三科，在北大讲《中国哲学史》，从三皇五帝开始，一学期只讲到周公，学生问他，照这样讲什么时候能讲完，兼士先生说："无所谓讲完讲不完。若说讲完，一句话可以讲完。若说讲不完，那就永远讲不完。"[5]尹默先生以书法名世，他亦是诗词大家，金石字画鉴定专家、书法理论家。

居于山而不囿于山，寄情于山而神飞山外，这应是三沈给我们留下的启示。

（3）科学的精神。沈氏三兄弟治学严谨，求真务实，具有科学的精神。士远先生亦官亦学，尹默先生一生的功业集中在诗书艺术方面，独兼士先生毕生致力于学术，因而科学的精神在他身上体现得最为淋漓尽致。兼士先生的老师是国学大师章太炎。章先生的弟子多以老师为荣，其中不乏津津夸耀者，然兼士先生从不借光于老师，敢于向老师质疑。他说："努力以求真实，这是凡研究一切学问者所必须共具之唯一的精神。""一切轻蔑古人和崇拜古人之主观的成见，是万万不可有的，有了，便是对于研究学问失却忠实的道德，不是忠实的研究，其所得结果，亦不过自欺欺人而已，决没有贡献于学问界的价值了。"如何求真？兼士先生指出了三种方法：曰独立，曰祛妄，曰实验[6]。关于兼士先生的治学精神，他的弟子周祖谟先生有过精准论述，兹录于此："沈兼士先生为学的根本精神可以概括为两方面：其一是不专信书本，而重实证，其二是古今相参验，综合比较。其方术，则纵横兼顾。纵即探本溯源，横即取资现代。因此，他在史学上提倡考古，建立考古学，取古物以参证古史；同时又从事近代档案的整理工作，建立历史档案学，并提倡考察各地风俗，建立民俗学，以补证书籍之不备。在语言学上，他提出要探求语源，做语根的研究，建立语源学；同时又主张调查现代方言，建立方言学。凡此种种，都表现出一种新的观点，新的精神，旧有的学术在原来的基础上也增加了新的活力，开始出现新的进展。"[7]兼士先生去世已六十余年，他的学术观点，治学思想至今仍嘉惠学林，正有赖于他的科学精神，这对当今学界的浮躁之弊是具有警示作用的。

（4）高尚的人品。三沈具有历久弥香的魅力，其中一个重要原因是他们高尚的人品，士远先生性格豪爽耿直，有燕赵之侠气，他坚持正义，不畏强权，是五四运动的直接参与者、组织者，他和李大钊等北大教授带领学生向北洋政府请愿，被打得头破血流。1920年1月他及时通报情况，才使陈独秀逃脱军阀逮捕，南下建党。1927年李大钊的儿子李葆华也是因为士远先生冒险保护才逃脱逮捕，化名去日本的。尹默先生性情温和，凡事有主见，他大度能容，在北大期间，新派旧派人士都能和他相处共事。

入北大之前，陈独秀曾不留情地批评过他的书法，但他不计前嫌，反而非常感谢陈独秀的批评，入北大后向蔡元培校长力荐陈独秀为北大文科学长。有人说他暗中组织了五四运动，他不欺世，不贪功，著文申明自己不是五四运动的组织者。他是书法大师，但他秉承家风，对求字者有求必应，对求教者有教无类，悉心指教，晚年作《自述》低调谦逊。兼士先生是一位"望之俨然，即之也温"的良师，他关心学生，爱护学生，鼓励学生，深得学生敬仰。他处于乱离的时代，始终保持着特立独行的人格。1929年5月，鲁迅从沪来京探亲，曾在致许广平的信中感叹"正人君子"们的衣钵"被先前和他们战斗的有些人拾去了"，而"未改其面者，殆惟（马）幼渔，兼士而已"[8]。在抗日战争期间，兼士先生宁可挨饿也不给日本做事的民族气节，正是他高尚人格风范的显现。

恃才可立说，但未必能传世；德才辉映，言必昭昭，如此，则能化育恒久。这是三沈给我们的又一启示。

（5）爱国的情怀。古人讲："修身齐家"的终极目标是"治国平天下"，当今学术泰斗季羡林先生总传的人生八字真言："爱国、孝亲、尊师、重友"亦将爱国列为人生之首要。三沈秉承中国仁人志士爱国的传统，立志报国。1840年后中国国势衰微，列强侵凌，河山垂泪，沈氏三兄弟忧心愤慨。士远先生青年时期即接受了中山先生的三民主义思想，立志振兴祖国。尹默先生关心国事，渴望建功立业，他早期诗云："海上烟云意未平，春风不放十分晴。会须一洗筝琶耳，来听江湖澎湃声"。（《即时偶占二首》之二，见《秋明集》）"壮士梦田猎，射虎南山头，朝来泪盈握，功实不相侔。宝剑为我友，黄金为我仇，骏足轻万里，羁绊将何求？"（《杂感八首》之六，见《秋明集》）尹默先生、兼士先生东渡日本，不单是为了精进学业，和当时鲁迅等进步青年一样，目的是为了寻求救国图强之术。兼士先生在日本即加入了同盟会，我们称兼士先生为国士，兼士先生的学生王静芝则称兼士先生为豪杰[9]，王先生称兼士先生为豪杰主要着眼的是兼士先生刚毅的个性，大义凛然的民族气节，忠于祖国的赤诚。1922年清废帝溥仪欲将一套《四库全书》卖给日本人，兼士先生得知后，立即致函民国教育部，竭力反对，在全国强大舆论的压力下，盗售国宝事件才得以阻止。1927年，瑞典人斯文赫定组织所谓"中亚探险队"欲往我国的新疆、甘肃等地掠取文物，兼士先生立即致函外交部呼吁停发其护照，又致函沿途各省阻止，才迫使斯文赫定亲赴北京拜访沈兼士先生，承诺以不侵犯中国主权，采集文物保存在中国为前提，组织中瑞联合考察团前往考察。这对西北文物的考古与保护起了重要影响。1937年"七·七事件"爆发后，北平被日本人占领，日本人仍让沈兼士主持故宫文献馆工作，兼士先生在经济十分困难的情况下斩钉截铁地说："我饿死也不给日本人工作"。他以顾炎武"天下兴亡，匹夫有责"为号召，组织沦陷区文教界人士参加抗日活动，与辅仁大学的英千里先生一起秘密组织"炎社"（后改为"华北文教协会"）开展地下抗日斗争，为此他上了日伪在平津逮捕人的黑名单，不得已他才于1942年12月26日潜出北平，经洛阳转西安到重庆，1943年兼士先生开始留须明志，放言沦陷区不光复，自己不剃须。

1945 年抗战胜利，沈兼士被任命为教育部平津区教育复员辅导委员会主任委员，负责接收平津敌伪文化教育机构，他以复仇雪耻的心情努力工作，为振兴祖国而奔走呼号，终于积劳成疾，1947 年 8 月 2 日与世长辞。1949 年新中国成立，士远先生、尹默先生并没有去台湾，而是选择了留在大陆，投入到新中国的建设之中。

木本根，水宗源，爱国是最重要的人文情怀。沈氏三兄弟从旧中国一路走来，历经磨难，爱国之情、报国之志终生不渝，是中国知识分子的楷模，是激励后学的榜样。

三沈精神是我们民族文化遗产的重要组成部分，继承并光大这笔精神遗产是我们研究三沈的目的。挖掘三沈精神，激励当代中国人砺志奋发、建功立业、报效祖国、振兴中华，便是三沈的精神内涵。

参考文献：

［1］参见藏于上海戴自中先生家中的沈尹默先生 1957 年手书《自述》初稿。

［2］参见葛信益、朱家溍：《沈兼士先生诞生一百周年纪念论文集·文学院院长沈兼士先生》，紫禁城出版社，1990 年。

［3］在杭州，陈独秀见了时年 25 岁的沈尹默手书的自作诗后，评曰："诗很好，字则其俗在骨"。参见沈培方：《沈尹默书法艺术解析》，江苏美术出版社，2000 年。

［4］参见王学珍、郭建荣：《北京大学史料》（卷二），北京大学出版社，2000 年。

［5］参见黄裳：《珠还记幸·沈兼士》（修订本），生活·读书·新知三联书店，2006 年。

［6］参见葛信益、朱家溍：《沈兼士先生诞生一百周年纪念论文集·沈兼士传略》，紫禁城出版社，1990 年。

［7］参见周祖谟：《沈兼士先生与近代学术》，《燕都》1991 年第 3 期。

［8］参见王大鹏：《百年国士》，中国文联出版社，1999 年。

［9］参见葛信益、朱家溍：《沈兼士先生诞生一百周年纪念论文集·文学院院长沈兼士先生》，紫禁城出版社，1990 年。

五四史料研究

五四新文化运动新议

陈漱渝（北京鲁迅博物馆）

90 年前，神州大地上发生了一场对中国社会现代化进程产生了深刻影响的运动——五四运动。在当代中国，五四是一个绕不开、说不尽的话题，一个引人思索、历久弥新的话题。本文不拟对此全面进行论述，仅就近期出现的一些新论谈谈一孔之见。

一 国贼"蒙冤"，学生"有罪"？

五四运动和五四新文化运动，这是两个既有联系又有区分的概念。经考证，"五四运动"这个名词首见于 1919 年 5 月 18 日北京学生的总罢课宣言。8 天之后，被新潮社骨干罗家伦在《五四运动的精神》一文中沿用。当年 6 月，这个名词已被普遍使用。这是一场爱国的政治运动。而五四新文化运动，则有学者以 1915 年《青年杂志》和《科学》杂志的创刊为上限，以 1923 年科学与玄学的论争平息为下限。这是一场对民族文化进行批判和创新的运动。五四爱国运动是在五四新文化运动的催生下爆发的，它同时又扩大和深化了五四新文化运动的影响——五四运动发生后，各地的白话报刊陡增了约 400 种，就是一个明证。五四运动之后半年，"五四新文化运动"这个名词正式出现。

有人说五四运动是中国现代激进主义的源头。五四那天的学生为何如此激愤呢？我以为重要原因之一是他们对于巴黎和会的期望值太高。1917 年 8 月，北京政府在列强（特别是日本）授意下对德宣战。虽然并没有派参战军赴欧洲前线，但却派了十七万民工到欧洲去为协约国士兵挖战壕：其中十四万赴法国前线，三万赴美索不达米亚（今伊拉克）。所以第一次世界大战于 1918 年 11 月结束，中国人曾一度欣喜若狂，全国放假三天，在北京太和殿举行了阅兵式，俨然以战胜国自居。人们轻信了美国总统威尔逊的甜言蜜语，以为"公理"真正战胜了"强权"，所以北京中山公园的克林德碑立即改成了"公理战胜"牌坊。北京的大学生在东交民巷美国大使馆前高呼"威尔逊总统万岁"。陈独秀在《每周评论》发刊词中夸威尔逊是"世界第一个好人"。南京老百姓看不到美国高官，就把当时美国传教士司徒雷登请上官轿，前呼后拥，礼炮齐鸣，夹道欢呼。巴黎和会上中国外交的失败才给中国人当头一棒，让他们清醒认识到在当时的国际外交中根本没有什么公理，有的只是强权政治和强盗外交。中国参加和会的外交官也感到"大会专横之至，竟不稍顾我国纤微体面"（6 月 28 日顾维钧等联名致北京政府电）。五月四日那天三千名学生在天安门集会，原本不是要去冲击政府机构，仍然是到东交民巷使馆区请求美国使馆帮助，但无人理睬，被巡捕堵截，在太阳下整整晒了两个小时，这才怒气冲冲转到位于赵家楼的曹汝霖住宅去跟卖国贼论理。

　　最近，我在一份颇具影响的刊物上读到了文史学者傅国涌先生的一篇文章：《五四时代是什么样的时代》。文中引人注目地写道："五四学生上街的手段是很激烈的……并不一定都是爱国行为了，而且曹、章、陆都是'卖国贼'这种说法也是值得讨论的事情。"（《同舟共进》2009年第5期）这段话的含义十分清楚：五四运动中的学生不一定爱国，而曹、章、陆三人不一定卖国。遗憾的是，傅先生并没有将他们"讨论"的成果充分展示，而是惜墨如金，点到为止，结果让人满头雾水，莫衷一是。

　　笔者不是"文史学者"，对于历史尤其隔膜。不过，根据以前了解的一点点皮毛常识，觉得傅先生提出的绝不是什么新论。因为五四运动之后，曹、章、陆都进行了自辩。曹汝霖撰写了《一生之回忆》、《民初外交回忆录》，章宗祥撰写了《任阙斋回忆录》、《东京之三年》，陆宗舆撰写了《五十自述》。他们的这些回忆虽然能够丰富若干历史细节，或者在某些方面、某种程度上为自己开脱一些罪责，但在总体上却无法改变问题的性质，史学界也没有以他们的自辩为立论依据。如今傅先生挺身而出，对他们的卖国贼身份提出质疑，这当然颇需要勇气，但遗憾的是并没有正面提出为他们脱帽加冕的应有论据。现代社会是一个法治社会，不仅允许犯罪嫌疑人进行自辩，同时也支持犯罪嫌疑人聘请辩护律师。不过自辩和他辩能否奏效，最终恐怕还是要"以事实为依据，以法律为准绳"。

　　那么，为什么要把曹汝霖、章宗祥、陆宗舆钉在历史的耻辱柱上呢？这是因为在上世纪初的中国政坛上，他们是亲日派的"三大金刚"，一系列卖国条约的签订都跟他们有直接间接关系。九十年前中国在巴黎和会上的外交失败，跟他们签订的那些卖国条约更密不可分。1915年6月22日，北洋政府曾颁布《惩治国贼条例》，规定"本国人民勾结外国人之行为者为国贼，治以卖国罪"，"私与外国人订立契约，损害本国国家之主权者"为卖国贼。显然曹、章、陆三人完全符合上述定为"国贼"的法律条款。

　　鸦片战争以后，对中国直接威胁最大的列强就是日本帝国主义；而日本侵华当局又分为鹰、鸽两派，采用的侵略方式也分软硬两手。1915年1月18日，属于鹰派的日本大隈重信内阁向袁世凯政府提出了旨在灭亡中国的二十一条。5月9日，袁世凯政府除表示其中的"第五号""容日后协商外"，对其余侵略要求全部予以接受。这就成为后来日本在巴黎和会上死争山东特权的依据之一。当时曹汝霖以外交部次长的身份跟日本驻华公使进行谈判，是这次谈判的实际负责人。同年12月12日袁世凯复辟帝制，曹汝霖予以支持，于次年初升为代理外交总长。

　　1916年6月，皖系军阀段祺瑞取代袁世凯掌握了北京政府的实权，确立了亲日的外交政策，除派亲日派章宗祥出任驻日公使外，又派曹汝霖赴日本向日本天皇赠勋，表达投靠与亲善之意。曹汝霖心领神会，向段祺瑞提出了一揽子的卖国计划：将中国有商业价值的农工商矿开列成册，任日本选择：何者中国自办，何者中日合办，何者让日本人办。此时正值日本内阁换届，鸽派人物、原日本驻朝鲜总督寺内正毅接替大隈重信担任内阁总理大臣。寺内上任后一方面施放中日两国"贫富相倚，有无相助"的烟幕弹，一方面派他的走卒西原龟三到中国活动，以扶植段祺瑞武力统一中国为诱饵，通过各种名目的借款（主要是"西原借款"）将日本的经济势力渗透到中国的交通、金融、林矿、电信、邮政等重要领域，以操控整个中国的经济命脉。其中西原龟三先后八次直接经手的借款总额多达一亿四千五百万日元，而日本寺内内阁的对华借款总额达三亿八千六百四十五万日元，被当时的媒体称为"亡国大借款"。曹汝霖、章宗祥正是西原借款的经手人。章宗祥在《任阙斋回忆录》中毫不回避这些借款的政治性质，只是强调他不拿回扣，未蒙瓜田李下之嫌。曹汝霖在《民初外交回忆录》中也谈到他以交通总长兼代理财政总长身份促成西原借款的情况，只是强调高徐、顺济铁路借款是屈于总统徐世昌的压力。

　　曹汝霖为什么特别要为高徐、顺济铁路的借款开脱呢？"高"指高密，"徐"指"徐州"，"顺"指顺德，"济"指济南。这两条铁路的敷设权原系德国从袁世凯政府手中攫得。早在1915年日本即企图取代德国在山东的这一特权，未能得逞。1918年9月28日，日本以借款贰仟万日元为诱饵，即由驻日公使章宗祥出面跟日本进行了出卖两路敷设权的换文，允许胶济铁路沿线的日军可以在济南、青岛驻扎。这项借款密约，成为了日本在巴黎和会上要求继承德国在山东特权的国际法依据，也成为英、美、法诸国首脑对中国表示"爱莫能助"的借口。出卖山东主权得到的贷款，并未用于铁路建设，而主要耗费于段祺瑞内阁的选举。曹汝霖当时是交通总长兼财政总长，当然也难辞其咎。

　　曹汝霖、章宗祥在他们的回忆录中，都以他们未拿回扣作为自辩，但实际上他们从中捞取的钱财之钜为一般公众所难以想见。1919年5月16日，中美通讯社（Sino-American News Agency）披露了一张令人瞠目咋舌的曹汝霖财产清单，总计曹氏在国内外的个人产业至少有2000万元，而他的工资所得至多不过50万元，其贪腐程度已超过清代的大贪官和珅（见1919年5月17日《字林西报周刊》）。1922年7月曹汝霖因盗用西原借款而被北洋政府通缉，逃往天津租界藏身。

　　谈到陆宗舆，他是曹汝霖在日本早稻田大学留学时的同学，因长袖善舞，很快得以升迁。他也是袁世凯复辟帝制的支持者之一，二十一条谈判期间他出任驻日公使。西原借款时，他出任中日合办的汇业银行董事长，跟曹、章一起利用汇兑之便渔利。陆是浙江海宁人。五四运动之后，他的故乡开了一次"万人公决大会"，宣布开除他的海宁籍贯，并集资为他打造了三块石碑，刻上了"卖国贼陆宗舆"。立碑时，方圆百里的人都来围观，"途为之塞"。

　　令那些质疑曹、章、陆卖国者身份的学者扫兴的是，这三位卖国"大金刚"至死都没有改变他们民族立场。1937年抗日战争爆发后，陆宗舆出任了南京汪伪政府的行政院顾问。章宗祥出任了伪华北政务委员会咨询委员。曹汝霖更十分活跃，他不仅自己甘于充当汉奸，先后出任了伪华北临时政府最高顾问，汪伪华北政委委员会咨议会议委员，而且还想凭借老关系拉五四时期的总统徐世昌下水。据当事人回忆，1937年"七七事变"后，曹汝霖充当日本侵略者的说客，特往天津拜会徐世昌，说："南京亲英美派当权，支持英美来压制日本，使日本在中国的权益受到损失，日本被迫无奈才出兵和中国打仗。总统（指徐）如能出山，和日本订立亲善条约，即可撤兵。"徐以年老婉辞。曹走后，徐通知门房："以后曹若再来，就说我不在家。"（张达骧：《我所知道的徐世昌》，《文史资料选辑》第四十八辑）可见曹汝霖的做法连徐世昌也难以接受。

火烧赵家楼是五四爱国运动的标志性事件之一。5月4日下午，学生冲进了赵家楼；不久曹宅书房着火，最后东院一排西式房屋化为灰烬。在这场冲突中，正巧在曹宅的卖国贼章宗祥被学生痛打，据说全身大小伤共56处。

1980年，五四运动亲历者许德珩在为《五四群英》一书的题词中写道："赵家楼火，万众一心；烧尽腐恶，与民维新。"也有人说，这把火是照亮中国现代化幽暗前夜的大火。正因为这把火具有特定的政治内涵和政治象征意义，所以九十年来始终见仁见智，评价不一。上面提到的那位傅先生在对曹汝霖等人的卖国贼身份提出质疑的同时，又认为"把赵家楼烧掉了，把章宗祥打了，这些事情在法律上都是可以讨论的，并不一定都是爱国行为了……当时北大教师梁漱溟就写文章说这样做是违法的，不能在爱国的旗号下为所欲为，爱国不是万能灵药，不能打着它的旗号做法律之外、人情之外、天理之外的事情。"言外之意是，当年学生打章宗祥、烧赵家楼，并不是爱国冲动，而是触犯刑律，不合人情，违背天理，罪不可赦了。

赵家楼这把大火究竟是谁点的，当时即众说纷纭。1919年9月，也就是五四爱国运动发生刚四个月，北大文科学生杨亮功跟他的表兄蔡晓舟合编了一本史料集《五四》。这是研究与记录五四运动最早的一部书。书中有一节，题为《曹宅起火之缘因不明》，列举了以下四说："（一）谓群众觅曹氏不得，故毁其宅以泄愤；（二）谓曹氏眷属纵火，冀惊散众人以免曹氏于难者；（三）谓群众毁曹家具，误损电灯，流电起火者；（四）谓曹宅仆人乘乱窃物，放火灭迹者。以上四说皆有理由，究竟如何起火，至今尚无人能证明之者。"事发当天，军警抓了三十二名学生，逐一审问；但无人承认自己放火或能指认放火者，警厅和步军统领署只好以"证据不足"为由不予起诉。审讯中曹宅管家张显亭认为是学生放火，理由是汽车房的汽油少了一桶，只因学生人众，他也不能确认点火人究竟是谁。曹汝霖当时是躲在一间小房（厢子间）里，显然无法目睹；后来他在《一生之回忆》中写道："（学生）后到汽车房，将乘用车捣毁，取了几桶汽油，到客厅书房等处浇上汽油，放火燃烧。"这显然是采信了管家的说法。但也有人说点火者是北京高等师范数学系四年级学生匡互生。有一位叫俞劲的当事人，写了一篇《对火烧赵家楼的一点回忆》，说匡互生叫他临时去买的火柴，匡自己放的火。（《五四运动回忆录》续集，第91页，中国社会科学出版社，1979年）但匡互生写的《五四运动纪实》中并没有提及他放火的壮举。在当时的报道中，估计学生放火的居多，但谁也说不清放火者是谁及其放火方式，所以严格从法律观点来说，说学生放火至今仍缺乏实证。

　　当年正当社会各界声援营救被捕学生的时候，北大哲学教授梁漱溟先生在北京《国民公报》发表了一篇《论学生事件》，希望过激学生到检厅自首，"遵判服罪"，因为"在道理上讲，打伤人是现行犯，是无可讳的。纵然曹、章罪大恶极，在罪名未成立时，他仍有他的自由。我们纵然是爱国急公的行为，也不能侵犯他，加暴于他。"对于这种不顾特定政治背景单纯从现行法律上论事的说法，当时的舆论即提出了异议。

　　著名报人刘少少在北京《新民报》上发表《活法律与死法律》一文，指出法律只是达成某种目的的手段与方法，其目的应该维护国家和群众的利益福泽，绝不能本末倒置。"法律者，乃活物而非死物，此固各国学者间所共认者也。"澹庐（俞颂华）在上海《时事新报》发表《北京学生之表示与法律本位之变迁》一文，认为"法律学乃权利之学"，应该从强人服从的"义务本位"提升到"权利本位"，最终发展为保护和促进社会进步的"社会本位"。他强调不能以义务本位的陈旧法律观念来判断五四运动中学生的功罪。五四运动中学生对曹、章的行为虽然跟当时法律的形式"或未尽合"，但却符合法律维护社会正义的实质。北京《晨报》刊登了《学生事件和国家法律的问题》一文，提出了两个疑问：（1）"国家与正义到底能不能一致？我们人类对于反乎正义的国家裁判，到底有没有服从的义务？"（2）"法律的功用，到底是在除暴去恶，或是单在维护秩序？死板板的法律条文，到底能不能合乎情理？"该文作者认为，那种单为维持秩序而不问是否符合正义的法律是"恶法"，实在是没有用处。北京《晨报》还刊登了竹宣（杜竹轩）的《大总统欲置学生于法耶》，指出徐世昌担任总统以来"对于抗不遵令的疆吏，骚扰地方之督军，未闻有一纸申饬"，"卖国之贼，残民之官，及奸杀焚掠暴厉恣睢之武人，皆享自由之特权"，而偏偏要颁布明令把激于爱国义愤的文弱书生送交法庭，这岂不是只有小民该死？陆才甫在北京《国民公报》发表《学生无罪》一文，指出刑事上犯罪的成立，必须具备动机、行为、后果这三个要素。"必三者一致，方可构成刑法上之责任"。而三者之中，尤以动机为前提。五四学生的风潮是激于爱国心之勃发，"其居心之光明磊落，可以质诸天地鬼神而无愧"，决无恶性动机。所以就法律方面而言，应该认定学生无罪。（以上引文均出自杨亮功、蔡晓舟编《五四》，1919年9月，北京同文印书局印刷）

　　众所周知，90年前，中国还没有共产党，也没有强调法律具有阶级性的马克思主义法律观，但在我看来，上述作者的观点似乎要比当今的某些"文史学者"高明许多。在人类历史上，法律总是难免跟政治扭结在一起的，很难有对一切阶级、阶层或社会集团一视同仁的法律。我国今天的法制是体现全国人民长远利益和根本利益的法制，而九十年前北洋政府的法律制度却是以禁锢人民思想、压制群众运动、维护帝国主义侵略权益为特征，如以《矿产条例》维护列强的经济利益，以《暂行新刑律》中的"妨害国交罪"取缔爱国活动，以扩大领事裁判权为列强谋求特权……面对"山河破碎风飘絮"的深刻危机，当时那些有血性的中国青年奋起，"内除国贼""外抗强权"，即使其中少部分人的行为有过激失当之处，但在总体上是不是还应该予以肯定呢？是不是应该多给他们一点同情、理解和宽容呢？如果把赵家楼的一幕上纲到违反"人情"

"天理"的吓人高度，是不是有些缺乏历史感乃至于不够公平呢？有些试图颠覆五四运动的人有一个著名论点，就是五四爱国运动中的过激行为直接导致了此后的群众运动和武装革命。那么，正确看待火烧赵家楼事件，其意义恐怕就并不限于这一事件的本身了。

二　谁是五四运动旗帜的继承者

谁是五四运动旗帜的继承者，最近也有了新说。子明在《五四运动及民族主义的走向》一文中说："在1920年代，真正坚持五四运动思想旗帜的是《醒狮》周报、大江学会、孤军社、中国青年党等国家主义派。"（《炎黄春秋》2009年第5期，第9页）子明文章中谈到的中国青年党是国家主义派的主要党组织，《醒狮》即中国青年党的机关报。"大江学会"（应为"大江会"）的"双雄"梁实秋、闻一多都是中国青年党成员，受美国的种族歧视及中国内扰外患的刺激，于1924年夏在芝加哥组织"大江会"，成员有清华毕业生29人，曾创办《大江季刊》两期。孤军社也是一个倾向于国家主义派的小团体，曾出版《孤军》杂志，成员有何公敢、陶希圣、周佛海等，后来其左翼加入创造社，右翼加入独立青年社。

国家主义是产生于十八世纪欧洲的一种政治思潮，首倡者是18世纪末19世纪初德国的唯心主义哲学家费希特。他认为德意志民族复兴的关键在于民族性的自觉、恢复发展。发展民族性，光大民族文化，致力于精神与道德的复兴，是复兴德意志民族的根本。这种理论为德意志民族统一和促进资本主义发展方面曾起过一定的积极作用。但在第一次世界大战和十月社会主义革命之后，国家主义与法西斯主义日益融合，成为法西斯主义侵略扩张的借口。中国国家主义派的代表人物、中国青年党党魁曾琦给国家主义下了定义："（一）国家主义乃个人对于所属国家而特有的一定志愿；（二）国家主义乃被压迫的国性的政治要求；（三）国家主义乃嫉视一切所有不以国家的旧信仰为根本的学说；（四）国家主义乃反乎国际主义而言。"在以上四点当中，最为关键的是第四点。

中国青年党是少年中国学会分化的产物。少年中国学会是五四时期诞生的一个历史最久，会员最多，分布最广，分化也最明显的社团。1918年6月30日在北京顺治门（今宣武门）岳云别墅发起。当时已递交入会志愿书者共25人，但当天到会者为曾琦、陈淯、张尚龄、周无、雷宝菁、王光祈共6人。李大钊未能与会，但仍作为发起者列名。1919年7月1日上午，少年中国学会在北京回回营陈淯的家中正式成立。陈淯是李大钊留日时期的友人，对社会主义思想比较关注。此时"少中"国内外会员已有42人，分布欧洲、南洋、东京、纽约各地。根据李大钊、曾琦等6人提议，此次会议将学会宗旨修改为"本科学的精神，为社会的活动，以创造'少年中国'"。"为社会的活动"，表明该团体主张以教育、实业、学术的手段振兴中国，而反对从事政治斗争。"创造'少年中国'"，是想以意大利民族英雄马志尼要创建"少年意大利"为榜样，力图把贫困落后的旧中国改造为青春年少、繁荣富强的新中国。这个团体成立之始，成员在对待社会主义、国家主义和无政府主义的态度上即存在分歧，"而感情仍极融洽"（王光祈：《少年中国学会之精神及其进行计划》，1919 年 12 月 15 日《少年中国》1 卷 6 期），特别是曾琦、王光祈、周无，三人不仅是四川成都的同乡，而且是中学的同班学友。至 1921 年 8 月，少年中国学会会员已发展至 112 人，其中有后来成为中国青年党三巨头的曾琦、李璜、左舜生，也有成为著名共产党人的毛泽东、李大钊、张闻天、赵世炎、邓中夏、恽代英等。少年中国学会在成都、南京乃至法国巴黎等地都有分支机构。学会成员比较注重个人的品德修养，如主张不做官，不嫖，不赌，不纳妾，不迷信，甚至不许在"洋行"工作。

在催生五四爱国运动的过程中，曾琦等少年中国学会成员发挥的积极作用主要表现为以下两个方面。第一，1919 年 3 月，李璜、周太玄创办了"巴黎通信社"，曾琦、李劼人、赵世炎等"少中"会友也参加了通信社的工作。他们把国人关心的巴黎和会召开的消息发布到北京《晨报》、《国民公报》，上海《时事新报》、《民国日报》等媒体上，激发了国人——特别是青年学生的爱国热情。第二，五四运动发生之后，原在上海忧愤成疾的曾琦霍然而愈，立即代表"留日学生代表团"束装北上，恢复了游行及讲演活动：首日被捕三百人，翌日被捕五百人，第三天被捕千余人。学生愈战愈勇，催成了当年六月三日之后波及全国的罢课、罢工、罢市的"三罢运动"，"直足以寒国贼之胆，而夺强权之魄"（曾琦：《致罗家伦书》，收入《曾慕韩先生遗著》，1954 年12 月台北中国青年党中央执行委员会印行）。

1921 年 7 月中国共产党的成立，加剧了少年中国学会的分化。以李大钊、邓中夏、恽代英、黄日葵为代表的部分"少中"成员认为政治斗争是改造社会的有效手段，而以曾琦、左舜生、李璜、陈启天、余家菊、何鲁之为代表的"少中"成员则认为从事政治活动有悖学会的宗旨信条，应以严修、张謇、蔡元培、李煜瀛为从事社会活动成功的范例，以康有为、章太炎、梁启超、汪精卫为从事政治活动失败的前车之鉴。此外，李大钊等认为中国问题为世界问题的一部分，欲救中国必须参加世界革命，而曾琦等则认为根据当时的国际形势，世界革命绝不可能，国际主义只是绝不可靠的理想，解决中国问题只能自强自救。

在法国，旅欧中共组织的建立和发展更引起了曾琦等人的恐惧。1920 年 12 月 27日，北京共产主义小组成员张申府受陈独秀、李大钊委托，赴法国在旅法华人中发展组织。1921 年春，张申府、刘清扬、周恩来、赵世炎、陈公培成立了巴黎共产党小组。1922 年 6 月，"旅欧中国少年共产党"成立，属于团的组织；同年冬参加少共的成员另组"中国共产党旅欧支部"，下分法国、德国、比利时三个小组。1923 年 2 月 17 日，少共改名为"旅欧中国共产主义青年团"，周恩来任书记兼执行委员。同年 5 月，山东临城发生了轰动一时的劫车案，若干外籍人士被绑架，列强趁机提出了共管中国铁路的主张，中华民族再一次蒙受奇耻大辱。旅居法国的"少中"会友发起成立各团体联合会，反对国际共管中国铁路。在 7 月 15 日的成立会上，周恩来发表演说："吾人欲图自救，必须推翻国内军阀，打倒国际资本帝国主义。"（中共中央文献研究室：《周恩来年谱（1898～1949）》修订版，第63页，中央文献出版社，1998年）接着刘清扬演说，强调中国革命是世界革命的一部分，必须联合苏俄才能谈得上革命救国。刘的发言引起国家主义派的反对，双方发生殴斗，这就更促成了曾琦背弃此前只参加学术团体，不从事政治活动的主张，决心另组新党。同年12月2日，中国青年党在巴黎郊外的玫瑰城共和街正式成立，发起人有曾琦、李璜、张子柱、胡国伟、李不韪、梁志尹、何鲁之、黄晃、周宗烈等十二人。（曾琦：《旅欧日记》，1923年12月2日）该党把帝国主义分为白色和赤色两种。他们不反对美、日、英、德等白色帝国主义，并且为之辩护。比如说，英国如不对外扩张，本国工人就有失业危险；日本如不侵华，就得不到钢铁、棉花等原料。高喊"打倒国际资本帝国主义"的口号，就是干涉他国内政。他们的矛头主要指向苏俄，因为苏俄"派兵占领我外蒙，侵犯我中东路权，虐待我旅俄侨胞，干涉我国内政"，是"赤色帝国主义"。他们也并不反对军阀，反而想以新旧军阀作为靠山。国家主义派的骨干分子与军阀多有勾结，如曾琦与张作霖、孙传芳颇有交往，并为张作霖拼凑了"四民主义"的口号（即民族、民权、民生、民德），青年党的余家菊为孙传芳炮制过"三爱主义"（即爱物、爱人、爱世界）。国家主义机关报《醒狮》甚至公开歌颂皖系军阀段祺瑞"满心爱国热诚"。

　　中国青年党成立之后，中共的机关刊物《赤光》《中国青年》跟青年党的舆论工具《先声》《醒狮》展开了论战。前者的主要执笔者为周恩来、萧楚女、徐特立；后者的主要执笔者为曾琦、李璜、何鲁之、张子柱、胡国伟等人。据统计，《醒狮》周刊有90%的文章都是攻击和谩骂苏俄和中国共产党。由此，"少中"的内部分歧扩展成为国家主义与共产主义之争，共产党与青年党之争。1925年1月15日，《赤光》第2期发表了肇楗的《你们就是"反革命"和"军阀的走狗"》一文，指出国家主义派重新提出五四运动中"内除国贼，外抗强权"的口号作为政治纲领，而实际上他们所谓"国贼"绝不是封建军阀，而是中国共产党；他们所谓"强权"也绝不是帝国主义列强，而是社会主义的苏俄，真可谓一针见血。

　　中国青年党成立之后始终坚持反共立场，但从1924年至1927年，他们的主张并未获得国人的广泛支持。曾琦承认："由（民国）十三年迄十六年春，愚虽居沪滨，而时复漫游大江南北，演说不下数百次，为文不下千余篇，意在醒青年之迷梦，存国家之元气。顾虽暗口哓音而终莫能挽既倒之狂澜。"（《醒狮》周报第223～225期合刊，1930年10月10日）因此，他逐步改变策略，想用讲演反共变为武力反共。曾琦说得很直白："空言反共无效，非武力不可。"（《曾慕韩自订年谱》，未刊稿，转引自《民国著名人物传》第3卷，第334页，中国青年出版社，1997年）青年党并没有武装，所以曾琦的武力反共一是投靠军阀，二是想在军事学校灌输国家主义思想，借以培养反共军人。为此，曾琦先后跟四川军阀和山东军阀勾结，并派青年党党员去云南讲武堂、金陵军官学校、东北讲武堂等处担任教授。1926年，北伐军节节胜利，国共合作时期的青天白日旗取代了各地军阀使用的五色国旗。曾琦如丧考妣，成立了"拥护五色国旗大同盟"，发表了《拥护五色国旗宣言》，受到鲁迅等进步人士的讥评（鲁迅：

《吊与贺》，收入《三闲集》）。1927 年 4 月 6 日，李大钊在北京被奉系军阀逮捕，各方人士积极营救，而曾琦则亲自拜见奉系巨头，主张处死李大钊以消灭共产党势力。

青年党跟国民党的关系比较微妙。如果说青年党始终跟共产党保持势不两立的关系，那么跟国民党则始终想保持一种携手合作关系。青年党除开反对第一次国共合作时期孙中山的联俄容共政策之外，对国民党"实不曾怀过半点敌意"（左舜生：《共产党是可与合作的吗?》，《醒狮周报》第 60 号，1925 年 11 月 28 日）。1923 年冬天，青年党成员邹刚如从同室一位中共党员处窃得一份中共内部文件，内容主要是在统一战线中共产党要保持独立自主性。曾琦立即持这份文件先后面见王宠惠、蔡元培等国民党要员，力陈"联俄容共"的危险；后又托人以此向孙中山告密，但孙中山不为所动。不过，后来谢持与张继以国民党中央监察委员会身份提出弹劾共产党案，就是以这份文件作为依据。

国民党发动清党之后，曾由陈布雷与黄郛出面跟曾琦商谈合作事宜。国民党的条件是青年党应该先行解散而后加入国民党，曾琦则自认为是促成国民党反共的老师，联合必须以平等为前提。双方要求差距太大，未能达成协议。1927 年 7 月，青年党在上海召开第二次全国代表大会，确定了一方面彻底反共，另一方面反对国民党一党专政的方针，决心在夹缝中求生存。显然，青年党的反一党专政，目的是为了跟国民党在反共事业中分一杯羹。

九一八事变之后，青年党表示支持蒋介石的"攘外必先安内"政策，愿跟国民党共赴国难，建立国防政府。1936 年 11 月，曾琦从东北军的一位党徒中收到一封密信，密告中共已与东北军、西北军结成抗日统一战线，密谋倒蒋。曾琦立即派李璜赴洛阳为蒋祝寿，借机劝阻蒋的西安之行。李璜通过陈布雷会见了蒋介石，"劝其万勿忽视，恐生肘腋之变。"蒋因准备就绪，未采纳青年党的建议。西安事变后，蒋介石感念青年党的忠诚，在邀请曾琦、左舜生、李璜会见的电文中写道："危棋急劫，知袖手之难安；骇浪孤舟，赖同心而共济；风雨如晦，敬候明教。"（沈云龙：《曾琦先生传》，《中国青年党建党五十周年纪念特例》，第 75 页，中国青年党党部 1973 年 12 月编印）1937 年春，曾、左、李终于到浙江奉化会见了蒋介石，进行了两次长谈。此后，曾、左、李应邀参加了 1937 年 7 月蒋介石召集的庐山谈话会，曾琦又先后参加了"国防参议会"和"国民参议会"，成为国民党的诤友。

1941 年 3 月 19 日，曾琦、张君劢、梁漱溟、章伯钧、张澜等在重庆上清寺"特园"秘密成立了"中国民主政团同盟"，青年党的李璜进入了中央领导机构，左舜生出任秘书长，同年 10 月跟梁漱溟在香港创办了民盟的机关报《光明报》。这种国共之外的第三种势力，曾一度被延安苏区政府誉为"中国民主运动之生力军"（见 1941 年 10 月 28 日延安《解放日报》）。不过当时的民盟本不是一个政党，也不是单一组织，而是第三势力的松散联合体。后来曾琦等青年党人因不满民盟主要领导人跟中共的亲密关系，即退出该盟。抗战时期，青年党中的部分骨干如李守黑、赵毓松等投日附逆。

抗战胜利之后，青年党左舜生立刻给蒋介石写了一封二千余字的长信，托张群转交蒋，建议对日宽容，反共坚决。信中说："日本是一个压不死的民族，他们复兴决不在远。我们对日本不宜采取过分报复手段，尤其不可动摇他们的国本，以保留将来合作反共的余地。"（左舜生：《寿介公总统八十》，收入《中国近代史话集》，第286页，台湾传记文学出版社，1986年）

1946年1月10日，国民党在美国总统杜鲁门和国内民主势力推动下，召开了政治协商会议，曾琦在会前批评在重庆谈判中毛泽东"争军事不争政治，争地方不争中枢"。作为青年党的代表，他们一方面要求国民党扩大民主，另一方面要求共产党交出军队，即所谓"国民党还政于民，共产党还军于国"。（参阅李义彬编：《中国青年党》，第296～297页，中国社会科学出版社，1982年）。中共代表在会上强调，军队国家化与政治民主化要平行进行，决不能把政治民主放在军队国家化之后。在这次会议上，曾琦对制定宪法问题发表了四项主张，即反对总统制主张内阁制；采用上、下两院制反对一院制；在国民党训政时期的五院（行政、立法、司法、监察、考试）中，监察、考试两院未收实效，应予修正；确定各省之自治地位，采均权主义。曾琦的很多意见，后来国民党在修宪过程中予以采纳。会后成立了以孙科为召集人的宪法草案审议委员会，由35人组成，其中有共产党代表周恩来、董必武、吴玉章、秦邦宪、何思维，也有青年党的曾琦、陈启天、余家菊、杨永浚、常乃惠。

1946年10月11日，国民党军队武装占领张家口。同年11月12日，蒋介石得意忘形，单方面召开"制宪国民大会"，想一鼓作气登上总统宝座。国共两党和谈彻底破裂。中国谈判代表周恩来情绪激昂、态度坚决地宣布这次"国民大会"是"伪国大"，190名中共代表和80名民盟代表愤而抵制这次会议，原定2050名代表中到会的只有1701人。但是，原来宣布不出席此次大会的青年党和民社党却公然违背承诺，出于投机心理参加了"伪国大"，曾琦还被选为主席团主席，成为蒋介石的忠实追随者。中共对青年党的评价发生了逆转，后来在43人的"战犯"名单中把曾琦列入了倒数第二位。据黄炎培1946年11月12日日记记载，青年党领袖人物之一的陈启天用16个字表白了他们当时的矛盾心理："内外夹攻，左右为难，进退维谷，啼笑皆非。"（《中华民国史资料丛编》增刊第5辑，第128页，中华书局，1980年）

1947年4月17日，曾琦代表青年党跟国民党、民社党签订了《国民政府改组会实施方针》。在"改组"后的国民政府中，曾琦、常燕生、何鲁之、余家菊任国府委员，陈启天、左舜生、杨永浚、郑振文任政务委员，陈启天兼任经济部长（原任命李璜，李坚辞不就），左舜生兼农林部长。此外，青年党中还有13人任立法委员，6人任监察委员。青年党几十年求官谋职的愿望总算得到了一定程度的满足。曾琦为此写下了"追命江湖廿四秋，朝堂初入泪交流"这样感激涕零的诗句。至此，青年党和民社党成为蒋介石独裁政治的点缀品——两支插在牛粪上的"纸花"，因而被中共斥为"内战舔血者"。

1948年3月29日，国民党政府召开了第一届国民大会（即所谓"行宪国大"），这也是国民党政权撤退大陆之前的最后一次"国民大会"。在3045名代表中，青年党提名 288 人，民社党提名 238 人。青、民两党晤谈，决定一致支持蒋介石为首届国民政府总统，同时他们也想为本党争取一个副总统位置。但青年党曾琦一向多病，民社党党魁张君劢在美国讲学，只好推出民社党元老徐傅霖角逐这一位置。但选举结果，徐傅霖仅得 217 票，在 6 位候选人中得票最少，竞选初衷遂成泡影。会后选举立法委员，国民党原承诺为青、民两党提供 1/5 的名额，即青年党 80 席，民社党 75 席，但选举结果两党 22 人当选，青年党仅获 8 席；在舆论界备受羞辱。作为抚慰，同年 7 月青年党的左舜生、陈启天出任了农林部长和工商部长。

　　1949 年 8 月，国民党大势已去。蒋介石安排青年党中央部十余人逃亡台湾。青年党在大陆作为反动组织解散。李璜在解放前夕原想在四川募兵打游击，跟共产党对抗，未能遂愿，但他又对国民党执政者太失望，拒不赴台，1951 年夏离香港前往英属北婆罗洲打工谋生达 7 年之久。青年党另一党魁左舜生，1949 年 4 月迁居台湾，同年 9 月返回香港，与友人创办《自由人》杂志，指出国民党在大陆失败的根本原因是坚持一党专政而不实施宪政。除参加政治活动外，左舜生还是一位研究中国近代史的学者，著有《近代中英外交关系小史》、《近代中日外交关系小史》、《辛亥革命史》等。他卒于 1969 年，终年 77 岁。曾琦则于 1948 年 10 月赴美，并游历欧洲，发起"超党派救亡运动"，与赖景瑚等人组织"民主自由联盟"，继续反共。（陈正茂：《中国青年党研究论集》，台湾秀威资讯公司，2008 年）1951 年 5 月 7 日，曾琦于美国华盛顿病逝。

　　曾琦去世的消息传到台湾，陈启天、余家菊这两位青年党负责人于同年 6 月 4 日在台北市南京西路天马茶房召开"临时全国代表大会"，希望整顿党纪，调整组织，产生新的中央主席团。但由此引起党内权力之争，反对者认为陈启天是以改革青年党为名，以行夺权之实："领袖之尊，唾手可得，功名禄位，指日可期。"（吕伟东：《致陈元生先生书》，1952 年 7 月 18 日，原件台湾陈正茂收藏）由此青年党产生分裂：以陈启天为首的一派简称"新生南路派"（因陈氏住在台北新生南路 3 段 19 巷 6 号），以王师曾等为首的一派简称"大华新村派"（因王氏住在台北市和平东路大华新村 4 号）。香港方面则以李璜、左舜生、何鲁之、张子柱、郑振文五人为首，以胡国伟为秘书长。香港的左舜生、李璜仍被台湾两派奉为领袖。1954 年 1 月，经各方斡旋，青年党又制定了"团结统一方案"。1969 年，李璜赴台湾，青年党召开了第十二次全国代表大会，结束了 18 年的分裂局面。但元气已伤，在台湾政坛作用有限。至 1990 年，台湾正式登记政党有 53 个，其中单从青年党分裂出来的即有 11 个，成为徒有虚名的"泡沫政党"。回顾中国青年党的始末，说它继承了五四运动的旗帜是完全没有道理的。

三　五四无"民主"，"科学"失"精神"？

　　下面我们再来谈谈五四新文化运动。这是一次重估中国旧文化、容纳世界新文明、实现思想大解放的运动，是一次真正拉开中国现代化帷幕的运动。

　　20 世纪初期，中国面临两大问题：一是社会制度落后，二是科学技术落后。这两大问题互为因果，制约着中国社会的进步与发展。因此，五四新文化运动的启蒙思想家提出了两个战斗口号：一个是民主，即德谟克拉西"德先生"（Democracy）；另一个是科学，即赛因斯"赛先生"（Science）。这两个口号，成为五四精神的高度概括与象征。

Democracy 传入中国之后，先后有八种译法：即民众主义、民权主义、民本主义、民主主义、平民主义、惟民主义、民治主义、庶民主义，反映出 Democracy 一词含义的宽泛和不同人对民主含义的不同理解。在陈独秀心目中，民主的含义包括"人权"、"惟民主义"、"国民政治"、"自觉"等内容。李大钊认为为"便于通俗了解起见"，宜采用"平民主义"的译法。陈启修则提出，"庶民主义"的译法更能概括"为民"、"属民"、"由民"三种含义。总之，五四前驱者对民主政治的理解，至少包括人民直接参政和保障民众权利这两项基本内容，希望能以多数优秀国民的政治打破少数人的特权政治，以个人本位主义取代家族本位主义。十月革命爆发之前，五四前驱者以英、美作为实行民主政治的榜样；十月革命爆发之后，他们其中的一部分人开始关注并倾向于俄国的庶民的民主、劳工的民主，从而给中国的民主政治注入了新的观念和模式。

Science 一词是戊戌变法时期由日本引入中国的。1915 年 1 月，一本名为《科学》的杂志正式创刊。在陈独秀、任鸿隽等人看来，科学不仅包括技术，还包括科学方法、科学理论、科学体系；不仅包括自然科学，而且包括社会科学。作为《科学》杂志灵魂人物的胡明复把自己看作是一个开路小工，期望中国科学将来能与西方并驾齐驱，造福人类。

我以上讲的这些话，今天已经成为一种普通常识，但最近北京大学历史系一位叫王奇生的教授发表新论，向常识挑战，说"民主"与"科学"根本不是五四新文化运动的主题，论据是据他检索，"《新青年》自 1915 年 9 月创刊至 1926 年 7 月终刊，总计发表各类文章 1529 篇，其中专门讨论'民主'的文章只有 3 篇，专门讨论'科学'的文章多了一点，也不过十五六篇。"他又检索了"民主""科学"两个主题词出现的频度。结果"民主"仅出现了 260 次，"科学"的频度高一点，也只出现了 1907 次。（《新文化运动是如何"运动"起来的》，《同舟共进》2009 年第 5 期）眼下，时光已经流逝到了 21 世纪，一位北京大学的教授居然会用这种三下五去二的方法来研究复杂纷纭的历史，来颠覆五四新文化运动的精神，真让我觉得莫名惊诧！

退一万步，即使王教授的统计绝对精确，《新青年》确实只刊发了三篇谈"民主"的文章，"民主"就不可能成为五四新文化运动的真实主题吗？在历史进程中，一种主张或主义的影响，从来都不会单纯取决于文章的数量。一篇篇幅不长的《共产党宣言》，一百六十多年以来不是把世界搅得天翻地覆吗？一篇《实践是检验真理的唯一标准》的短文，不是结束了现代迷信的时代，推动了近三十年来中国社会的巨大变革吗？陈独秀宣传民主的政治主张，不仅通过政论，如《敬告青年》、《法兰西人与近世文明》、《实行民治的基础》；而且还通过了随感和译文。他在《新青年》上翻译的《现代文明史》、《美国国歌》，撰写的随感《法律与言论自由》等，不同样渗透着现代民主的精神吗？陈独秀在跟康有为论争的一系列文章中，反复说明封建礼教与民主政治势不两立。他在《新青年》上撰写的那批政治上反对君主制度，思想上反对封建礼教的文章，难道不都是在为中国的民主政治扫清道路吗？除了陈独秀之外，《新青年》杂志上宣传民主理念的撰稿人还有李大钊、胡适、高一涵等，《栏目》还有"译文""世界说苑"等。至于《新青年》开辟的"马克思主义研究专号""劳动节专号""俄罗斯研究""世界革命号""社会主义讨论"，更是引进了庶民的民主、劳工的民主这样的新理念，对中国现代史的影响更不可低估。

在五四新文化运动中，宣传民主思想的除开有《新青年》这个主要阵地，还有《新潮》、《少年中国》、《每周评论》、《湘江评论》、《民国时报·觉悟》、《晨报副刊》等同盟刊物。《民国日报·觉悟》上刊登了译文《德谟克拉西的本议》，《每周评论》发表了谭鸣谦撰写的《"德谟克拉西"之四面谈》，《少年中国》刊登了李璜撰写的《德谟克拉西的原来》……五四前后是一个各种思潮纷至沓来的时代，除开李大钊介绍了苏俄的民主外，还有一个外国人也在中国仆仆道途，宣传民主，他就是胡适的美国老师杜威。这位实验主义大师在上海讲《美国之民治的发展》，在杭州讲《德谟克拉西之真义》，也都产生了广泛的影响。至于五四时期热衷宣传的平民主义和个性主义，也无不渗透了现代民主的基本精神。据王教授说，五四时期对科学的宣传要多于对民主的宣传，我就没有必要再进行具体论述了。我搞不懂的是：值此五四运动90周年之际，北大的王教授为什么要把民主和科学的理念从五四新文化运动的基本精神中消解掉。

四　如何看待五四时期的反传统

五四新文化运动常被称之为中国的文艺复兴运动；胡适1935年1月4日接受香港大学博士学位，答谢讲演题目就叫《中国文艺复兴》。但五四新文化运动是以反传统（或者说，是重新估定传统价值）为特征的，而13至16世纪欧洲的文艺复兴运动为了反叛统治欧洲长达千年的基督教文化，运用的武器却是复兴传统的希腊、罗马古典文化，是以古典文化中的人道主义对抗基督教文化中的神权中心，以古典文化中的现世主义对抗基督教文化中的来世天国。这一点正好跟五四新文化运动相反。再加上文艺复兴运动时期罗马教会力量仍然强大，所以欧洲的文艺复兴无法显示出五四新文化运动中那种激进的精神。当然，欧洲文艺复兴不仅弘扬了希腊的重智精神和罗马的人文精神，而且还吸收了阿拉伯、印度和中国文化的影响（如中国的指南针、火药制造术和造纸术），才导致了恩格斯所说的"人类从来没有经历过的最伟大的、进步的变革"（《自然辩证法·导言》）。

西方文明中激进的反传统主要表现在16世纪初马丁·路德领导的"宗教改革"——这场改革直接挑战罗马教会的权威，引发了绵延百年以上的宗教战争。18世纪西方发生的启蒙运动，以伏尔泰、狄德罗、卢梭为旗手，矛头直指基督教本身和教会的各种策略，其激进程度才可以跟五四新文化运动相比。不过西方的文艺复兴、宗教改革、启蒙运动历时500多年，而五四新文化运动至今还不到一个世纪。

五四反传统的主要武器是西学。晚清人把西学分为"体""用"两个方面："体"指政体、国体，即民主共和，这是制度层面的东西；"用"是船坚炮利，也包括市场经济中的赚钱本领，这是技术层面的东西。1898年张之洞提出"旧学为体，西学为用"，将"体"与"用"加以区分，就是想在不触动封建专制政体的前提下引进一些技术装备。他把当时的维新思想斥之为"邪说暴行"，一心维护封建伦理纲常。1895年中日甲午战争中跟日本海军装备旗鼓相当的北洋舰队全军覆灭，签订了使中国进一步半殖民地化的《马关条约》，这才导致了1898年的戊戌变法和1911年的辛亥革命，中国的政体和国体才发生了深刻变化，由专制走向了共和。五四新文化运动中提倡的科学与民主实际上就包括了西学中的"体"与"用"两个方面，不过在五四前驱者当中，不同人对"体"的追求不同，对"体"与"用"两者强调的侧面也有所不同。比如鲁迅，在五四时期就根本不谈什么主义，只是强调发扬"广博自由容纳新潮流"的精神，大胆拿来，为我所用。

谈到传统，顾名思义就是指那些老祖辈遗留下来的东西，包括思想、文化、道德、艺术、习俗、制度以及行为方式，千百年来或隐或显地影响着我们的生活方式、思维特征、表达习惯、审美趣味。传统总是具有二重性，有积极与落后之分；它既是丰厚的遗产，又是历史的惰力。比如中华民族的春节习俗，"有钱没钱，回家过年"，给我们带来了温馨的亲情凝聚。这是一种强大的精神力量。但是在此期间，中国上亿人口大流动，旅途的辛劳，运输的压力，安全的隐患，又都具有负面意义。对于传统的正确态度，是有所传承，有所颠覆。在五四时期的历史文献中其实并没有反传统的提法，当时矛头所向主要是旧的家族制度、伦理道德、落后习俗。因为五四的启蒙思想家从以"三纲五常"为核心的礼教中发现了专制，从"仁义道德"的说教中看到了"吃人"，从"重道轻器""重农轻商"的观念中找到了中国现代化的阻力，于是发出了反叛之声。鲁迅说得好："要我们保存国粹，也须国粹能保存我们。"（《热风·随感录三十五》）所以，对于那种封建专制的传统，轻视科学技术传统，都应该质疑，都应该打破，因为它会使中国人亡国灭种，使"中国人失了世界"，"要从世界人中挤出"（《热风·随感录三十六》）。从西方寻找到的"民主"和"科学"，就成了五四启蒙思想家用来疗治中国痼疾的两味药方。

五四时期对传统的反叛带来了中国社会习俗的现代变迁。在大都市，在新式知识分子和青年中，社会习俗由传统向现代变迁，新旧糅合，中西合璧。比如"四世同堂"的大家族逐渐化解为以一夫一妻为核心的小家庭。女子教育受到重视，不仅小学男女同校，五四以后北京大学又率先招收女生。恋爱自由开始取代包办婚姻，节制生育的观念冲击了"多子多福"的传统观念。衣食住行也逐渐细化：西服取代了长袍马褂，短袖细腰的女装取代了清代直筒式的长袍。西餐、洋酒、洋饮料开始流行。纸烟代替了中国传统的旱烟和水烟。西式建筑物开始在中国出现，木石结构的平房在城市减少。

人力车和马车淘汰了轿子。贺年片、洋式名片代替了社交礼节中的作揖、打拱、请安、跪拜。国际通行的公元计年以及阳历取代了传统的旧历。这些变化，体现了中国人对人格尊严、人格平等和生活现代化的追求，这也是五四精神的一种体现。当然五四时期的激进主义者也提出过一些今天看来具有片面性的口号，如：废灭汉字，不读中国书，打孔家店，等等。然而，毕竟瑕不掩瑜，在特定的历史情境中，这些偏激的口号也不无历史的合理性。

前些年，有些贬低乃至否定五四新文化运动的人，指责五四前驱者对礼教的批判是全盘否定孔子，是全盘否定传统文化，造成了中国文化的断裂。这种观点，如果不是出自偏见，就是出自对五四史料的误读。凡了解中国文化的人都知道，对中国的儒学从来就不能一概而论，其中既包含正统派儒学，又包含非正统派儒学，是多因素、多成分、多层次的立体组合，并且经历了由没有绝对君权思想的原始儒学向强调臣对君、子对父、妻对夫要绝对服从的程朱理学的历史演化过程。就是孔子本人的思想，也不只是伦理政治思想，他还有哲学思想、教育思想、文艺思想，等等。陈独秀根据大量典籍的记载，证明孔子虽然没有直接提出"三纲"的理论，但这种封建等级思想确是来源于孔子。五四启蒙思想家都是在传统文化领域造诣极深的人。他们其中没有任何人真正对儒学、对孔子采取全盘否定的态度。在五四曙光初露的前夜，神州大地上翻滚过袁世凯称帝和张勋复辟的逆流。孔子后裔孔令仪被尊为"衍圣公"，加封"郡王"衔，当时孔社、孔道会、孔教公会一类组织毫无例外的支持帝制，说明孔教和封建复辟结下了不解之缘。在反改革空气四处弥漫的特定历史条件下，面对相当多的体质和精神均已硬化的国民，改革者为了"矫枉"，即使采用了一些表面上"偏谬"的过激言词，其内核仍然是合理的，其精神仍然是应予赞扬的，否则共和国就成了空招牌，现代化的车轮就会陷入泥沼而无法前行。所以，五四时期的批孔，与其说是一种文化主张，毋宁说是一种政治行为，其根本目的是为了唤起现代人的自主意识，为民主政治扫清思想障碍。

否定五四新文化运动有一个更重要的理由，那就是所谓"救亡"压倒了"启蒙"。这个观点记得首先是李泽厚先生在《启蒙与救亡的双重变奏》一文中提出的，这篇在知识界影响极大的论文原载1986年出版的《走向未来》杂志第二期。不过，在这篇论文中，李先生还是肯定了"对马克思列宁主义的接受、传播和发展，主要是当时现实斗争的需要"。在"时代的危亡局势和剧烈的现实斗争，迫使政治救亡的主题又一次全面压倒了思想启蒙的主题"。请注意，在这句话中，李先生使用了"迫使"这两个字；也就是说，那个人民吃不饱穿不暖的时代，那个国家遭受外国侵略者欺压侮辱的时代，使五四前后所谓"从宇宙观到人生观，从个人理想到人类的未来"这种种启蒙所特有的思索、困惑、烦恼都不得不很快搁置在一旁。在反对帝国主义和反动军阀的长期的革命战争中，救亡的局势、国家的利益、人民的疾苦压倒了知识者对个体尊严、个体权利的注视和尊重。在如此严峻、艰苦、长期的政治军事斗争中，突出钢铁的纪律、统一的意志和集体的力量是符合历史逻辑和时代需求的事情。在谈到民主问题时，李先生不仅指出了"自由、民主都不是无限制的随心所欲",也谈到"几十年中国革命的政治甚至军事生活中,也并非没有民主协商、集体讨论以及群众路线等优良办法和传统",只是"没能以规范化的法律形式固定下来,推及社会和全国,长期稳定不变。"

　　遗憾的是,在近来看到的一些文章中,李先生论文中的这些学理性的思辨看不到了,变成了简单化的价值判断和直截了当的政治诉求。比如,"革命的价值压倒了一切。当然也就压倒了民主的价值。"按照这种逻辑,革命就成了民主的对立面,成了摧残民主的罪魁祸首。我案头正巧放着一本《法国革命史》,作者是法国史学家米涅。他生于 1796 年,死于 1884 年,他当然不会是马克思主义者。这部 1823 年完成的著作中写道:"法国革命,如同英国革命开创了新政体的纪元那样,在欧洲开创了新社会的纪元。当时……人民毫无权利;王权则毫无限制……革命改变了这一无法无天的局面,建立了一个公道的并更符合时代精神的秩序。革命以法律代替了专横跋扈,以平等代替了特权……"众所周知,法国大革命以 1789 年 7 月 14 日巴黎人民攻克巴士底狱为标志。在这场革命中,处死了国王路易十六,镇压了复辟派,击败了欧洲君主国家的武装干涉,所有这些都离不开革命的暴力。但正是在这场流血革命中,产生了影响全球历史进程的《人权宣言》。由此可见,革命并不是必然要压倒民主的价值。

　　如果五四以后出现的群众运动、武装斗争都是错误,那么中国的历史究竟应该如何前行呢?有一篇文章中说得很明确,那就是靠北洋时期一度实行"宪政框架"。这篇文章写道:"1923 年,布贩子出身的曹锟要贿选,今天我们觉得贿选是一个大丑闻,但贿选本身就说明了他承认宪政框架,承认国会才能选他做总统……还有一种办法就是派一个连包围国会,刺刀一架,不选他的不准出去。他为什么这么干?至少说明这个选票还值钱,这个宪政体制他是承认的,总统、国会、内阁这一套制度他是承认的。所以假如说这套构架继续玩下去,一轮、两轮……不断地按这个路子玩下去,前面有很多丑闻,这条路到后面也或许能走通。"(傅国涌:《"五四":一个次好的时代》,《人物》2009 年第 5 期)

　　曹锟倚仗金钱和武力竞选总统的游戏为什么没有玩下去呢?那是因为当时的中国人坚决不答应。1923 年 10 月 6 日,即曹锟宣布担任总统的第二天,旅沪国会议员 158人即呼吁全国人民一致声讨。上海 3000 市民集会,一致反对曹锟贿选总统。10 月 7日,中国国民党和上海劳工同盟会、学生联合会、全国商会联合会等数十团体纷纷发表宣言抗议。10 月 8 日,孙中山明令讨伐曹锟;同日,章太炎发表声明,认为曹锟贿选已构成内乱之罪。10 月 10 日,曹锟在怀仁堂正式就任总统,而上海、南京、杭州、芜湖等地都举行了集会游行,"讨曹锟,诛猪仔,惩政客",称曹锟为"人民公敌"。1924 年 10 月 22 日,冯玉祥率部在北京发动政变;11 月 2 日,曹锟被迫辞职。这位布贩子出身的庸人总统,在位只有一年多的时间,无法再玩下去。这就是历史的裁决。

　　辛亥革命之后,孙中山曾主持制定《中华民国临时约法》,实行"三权分立"的政治制度,用内阁制和参议院约束袁世凯日渐膨胀的独裁野心,这对于中国三千年的封建专制而言无疑是一个历史性的飞跃。1913 年 4 月 8 日,由省议会选出的参议院和各地民主选举议员产生的众议院组成的国会正式开幕。议员主要隶属于国民党、共和党、统一党、民主党，还有相当多的跨党者和少数无党派人士。袁世凯死后，皖系军阀和直系军阀根据各自的利益对国会组织会进行了两次修改，议员之间争权夺利，矛盾重重，国会忽存忽废，宪法迟迟难产，当时的宪政体制完全变成了封建专政的工具，是对广大民众一种明目张胆的政治欺骗，因而经过 13 年充分表演，国会终于在 1926 年 8 月 15 日从中国的政治舞台上彻底消失。这就是中国现代真实经历过的历史，无法改写，无法假设，无法退回老路。我不懂政治，但希望已成事实的历史能给今天的人们以应有的启示。

否定五四新文化运动的人认为反传统带来的激进主义跟现代民主相冲突，而文化保守主义跟现代民主并不冲突。他们举了三个例子：一个是合并之前的东、西德。东德总是在强调破除旧文化、建立新文化，西德则不触动、不破坏，而是在既有的文化传统上嫁接宪政民主法制，如此竞争 50 年，结果众所周知。二是香港。在既有文化传统未被触动的情况下，香港嫁接了现代文官制度、宪政制度、法治体系，它运作的结果是好还是差？（朱学勤：《只有反思，方能超越》，《同舟共进》2009 年第 5 期）第三是台湾。台湾保存着较为浓厚的中国传统文化的氛围，与台湾没有受五四文化的影响有很大关系。在日据时代，国民党或共产党类型的社会改造的实践在台湾都不存在。台湾上世纪 20 至 40 年代的都市里出现的所谓"社交自由"的"新文明"，是来自日本的"文明开化"的产物，和五四没有关系。（高华：《激进主义的再思考：从台湾谈起》，《同舟共进》2009 年第 5 期）

笔者认为，东、西德竞争中东德的失败，是基于东德坚持的斯大林时期那种僵化的政治、经济模式，以及西方势力的渗透、瓦解，跟文化上的是否反传统恐怕并无直接关系。在十七八世纪的欧洲，德国在几个主要国家中处于最落后的地位，不仅长期保留了农奴制，而且长期处于分裂状况——在日耳曼那块土地上，竟出现了 300 多个独立小国。在英、法等国影响下，德国先出现了启蒙运动。德国启蒙运动虽然没有"古今之争"，但 18 世纪 70 年代兴起的以歌德为旗手的狂飙运动却主张破坏旧制度，建设新制度；反对僵化保守，提倡个性解放和个人情感，蕴含着摧枯拉朽的强大精神力量。这些文化运动，对德国民族的统一起了不可低估的作用。

以香港和台湾为例反对触动旧文化的根基，笔者认为也是缺乏说服力的。因为回归之前的香港是英国的殖民地，虽然引进了"现代文官制度、廉政制度，法治体系"，但对于港人来说这并不具备最起码的现代民主意义。现代民主至少要讲人民参政和民族自决，而在回归前的香港则是名副其实的"英人治港"而不是"港人治港"。鲁迅有一篇杂文叫《述香港恭祝圣诞》，记述的是 1927 年英国港督率众恭祝孔子圣诞的情况。鲁迅在《忽然想到·六》中说，外国人保存中国传统文化，是"很希望中国永是一个大古董以供他们的鉴赏"，所以教会学校还请腐儒做先生，教学生读《四书》，犹太学校还要学生磕头拜寿；外国人办给中国人看的报纸，也最反对五四以来的小改革，真可谓是一针见血。

　　至于台湾基层民众受五四新文化运动影响不深，同样是因为受到日本殖民地当局的禁锢。大约 20 年前，我写过一篇《五四新文化运动在台湾》的短文，把五四新思潮在台湾的传播和影响分为两个渠道和三个时期："两个渠道"指日本渠道和大陆渠道，"三个时期"指日据时期、光复时期和国民党解严后时期，以史实说明台湾新文学所受五四新文学的影响，并介绍了解严之后台湾学术界和文学界人士以炼石补天的精神致力于填补五四一代与当代台湾文学断层的情况。此文收入我的学术随笔集《倦眼朦胧集》，福建教育出版社 2000 年 4 月出版，感兴趣的读者可以参看。今年，台湾行政院、台北市政府等机构筹办了《五四文学人物影像展》，展出了 62 位五四人物影像，约 300 张珍贵照片，40 件手稿及书札，150 册书刊。文史界举办了研讨会，出版了论文集，还举办了内容丰富的系列讲座。可见台湾学界的主流不会认同否定五四的那种看法。我觉得要以日据时代的台湾和回归前的香港为榜样是一种十分可怕的想法，在旧文化的肌体上嫁接现代化民主体系也必然会引起类似于人体上的那种排斥反应，不可能奏效的。

　　在五四运动 90 周年前夕，又吹出了一股冷风，矛头指向五四时期提倡的汉字改革，说这是新文化运动引发的"现代性崇拜和革命狂想"。作为一门学科，在语言文字学领域产生意见分歧本属正常，应该倾听不同声音，尊重不同的学术见解。但令人遗憾的是，这些主张恢复繁体字的人偏偏只在政治上、在意识形态上做文章，说制定简化字的目的有三个：一是毛泽东学秦始皇，要制造"书同文，车同轨"的历史伟绩。二是向斯大林时期的苏联献媚，搞"字母共产化"。三是要跟香港台湾的资产阶级反动政权划清文化界限。（朱大可：《汉字革命和文化断裂》，《南方周末》2009 年 4 月 16 日 D22 版）

　　稍微有些历史知识的人都知道，目前通行的有些简化字原本就是古字，或草书楷化。在甲骨文和金文中原本就有简化汉字，到了篆书和楷书时期简化的字体更多。无论在汉魏六朝的碑刻中，或在唐人写经里，都有不少简化字。首先提倡简化字的是陆费逵先生。1909 年初，陆先生就在《教育杂志》创刊号上发表了《普通教育当采用俗体字》一文，五四时期得到了钱玄同等人的响应。1922 年，钱玄同、陆基、黎锦熙、杨树达联名提出了《减省现行汉字的笔划案》，得到了胡适等学者的支持和高度评价。这些都跟毛泽东毫不搭界。最早以官方名义推广简体字的也不是共产党而是国民党。1935 年 8 月 21 日，国民政府教育部公布了《第一批简体字表》，"教育部长"王世杰在令文中说："我国文字，向苦繁难，数千年来，由图形文字，递改篆隶草书，以迄今日正体字，率皆由繁复而简单，由诘诎而径直，由奇诡而平易，演变之迹，历历可稽……近年以来，政府与社会，虽渴望普及义务教育及民众教育，而效果仍未大著，其中原因固多，而字体繁复，亦为重大原因之一。"当时，支持王世杰进行文字改革的是蒋介石，后因国民党元老戴季陶的拼死反对未能奏效。试问：王世杰和蒋介石也要搞什么"文化共产主义"吗？就连小学生都知道，从 1955 年至 1957 年制定的汉语拼音方案，声母和韵母采用的都是拉丁字母，而不是俄文字母，所以更谈不上是向苏联献媚，搞什么"字母共产化"。当前，大陆用简体字和拼音，台湾用繁体字和注音符号，香港用英语和广东话，这当然是由于政治原因和历史原因造成的。蒋介石撤到台湾之后，仍支持罗家伦进行简化字改革，又因胡秋原等文化名人的坚决反对而未能实行。我以为，随着香港的回归和海峡两岸文化交流的日趋频繁，这种不利于交流和沟通的状况无疑会有所改变，两岸三地"书同文"的愿景最终必将实现。我这样讲，并不是认为目前的简化汉字没有缺点，完全不需要调整，而只是不赞成把简化字妖魔化，单纯从政治角度进行咒骂，以达到否定五四新文化运动的目的。马克思主义语言学的一个基本观点，就是认为语言只是一种工具和载体，是人类特有的一种符号系统，本身并没有阶级性。简化字的倡导和推广，是基于汉字繁难和当时中国文盲充斥这一基本事实，不能冠以"文化共产主义"的恶谥。

　　总之，五四时期的反传统矛头所向是腐朽的名教，僵死的语言。由于中国旧习惯势力的顽强，当时的前驱者在反传统的过程中，采用了"用石头压驼背"的手段，使用了一些矫枉过正的语言和提法，如"非孝""废灭汉字""打孔家店"等，但总体上跟中国现代化进程的历史需求是完全一致的。五四新文化运动的前驱者跟中国传统的牵连既深且广。他们在论争中已经明确认识到："采用外国的良规，加以发挥"和"择取中国的遗产，融合新机"，是重建中华民族新文化的正确道路。（鲁迅：《〈木刻纪程〉小引》）

五　如何看待文化保守主义

　　谈到文化保守主义，它跟文化激进主义长期存在着正误优劣之争。这种论争的中心是要不要向西方学、如何学习以及如何对待传统文化的问题。我以为，保守主义是一个相对含混的概念，名词翻译也不一定完全得体（比如翻译为文化守成主义，是否会避免一些误解?）。它在不同历史时期有着不同的表现和对立面，所产生社会效果也不尽相同。比如洋务运动时期的保守主义，是以清朝为"天朝"，以儒学为"正学"，反对洋务派学习西方的先进科技（坚船利炮，天文算学……）。戊戌变法时期保守主义，坚守的是君主专制制度和宗法制度这个"体"，但并不反对吸收西学中能够实用的那一部分，这相对于洋务运动中的保守主义又前进了一部分。辛亥革命时期的国粹主义，是借国学当中的精华部分——国粹来激发汉族的民族性，以达到反满革命的目标。他们把历代帝王尊崇的那一部分国学称之为"君学"，要打倒"君学"当中的"纲常名教"，而用"国学"当中的"国粹"来铸造"国魂"。

　　五四时期的文化保守主义主要是林纾为代表的古文派，梁漱溟为代表的东方文化派，章士钊为代表的甲寅派，以及梅光迪、吴宓为代表的学衡派，其中最重要、影响最大的是学衡派。

　　林纾是清代举人，古文、经学大家，桐城派古文的推崇者，他出版的《畏庐文集》共收古文 109 篇，《畏庐诗存》330 首，可见他于古诗文很有功底。所以，他特别担心废弃古文。白话文运动兴起，他如丧考妣，写出了《致蔡鹤卿太史书》这种意气化、低水平的文章；最为可笑的是又写了《荆生》《妖梦》这种充满暴力倾向的文言小说，想把陈独秀、胡适之、钱玄同暴打一顿，反映出他理论上的苍白乏力。其实早在1897年，林纾就创作了白话童谣《闽中新乐府》，1912年又在《平报》发表了相当于白话体的《讽谕新乐府》，他只是认为白话要以文言为根柢。他更不反对留学西洋学习西学。他翻译的作品共171部（共270册），堪称晚清翻译家中的第一人。所译《巴黎茶花女遗事》、《鲁宾逊漂流记》、《伊索寓言》、《黑奴吁天录》等四十多种外国名著，更影响了鲁迅这一代新文学大家。

梁漱溟是一个敢于公开顶撞毛泽东的有骨气的学者；也是新儒家的先驱。1920年，他发表了东西文化及其哲学的系列讲演，认为文化没有先进落后的差别，只有文化路向的不同。在处理物我关系、人我关系和身心灵肉关系方面，西洋哲学崇尚理智和功利，探讨宇宙本体，而不注重人生哲学。印度哲学是一种"出世"的宗教哲学，对人生伦理的探讨尤其薄弱。中国哲学不去探讨宇宙本体，强调顺乎自然，主张调和、平衡、中庸，人生哲学最为发达。梁漱溟既排斥不切实际的印度文化，又反对推崇西方文化的五四新文化运动，而提倡孔子颜回的人生态度。在梁漱溟看来，人类未来的文化就是"中国文化之复兴"。我以为，跟新文化阵营中有人发表全盘西化的片面主张一样，梁漱溟的上述观点也具有另一种片面性。

以章士钊为首的甲寅派，因创办《甲寅》月刊得名。但《甲寅》分前后两个时期。1914年创办的《甲寅》反对袁世凯复辟，是进步的。1925年改为周刊后的《甲寅》，主张尊孔读经，诋毁进步思潮，成为新文化运动的"拦路虎"。甲寅派没有像样的理论主张，文字多有不通之处，在鲁迅看来，"只见得复古派的可怜，不过以此当作讣闻，公布文言文的气绝罢了。"（《华盖集·答KS君》）

学衡派的灵魂人物是梅光迪和吴宓。他们攻击新文化提倡者弃绝传统，把孔夫子视为古今中外第一人，认为中国文化最伟大的成就就是纲常礼教。他们反对当时流行的平民主义和进化主义，认为文化学术是少数天才的事情，像美术、文艺、道德这些人类文明不可能有什么进化。此外，文化的发展也不会遵循"今胜于古，新胜于旧"的进化规律，而是新中有旧，旧中有新，由旧而新。学衡派跟其他文化保守主义的一个最大区别，就是他们主张兼取中西文明的精华而熔铸贯通，因此他们反对文化激进主义的武器不但有"国学"而且有"西学"。他们崇奉的西方文化是美国白璧德的新人文主义。这种学说强调节制人性，跟"存天理，灭人欲"的理学精神相通；其中对儒家思想的赞赏和对西方近代科学、民主、人权等主流思想的批判，尤其引起了学衡派的共鸣。学衡派反对以白话取代文言当然不符合中国文化的发展趋势，但他们对文言文特长与优点某些肯定和对白话文创作的某些批评也并非毫无可取之处。比如他们不赞成胡适提出的"作诗如作文""作诗如说话"的观点，不赞成把音韵格律视为诗歌创作枷锁镣铐的观点，不赞成文言不能入诗的观点，都应该视为中国现代诗论中的一种观点，不能予以全盘否定。

对学衡派的以上概括，是我在事隔约90年后经过梳理所得的印象。但在当年，学衡派对新文化派的批评远没有如此理性，而是充满了攻讦之词，表现出心胸褊狭，甚至让人感到他们对新文化派的暴得大名充满了妒忌之心。在已经出版的《吴宓日记》中，从五四到建国之前，他对新文化运动的仇视从未中绝。如说五四前驱是"无知狂徒，妖言煽惑，淆乱人心，贻害邦家"（1919 年 11 月 22 日）。"盖胡、陈之学说，本不值识者一笑"（1920 年 3 月 28 日）。"宓思胡适等的白话文之倡，罪重未惩，举国昏瞀。"（1944 年 5 月 4 日）他明知新文化运动是"流潮所趋，或莫能挽"（1919 年 11 月 12 日），但仍以螳臂挡车，表现出他自视过高，心存意气。

目前，有学者一方面充分肯定文化保守主义的内在价值及其在抗衡外来文化同化过程中的作用，另一方面又力图从所谓激进主义与保守主义之间寻求一种平衡，在五四精神中挖掘和谐和仁爱的内涵。我对这种努力表示尊重，但如果要把文化保守派包含进新文化运动之内，这恐怕是不符合历史实际的；我认为至多只能包含在五四时期的文化现象之内。至于这两种思潮所起的历史作用，并不是一个单纯的理论问题，我认为只要睁眼看看现实即可了然：这 90 年来，推动中国社会进步的到底是哪种力量？特别需要警惕的是，要防止文化保守主义把最后的落脚点放在维持现状上。这对国家、民族和个人都绝无好处。总之，五四时期的文化保守主义阻碍新文化运动的立场是错误的，但对他们当中不同具体主张还是应该认真辨析。

六　"国学热"下的沉思

谈到文化保守主义，人们自然会联想到当前出现的"国学热"。有学者甚至认为，在"国学热"的当下，纪念五四是否会显得不合时宜？

我感到，当前的"国学热"有其产生的国际和国内背景。从国际上看，新保守主义是一种全球性的思潮，它主要表现为历史悠久而目前仍是发展中国家的学者对本土文化传统的价值认同，其目的在于保持民族文化的特色，摆脱西方世界的文化掌控。从国内看，它是为构建和谐社会挖掘传统的精神资源，填补当前意识形态领域出现的断裂。

弘扬"国学"，首先应该厘清"国学"的概念。什么是"国学"？国学并不等同于儒学。汉代刘歆在《诸子略》中，就将诸子百家概括为儒、道、墨、名、法、阴阳、农、纵横、杂及小说十家；即使将小说家除去也还有九家。此外，中国是多民族国家，有 56 个兄弟民族，少数民族文化算不算国学，也颇值得研究。总之，弘扬国学，必须厘清国学的内涵和外延，尤其应该警惕"国学热"中封建糟粕的沉渣泛起。

其次，必须对"国学"的现实功能有一种清醒的认识和恰如其分的估计。目前某些国学的倡导者认为 21 世纪人类文化将出现"东风压倒西风"的情况，拯救世界危机的将是中国传统文化。比如，有人提出，西欧历史上的文艺复兴把"人"从"神"的束缚中解放出来，但解放了的"人"却过度膨胀，导致了环境破坏，恐怖主义，次贷危机……美国电影《黑客帝国》甚至发出了这样的感叹："地球上只有一种生物与人类相似，那就是病毒。人类是地球的癌症，是瘟疫。"如何才能避免人类的自杀之路？具有独特思维方法的中华文化就是一剂良药：天人合一，允执厥中，仁者爱人，以和为贵，和而不同，众缘和合……这些均成了新时代"文艺复兴"的核心思想。基于这种认识，以反传统为特征的五四新文化运动就在无形之中被绑到了历史审判席上。

应该承认，中国传统文化中的某些观念或思想因子能跟西方文化寻求到价值的契合点，或者说具有"共通价值"。据说，1988 年世界各国诺贝尔奖得主在巴黎集会，发表宣言，认为人类要在 21 世纪生存下去就必须回到 2530 年前的孔子那里去寻找智慧。又如"己所不欲，勿施于人"的观念，在 1993 年的世界宗教大会上就被写进了《走向全球伦理宣言》，作为全球的一种"底线伦理"。中国传统文化中的"天人合一"观，在 1992 年 1575 名科学家联名签署的《世界科学家对人类的告诫》中，被认为可以避免人类对自然的惨重破坏。还有人在中国儒家的"仁"中，找到了跟基督教"博爱"和佛家"慈悲"观念的相同之处，如此等等。

我毫不怀疑中国传统文化在世界历史进程中所能发挥的积极作用，只是不赞成不切实际地夸大其功能。想倚仗一种农业社会的文明来拯救后工业社会的危险，恐怕是一厢情愿，甚至可以说是痴人说梦。更何况中国传统文化中还有那么多与现代性相抵触的观念，如重道轻器，重农抑商，维护等级，蔑视人权……据报载，于丹女士虽然在《于丹〈论语心得〉》中宣言"安贫乐道"，但出访英国时却在高级酒店三天换了三个房间。其助手说只换过两次：一次是因为噪音大，另一次是因为服务员失误。可见修炼到颜回的境界，一箪食，一瓢饮，身居陋巷，不改其乐，并不是轻易能做到的事情。

传统文化究竟能发挥多大的现实功能？且先看最新披露的两方面数据。

一是关于中国贫困线的数据。根据世界银行绝对贫困线或极端贫困线的标准，是人均日收入 1.25 美元，眼下折合人民币大约是 8.5 元，那么穷人的月收入应该是 255 元。这是针对非洲二十多个世界上最贫困国家制定的标准。针对小康社会制定的贫困线标准是日收入 2 美元。2007 年我国制定的贫困线的标准是人均年收入 1067 元，月收入仅有 89 元，要低于国际标准的三倍。这就是说，如果按照我国的标准，中国贫困人口约 3000 万人，那么按照国际标准就接近 9000 万人。如果按照世界银行为小康社会制定的贫困线标准，穷人的月收入应该达到人均 490 元，那么我国的穷人远远突破了三千万这个数字（见吴澧：《谈谈中国的贫困线》，《南方周末》2009 年 4 月 23 日）。

第二份新近披露的材料，就是全球奢侈品市场的销售情况。所谓奢侈品，我想大概是指高档轿车、游艇、钻石、珠宝钟表、名牌服装、高级化妆品之类价格奇昂的商品。由于当前面临二战之后全球最为严重的金融危机，国际奢侈品市场无疑会面临萎缩的困境。然而 82.5 万中国内地富豪成了奢侈品消费的主力军。中国年消费额为 200 万人民币的富豪，最大支出是用于奢侈品。全球顶级奢侈品牌阿玛尼在中国销售的增幅达每年 24%。世界销售量第一的顶级干邑轩尼斯公司宣布，中国已经成为它的全球最大市场。看来拯救陷于低迷的世界奢侈品市场，希望要寄托于中国内地的富豪。我列举以上数据丝毫不包含"仇富心理"，更不是反对举世瞩目的中国改革开放，只是表达在经历改革开放三十年之后中国民众一种共享改革成果的正当要求。邓小平说："有少数人富裕起来，但大量的人长期处于贫困状态，中国就会发生闹革命的问题。"（《吸取历史经验，防止错误倾向》，见《邓小平文选》第三卷）当前面临的这种尖锐社会矛盾，显然不是单靠讲《论语》、弘国学所能解决的。

　　此外，在市场经济条件下还有一种值得注意的倾向，就是"文化搭台，经济唱戏"。弘扬传统文化成为一种招商引资，开发旅游，聚金敛财的手段。比如被上海有关部门取缔的孟母堂，学生每人每月交 3000 元学费，学习作揖打拱，死记硬背《论语》、《孟子》、《弟子规》，或穿着水袖戏服唱昆曲，学生完全受不到《义务教育法》规定的全面素质教育。在安徽，唐代著名诗人刘禹锡的"陋室"被当地政府豪华包装，投入上千万人民币。据说，山东也在开发《金瓶梅》遗址，如潘金莲与西门庆幽会处、武大郎捉奸处、王婆说风情处、武松杀嫂处……我感到，这些做法都是与弘扬传统文化的纯正目的背道而驰的。

七　"飞走的是树，留下的是鸟"

　　"飞走的是树，留下的是鸟"，这是 80 后女作家马小淘一部长篇小说的书名。我向来不读小说，自然也不知道这部书的内容。不过这个书名给我以强烈的视觉冲击，使我从中感受到了荒唐、吊诡，自然也感受到了这位作家非同寻常的智慧。最近我看到一篇文章，认为我们在歌颂五四新文化运动前驱的同时，忽略了当时北京政府（特别是以段祺瑞为首的安福系）所起的"核心作用"。比如，段祺瑞 1916 年 6 月上台之后即废除了袁世凯时期的报刊检查制度——这是新文化运动兴起的制度条件。1916 年 12 月，北洋政府任命蔡元培为北大校长，北大才成了新文化运动的策源地。1920 年 1 至 4 月，受安福系庇护的代理教育总长傅岳棻颁布命令，改全国国民学校的文言为白话，否则，单凭几个教授的提倡，被鄙视了一千年的白话不可能一跃而升格为"国语"（程巍：《五四：漂浮的能指》，《中华读书报》2009 年 4 月 29 日）。读到文中的"核心作用"这四个字，马小淘这部长篇的书名不知为什么立即涌进了我的脑海。我想，上述看法也许为我们观察五四新文化运动的形成提供了一种新的视角，提醒我们全面观察历史现象。但五四历史的原貌恐怕远比这位学者的上述概括复杂得多。我们在列举某一方面的史实时，如果同时舍弃另一方面更为重要的史实，就无法把握史实的总和，洞察历史的本质。导致的后果，可能就会是留下了鸟，飞走了树。

　　1912 年 3 月 11 日，临时大总统孙中山废止了光绪三十三年十二月颁布的《大清报律》，颁布了经参议院通过的《中华民国临时约法》，其中第六条规定"人民有言论著作刊行及集会结社之自由"。当年全国报纸陡增至 500 家，总销量达 4200 万份，表现出新政权广开言论、欢迎舆论监督的一种新姿态。但自"二次革命"失败之后，孙中山的"临时约法"被废除，袁世凯政府采取了比清政府更为严酷的手段钳制舆论，限制言论出版自由。1914 年 4 月，袁世凯颁布了《报纸条例》，同年 12 月 4 日又出笼了《大总统公布出版法申令》，在"淆乱政体"，"妨害治安"，"败坏风气"，"泄漏机密"，"揭露隐私"，"曲庇罪人"等罪名下，被查禁的报刊、印刷品达 92 种，其中报刊 66 种，出版界出现了万马齐喑的萧条景象。《新青年》（原名《青年杂志》）创刊时，正值袁世凯妄图复辟帝制的政治黑暗时期，可以说是顶逆风行船，向陈腐朽败开战，体现出的正是"自主的而非奴隶的"精神，"进步的而非保守的"精神，"进取的而非退隐的"精神。人们要问：纪念五四新文化运动，我们首先应该将感激的目光投向五四前驱者呢？还是投向北洋政府呢？

不错，1916 年 7 月 21 日，北洋政府内务总长孙洪伊颁布了《废止报纸条例议案》。这是不是因为新任国务总理的段祺瑞特别开明，想为五四新文化运动修桥铺路，"创造制度条件"呢？我以为不是。因为当年 3 月 22 日袁世凯复辟帝制失败，6 月 6 日命归黄泉，全国反袁浪潮高涨。段祺瑞内阁废止袁世凯时代的报纸条例，从根本上来说是迫于形势。不过，报纸条例虽被废除，但 1914 年 12 月颁布的《出版法》并未废除，而这两个法令的基本精神完全一致，有些条款几乎全部雷同。可见皖系军阀并没有放弃袁世凯时代那一套禁锢言论的政策，不但如此，内务部警政司又新拟定了《防范新思潮传播办法》，包括"注意在校学生行动"，"注意回国华工"，"注意偏激报纸"，"注意集会演讲"……1918 年 10 月，段祺瑞政府颁布了共有 33 项苛细检查规定的《报纸法》。在五四运动的前四年中，全国至少有 29 家报纸被封，至少有 17 名新闻记者遭到从判刑到枪决的各种处分。（方汉奇：《中国近代报刊史》，第 726 页，山西教育出版社，1991 年）

1921 年 1 月 16 日，段祺瑞批准在内务部设立"著作及出版物研究委员会"，加强对舆论的控管。1921 年 7 月，内务总长批准吉林省参照《出版法》和《报纸条例》重新制定更加严格的管理措施。1925 年 4 月 1 日，京师警察厅公布了《管理新闻营业规则》，这实际上是《报纸条例》的借尸还魂。1917 年至 1927 年间，北洋政府封闭、查禁了大量报刊，如北京《益世报》、《每周评论》，上海的《星期评论》，湖南的《湘江评论》、《新湖南》，浙江的《浙江新潮》……被杀害的著名报人有中共秘密党员、《京报》社长邵飘萍（1886～1926 年），也有反对共产党、攻击二七罢工和五四运动的《社会日报》社长林白水（1876～1926 年）等。原人大副委员长成思危先生的父亲、《世界日报》社负责人成舍我也险遭毒手，只因被捕时恰逢军阀张宗昌娶姨太太，无暇顾及，才幸免于难。1924 年 7 月 6 日，胡适致国务总理张国淦信，抗议内务部及警厅禁卖《胡适文存》、《独秀文存》，同时禁售的还有周作人的《自己的园地》，英国作家嘉本德（Edward Carpenter）的名著《爱的成年》等。可见北洋时期的中国，还没有宽松到令人神往的地步。笔者承认段祺瑞执政时期跟袁世凯复辟时期相比，政治高压的手段要相对弱化一些，但进步书刊的存在和发展，主要是取决于全国革命形势的发展。各派新旧军阀之间的矛盾乃至于混战，也为进步书刊提供了挣扎的缝隙和喘息的空间。作为在五四后期执政的段祺瑞内阁，绝对不可能有什么为新文化运动"创造制度条件"的主观意图和良好动机。

同样，北洋政府任命蔡元培为北京大学校长，主要是基于蔡元培具有为他人所无法取代的资历——他是光复会创始人，同盟会元老，中国教育会发起人，民初的教育总长……北洋政府并不是想为新文化运动物色领军人物。蔡元培主持北大校务之后能贯彻"兼容并包"的主张，更是由于他自身的特殊经历：他既是清末进士，翰林院编修，又先后在德国和法国留学，因此他才会"仿世界大学通例，循思想自由原则"。他秉持的这一办学方针纯粹是个人的理念，并不是遵循北洋政府的旨意。还需要澄清的是，蔡元培的"兼容并包"并不是是非不辨，良莠不分，而主要是为了支持和保护新文化运动，因此他才会被守旧派目为"离经叛道""非圣无法"。

谈到白话升格为国语的问题，首先要厘清"国语"这个概念。五四以来中国语文改革有两个目标：一个是"言文一致"，即书面语不用古代文言，改用现代白话；另一个是"国语统一"，即以"京话"（北京话）作为全国通用的标准国语。下文所谈的国语是指现代白话。

1920 年 1 月 24 日，教育次长傅岳棻签署了一份《教育部令（第 7 号）》，改初小国文科为国语科。这里所说的国语，即指用白话文为初小教材。1922 年高小继改；直至 1923 年，全国初中、高中语文课均采用白话教材。笔者并不把白话文运动单纯归功于胡适个人，但程巍先生在纪念五四运动 90 周年之际，突出强调北洋政府的作用（整合全国教育体系、设立专门机构、强制执行等），似乎又倾斜到另一个极端。

笔者认为，"五四"白话文运动的成功，从根本上来说是因为它符合中国语言文字发展的趋势，也符合中国社会从封建向民主转型的趋势。语言文字的基本功能是应用，即表情达意，记载历史，总结经验，普及教育，特别是作为社会生活的媒介物。从以上现实要求来看，把跟实际口语距离越来越远的文言文视为万古楷模是完全行不通的。早在太平天国运动时期，洪仁玕就提出了"不须古典文言"的文体改革方针。在变法维新运动中，黄遵宪、裘廷梁等人更指出"白话为维新之本"，主张"崇白话而废文言"。梁启超创造的新文体，更在文言中成功溶入了俚语、外来语，产生了极为广泛的社会影响。1917 年胡适在《新青年》发表《文学改良刍议》，主张以白话文为文学正宗，更是体现了以白话文取代文言文的高度自觉，成为白话文运动的发难宣言。对于白话文推广的程序，胡适也提出了明确的意见。早在 1918 年 4 月 10 日复盛兆熊信中，他就提出了"一律用国语编纂中小学校的教科书"，"还该从低级学校做起的"主张。后来教材改革的程序应该说是采纳了胡适等人的意见。胡适并没有把学者的倡导之力跟政府的行政之力相对立的想法。1921 年 11 月 20 日，他在《教育杂志》第 13 卷第 11 期发表了讲演词《国语运动的历史》，全面论述了政府和民间的关系："推行国语教育，只凭政府一纸空文，是不行的。从民国八年教育部办一个国语统一筹备会，到现在不过一年半，能推行到这步田地，实在是私人和团体组织种种机关——像这个国语讲习所等——来竭力推行的力量，不是政府的力量，很可喜。然而我是主张有政府的，政府是一种工具。就拿国语来讲，政府一纸空文，可以抵得私人几十年的鼓吹。凡私人做不到的事，一定要靠政府来做。"可证胡适并没有对体制的作用"避而不谈"。在白话文推行过程中，群众的需求，学者的倡导，政府的推动，三者缺一不可。对于傅岳某其人，笔者未进行深入研究，仅知他是晚清举人，皖系政客。1920年1月5日游行群众要求罢免他的职务时，横幅上写的八个字是"寡廉鲜耻，恋栈不去"。

在纪念五四运动90周年的日子里，一家独具特色的刊物还刊登了一篇缅怀皖系军阀段祺瑞的文章，很快就被影响颇大的文摘报刊转载。段祺瑞是五四新文化运动后期中国政坛的执政者。对他的评价对于正确看待那一段历史有着直接或间接的关系。这篇文章歌颂段祺瑞清廉朴素，是有名的"六不沾总理"：不贪污肥己，不卖官鬻爵，不抽大烟，不酗酒，不嫖娼，不赌钱。我并不完全怀疑这些细节的真实性，观察任何人都需要有多方面的视角。然而，评价一个政治人物，恐怕主要还是应该依据他的政治立场，对民众的态度，以及在历史进程中所起的作用。不能以细枝末节颠倒政治大节，不能以个人特质掩盖公共领域的是非。段祺瑞在中国近现代史上有功有过：拥护共和、加速清王朝退位有功，不赞成袁世凯称帝、反对复辟帝制也有功，而排斥以孙中山为首的革命党人、镇压"二次革命"则是过，倚仗日本侵略势力、主张在"巴黎和约"上签字也是过。他独裁媚日的表现更是无法抹杀的。

这篇缅怀文章的重点是为"三·一八"惨案中的段祺瑞鸣冤，说当时枪杀学生的命令是一个值班营长下达的，事发时段祺瑞是在家里，并没在执政府，所以鲁迅在《记念刘和珍君》一文鞭挞段祺瑞是"千古奇冤"（杜婉华：《另一个段祺瑞》，《炎黄春秋》2009年第5期）。我们知道，"三·一八"惨案是由日本军舰驶进大沽口，炮击国民军守军引发的，群众徒手请愿是抗议帝国主义侵犯中国主权的行为。笔者并不排除段祺瑞本人当时并未在现场指挥的说法，但归根结蒂，惨案的酿成是段祺瑞"外崇国信"的卖国政策和对革命群众运动"尽法惩办"的一贯立场造成的。这篇文章的作者说段祺瑞"在悼念三·一八惨案死难同胞大会上，当众长跪不起，并立誓终身食素以赎罪，这个誓言一直坚持到他病危。"不过当时还有另一种说法：3月17日夜执政府即开会进行了部署，并于请愿前事先预备了几十具棺材。惨案发生后执政府又命令各汽车行不准用出租汽车运送死伤群众。卫队旅上校参谋长楚溪春后来回忆说，段祺瑞跟他讲："你去告诉卫队旅官兵，我不但不惩罚他们，我还要赏他们呢！这一群土匪学生……"（《三·一八惨案亲历记》，载1960年3月《文史资料选辑》第三辑）"三·一八"惨案的亲历者李世军在《三·一八惨案纪实》中又说，早在大沽口事件之前段祺瑞就颁发了"整饬学风令"，准备向爱国学生开刀了。惨案发生的前一天，他就听人说"段老总这几天火气很大，表示决心要杀一些赤化捣乱分子。"（载1979年9月《文史资料选辑》第66辑）段祺瑞的确是一位佛教徒。但据有的知情者说，他吃素始于1920年直皖战争之后，跟"三·一八"惨案并无直接关联。

对于口述史料中出现的不尽相同乃至相抵触的说法，笔者认为需要进行辨析，兼听则明，偏听则暗。不过，比几十年后的口述史料更具说服力的是事发当年段祺瑞执政府的命令。比如惨案发生的当天下午，段祺瑞执政府颁布了通缉"暴徒首领"的命令，把爱国群众的徒手请愿诬蔑为"暴徒数百人，闯袭国务院，泼灌火油，抛掷炸弹，手枪木棍，丛击军警"，又把卫队的大屠杀说成是"正当防卫，以致互有死伤"（按：

当天请愿群众牺牲者达 47 人，伤者 200 余人，而执政府宣布，被击死宪兵 1 名，伤警卫司令部稽查 1 名，警察 1 名，卫队多名），并表示"似此聚众扰乱，危害国家，实属目无法纪，殊堪痛恨。"（《北洋政府公报》1926 年 3 月 20 日，第 3570 号）从这份以段祺瑞名义发出的令文中，我们能看到他本人在惨案后的真诚忏悔之心吗？

最近，有一部陆川导演的新片《南京！南京！》公演，题材取自众所周知的南京大屠杀。在这一惨案中，死难的中国同胞达 30 万人；在八年抗战中，死伤的中国人达 3500 万。然而影片着力挖掘一个在屠杀火线被晋升的日本兵角川的人性。有人在 5 月 8 日《文汇报》上发表了两篇批评文章，一篇叫《举轻若重的认知倒错》，另一篇叫《谁给你宽恕的权利？》。我不想谈这部影片本身，只是感到这两篇文章的题目都很有力，值得历史的再现者深思。

据有的学者说，从五四到现在，中国的知识界一直面临一个身份问题：我们究竟是谁？我们在做什么？在研究五四运动的过程中，我们时时用以上两个问题提醒自己，对提高研究水平看来不无好处；否则就会树飞走了，只剩下了几只鸟。

最后，我想以今年 5 月 4 日我在《人民日报》发表的一篇短文作为此文的终结。但这是一篇没有写完的结语，因为五四是说不尽的五四。

八　没有完结的结语

五四时代是一个青年激情飞扬的时代，是一个青年命运与国家民族紧密相连的时代。列强侵凌，军阀跋扈，疮痍满目，民不聊生。面对黑暗现实，那些血气方刚的爱国青年"奋空拳，扬白手，和黑暗势力奋斗，受伤的也有，被捕的也有，因伤而死的也有，因志愿未达而急疯的也有。"（罗家伦：《一年来我们学生运动底成功失败和将来应取的方针》）勾践"卧薪尝胆"的精神，范仲淹"先天下之忧而忧"的精神，秋瑾"金瓯已缺总须补，为国牺牲敢惜身"的精神，是涌动在他们血管里的民族血脉。"新世纪的曙光"，是激励他们上下求索的精神动力，使他们不至为光怪陆离的物质的闪光所迷惑。90 年前那些有志于振兴中华的青年，有的提倡教育救国，有的提倡文化救国，有的提倡实业救国，有的提倡人格救国，有的提倡革命救国，主张各异，宗旨则一：救国。正是沿着爱国主义的阶梯，他们当中的先进分子才最终找到了救国的指南，攀上了真理的高峰。

这是一个重估传统价值的时代，反对因袭、崇尚创新的时代，发展个性、不断进取的时代。"从来如此，便对么？"——鲁迅笔下狂人的诘问，奏响了这个时代的最强音，于是，启蒙者从"仁义道德"的字缝里发现了"吃人"，从"三纲""五常"的说教里发现了"专制"和"奴性"。在批判旧道德的过程中产生了新道德的萌芽，在反对旧文学的过程中，绽开了新文学的蓓蕾。被守旧派斥为"驴鸣犬吠"的白话诗闯进了诗歌的神圣殿堂；被国学家讥为"引车卖浆之徒所操之语"的白话文成为文坛的正宗。鲁迅不仅引进了为中国读者所陌生的短篇小说样式，而且他的小说每篇都在文体上有所创新，从不重复自己。他谆谆告诫读者：依傍和模仿决能产生真艺术，真的新文艺的繁荣要靠冲破一切传统思想和手法的闯将，要有天马行空似的大精神。

这是一个博采众家、吸纳新潮的时代，"学术自由"成为五四新文化运动中的著名口号。1919 年 4 月 2 日，北大校长蔡元培在致教育总长傅增湘信中重申了他的重要主张："大学兼容并包之旨，实为国学发展之资。"于是，文学领域出现了白话文与文言文之争，平民文学与古典文学之争。史学界出现了质疑古史和经典的"疑古学派"。围绕胡适的《中国哲学史大纲》，胡适与梁启超展开了辩论。围绕东西文化问题，东方文化派与新文化派进行了交锋。在思想和政治领域出现了问题与主义之争，革命与改良之争，无政府主义与马克思主义之争……正是在论辩中逐步澄清了谬论，不断发展了真理。也正是在这种活跃的氛围下，青年毛泽东才摆脱了自由主义、民主改良主义、乌托邦社会主义的影响，在 1920 年之后成为马克思主义者。

在谈到五四运动的意义时，李大钊指出："这是中国全国学生膺惩中国卖国贼的纪念日，是中国全国学生对于帝国主义行总攻击的纪念日"。因此，这一天被定为中国青年节。用今天的年龄观念来看，五四运动时期的很多前驱和骨干当时都是中青年：1919 年，陈独秀 39 岁，鲁迅 38 岁，周作人 34 岁，钱玄同 32 岁，李大钊 30 岁，胡适 28 岁，刘半农 28 岁，傅斯年 23 岁，罗家伦 22 岁……他们同时也把振兴中华的希望寄托于青年。1915 年 9 月 15 日《青年杂志》创刊，开卷第一篇就是陈独秀撰写的《敬告青年》。他在文中激情澎湃地写道："青年如初春，如朝日，如百卉之萌动，如利刃之新发于硎，人生最可宝贵之时期也。"1916 年 8 月，李大钊编辑《晨钟报》，第一篇文章就是他本人撰写的《"晨钟"之使命——青春中华之创造》。他希望中国青年"人人奋青春之元气，发新中华青年中应有之曙光"，在这方生方死之际，创造出理想之中华，青春之中华。1919 年 7 月，胡适在少年中国学会发表讲演，希望"中国的少年"用进取的精神创造出"少年的中国"。鲁迅更是把未来和希望寄托于前进的青年。在《华盖集·导师》一文中，他针对那种把青年引入脱离现实歧途的言论，语重心长地对青年说："青年又何须寻那挂着金字招牌的导师呢？不如寻朋友，联合起来，同向着似乎可以生存的方向走。你们所多的是生力，遇见深林，可以辟成平地的，遇见旷野，可以栽种树木的，遇见沙漠，可以开掘林泉的。问什么荆棘塞途的老路，寻什么乌烟瘴气的鸟导师。"1925 年，当中国处于内忧外患、风雨飘摇的时刻，他还号召青年"敢说，敢笑，敢哭，敢怒，敢骂，敢打，在这可诅咒的地方击退了可诅咒的时代！"（《华盖集·忽然想到五》）

在欣逢五四运动 90 周年的今天，我们可以告慰前驱者的是：当今中国已经作为发展中国家崛起，那种任人侵凌宰割的时代已经一去不复返。面对霸权外交，中国可以说不高兴，可以说不！但是，五四前驱者追求的目标还没有完全实现。五四的根须是深植于爱国主义精神的沃土之中。我们纪念五四，就要弘扬五四爱国主义精神，把五四先驱者的遗愿化为宏图！

"三沈"与陕南渊源考

王　涛（陕西汉阴县委宣传部）

作为享有国际声誉并对中国文化发展做出了杰出贡献的沈士远、沈尹默和沈兼士昆仲，其成就和影响学界早有公论，中外研究者不乏其人，但其身世生平和学养渊源一直鲜有人专门研究，即使有文论及也语焉不详，留下许多不解之谜。

为方便立论，需先对"三沈"名号稍作解释。1913 年 2 月，应北大代理校长何燏时、预科学长胡仁源的邀请，沈尹默到北京大学预科教中国历史，第二年任国文系教授兼国文门研究所主任，教授汉魏六朝诗文，自此一直在北大任教 16 年。其弟沈兼士和兄长沈士远亦先后到北京大学任教。沈兼士创办北京大学国学门研究所，任主任，讲授文字学、《说文解字》等课程，后任北京大学文学院院长、辅仁大学文学院院长兼文科研究所主任、代理校长等职。沈士远任北大预科教授、庶务部主任，讲授《国学概要》。棠棣三人，各自学有所长，都名重京师，于是便有了北大"三沈"之说。鲁迅先生夫人许广平在《鲁迅和青年们》一文中写道："我初到北平时，即听朋友说：'北平文化界之权威，以三沈二周二马为最著名。'""北京大学在全盛时期，都讲之士，多自名家，一般倾慕者流，随喜集其姓氏而并称之，以为美谈，如云：五马、四陈、三沈、二周，等等不一而足。"[1] "吴兴三沈，都是民初赫赫有大名的学者。"[2] "民十以后，外人谓北大当政者，有'三沈三马'之称，后又有'朱马'之名，实际说来，确够得上是北大的中心人物。三沈者，本科教授沈尹默、沈兼士，预科教授沈士远，本哥仁也。"[3] 学界后起之秀，大多以"大先生""二先生""三先生"呼之。

现存所能见到的有关"三沈"籍贯的文献资料，大多介绍其为"浙江吴兴人"，沈尹默、沈兼士先生所作诗词落款常署"吴兴，尹默"、"吴兴，兼士"，而"三沈"昆仲同在汉阴出生长大，并且其祖孙四代人在陕西生活了 40 年的重要史实却鲜为人知，几乎被历史的尘埃掩没。"三沈"之中，仅沈尹默《蜀中墨迹》等书刊、中国农业大学历任校长简介（1931 年 2 月，沈尹默出任国立北平大学校长，并于 1932 年 1 月至 5 月兼任农学院院长）和上海沈尹默先生故居简介说明沈尹默出生于陕西汉阴，福寿园"书坛泰斗沈尹默先生纪念馆"介绍其籍贯为"陕西汉阴县"，"大先生"沈士远和"三先生"沈兼士的生平文献资料此前尚未发现提及出生地汉阴。探寻"三沈"与陕西特别是与出生地陕南汉阴的渊源，并非想挑起"三沈"的户籍之争，而是想实事求是地钩沉这段重要史实，探究"三沈"最初的人生坐标点和遗留给我们的许多重要信息。

　　有关介绍"三沈"身世生平的第一手文献资料现在并不多见。戴自中先生2004年提供他收藏的沈尹默先生一九五七年四月四日所撰《自述》（草稿）中说："我是浙江省无兴县竹墩村人，但我出生在陕西兴安府属之汉阴厅（一八八三年），一直到二十四岁才离开陕西，回到故乡来，住了三年。"[4] 褚保权在《沈尹默与中共领导人的交往》一文中提到："1959年，沈尹默在北京参加第二届全国人大第一次会议和政协第三届全国委员会第一次会议。期间，毛主席接见各民主党派和无党派民主人士，和尹默一见面就亲切握手，称赞尹默说：'您工作的很有成绩，人民感谢您。'还说'听你的口音，不像浙江话。'尹默回答说：'早年生活在陕南。'"[5] 沈尹默1966年1月在《我和北大》一文中说："我是浙江吴兴人，因父亲在陕西供职，我于1883年出生在陕西汉阴厅。"[6] 褚保权先生在《忆尹默二三事》[7] 中说："尹默原名君默，祖籍在浙江省吴兴县竹墩村。1883年6月11日出生于陕西省兴安府属汉阴厅——他父亲做官时的住所，尹默的父亲和祖父都擅长书法，也喜爱收藏些古书、字帖。"

　　尹默之父在汉阴究竟官居何职，他本人没有说明，他身边人也未悉心考证；汉阴乃至陕西对"三沈"的成长究竟有何影响，也少有学者做深度的论证考量。据"三沈"的几位至亲后人介绍，"三沈"为人处世极其低调，在世时很少言及身世。陕南少数有心人士以往也仅仅知道沈尹默生长于汉阴，其他便难以知晓。2001年上海举办沈尹默先生逝世三十周年纪念活动，曾发函邀请汉阴派人参加。携论文代表陕西与会的西安美院茹桂、李青等教授在省市报刊发表《沈尹默在陕西》和《沈尹默在汉阴》等文章，引起人们的关注。遵领导嘱咐，本人经多方联系并与有关人士一道，走访"三沈"的至亲好友和弟子，在陕南首次获悉一重要史实："三沈"昆仲是同父同母亲兄弟，其兄弟姊妹同在陕南汉阴出生长大。此后，本人因与王友根、王兴友等人倡议并参与负责筹建"三沈纪念馆"，由是产生探究"三沈"的身世生平之谜的兴趣。因为了解"三沈"的祖父和父亲在陕南任职安家情况及其家学渊源，对了解"三沈"的思想品格、文化结构及性格气质等的形成至关重要。

　　2002年4月30日，经"三沈"亲友联系，笔者有幸在何乃英教授等人陪同下，在北师大红楼拜访了"三沈"的世交、当代国学泰斗启功先生，在请启功先生题写三沈纪念馆馆名时，启先生告诉我："过去实行异地任职，'三沈'三代人，有两代在陕南为官，家室安在汉阴。按现制算，（该）是陕西籍汉阴人，但他们遵祖制，一直（署）用的吴兴（籍）。如果有机会，将把这些（情况）用小字写在匾额上。"启先生说，"三沈"出生在一个充满中国传统翰墨书香的家庭，兄弟姊妹和其母亲俱能吟诗填词，写一手好字。他还说"二先生（沈尹默）还是在汉阴成的家。"他问我是否读过《后汉书》？然后说起子贡过汉阴，遇一丈人抱瓮出井灌畦的故事，并坦言"现在想起来，这些地方真有千丝万缕的联系。"[8]

　　谌北新教授（著名油画家、西安美术学院研究院副院长、陕西油画学会会长）是沈尹默先生的外孙，年少时曾长期生活在"三沈"身边，他也是"三沈"亲友中受

"三沈"影响最大、最了解"三沈"的著名学者。他在《回忆外公沈尹默》[9]中写道："1953年，我从中央美院毕业到西安工作，他（沈尹默）知道后很高兴，因为他的青少年时代是在陕西度过的，那时他的父亲在陕西汉阴做官，他与长兄士远先生，三弟兼士先生经常背着包袱从陕南越秦岭出子午谷到西安来。他说，对我所在学校的杜曲、樊川一带是熟悉的。有一次他写了两把扇面给我，其中一把上面写着：'稠酒熏人意兴佳，秦川风土尽堪夸，依前杜曲通韦曲，别是杨家接李家。开广陌，走香车，长安市上旧繁华，欲从何事谈天宝，万古残阳噪乱鸦。'"沈尹默晚年曾作《西江月》[10]一词，回忆当年兄弟结伴往返于西安汉阴间的这段难忘时光：（序云）"感忆儿时并南山晨出子午谷口豁然见朝日于天地之际。"其词云："子午谷前日出，居然平视瞳瞳。牛车历尘地天通，未觉风尘濒洞。五十年来人事，催教老却儿童。金鸟来去已匆匆，莫更峰头迎送。"词中对儿时生活的怀念之情跃然纸上。

谌教授近年应邀两次赴汉阴考察时，穿行于月河两岸，泛舟在碧绿的汉江上，曾多次感慨地说："汉阴是典型的中国山水，这里真是世外桃源，人间仙境。'三沈'兄弟姊妹当年常常跋涉在陕南青山秀水间，是这方水土养育了他们。汉阴质朴的民风在他们身上体现得很鲜明，汉阴厚重的人文环境铸就了他们的沉稳个性，包容万象的学养。现在很多研究者不清楚'三沈'的学问是从哪里来的，'三沈'的思想是从哪里来的，这是一个值得认真研究的大课题。其实，'三沈'的学问、思想、为人、性格乃至衣食习惯等等都是从汉阴来的，是汉水文化养育出来的，是严格的家教熏陶出来的，是多年的'童子功'练出来的。没有在汉阴多年练下的'童子功'，'沈天下'（沈士远）、沈尹默和沈兼士一入北大就讲历史，讲哲学，讲文学，一讲一学期，滔滔不绝地讲了一二十年，那能现蒸现卖吗？"[11]

据沈尹默《自述》记载："我的曾祖父玉池公是前清副贡生，终身清苦，课徒为生，冬夏一床席，无钱置书，常手抄经籍，授子侄辈诵习，幼年犹得见其所写小楷尔雅。祖父拣泉公是前清解元，潘世恩、何凌汉的门生，在北京时，常为潘代笔。他的诗思敏捷，酒酣辄手不停挥，顷刻成章，书法颜、董，有求之者必应，毫不吝惜，后随左宗棠到陕西，即未他往，曾任汉中府属之定远厅同知，有遗墨赏桂长篇古诗在城外正教寺壁上。后来我父阑斋公亦官定远，前后连任十年。"

"三沈"之祖父沈拣泉和父亲沈祖颐除在定远厅（今镇巴县）任职外，在汉阴等兴安府属地是否任职，为何将家室安于汉阴，沈尹默在《自述》中并没有提及。经人指点，2004年7月9日，我与姚荣文老师在汉阴县史志档案局查阅民国版《汉阴县志》[12]，在第三卷第二十四页《汉阴历代行政官吏一览表》中，发现了"三沈"之父沈祖颐在汉阴任职的情况，揭开了尘封已久的一段历史。该文献记载：沈祖颐，临安人，监生，光绪八年（公元1882年）四月任汉阴厅抚民通判，光绪九年五月离任；又于光绪十七年（公元1891年）八月再任汉阴厅抚民通判，光绪十八年（公元1892年）五月离任，升汉中府定远厅同知。县志评介其："政尚简易，不事矜张。"该文献还记载："清乾隆17年（公元1752年），陕西巡抚毕沅奏升兴安州为府，以汉阴知县移作附廓安康县，所留旧治，添设盐捕通判一员。清乾隆54年（公元1789年），陕西巡抚以安康知县难管兴安、汉阴两州县之地，奏请改盐捕通判为附民通判。一切仓库学校皆仍归旧治。添设训导、巡检各一员，兼管石泉、紫阳、平利三县水利、捕盗事务。"据以上史料可知，沈祖颐所任抚民通判为当时汉阴最高行政长官[13]。清朝在新开发的地区和军事要塞设置厅，与州县同为基层政权机构，其长官为同知或通判。直隶厅与直隶于省的州平行，直隶于省；散厅与散州和县平行，属于府。定远为直隶厅，嘉庆七年（1802年）始设，汉阴、砖坪为散厅[14]。所以，沈祖颐以汉阴抚民通判改任汉中府定远厅同知，是为升迁。

笔者曾请镇巴县政府办公室同志帮助查询"三沈"的祖父和父亲在镇巴县（当时为定远厅）任职的情况，后又请汉阴县双坪乡文书陈明春数次到镇巴县史志办查询。《定远厅志》所载"三沈"之父沈祖颐到镇巴任职情况与《汉阴县志》所载时间吻合，所不同者，定远厅志载其籍贯为浙江归安。笔者曾与谌北新教授等人专程去西安三兆公墓，探寻1925年于右任书丹、沈尹默撰文的彭仲翔将军碑文，沈尹默在碑文前所署的正是"归安，沈尹默"。经查有关史料，方知临安、归安、吴兴和湖州历史上确曾有过隶属关系。安康地方文史研究者陈平、张正生、巫其祥先生等人，是较早注意到沈尹默先生生平的有心人，陈平曾在《沈尹默先生在陕南》一文中推测："曾署任砖坪厅抚民通判、安康县知县、汉阴厅抚民通判"的"沈祖颐可能就是沈尹默的父亲"[15]。

据《重续兴安府志校注》[16]第四卷"职官志""汉阴厅抚民通判"录载："沈祖颐，浙江归安县人，进士，光绪八年（公元1882年）四月署，十年十一月卸任。""光绪十七年（公元1891年）八月任，十八年（公元1892年）五月卸任"。"砖坪厅抚民通判"录载："沈祖颐，浙江归安县人，进士，光绪五年（1879年）署任。"又载"沈祖颐，光绪九年复任。""安康县知县"录载："沈祖颐，浙江归安县人，进士，光绪元年（1875年）以砖坪厅（今岚皋县）通判署任，八年仍回本任。"另据《岚皋县志》"政权志"通判名录载："沈祖颐，号贻仲，籍贯浙江绍兴府，1887年（光绪十三年）任（砖坪厅）抚民通判"。《重续兴安府志校注》第五卷"学校志""名宦祠（在戟门东）中祠"载"清兴安砖坪厅抚民通判调署安康知县沈公祖颐"。第十一卷"名宦志"和第二十一卷"金石志"中，载有沈公政绩："沈祖颐，字贻仲，浙江归安县进士。光绪庚辰（1880年）秋，以别驾署安康县事。下车后，凡保甲仓储诸政，次第修举，尤拳拳以兴学育才为急务。先是安康学额岁科两试取进生三十人，丁丑（1877年）前学宪陈翼破格减额一名，拨增汉阴。祖颐具禀清复，并授《学政全书》以争，卒复旧额。公善折狱。邑西秦郊铺有陈张二姓，争畔构讼，公讯验得实，伪契隐粮，例追入官。祖颐念安康学田菲，乃将陈姓旱地、水田二十六亩，拨充兴贤学社，以资膏火。其培植人才之心，可云有加无已，惜仅期年即瓜代去（录邑举人罗钟衡撰《邑侯沈公贻仲复学额增学田碑记》光绪七年闰七月立，碑石高七尺五寸，宽三尺五寸，见碑竖学仓大厅）"。从目前已查阅史料看，"三沈"之父沈祖颐自清光绪元年（1875年）至光绪十八年（公元1892年）五月在陕南兴安府（今安康市）砖坪厅、汉阴厅、安康县三地任职达 18 年以上，在汉中府（今汉中市）定远厅（今镇巴县）连续任职 10 年。任内兴学育才，为官清廉，造福一方，颇有口碑。

从"三沈"祖父 1867 年随左宗棠自京入陕，赴陕南任职将家室安居汉阴，到 1902 年沈尹默在汉阴与朱云（四川人，父亲在陕南为官）结婚，至次年沈父沈祖颐在任内去世，"三沈"举家迁离汉阴移居西安，1907 年返居吴兴、杭州，"三沈"四代人在陕西整整生活四十年，其中在陕南生活了 37 年。这段时期正是中国近代史上新旧交替、内忧外患的关口，而"三沈"兄弟姊妹在远离尘嚣、优美宁静的陕南汉阴山城出生长大，度过了美好的青少年时光。"三沈"自离开陕西后，虽未再回到汉阴，但从沈尹默晚年回忆平生时惜墨如金的 1400 余字《自述》中，竟有 1100 余字是在满怀深情地讲述如何在陕南度过的青少年时光，从中不难体会到陕南时期的生活对他们一生的重要影响。

且看沈尹默在《自述》中的夫子自道："我五岁上学，发蒙的李老师是一位年过七十的不第秀才，他却爱好诗歌，时常喜欢念几遍千家诗中的名句，如'将谓偷闲学少年'之类给我们听。""后来另请了一位湖南宁乡吴老夫子。这位老夫子自己虽然不作诗，但教我们读古诗源、蘅塘退士所选的唐诗三百首，我觉得很好。这位先生教人很严厉。我自小就没有记忆力，十四岁那一年，因为背不过书，急得生了病，在家中修养了一个时期，颇感轻松自在。于是乎一连读了几遍红楼梦。又看了一些小仓山房的著作，以及李、杜、韩、白诸唐人的诗选，其中尤其喜读香山的作品，这样，就引起了对于诗歌浓厚的兴趣。""我十五岁时，已略知书字，因命我将祖父题壁诗钩摹一通藏之。父亲亦喜吟咏，但矜慎不苟作，书字参合欧、赵，中年喜北碑，为人书字，稍不称意，必改为之。公余时读两汉书，尤爱范史。我幼年在家塾读书，父亲虽忙于公事，但于无形中受到熏育。""定远原是僻邑，而官廨后园依城为墙，内有池亭花木，登高远望，则山野在目，河流湍急有声，境实静寂。每当课余，即往游览，徘徊不能去。春秋佳日，别无朋好可与往还，只同兄弟姊妹聚集，学作韵语，篇成呈请父亲，为评定甲乙。""因早岁僻居陕南，既无良师，可以请益，且以远处外省，又不能回故里应科举考试，以资磨练，入学校肄业，更不可能。所以新旧学问，皆无根底，只以自己兴趣所在是诗词与书法，因而不断暗中摸索。偶遇有人谈诗论字，即从旁注意听取，归而参之旧说，加以思考，信合于理，然后敢从其言，至今学习，犹循着这一途径。"沈尹默自己对陕南时期的评价是："山居生活，印象至深，几乎规定了我一生的性格。"

在此，有必要对陕南及汉阴的历史人文和自然环境略作介绍。陕南地当长江、黄河之间，处中国内陆腹地秦巴山区，是雄秦秀楚丽蜀接壤之地，也是华夏民族大迁徙和我国南北文化的交汇地带。历史悠久，山川秀丽，风景如画，乡情浓郁，中国现实主义文学与浪漫主义文学的两个源头在这里交汇，稻菽文化和麦粟文化在这里兼作并蓄。秦汉以后，水陆交通孔道的畅通，信息传播的加快，汉水中上游居间的地理位置，特别是明清以后中国历史上最大规模的湖广等各地移民的迁徙涌入，使其成为巴蜀文化、荆楚文化、氐羌文化及秦陇文化等多种文化荟萃之地，同时，儒、释、道、回几大文化体系也在此交融发展。《兴安府志》载其人情风俗"任侠好义，守礼尚文"。光绪中叶，始有耶稣、天主教传入。南北东西文化在此聚汇融合，这对于生长于斯的"三沈"昆仲的文化结构及性格气质的影响是深刻的、巨大的、难以估量的。

　　汉阴因汉水而得名，古属西城、安阳、安康，唐至德二年（公元 757 年），改称汉阴至今，素为"安康首邑"。今址汉阴城池地处月河川道，始建于宋绍兴二年（公元 1132 年），明清时城内文庙、社学、钟楼、祖师殿和各省会馆等一应俱全，明清农民起义军迭次攻城不克，号称"铁城"，在清末仍是我省城郭比较完整的古老县城之一[17]。汉阴四季分明，土肥民殷，物产丰饶，春麦秋稻，一年两熟，民风淳朴，崇德尚文，重教兴学。由于历史上战乱、灾荒和瘟疫，汉阴土著居民所剩无几，明清两代南北各地的移民占汉阴人口绝对多数，使其在建筑风格、饮食文化、伦理道德、语言称呼等文化方面，无不显示出兼具东西南北的特点。《兴安府志》风俗篇载"汉阴厅人民勤劳，境无荒土。游惰少年，引以为耻，激而务正，故野无惰农。虽富室无挥霍者（宪政调查报告），民皆朴实节俭（陕志辑要）。"其人文禀赋"既含北方之粗犷豪爽，更兼南方之钟毓灵秀"，而宗教信仰更推崇道教，风俗习惯以南方为主。由是以观，或许这正是"三沈"祖父和父亲将家室安于汉阴的重要原因。同治十二年（公元 1873 年），因"邑士累科，无能登桂"，通判傅汝修在城东南隅垣上，主持修建文峰塔，六角宝塔高五层，似巨笔擎天。三层塔门上端书"文星高照"，两旁对联曰："塔势凌云开笔晖，人文启秀焕奎光"，笔画遒丽典雅又雄浑苍劲，至今熠熠生辉。登临塔顶，放眼四望，月河环绕如练似带，百里山川尽收眼底。

　　此塔建成后的十余年间，三沈兄弟姊妹六人先后在汉阴出生长大。褚保权先生说沈尹默"出生于陕西省兴安府属汉阴厅——他父亲做官时的住所"，其家应是在县城内。至于究竟在城内何处，笔者曾多次问过沈兑、谌北新、褚家玑和戴自中等"三沈"至亲好友人，他们仔细回忆过，均称未曾听"三沈"亲自言及。有邑人考证现在汉阴县城民主街颇具江南民居风格的 111 号大院，即是"三沈"在汉阴的故居。笔者曾去信美国请教该宅院原住户汪浩然先生，汪先生说不记得该宅院在他家迁居之前是否住过沈氏人家。倒是该宅院西厢房门楣上所刻"宽厚"二字（据屋主人说，已拆的东厢房曾刻有"平和"二字）仍依稀可见，很有几分尹默遵从的二王书风。

　　据沈兼士先生女儿沈兑教授介绍，沈祖颐在汉阴育有三子三女，"三沈"昆仲大姐名沈星联，大妹沈雅君，小妹早故。"由于家学渊源，儿女自幼即受熏陶，喜爱文学与书法。父亲深解子女爱好，因材施教。长子士远，学批公文，以承父业；次子尹默独爱诗词书法；三子兼士则攻文字学。"[18]其姊妹三人，亦颇有才学。据戴自中先生介绍，"三沈"之姊沈星联少时与弟妹联吟的诗句"烹茶双鬓湿，攀竹一襟风"等也曾获其父好评，尹默先生晚年还曾提起。

　　若论陕南及汉阴地域文化对"三沈"的影响，可仅据有限资料略陈一二。秦巴山区作为中国道家文化的重要发源地，不仅道观众多，老庄思想更大行其道。《重续兴安府志校注》"金石志"载：嘉庆间邑举人茹金撰《重修丈人亭台记》云"邑北城外抵龙岗数十步，旧有亭名丈人亭。亭旁有台，其文漫灭难骤辨，摩挲若隶篆然。较峋嵝山碑，岐阳碣鼓不多让。望而知为汉唐以上物……东阁城楼题额曰'周丈人抱瓮之乡'"。《汉阴厅志·艺文志》载有历代有关"抱瓮羞机"的咏怀诗文。受老庄思想的浸润，汉阴人勤劳质朴，待人忠厚。沈士远受家学影响，从小专攻古文，精研老庄，19岁就做了"娃娃知县"。新文化运动前，沈士远先在浙江高师教国文，后入北大讲授《国学概要》，成为享誉京华的"沈天下"。周作人晚年著文回忆"三沈"时说："沈大先生沈士远，他的名气都没有两个兄弟的大，人却顶是直爽，有北方人的气概；他们虽然本籍吴兴，可是都是在陕西长大的"[19]。教育和环境对其性格气质的影响可见一斑。

据《安康地区志》等史志记载，今藏汉中市汉台博物馆被誉为汉隶翘楚的《石门颂》，其书写者王戎、韩朗即生长于汉阴属之的西城县。汉唐以降，溯源正本，汉阴乃至陕南至今传统书风犹盛。"南宋安康书法甚为活跃，尤以碑版书法为盛。""明、清时期，安康书法受宋元影响，行、草、隶、篆俱全。名家辈出，各具特色，是安康书法发展兴盛时期。清朝早期，以帖学为宗；至中期，碑学兴起；晚期，则盛行碑学。且传世书法作品颇多，精裱卷轴书法作品大量存世。一大批书法家活跃在安康书坛。"[20]各家流派中欧字最受推崇。"从汉阴历代存留下来的牌匾、碑文亦可看出很重的欧体书法风格"[21]。同时，陕南自古诗风、文风亦盛，传唱至今的民歌经久不衰，更有历代官吏的大量诗文留存，迁客骚人也多会于此，览物咏怀的诗文流传甚广。既是"安康首邑"，汉阴的文化积淀尤为深厚，编于上世纪四十年代的《汉阴县志》，仅"艺文志"就有数十卷本。这样的人文环境对"三沈"的成长无不裨益。其父沈祖颐喜吟诗文，书宗欧阳询，兼涉赵松雪，中年尤喜北碑。沈尹默从小即受父亲熏陶，喜爱文学与书法。五岁入家塾读书，读《千家诗》、《古诗源》、《唐诗三百首》等。十二岁始习书法，从欧阳询《醴泉铭》、《皇甫诞碑》入手，对叶蔗田所刻《耕霞馆帖》最为欣赏。塾师崇拜黄自元的字，要他临黄自元《醴泉铭》书帖。他遵师命，依样画葫芦。一次父亲见他临帖，便在仿纸上写了临欧阳询《醴泉铭》的字。他看见父亲写的方严整饬，和自己临帖一比，立见雅俗，于是弃黄自元而学欧阳询，兼习篆隶[22]。虽然后来沈尹默曾认为早年学书走过弯路，但在陕南汉阴时期培养的诗词和书法的浓厚兴趣，却决定了他一生的追求，并几乎规定了他一生的性格。汉阴乃至陕南南北交融的文化氛围，加之家学渊源带给他的传统文化和江浙文化基因，深深地影响着沈尹默兼容并包之文化精神的形成。这种文化精神不仅在沈尹默先生的书法与文学创作中具有极其重要的学术价值，也在他的教育思想和人生价值取向上产生了不可估量的影响。台湾学者陈玉玲评价其文学主张时即指出"沈尹默乃是新旧文化、文学冲突中的典型调和派文人，即以'不薄今人爱古人'的中庸观点，兼善新旧文学。"[23]"沈尹默先生早年习古典诗词，后来也作新诗，而最终以古典诗词作品最有成就，而无论新诗、旧诗，风格神韵尚以一贯之。他的书法亦是如此，即使临习北碑，亦无霸悍之气，流露出含蓄中合的趣味。他对生活及学术上某些是非的争论抱有超然之态，这都是他早年生活环境和家学遗传形成的精神气质和文化品格所致。"[24]

陕南特别是安康因明清以来的以闽赣皖和湖广为主体的大规模移民迁来定居，至今仍是"十里不同音，五里不同俗"。大家信奉"宁舍祖宗田，不舍祖宗言"，这里便有了南腔北调的众多"方言岛"独特景观。数省方言汇聚一地，和而不同异彩纷呈，这里成了研究我国方言和音韵的一方宝地，明清以来出了不少音韵学家。沈兼士在此生活了 18 年，他 1905 年自陕西留学日本，先入铁道学校，毕业于东京物理专科学校，终生志趣却在"小学"，并以无人能匹的文字学、训诂学成就独步 20 世纪中国汉语言文字学界，这固然与他留日时师从国学大师章太炎先生不无关系，但少时成长环境的影响以及由此产生的研究兴趣无疑是最好的老师。沈兼士先生在任北京大学研究所国学门主任期间，"他作了多方面的学术发展计划。如成立编辑室，成立清内阁大库档案会，成立考古学研究室以及风俗调查会，成立歌谣研究会，并且注意到国内各地的方言和少数民族语言的调查工作……他所提倡的各方面的学术研究工作对后来学术界的影响极大。"[25] 这些"开风气之先，而且终成蔚为大观之学术流派"的重大举措，不能说与他少时的生长环境没有一点关系。

现在所有能读到的有关沈兼士先生的文章，从未有人提及陕南对他的影响。倒是沈兼士先生自己写的一首回忆儿时陕南生活的小诗可帮助我们叩开他的心扉。尽管这是管窥蠡测，但仍可窥一斑而见全豹。这首诗是目前仅见的沈兼士先生写陕南的诗文，由沈兼士先生四女沈兑教授提供，沈兼士先生高足、北京师范大学葛信益教授生前搜集刊发于《辅仁校友通讯》上的沈兼士遗诗中的一首：（序云）"童年随宦汉中，山城花事极盛，与诸兄姊家塾放学，颇饶嬉春之乐。夏浅春深，徜徉绿荫庭院，尤爱听鸠妇呼雨之声。丧乱之余，旧游重记，偶闻鸣鸠，不胜逝水之感。"（诗云）"漠漠轻阴欲雨天，海棠开罢柳吹绵。鸣鸠有意惊春梦，唤起童心五十年。"此诗为 1944 年季春，沈兼士先生为躲避日伪搜捕自京南下途经陕南入蜀所作。沈兼士先生作此诗时已 57 岁，童年与诸兄姊自汉阴去汉中定远厅探望父亲的嬉春之乐如在眼前。2007 年沈兑教授和沈兼士先生门婿王葆圣先生生前都曾告诉笔者，沈兼士先生平常说一口流利的普通话，但与兄弟姊妹交谈时，带有较重的陕南乡音。安康学院张德新副教授发现，在沈兼士主编的《广韵声系》中，"脚"字的注音采用了汉阴等地的方言。谌北新教授和上海沈尹默故居褚家玑馆长介绍说，与弟沈兼士不同的是，沈尹默先生一生不仅保留了在汉阴养成的生活习惯，甚至到老也未改浓厚的陕南乡音。

"三沈"兄妹众多，相处融洽。他们在汉阴读书习字，赋诗作文。课余之时，或登文峰塔远眺百里山川，或访庙宇碑楼寄情于山水。每当春秋佳日，兄弟姊妹，或翻凤凰山过汉江，前往定远同游，或越秦岭沿子午古道至西安造访师友。在陕南秀丽的山水中，在汉阴宁静的山城中，在严格的庭训中，在融洽的亲情中，"三沈"兄弟姊妹受到良好的诗词、古文和书法等传统文化熏陶。沈尹默早年在《酬兼士弟怀出居之作》云："山城既多暇，况富少年情，理乱怀未营，举家歌太平"、"携手共言远，遨游无近林。登城望云栈，川流带萦纡。风烟日在眼⋯⋯"等。

无须讳言，"三沈"在陕南生活时期，与其祖籍地江浙的已开风气之先相比，他们虽远离了烽火外患的侵扰，但同时也有"无良师请益，缺朋好往返"的不利；但严格的家学熏陶和多年的冷板凳练就的"童子功"，为"三沈"打下了扎实深厚的国学功底，而温馨融洽的骨肉亲情和南北交融的文化氛围，使"三沈"在雄奇秀丽的自然人文环境中养成了不激不励的个性特征、兼容并蓄的文化品格。诚如北京大学新闻发言人、校党委宣传部部长赵为民教授所言："任何文化现象都不是孤立的。像"三沈"这样一门昆仲三大师的现象，离不开故乡特定人文环境的滋养。当我们置身于"三沈"出生和生活了20多年的汉阴县，我们似乎能够体悟到"三沈"奇观出现的文化之谜。""在汉阴的生活和成长经历，对"三沈"产生了深远的影响：严格的家教，使他们打下了很好的国学功底；质朴的民风，形成了他们沉稳、包容的个性和学养；移民的生活艰辛和顽强奋斗，使他们了解社会现实、体会民间疾苦、立志奋发图强。汉阴养育了'三沈'，'三沈'也为汉阴赢得了风采，可以说是'两不相负'"[26]。

注释：

[1] 李维棻：《风流儒雅忆吾师——记吴兴沈兼士先生》，原载台湾《传记文学》四卷一期，收录于葛信益、朱家溍编《纪念沈兼士先生诞辰一百周年纪念论文集》，紫禁城出版社，1990年。

[2] 王静芝：《文学院院长沈兼士先生》，原载台湾《私立辅仁大学》，收录于葛信益、朱家溍编《纪念沈兼士先生诞辰一百周年纪念论文集》。

[3] 谢兴尧：《红楼一角》，载于《我与北大——"老北大"话北大》王世儒、闻笛编，北京大学出版社，1998年。

[4] 沈尹默：《自述》（草稿）戴自中藏，见《三沈研究》第一期，陕西日报印刷厂印。（《自述》正式稿）又见于《沈尹默书法》，人民美术出版社，2008年。

[5] 褚保权：《沈尹默与中共领导人的交往》，见《尹默二十年祭》，北京燕山出版社，1991年。

[6] 沈尹默：《我和北大》，收入《文史资料选辑》第61辑，中华书局，1979年。后收入《我与北大——"老北大"话北大》王世儒、闻笛编，北京大学出版社，1998年。该文由沈尹默口述，他人记录整理。

[7] 褚保权：《忆尹默二三事》，见《尹默二十年祭》，北京燕山出版社，1991年。

[8] 王涛：《启功先生题馆名》，见2002年《安康日报》，《那灿烂的微笑——追忆启功先生》，见《安康日报》2005年8月5日。

[9] 谌北新：《回忆外公沈尹默》，见《尹默二十年祭》，北京燕山出版社，1991年。

[10] 沈尹默：《西江月》，见《沈尹默诗词手迹》，上海教育出版社，2003年。

[11] 王涛：《汉阴三人行》，见2003年《安康日报》

[12] 胡书竹（主编）：《汉阴县志》，1948年编修，汉阴县志办公室1985年点校刊印本。

[13] 王涛：《"三沈"之父两任汉阴抚民通判》，见2003年7月2日汉阴县政府信息网和当年《安康日报》。

[14] 巫其祥：《"三沈"之父几度任安康、岚皋、汉阴知县和通判》，见《汉阴文史资料》第五辑，政协汉阴县委员会2006年编印。

［15］陈平：《沈尹默先生在陕南》，见 1988 年 3 月 31 日《安康日报》。

［16］安康市汉滨区档案史志局编：《重续兴安府志校注》，安康文化印务公司，2005 年 3 月。

［17］汉阴县志编委会：《汉阴县志》，陕西人民出版社，1988 年。

［18］戴自中搜集整理：《沈尹默先生年谱》。

［19］周作人：《三沈二马》，见《北大旧事》，陈平原、夏晓虹编，生活·读书·新知三联书店，1998 年。

［20］见于《安康地区志》，陕西人民出版社，2004 年。

［21］杨兴无：《三沈文化，汉阴风情》，见《汉阴文史资料》第五辑，政协汉阴县委员会 2006 年编印。

［22］戴自中：《沈尹默传略》，见《中国现代社会科学家传略》。

［23］茹桂、李青：《沈尹默陕西时期书学文化论》，见《文化艺术报》，陕西人民出版社，2001 年。

［24］陈玉玲：《沈尹默书法艺术》，（台湾）惠风堂笔墨有限公司出版部，2001 年。

［25］周祖谟：《怀念尊敬的恩师沈兼士先生》，见葛信益、朱家潘编《纪念沈兼士先生诞辰一百周年纪念论文集》，紫禁城出版社，1990 年。

［26］赵为民：《在纪念沈兼士先生诞辰 120 周年暨第二届"三沈"学术研讨会上的讲话》，2007 年 9 月 10 日于安康学院。

馆藏胡适书信六通

秦素银（北京新文化运动纪念馆）

2003 年上半年，北京新文化运动纪念馆征集到钱玄同文物一批，其中包括胡适致钱玄同书信五通，中夹有胡适致杨树达书信一通，除 1934 年 4 月 18 日胡适致钱玄同函、1926 年 7 月 24 日胡适致钱玄同函已被刊布外，其余未见于著录，今整理出来供研究者参考。

一　胡适致钱玄同（1925 年 5 月 11 日）

玄同：

唐擘黄[1]寄来《文存》，已匆匆读过。其中《汉字是科学吗》一篇确是很好。但他论"鱼"、"阳"对转一条，说"鱼"古韵母当是与 a 接近之音，此意似不很对。我疑心"阳"部古音颇近我们徽州音，读 wng 及 yung。"鱼"之变 ung，若读徽音，则于

→往（ung）

且→将（chiung）

"奴"转"郎"与"奴"转"侬"似同一理。

我是门外汉，今夜又懒去查书，随便写给你，预备领教。

适之。

十四，五，十一。

二　胡适致钱玄同（1926 年 6 月 10 日）

玄同：

谢谢你的信。

我也知道你的夫人病到垂危，你做了许久的"看护夫"，心绪很不好，所以我总不曾来看你。

我搬在陟山门大街六号，在景山的西面；电话仍是"东 2429"。你什么时候来谈，总是十分欢迎的。

我大概七月十日后才走；本定走印度洋，现在因为时间来不及，改道西伯利亚了[2]。

听说嫂夫人这两日见好一点，我们都很欢喜。盼望这个好消息是的确的。

隅卿[3]借《国于先生○》，我一时竟捡不出来。你知道几万卷书被别人替搬动了之后检书真有及大的困难。这部书因为我不很看得起他，所以翻得一些材料之后，就搁置了，书头也没有写，所以更不容易找。稍空的时候，我一定找出送去。别来几个月，——九个月了，——真有多少话要谈。甚盼 大驾能早日光临，或尊府能早解除门禁，不能，我真有点忍不住了。适之。十五，六，十。

（补）祝嫂夫人的痊安。

三　胡适致钱玄同（1926年7月4日）

玄同兄：

今天你居然光降，不幸我出门吃饭未回，家中下人大概是从午睡中惊醒的，不知道他对你说了什么无礼的话，听说你很生气，当真吗？

我盼望你宽恕了他罢。

我大概上午总是在家时多。什么时候你得空仍盼来谈。

你能出门了，一定是嫂夫人见好些了，——盼望我这个猜想是对的。

前天见你给半农[4]的信，我很赞成你的见解。我那天在北海吃饭，半农问我有无稿子，我还不知道是什么一回事，也不曾见着你说的那个广告，因为我家中现在只有两份报了。你知道成舍我[5]为什么恨我吗？他对人说，他办的报，（不记得是什么报了）王抚五[6]肯给他文章，而胡适之不肯给他文章，所以他恨我至今，现在钱玄同又该挨骂了。

前几天作完《海上花》[7]序，本想请你一看，因为亚东[8]催的急，所以匆匆寄出了。我以为此书很有价值；作者在三十六年前决心用苏白作小说，不顾朋友的谏阻，不顾销路之不广；确是很值的表彰的。

现补作《崔述年谱》[9]，尚不知能赶完否。我定于七月十七日出北京，甚盼你能来谈谈。

祝你好，并祝嫂夫人好。

适之。

十五，七，四夜一点。

四　胡适致钱玄同（1926年7月24)[10]

道中
July 24, 1926

玄同：

匆匆走了，不曾和你作别。现在出国境已三月了，已过了贝加尔湖了。道中一切平安，可以告慰。

有一件小事托你，不知道你有工夫做吗？

汪原放[11]之兄乃刚[12]标点了一部《醒世因缘》，我曾许他作一篇序。但我现在走了，很觉得对他不住。你肯作一篇短序[13]？

那天听说你读了此书，并且有批评的意见，我便存了此意，想请你作序。

我以为此书有点价值。你那天说，除了楔子之外，便是迷信，一无是取。我以为除了它的大结构是根据于一种老迷信之外，其余的描写很富于写实的精神，语言也很流畅漂亮，很有可取之处。

古人见了一种事实，不能用常识来解释。其实狄希陈[14]的怕老婆，和他老婆的憎恶他，都是平常得很的现状。狄希陈本是一个混蛋，他不配讨一个好老婆。一个一无所长的混蛋讨了一个美而慧的老婆，自然怕她；她也自然嫌他。后来积威既成，她越凶，他越萎缩；他越萎缩，她越看不起他，越讨嫌他。

这是常识的解释。但古人不肯从这方面着想，所以不能明白此中真原因在于"性情不合"，在于婚姻的根本制度不良。其实是他们不是"不能"，只是"不敢"。试看《聊斋》上记那个马介甫的故事；本是道地事实，却夹一个狐仙在内！（《恒娘》一篇，也是如此。）

我们今日读马介甫，或读《醒世因缘》，自然要问："为什么古人想不到离婚的法子？"这个问题差不多等于晋惠帝问的"何不食肉糜？"古代婚姻生活所以成为大悲剧，正因为古人从不敢想到离婚这个法子。请看狄希陈与他的父母，与他的朋友，那一个想到这个法子？

离婚尚且不敢，更不必说根本打破婚姻制度了。

老大哥，我出了题目，并且表示了"范围"，你难道当真不肯交卷吗？请你帮点忙罢。

乃刚还标点了一部《封神榜》[15]，我已托颉刚做一篇短序。我今天给他一信，也是出题目兼表示范围。

嫂夫人好点了没有？你这几个月常说太太快怎样怎样了。要是我在你太太的地位，听你这样诅咒她，争一口气，偏要好给你看看！

车摇的利害；纸也没有了，再谈罢。

适之。

五　胡适致钱玄同（1934年4月18日）[16]

玄同兄：

谢谢你那封值得装裱的信。

那个"外"字，怕是吴君的笔误，大概送出去的原稿是没有的。

尊见两点极是，将来若收入《文存》，一定要依尊论改正，或将尊函附在后面。

此信尾附问一事，也想请您指教。前日有短信与杨遇夫先生，附呈钞稿，不知所说有大误否？此稿请阅后赐还为感。

孙蜀丞先生所藏《庄徵君集》，有续编，为李莼客所未见，《金陵丛书》本也无有。我总观全集，可证成三事：

（1）此公与《儒林外史》的关系。

（2）此公的确知道"吾乡戴东原"，可证我前几年的假设不误。

（3）此公虽不敢公然"以颜、李之书示人"，虽不免留情传注诗文，稍背颜李之学风，然而他的确还是一个颜李学信徒。续编中有《与袁蕙纕书》，最可表现他的心事。

前拟作长文写此三事，匆匆只写了一小半，不知何日能成。写成后当呈 教。

我常觉得吴敬梓也是颜李学信徒，《儒林外史》是颜、李学的一部宣传品。绵庄之后，戴子高之前，文木先生应占一个不低的位置。你看此意如何？

续编中有关于沈琼枝的事，也有迟衡山，也有那位因藏禁书被捕的卢信侯。

　　　　　　　　　　　　　　　适之

　　　　　　　　　　　　　廿三，四，十八夜

六　胡适致杨树达（1934 年 4 月 14 日）[17]

遇夫先生：

承赠大作《形声字声中有义略证》[18]，已读一遍，甚佩服 先生的见解与方法。此方法来源本甚古，如政者正也，仁者人也，以至董生[19]说王有五科，君有五科，皆因声求义之法。但古人往往滥用此法，从声上附会抽象名词之意义，合于自己脾胃则被采用，否则又舍声求形，别录寻合于自己脾胃之义。如董生训心为桎，是于许多同声之字中求一合于主观之心义为训；其训王为通天地人，则又是于五科之外别求形训了。

王氏父子[20]以来，声训之法渐趋完密，如"释大"一篇，即是 先生所谓求语根之法。以此法用到字典，要以朱骏声为最有成功。如尊文所举从曾声之字皆在《说文通训定声》[21]升部之曾字一类。如此排列，善学者可以悟得声为语根的原则。所以我极不赞成 尊意。

瑞典人高本汉[22]作中国字分析字典，早已用此法了。

因声孳衍，一切语言都是如此，此乃自然之理，与"祖宗制作之精"全无关系。此理在用音标文字的国家，人人皆知，为查字典的一种常识；而在吾国，须等待最近百余年始有人稍知此理，此无他故，正以祖宗制作不精，字形千变无化，声音反被蒙盖忽略了。倘便无字形之累，何至于此？

先生的方法与功夫，都可佩服，但篇末以此为汉字辩护，似有可议。故敢为 先生进一解。

匆匆敬问

大安

　　　　　　　　　　　　　胡适上。廿三，四，十四。

读大作中论及"糦"字，因想及一事请 教。《商颂·玄鸟》"大糦是承"。《韩诗》说为"大祭"，郑玄说为"黍稷"。我颇疑糦是饎，大饎即大飨也。如此说似诗义较可通。（《大诰》用"大艰"。）不知此说有可成立之希望？乞 教正。

适。

注释:

[1] 唐擘黄，名钺（1891～1987年），原名柏凡，福建闽侯人，实验心理学家、心理学史家。1914年赴美留学，曾与胡适讨论中国文学问题。20世纪20年代曾参与"科学与玄学"论战，为"科学派"。

[2] 1926年7月下旬，胡适经西伯利亚到英国，参加"中英庚款"全体委员会议。

[3] 马廉（1893～1935年），字隅卿，近现代著名的藏书家，小说戏曲家。20世纪20年代在北大任教。

[4] 刘半农（1891～1934年），名复，字半农，胡适在北京大学的同事。

[5] 成舍我（1898～1991年），曾任上海《民国日报》主编，北京《益世报》总编辑。1924年起，先后创办《世界晚报》（北京），《民主报》（南京），《立报》（上海），《香港立报》等。

[6] 王星拱（1888～1949年），字抚五，1916年起任北京大学化学系教授。1925年后曾任南京政府高等教育处处长、中央大学化学系教授兼教务长、安徽大学校长。

[7] 《海上花》全名《海上花列传》，胡适于1926年6月30日完成《海上花列传》序，同年亚东图书馆出版此书。

[8] "亚东"指亚东图书馆，现代著名出版单位，以出版宣传新思想的书刊闻名于世，标点排印了多本古典小说。

[9] 胡适从1923年初开始写《崔述年谱》，写到崔述五十九岁，由于身体原因，没能作完，此后数年断断续续地作，也没能作完。后来胡适委托顾颉刚续完这篇年谱，顾又转托赵贞信，1931年赵贞信完成《崔述年谱》后半部分，胡适校改了《崔述年谱》全稿，见《胡适日记全编》6第124页（安徽教育出版社，2001年）。

[10] 见《胡适日记全编》4第231页，"作书五六封，其中寄颉刚《论封神传》，寄玄同《论恶姻缘》，皆可存。"此信曾经刊布于世，见杨天石《＜醒世姻缘传＞与胡适的"离婚观"——近世名人未刊函电过眼录》，《百年潮》2003年第5期。

[11] 汪原放（1897～1980年），亚东图书馆创办人汪孟邹之侄，被誉为"标点校勘古典小说第一人"，标点校勘了《水浒》、《儒林外史》、《红楼梦》、《西游记》、《三国演义》、《镜花缘》、《水浒续集》、《儿女英雄传》、《老残游记》、《海上花》等古典小说。

[12] 汪乃刚，汪原放之兄，标点校勘了《宋人话本七种》、《醒世姻缘传》、《今古奇观》等书。

[13] 钱玄同未能为《醒世姻缘传》作序，1931年12月13日，胡适完成《＜醒世姻缘传＞考证》，1933年亚东标点本《醒世姻缘传》出版，胡适的《考证》附在其中。

[14] 《醒世姻缘传》男主人公。

[15] 此书未见出版记录。

[16] 此信已收于《胡适遗稿及秘藏书信》（黄山书社，1994年）20册第275页，为胡适所抄底稿，墨笔楷书，本信为钢笔行书，《胡适论学往来书信选》（河北人民出版社，1998年）第1136～1137页亦收入此信。因此信刊布已久，本文不做详细注释。

[17] 此信附于1934年4月18日胡适致钱玄同信。杨树达（1885～1956年），字遇夫，号积微，语言文字学家，1926年起任清华大学国文系教授。

［18］《形声字声中有义略证》一文发表于 1934 年《清华学报》第 9 卷第 4 期。

［19］董生，董仲舒（公元前 179 年～前 104 年），西汉政治家。

［20］父：王念孙（1744～1832 年）；子：王引之（1766～1834 年），父子均为音韵、训诂学大师。

［21］《说文通训定声》是清代一部按古韵部改编《说文解字》的书，书中对中国文字的转注、通假、定声作了大量的考证。

［22］高本汉（Bernhard Karlgren，1889～1978 年）瑞典著名汉学家，最早用历史语言学研究中国文字。

五四运动在天津

马　媛（天津觉悟社纪念馆）

天津是我国重要的工商业城市和对外贸易港口，也是帝国主义侵略势力有着深厚基础的半封建半殖民地城市。自 1860 年天津开埠后，英、法、意等 9 个帝国主义国家先后在津分割租界，把持海关、屯驻军队；兴建银行、洋行、工厂、商店；开设报馆、学校、教堂、医院，对天津人民进行经济掠夺和政治统治。同时，天津又是北洋军阀统治下，各派军阀策划军事和政治阴谋的一个重要据点。帝国主义和中国封建势力相勾结，给天津人民带来了深重的灾难。广大劳动人民和爱国青年，迫切地寻觅救国的出路。五四前夕的天津青年，正是生活在这种忧国忧民的苦闷中。

一　五四运动中天津的爱国斗争

1919 年爆发的五四爱国运动，是彻底的反帝反封建运动、又是一次伟大的思想解放运动和新文化运动。天津在五四运动中虽不是全国斗争的重心，但它以自己独有的特点，对全国运动起了重大推动和影响作用。概括起来，五四运动中天津爱国斗争的特点有以下两方面：

第一，天津五四运动是以青年学生为中心，团结了工人阶级和其他各个阶层。

5 月 4 日北京学生爱国斗争爆发后，消息迅速传到天津。5 月 5 日，天津大中学校学生沸腾起来，纷纷举行集会、演讲、发通电，对北京学生爱国行动表示坚决声援，这是全国最早的声援行动。为了把爱国力量联合起来开展更有力的斗争，5 月 5 日晚，天津省立第一女子师范学校学生郭隆真、邓颖超等人提出倡议，将爱国力量联合起来组成爱国团体，这是天津建立爱国组织的最早呼声。5 月 14 日，天津男校学生联合起来正式成立了"天津学生联合会"，选举高等工业学校学生谌志笃和南开中学学生马骏任学联正、副会长。5 月 25 日，由女校学生组成的"天津女界爱国同志会"也宣告正式成立，由天津省立第一女师校友刘清扬、李毅韬任正、副会长。这两个学生爱国团体的建立，在全国也是较早的。

学生爱国团体建立后，立即组织学生冲出学校走上街头，向群众开展爱国讲演活动，控诉帝国主义特别是日本帝国主义侵略我国山东主权的罪行，揭露北洋军阀政府卖国殃民的行为。为此，天津警察厅不断派出反动军警殴打爱国讲演的学生，镇压群众爱国运动，激起学生极大愤怒。在学生爱国运动的影响下，天津各阶层群众也行动起来，纷纷建立爱国组织，如以商店店员为主体的"爱国十人团"，抵制日货的"爱国跪哭团"，以工人为主体的"劳力联合会"，以公教人员为主体的"公教救国团"等等，广泛开展爱国活动，天津商会也加入了爱国斗争的行列。

6月18日，在天津学联和女界爱国同志会推动下，天津教育界、文化界、工商界等爱国团体和人士，同学生爱国团体联合成立了"天津各界联合会"，这是当时全国建立最早的各界联合的爱国团体。天津各界联合会建立后，把全市各阶层爱国活动统一起来联成一体，深入广泛地开展起来，席卷全市各个角落，深入社会生活各个方面，给帝国主义和军阀政府以沉重打击。

第二，运动围绕全国斗争的中心，讲求方式策略，始终站在斗争最前列。

当时天津爱国斗争对全国运动影响作用较大的，有三次赴京请愿斗争：

第一次赴京请愿斗争发生在六月下旬。当时北洋军阀政府电许我国出席巴黎和会的代表在丧权辱国的和约上签字的卖国行为立即激起全国人民的极大愤怒。6月27日，天津各界联合会派出刘清扬等十名代表赴京，同北京和各地代表一起赴总统府请愿，要求拒签和约。代表们在总统府前经过30多个小时的持续斗争，最后取得了胜利。

第二次赴京请愿斗争发生在八月下旬。当时济南镇守使马良为讨好日本帝国主义，用残酷的手段镇压山东人民的反帝爱国斗争。8月23日，天津派出郭隆真、刘清扬等十名代表赴京，要求严惩马良，解除山东戒严令。北洋军阀政府总统非但不予接见，反将请愿代表逮捕。接着天津又派出马骏率领数百人组成的代表团分批赴京，于8月26日再赴总统府继续请愿。请愿队伍被驱散，马骏被捕。之后，随同代表团赴京的周恩来大力开展营救工作，北洋军阀政府在全国人民强烈抗议下被迫于8月30日将被捕代表全部释放。

第三次赴京请愿斗争发生在十月初。马良在山东变本加厉地镇压群众爱国运动，为支援山东人民的斗争，天津决定继续战斗。参加这次全国代表请愿的天津代表有郭隆真、黄爱、关锡斌等十人。北洋军阀政府再次将全体代表逮捕。为营救被捕代表，随同代表赴京的周恩来代表天津学联与北京学联共同约定，两地学生于"双十节"同时举行大规模的示威游行。随后天津中等以上学校学生举行了短期停课，发表了由周恩来起草的《短期停课宣言》。经过京、津两地学生的斗争，北洋军阀政府被迫于11月10日再次将被捕的全国请愿代表释放。

以上斗争对当时全国斗争起了有力的配合和推动作用。

二 五四运动中的周恩来与觉悟社

天津是对周恩来一生都有重要影响的地方。1913年这位"为中华崛起而读书"的少年成为南开的优秀学子，在学校里他品学兼优，积极接受着新鲜事物。他编辑刊物、发表小说、参加演说比赛、还男扮女装演出话剧。1917年，怀着救国济世的志向和研究新思潮的急切愿望，周恩来东渡日本留学，寻求真理。这时，俄国十月革命已经发生，他以极大的兴趣注视着俄国发生的翻天覆地的变化，热情地阅读宣传马克思主义和各种社会主义学说的书籍，开始接触和初步接受了马克思主义，但那时所有的一切只构成了他思想的萌芽，而真正使周恩来投身革命洪潮中的应该是在 1919 年。

1919 年伟大的五四爱国运动爆发。当时刚从日本归来的周恩来便立即投入到这场标志中国新民主主义革命开端的斗争，很快成为其中的著名领袖。

（一）周恩来积极组织和领导天津青年，对帝国主义和封建主义进行不屈不挠的斗争，并在斗争中表现出卓越的领导和组织才能。

经过"五四"运动的锤炼，天津的学生运动已经涌现出两支革命队伍，一支是以南开学校、官立中学等男校为主的"天津学生联合会"，一支是以直隶第一女子师范为主的"女界爱国同志会"。这两支队伍有着共同的奋斗目标、共同的奋斗方向，但缺乏一个共同的领导核心。当时，周恩来在参加和领导天津革命运动的实践中，逐步认识到，要根本改造中国、改造社会，一方面必须研究新思想，继续探索革命真理；另一方面，必须组织起来，结成坚实的团体，长期奋斗。于是在周恩来提议和组织下，一个新型的著名的革命青年组织——觉悟社于同年 9 月 16 日诞生，它就像黑夜里点燃的一只明亮火炬，照耀在海河之滨。

觉悟社成立大会，公推周恩来主持。他在发言中指出："中国社会上要从根本上解决"，"为了达到这个目的，我们要结成团体，出版刊物，以改造学生的思想，进而唤起劳动人民的觉悟，来共求社会的改造。"他希望觉悟社要成为一个预备牺牲、奋斗的组织和向旧社会作战的大本营。当时社员共 20 人，男女各半，后又发展 4 人，还吸收 8 名社友，他们都是天津学生联合会和天津女界爱国同志会的中坚。在成立大会上，大家讨论确定了该社的宗旨、任务、入社条件、组织形式等，并决定用白话文出版不定期社刊《觉悟》。《觉悟》本着'革心''革新'的精神，以'自觉''自决'为主旨，并规定其内容是"取共同研究的态度，发表一切主张；对于社会一切应用的生活，取评论的态度；介绍名人言论（著作同讲演）；灌输世界新思潮。"第一期由周恩来主编，1920 年 1 月 20 日出版，大 32 开本，100 余页。其中发表了周恩来两篇纲领性的文章《觉悟》和《觉悟的宣言》，这是两篇彻底的不妥协的反帝反封建的宣言书。社员们通信、写文章均不署真实姓名，而是用抓阄法决定自己的代号，分别以代号的谐音署名。这便是周恩来同志"伍豪"（五号）、邓颖超同志"逸豪"（一号）名字的由来。《觉悟》虽然只出版了这一期，但它已成为天津五四运动时期的重要历史文献。

觉悟社成立不久，即以河北三戒里（今天津觉悟社纪念馆）作为主要活动中心。为了开阔视野，增长知识，他们经常开会讨论、研究一些新思潮和马克思主义理论、中国出路、青年前途等问题。9 月 21 日觉悟社成立的第六天，在周恩来的提议下，邀请李大钊来社讲演、传播马克思主义。在这次会面中，周恩来向李大钊介绍了觉悟社的情况，李大钊对此很赞赏，对其不定期出版社刊讨论问题、男女联合组织团体、用革命实践批判封建传统观念等，都给予高度赞扬。1919 年 10 月 25 日，北京《晨报》曾报导：觉悟社是由"天津学界中最优秀、纯洁、奋斗、觉悟的青年结合的小团体"，是"天津的小明星"。

（二）周恩来不仅重视社员进行革命理论的学习和宣传，也特别注意引导社员参加实际斗争，并通过觉悟社领导和推动全市人民的反帝爱国斗争。

9月22日下午，觉悟社社员与天津各界1万余人在南开操场举行大会，追悼被反动军阀杀害的唐山代表。9月30日，周恩来、郭隆真等10人赴京参加全国学联组织的请愿斗争，要求惩办镇压爱国学生的山东军阀马良。在这次斗争中，周恩来率领觉悟社社员张若茗、薛撼岳等负责宣传、通讯联络及后勤工作。他带领慰问队冲破军警层层阻拦，给请愿代表们以极大的鼓舞。周恩来还把通讯员的现场采访速记编成稿件，发送回天津报馆。当代表们被捕后，周恩来又率领觉悟社社员积极投入营救活动，与全国学联和各省市学联负责人商定，于"双十节"在京津两地同时举行更大规模的集会和游行示威活动。随即返回天津，进行具体组织部署。10月10日，由觉悟社发起和组织为营救第二次请愿被捕代表，天津各界四五万人云集南开操场举行国民大会。天津警察厅长慌忙派出武装军警进行镇压，邓颖超当场被殴吐血。《上海时报》于10月23日全篇刊登了《天津警学风潮十志》，给反动当局以沉重的打击。12月觉悟社又领导和推动天津各界群众举行声势浩大的国民大会，支持福建学生的爱国运动。1920年1月，反动当局加紧镇压爱国运动，殴伤、逮捕学生代表，在这严重时刻，周恩来坚定沉着，立即召开觉悟社社员大会，提出要作"牺牲奋斗"的准备，随即进行街头讲演，散发传单。省长曹锐再次对手无寸铁的爱国学生进行血腥镇压，周恩来等4名代表被非法拘捕，造成"九·一念九惨案"。从此觉悟社活动转入地下。在反动派的拘禁中周恩来渡过了半年的铁窗生活，他除领导坚强不屈的狱中斗争外，还把在狱中和庭审中与敌人斗争的情况记录下来编写了两部纪实文献——《警厅拘留记》和《检厅日录》。

1920年8月初，在周恩来建议和主持下，觉悟社召开了一次年会。会上，他作了一年来天津学生运动的斗争经验和教训的报告，指出今后的救国道路，提出了联合各进步团体，到民间和劳动群众相结合，采取共同行动，改造旧中国的主张。根据年会精神，8月16日周恩来率领觉悟社11名社员到北京，邀集少年中国学会、青年工读互助团、曙光社、人道社等四团体，在陶然亭举行了茶话会。李大钊应邀参加。会上，周恩来阐述了觉悟社年会提出的"改造联合"的主张，得到与会代表的一致支持。这次座谈会后，至11月底，社员们为贯彻会议精神，寻求真理，纷纷星散各地，周恩来等6名社员先后到法国、德国勤工俭学。在法国，周恩来于1921年春加入了中共旅法小组，成为中国最早的共产主义者之一。自此，觉悟社的集体活动宣告结束。

三　结语

就五四运动的意义和影响在天津来说，个人感得有以下几点：

第一，周恩来是在天津播下革命火种，燃起革命烈火。天津五四运动中的件件大事，几乎都离不开周恩来参与组织和领导。他的实践活动和理论著作推动了天津当时革命运动的蓬勃发展。他胸怀世界革命的崇高思想，是觉悟社的战友和天津进步青年学习的楷模。觉悟社的多数成员后来都走上了革命道路，有八人加入了中国共产党，六人加入了社会主义青年团，他们与其他同志一起把天津的革命运动、妇女运动、工人运动逐渐推向高潮。

第二，五四运动在天津产生了周恩来、马骏、于方舟、郭隆真、邓颖超等一批信仰马克思主义和具有社会主义倾向的青年先进分子，他们在一系列的革命斗争和争论中，形成了自己的壁垒，坚定地走上了马克思主义的道路。尽管他们中间有许多人不是工人阶级出身，但是他们有对革命事业的无限忠诚，他们坚决地背叛了自己的阶级，按照马克思主义的严格要求改造自己，直接到工人中去做工作，到农民中去做工作，力求使自己接近群众，成为工人阶级的战士。

第三，觉悟社团结进步青年，不但和别的社团联合起来，形成了统一战线，而且积极传播马克思主义，在任务和工作方面也渐渐地由朦胧而显明。它在当时成了天津学生爱国运动的核心，成为"引导社会的先锋"和"作战的大本营"，使五四运动以后的天津学生运动更有组织更有活力了，也为后来爆发的群众爱国运动作了充分的思想、舆论准备，因此成为中国共产党成立前的重要革命组织之一。

中共"一大"代表与五四运动

徐云根（中共一大会址纪念馆）

伟大的五四运动像一声春雷，震撼了沉睡千百年的中华大地，唤醒了被欺压奴役的中华儿女，掀起了全国性的波澜壮阔的反帝反封建怒涛。中国一批先进分子，在五四运动的鼓舞下，先后由民主主义者迅速转变为共产主义者，其中后来成为中共"一大"代表的那些人无疑是他们中的杰出分子。正如列宁所说："伟大的革命斗争会造就伟大人物。"[1]以往史学界对中共"一大"代表中的个别人物如毛泽东、王尽美等与五四运动的关系有过专门的研究和论述，但是把中共"一大"代表作为一个整体与五四运动的关系来进行考察似乎还没有，因此本文拟对这个特殊的群体在五四运动前后的思想活动及发展变化的轨迹作一简单的探究，我想这对我们进一步加深对五四运动伟大意义的认识和理解以及为广大青年树立正确的人生观、价值观提供一些有益的启迪和借鉴。

一 五四运动爆发前夕的中共"一大"代表

伟大的五四爱国运动爆发前夕，那些以后成为中共"一大"代表的人们他们当时是一个怎样的生活和思想状况呢？下面让我们来了解一下：

李汉俊：时年29岁，他刚从日本帝国大学土木工程学科毕业回国不久，寓居上海，主要从事翻译和写作工作，没有工作，可以说是一个自由职业者。从思想上看，李汉俊已经是一个信仰马克思社会主义的青年知识分子。因为在李汉俊留学日本的14年中，正是日本社会主义运动兴起发展之时，李汉俊经常去听日本马克思主义经济学家河上肇的经济学课，在他的影响下阅读了大量的马克思主义经典著作，同时认识了许多日本的社会主义者，于是便开始信仰马克思主义，回国后他与当时许多日本、朝鲜等国的社会主义者有来往。当时有一个日本记者在他的书中描述说："李氏年方28，从信仰上看，他是个社会主义者。"[2]

李达：时年也是29岁，当时他正在日本东京第一高等学校留学。因对中国国内现状不满，他放弃了理工科学习，师从河上肇，专攻马克思主义理论。并先后研读了《共产党宣言》、《资本论》、《国家与革命》等马列书籍，也成了马克思主义的信仰者。

张国焘：时年22岁，是北京大学理工科学生。当时的张国焘在李大钊的指导下，与北大校友邓中夏、黄日葵、高尚德等组织了"国民杂志社"，还出版了《国民》杂志月刊。张担任杂志总务股干事，负责发行工作。同时，与无政府主义者黄凌霜、区声白等也关系密切。与"新潮社"傅斯年等也经常来往，还参加了邓中夏等发起组织的"平民教育讲演团"。张国焘无疑是学生中的一个活跃分子，同时对各种新思潮充满兴趣，也有了想要改造社会的思想。正如他自己所说："我和当时的许多青年一样，以不甘落后、力求上进的新时代青年自命，除了功课以外，还经常爱读《东方杂志》、《大中华》等刊物，希望从此探究出一些救国治学的新门径。"[3]

刘仁静：时年 17 岁，是中共"一大"代表中年龄最小的一个。是北京大学理科预科班学生，读书很认真，看了许多社会学方面的书籍，尤其是中外小说，被张国焘称作是一个"书呆子"，还没有明显的思想倾向。

王尽美：时年 21 岁，山东省立第一师范学校学生。此时的王尽美抱着研究教育原理，探讨新教育的目的和方法，而把主要精力倾注在读书上。不过此时的王尽美也已经在思考这样一个问题，如此埋头在烦琐的教科书里，能够求得救国救民的真理吗？眼前民族危机日甚一日，中国应向何处去？自己应当怎么办？他思想上正处在苦闷和彷徨之中。

邓恩铭：时年 18 岁，虽然年龄比刘仁静大一岁，但是他在学历上却比刘仁静更低，他当时还只是山东济南省立第一中学的一名中学生，也谈不上有什么思想倾向，只是一个读书用功，成绩优秀的好学生。

毛泽东：时年 26 岁，当时在湖南长沙修业小学任历史教员，除教书外，其余时间用于开展社会活动。1919 年初毛泽东曾经在北京大学做过一段时间的图书管理员工作，那时的他如饥似渴地阅读介绍各种新学说的报章杂志，开始接触和研究各种新思想。与当时新文化运动中急进的李大钊、陈独秀等人进行接触和交谈，使他由原来信仰无政府主义开始向马克思主义者转变。毛泽东自己回忆说："我在北大当着图书馆助理员的时候，在李大钊手下，很快地发展，走到马克思主义的路上。"[4]

何叔衡：时年已经 43 岁，是中共"一大"代表中年纪最大的一位，当时在长沙市内的中学任教。此外他还与毛泽东等一起积极帮助湖南青年留法勤工俭学。他与比自己小 17 岁的毛泽东既是同学又是好友，在毛泽东的影响下，他热心社会活动，并逐步开始探求救国救民的真理，确立了为国家民族奋斗的思想。

董必武：时年 33 岁，算是一个资产阶级民主革命者，那时他正在上海向孙中山报告公务。此时的董必武正处于辛亥革命、"二次革命"和护法斗争失败的痛苦和对前途的迷茫之中，期间认识了李汉俊，开始探讨改造中国社会问题的途径。董必武回忆当年情况时说："1919 年五四运动时，我从鄂西到上海，这时李汉俊从日本毕业回来，李住在我的对面…李汉俊经常和我闲谈社会活动情况，有人说俄国是过激党进不得，马克思主义的书看不得。…李告诉我们一些俄国的情况。"[5]

陈潭秋：时年 23 岁，国立武昌高等师范学校学生。还是学生的陈潭秋非常关心国家和民族的命运，经常阅读进步报刊，如《新青年》、《每周评论》等，从思想上来说他是一个追求进步的时代青年。

陈公博：时年27岁，北京大学哲学系学生。没有明确的政治倾向，一心读书，不关心政治，只担忧自己的前途。正如他自己所说："未至北京前苦于无思想，既至北京之后，苦于多思想。若夫治学，应于何处下手，安身立命又应在何处下手，的确是我当时一种极端的苦闷。"[6]

包惠僧：时年25岁，担任《汉口新闻报》、《大汉报》记者，在采访工作中，他逐渐认识到军阀的腐败、社会的黑暗和不公，树立了要改造社会的理想。

周佛海：时年22岁，在日本东京第一高等学校读书，与李达是同学，在学校血气方刚的周佛海为把自己培养成一个"革命领袖"，他每周组织一次演讲会，可以说是一个有"野心"的学生。他积极阅读社会主义方面的书籍，对当时中国黑暗的官僚军阀统治非常不满，同时受俄国革命的影响，认为要救中国只有推翻这些统治阶级。可见当时周佛海的思想已经开始信仰社会主义了。

从以上的叙述我们可以知道这就是中共"一大"代表们在五四前夕的生活和思想状况，各方面相差很大。

从年龄来看：最小的如刘仁静才17岁，最大的何叔衡已经43岁，已届中年。

从职业来看：张国焘、刘仁静、王尽美、邓恩铭、李达、陈潭秋、陈公博、周佛海等8人是学生。其中北京大学3个，高等师范2个，中学1个，留学生2个。李汉俊实际上也刚从大学毕业，没有职业。董必武正从事资产阶级民主革命，毛泽东、何叔衡、包惠僧3人有工作，但实际上他们3个也刚从学校毕业没几年，他们两个还是与学生有密切联系的教师，一个是对社会事件非常敏感的记者。从他们当时的身份决定了他们应该会与一开始以学生为主体的五四爱国运动发生重要的关系。

从他们当时的思想状况来看：李汉俊、李达、毛泽东、周佛海等人因为已经接触阅读了许多马克思主义的书籍，所以已经具有初步的社会主义思想。董必武、何叔衡热心社会改造，思想正在受影响转变中。包惠僧是一个有正义感的记者。张国焘、刘仁静、王尽美、邓恩铭、陈潭秋是正在接收新思想处在进步中的热血青年。只有陈公博只关心自己的前途。

二 五四运动中的中共"一大"代表

1918年11月，打了四年之久的第一次世界大战宣告结束。1919年初，各战胜国代表在法国巴黎举行和平会议，研究处置发动这次战争的德、奥等战败国。由于英、美、法、日、意等帝国主义的把持，强行在"和会"上通过《凡尔赛和约》决定把战败国德国在中国山东省强占的权益转让给日本，把德国在汉口、天津的租界，充作各帝国主义公共居留与贸易之用，把德国在广州的财产转让给英国。作为战胜国之一的中国，在战后不能从战败国手中收回自己的权益，而被转交给其他国家，这简直是奇耻大辱。面对这种被宰割的地位，腐败无能的北洋军阀政府代表却打算在这样一份"和约"上签字。这种外交的失败，丧失国格和主权的行径，激怒了全中国人民。5月4日，北京三千余名学生来到天安门前集会，高呼"外争国权，内惩国贼"，"取消二十一条"，

"誓死收回青岛"等口号,并举行了声势浩大的示威游行,拉开了五四反帝爱国运动的序幕。

对于这样一个影响巨大的爱国运动,作为时代精英的中共"一大"代表们,他们对这一运动的态度怎样?在运动中的表现又如何呢?根据他们的态度和表现我们以为把他们可以分成这么几种:

第一种是积极参与,并且成为运动中的领袖和骨干,他们主要是一些在校青年学生:如张国焘、刘仁静、王尽美、邓恩铭、陈潭秋等。

五四运动爆发后,身处运动发生地北京的张国焘以极大的热情参加了这次学生的爱国活动。在运动中,他组织集会,示威游行,发表演讲,显露了才干,是北大爱国学生运动的主要负责人之一。运动期间,张国焘还被推举为北京学联主席。6月中旬,全国学联在上海成立,张国焘作为北京学联代表参加了大会。被选举担任总务方面的工作,成为运动的领导者组织者之一,成了一名"学生领袖"。

正在北京大学就读的刘仁静也是运动的积极分子,他年纪虽小,无缘参与各种决策,但他热情高涨,前后跑腿办事十分主动。他不仅参加了五四大游行,还带头火烧赵家楼、并爬窗进入曹汝霖住宅为群众开门,是五四运动中的"敢死队"成员,表现非常特出。在运动中还曾被捕入狱。

五四运动之火燃烧到山东后,在省立第一师范读书的王尽美那忧国忧民、苦闷彷徨的心胸豁然开朗。他看到了祖国的希望,找到了自己应走的道路。他开始意识到,处在当时那样的时代条件下,整个国家民族的命运,都操在帝国主义和封建军阀政客的手中,埋头读书,不问政治,对救国救民是无济于事的,这决不是青年学生应走的道路。他决心走出课堂,奔向社会。于是,他欣喜若狂地投入了波澜壮阔的五四爱国运动。运动中,王尽美被选为省立第一师范学校北园分校学生代表,他领导北园分校的同学,积极参加集会、游行、罢课等各项活动。他联络济南其他学校的学生,建立了反日爱国组织,积极开展讲演等街头宣传活动。7月21日,王尽美还参加了砸毁亲日派安福系在济南的机关报《昌言报》报馆的斗争。学运不仅锻炼了他的意志,而且增长了他的才能,使他成为山东学运领袖。

此时同在济南的邓恩铭也立刻投入到学生的爱国运动当中,他被一中的同学推选为学生自治会的负责人,并兼任出版部部长,主编一中校报。5月7日,山东学生联合会成立,各界代表在济南省议会内召开国耻纪念大会,邓恩铭率领一中学生参加了这次大会,鼓励大家参加罢课罢市,排斥日货的斗争。10日,又领导一中学生参加济南各校学生的大会,要求反动当局释放被捕学生,惩办卖国贼。会后带领大家游行,并发表了激动人心的演讲。随后,为响应北京学联的罢课宣言,又组织了学生的全面罢课和抵制日货等活动。11日,反动军队包围了各校,严禁学生出门。邓恩铭率领一中学生,不畏强暴,首先冲破反动军警的封锁,结队向日本人集中的商埠出发,一路高呼口号,群情激昂,赢得了群众的广泛同情和支持。波澜壮阔的五四运动,使邓恩铭经受了考验,也使他成为济南学生的杰出领袖之一。

　　5 月 4 日北京五四运动爆发后，8 日武汉报纸登出了北京学生运动的消息，陈潭秋所在的整个武昌高师都沸腾了，英语部学生推举陈潭秋为学生代表。陈潭秋等联络各班学生代表，商定：立即同全市各校取得联系，明天上街游行，声援北京学生。英语部一位平时与陈潭秋相处较好的同学探问道："真的要上街游行？"陈潭秋果断地回答道："当然是真的！人家把刀架在我们的脖子上，难道我们还能躺着不动吗？"那位同学说："前几年，汉阳兵工厂工人罢工就遭到军警镇压，死伤不少人。我们明天游行会不会也发生那样的事？"陈潭秋毫不迟疑地说："不怕！声援北京学生的爱国行动，向帝国主义列强宣战，是正义的事情。怕什么？国家兴亡，匹夫有责。我们要见义勇为，知难而进！"[7]

　　第二天，武昌高师的游行队伍冲出了校门，陈潭秋在前面率领同学边行进，边呼"打倒卖国贼"、"誓死不做亡国奴"、"还我山东"、"还我青岛"等口号。5 月 18 日下午 1 点半钟，武汉学生 3000 余人集会游行，武昌高师 200 余人列为队首，中华大学 300 余人排在队尾。陈潭秋带领武昌高师英语部学生手持"争回青岛"、"灭除国贼"、"提倡国货"、"抵制日货"、"誓雪国耻"等各色小旗，沿途散发武汉学生联合会的宣言和传单。

　　面对学生的爱国举动，湖北督军王占元、省长何韵珊宣布全市特别戒严。6 月 1 日，爱国学生与军警发生激烈冲突，学生被捕、被殴、被刺刀戳杀者不计其数。酿成了令人震惊的"六一"惨案。6 月 7 日，武昌高师以全体学生名义发出电文，痛斥"王占元、何佩容横杀学生，解散学校"的罪行，强烈要求罢除王占元、何佩容，"以谢国人"。不久陈潭秋还作为武汉学生联合会代表前往上海出席全国学联的成立大会，交流学运经验。

　　第二种是指导声援，他们年龄稍大，已经在社会上工作：如毛泽东、何叔衡、董必武等。

　　五四运动爆发后，作为教员的毛泽东"就更加直接地投身到政治中去"。他立即领导新民学会会员深入长沙各校，亲拟传单，动员青年学生，响应北京学生的爱国运动。毛泽东与其他学生会员一道，积极进行串联发动。经过几天的联络、协商，5 月 28 日，湖南学生联合会成立，并立即通过了全省学生总罢课的决定。毛泽东虽然不是学联的成员，但他每天到学联所在地与学联负责人研究问题，指导学联的各项活动。6 月 3 日，大多数学校实行罢课，只有明德、法专和几个女校还没有罢课。毛泽东亲往明德，进行说服，明德也随即进行罢课了。接着，各县学生纷纷响应，风起云涌的学生爱国运动席卷全省。

　　五四运动发生时何叔衡已经是一位年过四十的中年人了，然而，他却如热血青年，浑身充满了活力，成了一名积极的社会活动家，他以新民学会为中心，和毛泽东一起积极推动湖南学联的成立，利用罢课、办报、演讲等形式，揭露皖系军阀与日本勾结的罪行，在湖南掀起了声势浩大的抵制日货运动。

　　而正在上海向孙中山汇报公务的董必武也密切注视着运动的发展，当然他更关心家乡爱国运动的发展，他每天买来《大汉报》和《汉口新闻报》，了解武汉的动向。随即，他和张国恩主持的湖北善后公会连续向社会各界发出呼吁：赞助学生运动，督促北洋政府改弦易辙，挽回外交失败。5 月 8 日，他们在上海《新申报》发表公开电"主张严惩卖国党，急电巴黎专使拒绝签字"。10 天后，又在《救国时报》向全国发出通电，声援学生运动。

第三种是漠不关心、冷眼旁观：如陈公博、李汉俊、包惠僧。

中共"一大"广州代表陈公博出生于广东的一个武官家庭，自幼家庭条件比较优越。1903 他的父亲因参与一次反清起义而入狱，从此，他们的生活一落千丈。陈公博感受到了世态炎凉。或许是家庭的变故消磨尽了他的锐气，因此置身于新文化运动中心的陈公博，却采取了游离于斗争之外的态度，整个五四运动期间，他只有一次参与散发传单的举动。他后来曾经回忆说："五四运动终于勃发了。我在那天本来没有预备参加，只见同住的同学们说，'我们到新华门请愿'，我在那时正兼广东四报的通讯记者，以新闻采访的兴趣，也随众到新华门。……我心想请什么愿，有力量便打进去，没有力量便散去更作后图，为什么要下跪？好！走吧，于是我个人便离开队伍，走到南池子雇了一部洋车，便回公寓看书去了。……五四运动鼓不起我兴奋，其后虽然参加过几次会议，但那是我的职务，不是我的兴趣。那时我是哲学系的班长，出席虽然不能不去，但依然很少发言。只有一次我曾和几个人去发传单，鼓动罢工和罢市。到新世界屋顶撒传单之后，便下至三楼听梨花大鼓。后来听的实在无味，一个人又到了香厂一家澡堂洗了澡，之后回公寓了。"[8]

五四运动时候的李汉俊虽然也是一个刚毕业的青年学生，但是他不在学校，也没有参加什么团体，而且还没有工作，因此他也很难直接参与或指导学生的爱国运动。关于他对五四运动的态度也没有什么材料反映。

1919 年时任《汉口新闻报》、《大汉报》记者的包惠僧，有关他对五四运动的态度也没有什么记载。

第四种是不在国内，无法参与：如李达、周佛海

当时的李达、周佛海虽然也是青年学生，但是由于正日本留学无法直接参与五四运动，也无法了解他们的对运动的态度如何。

三　五四运动后的中共"一大"代表

五四运动是近代以来第一次不妥协的彻底的反帝反封建的爱国运动，它是中国新民主主义革命的开端，它对近代中国社会的发展产生了无比巨大的影响。那么五四运动对这些中共"一大"代表在当时和今后的思想和人生道路发展产生了什么影响呢？

张国焘因为参加五四运动遭反动当局搜捕，离开北大，避走上海，在上海与陈独秀有了接触，受到很大影响。1920 年 5 月返回北大后，参加了李大钊组织的"马克思学说研究会"。并花很多时间在北大图书馆阅读社会主义的书籍。7、8 月在上海参加上海党的发起活动。10 月与李大钊一起发起北京共产主义小组。1921 年 5 月前往上海筹

备出席中共"一大"。同年 7 月，中共"一大"在上海召开，张国焘当选为中央局成员，分管组织工作，成为一名党的高级领导人。

五四运动作为一次伟大的群众运动，表现了自发卷入政治斗争的千千万万普通老百姓的爱国要求，刘仁静作为一个单纯幼稚的大学生，更表现出昂扬的爱国热情及在斗争中的逻辑发展。他在运动中推进斗争又接受教育的发展很典型，尤其是在三次斗争中都冲锋在前，身受更深刻的教育，思想上的提高十分显著。正如张国焘说："那位书呆子刘仁静在六三被捕时，曾因爱国狂热与军警大闹，现在却在埋头读马克思的《资本论》，见着我便表示：笼统的学生运动已不济事了，现在要根据马克思的学说来组织一个共产党。"[9] 五四运动后，刘仁静结识了李大钊和邓中夏。1920 年 3 月，在李大钊的具体领导下，北京成立了马克思主义学说研究会，刘仁静是发起者之一。之后刘仁静成为北京党的早期组织的最早的成员之一。1921 年夏天，刘仁静代表北京党组织到上海参加了中国共产党第一次全国代表大会，成了一名最年轻的中共"一大"代表。

五四运动后，王尽美以研究新文化新思潮为号召，联络省立一师、省立一中和育英中学的进步师生邓恩铭、王翔千、王志坚、吴隼等十一人，经过多次开会讨论，决定发起组织"励新学会"。11 月 21 日下午，在济南公园大厅举行了正式成立大会，全体会员到会，王尽美等四人受委托为学会起草了详细会章。出版《励新》半月刊，王尽美任编辑主任。这期间，王尽美抛弃了对无政府主义的信仰，热心地研究马克思主义，组织"马克思学说研究会"，积极探索中国革命的道路。轰轰烈烈的学运不仅一扫王尽美心中的愁云，而且使他懂得要想救国救民，不仅要坚决反对封建统治，还要彻底反对帝国主义的侵略。同年暑期，他升入师范本科，继续发扬"五四"精神，与邓恩铭、王翔千等人组织了一次规模较大的学潮，虽然取得了胜利，但他被反动校方开除，从此他成了一名职业革命者。

随着五四运动的蓬勃发展和马克思主义的广泛传播，济南文化界分为左中右三派。邓恩铭坚定地站在"左派"一边。在陈独秀、李大钊等人的影响下，邓恩铭与王尽美等人以研究新文化为内容，在济南组织了一个进步学术团体——励新学会，创办了宣传新文化思想为宗旨的《励新》半月刊。邓恩铭写了许多针砭时政、激励青年的文章。1920 年年底，他与王尽美发起成立了"马克思学说研究会"。在此基础上，又与北京、上海等地党的早期组织取得联系，在李大钊、陈独秀等的帮助下，组织了山东党的早期组织。1921 年 7 月，与王尽美一起代表山东党组织出席了党的"一大"。

同样参加了五四爱国运动的陈潭秋认识到：以前学生一向只知道读书，不知道其他，与政治好像风马牛不相及的东西，漠不关心，那样造就出来的人，只能是反动统治阶级的工具。五四运动后，陈潭秋大学毕业，他担任了湖北人民通讯社记者，并到董必武主持的武汉中学当教员。1920 年秋，与董必武等人在武昌抚院街董必武寓所里秘密召集会议，发起成立了共产主义小组。1921 年 7 月陈潭秋与董必武作为湖北代表参加了党的"一大"。

　　1919 年五四运动爆发后，毛泽东虽然已经不是学生了，但是他满腔热情地投入了这个运动。他以新民学会为核心，以湖南联合会为基础，积极发动和领导湖南各阶层人民进行爱国民主斗争。五四运动后，毛泽东马上在湖南领导了驱逐军阀张敬尧的斗争。通过认真的学习和艰苦的革命实践，毛泽东的思想越出了急进的革命民主主义者的范畴，向着共产主义者方向迅速转变，这从他 1919 年 7、8 月间在《湘江评论》上发表的文章中，可以看出。1920 年 1 月，毛泽东去北京参加了中国少年学会。4 月又到上海会见了陈独秀，就社会改造等问题求教于陈独秀。为了宣传新文化，传播马克思主义，8 月与何叔衡、易礼容等在长沙创办文化书社。9 月与方维夏、何叔衡、彭璜等一起创办二郎山研究会，公开研究、宣传马克思主义与俄国十月革命。1920 年冬与何叔衡、彭璜等成立了湖南共产主义小组。1921 年 1 月长沙社会主义青年团成立，毛泽东任书记。毛泽东曾经回忆说："到了 1920 年夏天，在理论上，而且在某种程度的行动上，我已经成为一个马克思主义者了，而且从此我也认为自己是一个马克思主义者了。"[10] 1921 年 7 月与何叔衡一起作为湖南代表出席了中共"一大"。

　　通过五四这场爱国运动，董必武强烈地感受到人民群众的伟大力量，在迷惑中探索革命道路的董必武，受到了深刻的教育。回顾自己过去走过的坎坷道路，总结过去革命的经验教训，结合这一阶段的读书学习，从中俄两国革命成败的鲜明对比中，从五四到六三群众爱国运动的发展过程中，他深刻地认识到：俄国革命中"列宁党的宗旨和工作方法与孙中山先生革命的宗旨和方法迥然不同"[11]。他得出一个明晰的结论：中国革命"要搞俄国的马克思主义"[12]。1920 年董必武等创办起了私立武汉中学，以培养干部和宣传新思想。同年 6、7 月间与陈潭秋等一起成立了武汉共产主义小组。1921 年 7 月与陈潭秋一起作为湖北代表前往上海出席中共"一大"。

　　通过以上的考察研究，我们可以看到五四运动它首先促进了以中共"一大"代表为代表的一大批青年学生的迅速成长，如张国焘、刘仁静、王尽美、邓恩铭、陈潭秋等，通过五四爱国运动，使他们认识到了封建军阀的反动本质，认识到了帝国主义的侵略本性，正如张国焘所说的"美梦方觉，一致认为：世界上那里有什么公理？中国人除奋起救国外，别无他途可循。"[13] 同时认识到实业不能救国，教育也不能救国，促使他们从改造中国社会的各种方案中选择了马克思主义的科学社会主义作为改造中国社会的武器，选择了走俄国十月革命的道路，从而投身到反帝反封建的革命运动当中，并迅速成为坚定的共产主义者，成为党的创始人。正如李大钊在《欢迎独秀出狱》的诗中说："有许多的好青年，已经实行了你那句名言：'出了研究室便入监狱，出了监狱便入研究室。'"[14]

　　其次，五四运动也促使一部分具有民主革命思想的知识分子迅速向共产主义者的转变，并全身心地投入到革命斗争的实践中去。如毛泽东、何叔衡、董必武等；通过五四爱国运动，使他们认识到了革命群众的伟大力量，认识到了要改造中国只有走俄国十月革命的道路。同时要取得革命的胜利必须要有无产阶级政党——中国共产党的领导，于是积极投身到建党的工作中去。

再次，五四运动同样也是一个试金石，我们从中共"一大"代表以后的发展历程来看，凡是积极参与五四爱国运动的人，他对共产主义的信仰就比较坚定，革命意志比较坚强，能够做到为共产主义事业奋斗终生，甚至牺牲自己的生命，如王尽美、邓恩铭、陈潭秋、毛泽东、何叔衡、董必武等；而对于不积极参与的人即使以后加入了中共组织，成为中共"一大"的代表，但是由于他们对革命运动缺乏必要的热情，革命意志往往也不够坚定，一旦遇到挫折，容易对革命失去信心，如李汉俊、李达、陈公博、包惠僧等在中共成立不久便退出了党的组织，有的以后甚至走到反党反人民的道路上去。

注释：

[1]《列宁全集》第 29 卷，第 71 页。

[2] 芥川龙之介：《中国游记》，转引《上海革命史资料与研究》第三期，第 571 页，上海古籍出版社，2003 年。

[3] 张国焘：《我的回忆》上，第 40 页，现代史料编刊社，1980 年。

[4] 埃德加·斯诺：《西行漫记》，1938 年 3 月第 2 版。

[5]《"一大"前后》二，第 369 页，人民出版社，1984 年。

[6]《"一大"前后》二，第 414 页。

[7] 陈乃宣等：《陈潭秋》第 15 页，河北人民出版社，1997 年。

[8]《"一大"前后》二，第 413 页。

[9]《"一大"前后》二，第 128 页。

[10] 埃德加·斯诺：《西行漫记》，第 131 页。

[11]《董必武选集》，第 504 页。

[12]《共产主义小组》上，第 432 页，中共党史资料出版社，1987 年。

[13] 张国焘：《我的回忆》上，第 48 页，现代史料编刊社，1980 年。

[14]《新青年》第六卷，第 6 号，1919 年 11 月 1 日。

现代女子教育的洗礼

——以五四运动中的直隶第一女子师范学校为视点

李　浩（上海鲁迅纪念馆）

"五四"前的直隶第一女子师范学校

1905 年 9 月 2 日，袁世凯、张之洞、端方等六人奏请立停科举，第二年开始停止所有乡会试。历经了近 10 年的废八股和废科举之争，到这时完全结束了它的历史使命。科举废除之后，各地开办新式学堂如雨后春笋般地出现。1906 年 2 月 21 日慈禧面谕学部，实兴女学。于是直隶总督袁世凯授意天津女学事务总理傅增湘创办天津北洋女师范学堂，它属于中等师范性质。学堂址初设天津河北三马路三才里西口，1910 年迁至天纬路。1912 年民国建立后，学堂一律改称学校，学监改称校长。于是北洋女师范学堂于 1912 年春起更名为北洋女师范学校，1913 年 5 月，学校改归省立，更名为直隶女子师范学校，1916 年 1 月再次更名为直隶第一女子师范学校[1]。

20 世纪初叶，在维新派的推动下，天津一批知识女性以《大公报》等为舆论阵地，竭力倡导女学。她们所阐发的女子教育思想主要是：兴女学以改造整体国民素质，培养女子完备之人格和完备之公民。具体的方法是女子要享有与男子一样的受教育权利，打破女子教育以识字和家事为主的教育清规，以西方教育为蓝本，对女子必须授予全面教育，并提出完备的课程设置；女子教育要大胆任用男教师，以提高女子教育质量；女师的学生，今后不仅做女子学堂的教师，更要做男子的教师等等。这些教育思想的提出，教育界既震惊又引起共鸣，也为北洋女师范学堂的创办奠定理论基础。

虽然有了舆论造势，但对于当时仍承袭传统的社会主流观念的转变还是有一定的限度。天津北洋女师范学堂建校目的是为初等及高等小学堂培养女教员并促进女学的普及，从课程设置上也列入了一些女红科目，而且招生也仅仅局限在观念较为开放的大城市。但实际招生的情形并非很好，人们依然不太愿意自己女儿送入洋学堂接受教育。不得已，学堂提出免学、膳、书籍、衣服并加零用津贴等优惠政策吸引学生就读，女师学堂第一期在上海、天津两处共招学生 107 人，分为第一、第二两部，定期一年半毕业。1908 年春，学堂的师资力量有所加强，开始招完全科师范两班，定期四年毕业。设置课程更为完备，有修身、教育、国文、历史、地理、算学、格致、图画、家事、裁缝、手艺、音乐、体操 13 种科目。学制以后又改为五年，第一年为预科，后四年为本科，预科阶段成绩及格即可升入本科。预科报考者的资格，一是具有女子高等小学毕业或学力（历）或者与这相当的，年龄在 14 岁以上 18 岁（实为 20 岁）以下，身体健全，品行端正，口齿明了，并且没有结婚的。根据校方规定，预科阶段学费不收，膳费寄宿者每月四元五角，一餐者二元，按三个月交纳，书籍零用皆自备。升入正科（本科）后除书籍零用外，其他由公费支付。

其时，直隶女师完全按照当时西洋的教学理念实施教学，但在管理学生方面尤其严格，这也是为了不使学校和社会传统造成剧烈的对立。学生平时不许外出，必须外出时，则需要登记，须坐放下车帘的马车。学校的严格管理显然获得了更多人的支持，到"五四"前夕学校的学生已经较开办之初增加了许多。但学生家长们对于女子接受教育尤其是西式教育还是心存芥蒂。如，学校有位体育老师要完全仿照西方体育课的教学方法，要求学生上体育课的时候不穿裙子改穿短裤，一位学生的家长闻讯后坚决反对，并以学生退学相要挟。但学校方面仍然支持体育老师的做法，结果，这位同学居然真的为此辍学。由此可见，虽然学校对于学生在面对社会时是给予严格管理，而在学校内部还是遵从现代的教学理念。1916 年春，直隶女师成立了校友会，其目的是"敦睦前后师生之情谊，扶助本校教育之发达"，借助于联谊会，学校的学生展开各种联谊活动，无形中培养了她们的社会交际和应对能力。当年 4 月，公开出版了天津女师综合性大型校刊《直隶第一女子师范学校校友会会报》。该刊的宗旨，是"助我教育，启我女学，同跻于远大之域，共造于深奥之阶"。《直隶第一女子师范学校校友会会报》的出版，极大地唤起了女学生的创造热情，踊跃投稿。现存《直隶第一女子师范学校校友会会报》五期，出版时间分别为 1916 年 4 月、1916 年 12 月、1917 年 4 月、1917 年 12 月和 1918 年 12 月。该刊为 16 开本，每期约 200 页，15 万字左右。栏目分类详细，其中既有老师的文章，更多的则是学生的作品。老师的文章，则侧重国文、修身、地理、理科、算术、手工、图画各科教学的探讨，以及为学生写的各年级各科教案。而学生的文章则分门别类，既有文学创作，也有科学实验心得，更有制衣、缝纫、烹饪等日常家居知识介绍以及对校友会联谊活动的报道。《直隶第一女子师范学校校友会会报》是学生们踊跃发表习作，锻炼自己能力的园地[2]。校友会以及刊物活动，为以后学生参与五四运动奠定了独立思考、表达和组织等能力基础。

"五四"期间直隶女师学生参与的爱国活动

1918 年第一次世界大战结束，在巴黎召开和平大会。日本帝国主义在大会上提出要由日本继承德国人在我国胶东半岛的全部权利。北洋军阀政府则有意签订这项条约。消息传到国内，立即引起了极大的反响。1919 年 5 月 4 日北京大学学生激于爱国义愤，发动北京全市大中学校的学生 3000 余人在天安门前集会，高呼"外争国权，内惩国贼"、"取消二十一条"、"拒绝和约签字"等口号，会后游行示威，火烧了亲日汉奸曹汝霖的住宅，殴打了驻日公使章宗祥。北洋军阀政府派军警镇压，逮捕学生 30 多人。北京学生当即实行总罢课，并通电全国，表示抗议。

消息很快传到天津，天津的学生群情激奋，立即起来响应。5月6日，天津市大、中学校的学生代表九人秘密集会，讨论声援的办法。会议决定5月7日开始罢课，声援北京学生，要求罢免北京政府中的亲日派汉奸官吏、收回山东主权、否认"巴黎和会"条文、废除"二十一条"、抵制日货等。几天后，代表们又决定全市学生游行示威，向直隶省长请愿，要求北洋军阀政府释放被捕的北京学生和拒签丧权辱国条约。5月14日，大、中学校代表聚会，商议并正式成立天津学生联合会，会议商定在5月23日进行全市性的罢课活动。学生们纷纷组织讲演团、新剧团、义勇队，展开了各种形式的爱国活动。

直隶女师的进步学生闻讯后也自觉行动起来。该校专修科学生郭隆真发动联络各学级的同学，要求大家联合起来，对于时局有所表示，要作反对日本帝国主义的侵略，打倒卖国贼等爱国运动。各级同学普遍认为国家兴亡匹夫有责，于是各自召开紧急会议，推选代表，计九学级有周敏、李锡智、徐芝；十学级邓颖超、王贞儒（即王卓吾）、张若名、卢瑓瑜、蒋云、王棣华、冯梅先（即冯悟我）、梁岫尘、张嗣静；十一学级周之廉、王瑞生（即王天麟）；十二学级许广平、徐兰、吴瑞燕；十三学级徐士义；十四学级郝雨春、鲍风鸣；该校附小教员李毅韬（即李峙山）、学生王文田、王静生、陈学荣、魏士如等。各学级代表会议后，决定立即联合中西女中、严氏女中、贞淑女中等校。中西女中推选出聂玉清姊妹等，严氏女中穆祥淑，王全、黄勖志等为代表参加女师的学生代表会，共同联合组织天津女界爱国同志会[3]。5月25日，天津女界爱国同志会在天津东门里仓敖街江苏会馆成立，这是当时国内第一个妇女救国团体[4]。该会"以提倡国货并唤起女界之爱国心为宗旨"，具体要求会员"一，一切用品均需采用国货（唯书籍、教育用品及药品本国确无者不在此限）；二，应负劝导他人购用国货之责；三，应以文字或语言发表个人之意见，以唤起女界之爱国心。"[5]会内设评议执行两部，经公推，刘清扬为会长，李毅韬为副会长；郭隆真、邓颖超、张若名、李毅韬等为评议委员；王贞儒、周之廉、张嗣静、周敏、郝雨春、王瑞生等为执行委员，并推许广平、卢瑓瑜、蒋云、徐兰等负责主编女师周刊，也即《醒世周刊》。

天津女界爱国同志会成立后，即投入到爱国运动中，6月5日，天津学生举行了规模巨大的声援北京学生集会，他们首先在南开操场举行的集会，由天津学生联合会副会长马骏在大会上宣读了拯救国难的决心与誓言："誓保国土、誓挽国权、誓雪国耻、誓除国贼、誓共安危"。预定是集会后，所有出席集会的学生进行示威游行，到省长衙门请愿，要求北洋军阀政府释放被捕的北京学生和拒签丧权辱国条约。由于天津军警的阻挠，游行没有按预定计划施行，但学生们还是冲出重围包围了直隶省衙门。为支持学生的爱国行动，9日天津各界二万余人召开公民大会，要求北洋政府惩办卖国贼，取消"二十一条"。第二天，天津商界罢市，其他行业工人也纷纷酝酿罢工。天津总商会急电北洋政府，要求惩办卖国贼并保护学生，以挽救危机。

1919年12月10日，天津男女学校学生合组的新天津中等以上学校学生联合会成立，她们的这一举动打破了男女学生不相往来的陋规，并推动了北京以及其他地区的男女学联会的成立，此举受到了李大钊的充分肯定和热情赞扬。邓颖超回忆说："当时北京男女学联会的合并晚于天津的学联。他们很羡慕我们天津学联的合并和我们工作的良好表现。"[6]在成立大会上，他们将抵制日货作为联合会的重要工作内容之一，并推选周恩来等人作为新学联代表到天津总商会讨论抵制日货的具体措施。天津掀起五四爱国运动之初，各界人士开始抵制日货。海关的搬运工拒绝给日本商船卸货，各商号在学生的影响下一律封存日货，还多次举行了集中焚烧日货的活动，人心为之大振。直隶女师的同学们也积极参与到抵制日货的行动中。她们设法自己制作一些日常用品去兜售，希望以此代替市面上充斥的日本产品。1920 年 1 月 23 日，学联调查员在检查日货时，遭到日本浪人毒打。之后，警查厅不惩办日本浪人，反而殴打和逮捕为此事请愿的爱国人士。随后各界联合会于 1920 年 1 月中旬推出代表时子周、马千里、孟震候、夏琴西、马骏、李铁钧、辛璞田、安辛生、师士范、李少运、李培良、齐士民、尚武（尚车子）、许风山、李散人等二十二人赴省公署请愿。省长曹税不但不予接见，竟通知警察厅派来保安队多人将时子周等全数逮捕，拘押于警察厅。各界联合会主席团大部分被捕后，各界异常激愤，随由主席团常委刘铁庵暗中约集各界负责人秘密会议，乃集合了三千多人到警察厅请愿营救，同时实行罢课罢市。学联会并推直隶女师代表王贞儒前往北京，向北京学联会报告津市代表被捕经过，北京也响应罢课，并派代表来津慰问。天津学联公推周恩来，郭隆真、于兰渚、张若茗等四人为代表，集合学生及各界等七八千人，于 1 月 28 日再次去省府衙门作大规模的请愿。不料四位代表竟被省公署卫队逮捕，同时并由消防队用水龙打散了门前的学生大队，周恩来等男女代表在省府被扣押一夜，第二天一早也被送往警察厅羁押。各界代表前后共有二十六人之多，而竟久押三个月不问，代表们于是开始绝食三天，警察厅长杨以德颇为惊恐，乃将各界代表等全数移送法院审理，在法院又经过约有三个月的羁押，才开庭审问，周恩来等被关押学生代表在法庭上的慷慨陈词，北洋政府当局最终释放了学生代表。各界代表等虽遭此压迫折磨，而对反帝反军阀的爱国热情，越发的高涨了，不屈不挠的坚持奋斗到底[7]。

　　1920 年 5 月 7 日，直隶女师的同学们不顾学校方面的阻拦，冲出校门，参加五七国耻纪念大会，并分为三队进行爱国讲演，一队在街头，一队在宣讲所，还有一队则走街串户，深入到城市的各个角落，进行爱国宣传，纪念国耻，抵制日货。她们的行动造成了很大的社会影响，学校方面竟以此开除二百多名参与活动的学生，并宣布，学生"非家长来接不令出校"[8]。同学们团结一致，全体搬出学校，抗议学校的命令。经过半多月的抗议斗争，在家长和社会进步舆论的支持下，学生们最终获得了胜利。

直隶女师的平民教育活动

　　与北京学生相呼应，在天津的学生在五四运动中也展开平民教育活动，其主要形式一是举办平民学校，二是组建演讲团进行街头演讲和家庭演讲。

　　五四运动初期女界爱国同志会在天津东马路、西马路两宣讲所内分设妇女识字班，由直隶女师代表王贞儒任校长，各校同志及女师同学分任教员，每天二小时，为期两个月。当时，天津学生举办的平民学校有多种形式，如平民夜学校、国民半日学校、工人星期日学校等，妇女识字班是其中的一种形式，这些学校的宗旨大致略同，又根据教学对象而有所差异，主要是：发展个性的智能；使知真正的人生观；公民常识，共和国民的资格；了解共和的真义，国民的权利和义务等[9]。这些教学宗旨是贯穿于学校的识字和日常女红技能的传授之中，而且他们在实际教学中注重的是以知识介绍为中心的演讲式的教学形式，这种形式更有利于教学宗旨在教学中的实现。

学生组织讲演团，直接面对大众展开街头演讲和家庭演讲是五四运动中学生所首创的宣传鼓动方式，演讲团相对于开办平民学校更显主动性，也有更加广泛的受众。事实证明学生们的街头讲演活动，为"五四"思想的传播、运动的向社会各阶层的扩展起了不可磨灭的作用。当时天津的学生演讲团，男女学生有所分工：男校同学由谌志笃领导去街头讲演；女校同学由郭隆真、邓颖超领导分组向各家庭讲演。她们不辞辛劳，深入贫民区和市郊农村，敲开一家一户的大门，进行家庭讲演。讲演宗旨是使"一般民众做成全民国的国民"，具体内容是：

1. 国家于国民的关系；

2. 什么叫做国民；

3. 国耻；

4. 亡国之痛苦；

5. 平民主义；

6. 共和国民的权利同义务；

7. 法律是什么；

8. 官吏；

9. 警察；

10. 平等，自由，博爱等。[10]

直隶女校学生在讲演中还增加了妇女解放、争取妇女自由平等权利、反对包办婚姻等内容。最初，女校学生们不敢在大庭广众面前讲演，只限于讲演堂中讲演，之后，她们渐渐地习惯于在大庭广众面前讲演。当演讲员讲到慷慨激昂之处，讲的人声泪俱下，听的人也很受感动。在一次讲演中，"有一老妪年约五旬，聆讲演毕即语其同侪曰：曩者？吾辈不解何谓国，并何谓日货，今既得诸先生告诫，吾侪须协力同心抵制日货，宁死不愿见中国亡也"[11]。郭隆真是一位从婚礼上逃出来的女学生，五四运动中，她带领同学奔波于四郊近乡。不怕天热、中暑，太阳直晒到面孔火红红的，敲开门，借条板凳，就拉起话匣子，时常触景生情，见人煮饭，就煮饭说起，见着做针线就从做生活说起，说到起劲，满脸的麻皮粒粒通红，引得听的人瞧着乐了，她自己也乐，更加起劲地讲。而邓颖超和张若茗不仅是同班同学，更是演讲队中刚柔相济的一对，一个性刚，一个性柔，演讲起来，一个温文尔雅，一个是牛气冲天[12]。她们齐心协力，将五四运动所倡导的爱国主义精神、反封建精神和民主精神以最直接的方式传播给民众，为天津的五四运动的深入开展奠定了坚实的群众基础。这是一次亘古未有的、由女学生自觉组织起来的、针对民众，尤其是普通妇女的反封建、爱国主义宣传教育活动。这种直接面对社会各阶层大众的思想传播活动，对当时的社会主流思想观念造成了巨大的冲击，影响深远。

在以上两项平民教育活动展开的同时，直隶女师的学生还很重视报刊的力量，以直隶女师学生为主体的《醒世周刊》，除了通常性的社论、要闻、文艺、言说、余兴等栏目，尤其侧重于妇女问题的讨论[13]。当时《醒世周刊》行销北京、上海、山东等地，学生界、教育界、文化界都很关注这份刊物，知识妇女尤其乐于订阅。直隶女师的学生根据平民教育的实际需要，还创办了针对识字不多的民众的《平民》半月刊，相对于《醒世周刊》，《平民》所刊载的文章的文字浅白的白话文，所介绍的思想也是浅近易懂，同时也侧重妇女问题的讨论。该刊第三期（1919年12月7日）所刊《中国女子今后的觉悟和奋斗》一文历数传统社会中的种种男女不平等现象："男子有受完全教育的权利，女子没有；男子有承袭遗产的权利，女子没有；男子有在社会上交际活动的权利，女子没有；甚至于法律上还有一条，最不平等、最叫人不服气的法律，就是妻杀夫定死刑，夫杀妻定徒刑一条"。继而提倡男女教育平等，争取女性生活独立、社交公开、婚姻自由等。

现代女子教育的洗礼

在中国历史上，女学，也即女子教育出现于先秦时代："上古无不读书之女子也，三百篇，闾巷妇人之作居半也。是以中垒列传，有取于静女，兰台续史，特进乎大家。"[14]《礼记·内则》中说："女学事以共衣食"，当时"学校最盛，男女无不知书"[15]，后经发展，早期女学的系统基本建立，但已经偏于向家庭内发展的趋势："中古女学诸书，失传已久。自片语散见六经诸子外，以班昭《女诫》为最先，刘向《烈女传》，郑氏《女孝经》、《女训》、《闺范》、《女范》各有发明"[16]。宋理学兴盛后，强调以"三从四德"为宗旨教化女性，女学基本由妇德（指妇女应具备的德行）、妇言（指妇女的言语）、妇容（指妇女的服饰打扮、举止仪态）、妇工（指妇女所作纺织、缝纫等事）构成，于是"妇学失传，其秀颖知文者，或转为女德累，遂因噎废食，禁不令读书识字，至骄佚偏僻，任性妄为"[17]。进而产生了"女子无才便是德"的女学观，这一以"女德"为中心的女学体系到清朝达到最高峰。女学与社会生产及文化发展基本隔离，完全局限于家庭日常事务。其教育过程也在家庭内部完成，且没有专门的社会教育设施和专门的教师传授，于是形成了"女学独立，女教遂绝"的怪圈。这种充满着矛盾的女学，在封建统治者的极力推动下，风行全国，延绵长久。

19世纪晚期，西学东渐，更加之清朝政府抱残守缺使得国力不盛，国土被列强蚕食，国家几近崩溃边缘，于是引发了中国一场维新运动。维新派提出的各种改革主张中，提倡女学也是其中的一项重要的内容。当时的思想启蒙者们明确提出"自养、自知、自强"为提倡女学的宗旨。他们强调男女平等是国家强盛的基础："西方全盛之国，莫美若；东方新兴之国，莫日本若。男女平权之论，大倡于美，而渐行于日本。"[18]"男女平权，美国斯甚。女学布镬，日本以强。兴国民智，靡不始此。"[19]严复也指出："泰西妇女皆能远涉重洋，自去自来，故能与男子平权。我国则苦于政教不明，虽有天资，无能为役。盖妇人之不见天日者久矣。""故使中国之妇女自强，为国政至深之根本，而妇人之所以能自强者，必宜与可强之权，与不得不强之势。"[20]维新派的舆论宣传，推动现代女子学堂的开办。如1904年上海务本女学首先设立了师范学科，随后，竞仁女子师范学堂、宁垣女师范学堂相继建立。同年，邵敬章、孙智敏等人在杭州创办了浙江省女子师范学堂等。其实早在这些女校之前，由国外传教士开办的女校已经出现，如1902年11月4日美国监理会传教士创办的苏州景海女塾，该校名为女塾，实质上却是按照现代中学模式建制，学校分高、初中，除国文课外，全用英文课本教学。这些现代女子学校的相继开办肇启了现代女子教育，使传统女学发生了转折。然而在五四运动前，这些女子学校虽然在教学上引进了西方教学内容和形式，但为不与社会产生冲突计，在主导思想上还是遵从着当时主流的传统，真正现代意义上的现代女子教育理念只是在学校内才得以施行，在学校之外，学校要求她们遵从当时的社会主流思想观念，她们的社会地位并没有因此而有真正改变。

"五四"前的中国现代女子教育，虽然谨慎地避免直接与当时的社会主流思想和传统对峙，但在学校内部，还是培养了一批具有独立思想、独立意识和社会生存技能的现代女性。五四运动的到来，使其中一部分先进的知识女性有了突破传统藩篱的契机，当然这种突破并非是预先设定的，而是五四运动的形势所造就。就天津而论，借助于"五四"爱国运动，天津女学生几乎在第一时间组织起各自的学生联合会，正大光明地突破学校及社会传统所预设的各种陋规，与社会相联系组成天津女界爱国同志会，并率先与男学生联合，组成新的天津中等以上学校学生联合会。在新组建的学生联合会中充分表达了男女平等的思想：男女生合组的新学联的各部门负责人都由男女学生共同担任，如，刘清扬与谌志笃共同代表天津学联，为全国学联常务理事；张若茗为执行部长兼评议委员；邓颖超为讲演委员会委员长等。时论这次联合："男女学生合组学生会，是天津男女解放的起点"[21]。在五四运动中，直隶女师的学生奋勇在前，始终站在运动的最前列："该校女生，均系闺阁名媛，而爱国心之热烈，不减于大丈夫，真可以使之振懦夫！"[22]五四运动使直隶女师的进步学生第一次集体地登上了社会的、政治的舞台，使她们获得了展现她们自身能力和学识的机会。她们走出学校、家庭直接面对社会大众阐述她们自己的思想。通过示威游行、演讲、开办平民学校等形式，她们又带动了其他女性走出家庭，并传授了全新的女性思想和知识。五四运动中直隶女师的学生以及其他女校的学生的积极参与对于以后的中国女子教育以及女子走出家庭都产生了深远的影响，从女学传承上来说是继现代女子学校开办后的又一次伟大的转折。通过五四运动的洗礼，传统女学真正转向现代女子教育，女校开始以比较开放的姿态面对社会，社会对女子学校的接受也越为普遍，越来越多的女性进入女校里接受教育。接受了现代教育的知识女性从此可以在学校以外展示她们的智慧和能力，自由表达她们的观念，施加对社会的影响，刘清扬、张若茗、邓颖超、许广平等就是通过"五四"而从直隶女师走向社会，参与进步革命活动，对中国社会的进步产生巨大影响的先进女性群体。同时，五四运动中所被传播的各种先进思想并没有随五四的结束而结束它们的传播，这些先进的思想肇启了影响中国社会各阶层妇女的中国现代妇女解放运动。

注释

[1] 下文简称直隶女师。

[2] 王铁群：《妇女解放的急先锋张若名》。

[3] 白眉：《五四运动在天津》，《进步日报》，1949 年 5 月 4 日。

[4] 李运华：《简述五四时期天津的妇女解放运动》，《历史教学》1988 年第 7 期。

[5] 《天津女界爱国同志会简章》，《大公报》，1919 年 5 月 24～26 日。

[6] 邓颖超：《五四运动的回忆》，《中国妇女》1959 年第 9 期。

[7] 白眉：《五四运动在天津》，《进步日报》，1949 年 5 月 4 日。

[8] 《第一女子师范学校致学生家长书》，《大公报》1920 年 5 月 10 日。

[9] 参见一民《天津学生最近之大活动》，《少年世界》第一卷第一期。1920 年 1 月。

[10] 同上

[11] 1919 年 6 月 26 日《益世报》。

[12] 许广平《记"五四"时代天津的几个女性》。

[13] 参见一民：《天津学生最近之大活动》，《少年世界》第一卷第一期，1920 年 1 月。

[14] 经元善：《劝女子读书说》。

[15] 宋恕：《变通篇》。

[16] 郑观应：《女教》。

[17] 陈炽：《妇学》。

[18] 梁启超：《论女学》。

[19] 梁启超：《创设女学堂启》。

[20] 严复：《论沪上创兴女学》。

[21] 1919 年 12 月 11 日《益世报》。

[22] 1919 年 5 月 11 日《益世报》。

砚兄弟 尔汝情

——析周作人给刘半农的一封信

邬红梅（江阴博物馆）

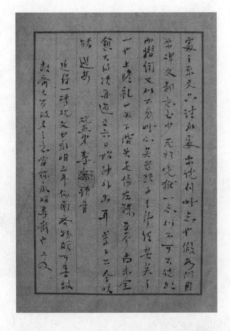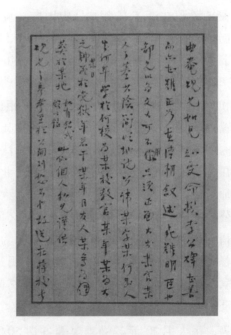

书信共两页，信笺为民国时期以宣纸制作的八行竖格信笺，信为毛笔书写，行书体，通篇未使用标点，信落款处钤"知堂私南"白文印章一方。书信的释文如下：

曲庵砚兄如见／知受命撰李公碑甚善／而亦甚难／正如在清朝叙述死难明臣也／鄙兄以为文大可不用／只须正面大书某官某人之墓／其阴简明地说公讳某字某何处人／生何年／学于何校／为某校教官某年某为大元帅／某日死于党狱／年若干／某年月友人某尊为／葬于某地／如有铭或殿以铭／此系个人私见谨供砚兄之参考／至于公开则恕不也／故送在蒋校长处之原文只说两处未说到此点也／假如仍用原碑文／鄙意至少死于党狱一点似不可不说明／而措词又似不易／此亦吴老头子之所谓苦矣之一也／上瞻礼一因下阶失足伤左踝至今尚未全愈／大约须再过五六日始能外出耳／草草不尽顺颂／选安／砚愚弟专斋顿首

近得一砖／砚文曰永明三年／南齐物／颇可喜／故敝斋大有改名之意／当称永明专

斋也／又及

这是周作人给刘半农的一封信。观信的内容主要有三：

（1）关于刘半农为李大钊撰写墓志铭一事；

（2）周作人脚踝受伤尚不能外出；

（3）周作人近来得一南齐铭文砖，与半农分享喜悦。

本文就信中的内容进行分析，体会新文化运动时期文人之间的真挚情感。

一　关切之心——对半农为李大钊写墓志铭一事的建议

李大钊（1889～1927）是中国最早的马克思主义者和共产主义者，是中国共产党的主要创始人之一，亦为半农和周作人在北大的同事。1927年，被反动军阀杀害，时年38岁，李大钊牺牲后，北大同事梁漱溟、蒋梦麟等和友人章士钊、吴弱男夫妇等出手相援，集资置办了棺木，将其遗体装殓，于妙光阁浙寺内停放，灵柩在北平停放六年，无法安葬。在北京地下党和各界进步人士以及北大部分师生长期努力下，终于争取到给李大钊举行公葬的机会，1933年4月10日钱玄同、蒋梦麟、沈尹默、刘半农等人联名发起为李大钊举行公葬的募款活动。蒋梦麟、胡适、沈尹默、周作人、傅斯年、刘半农、钱玄同、马裕藻、马衡、沈兼士、何基鸿、王烈、樊

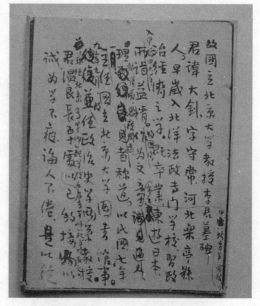

刘半农为李大钊撰写的墓志草稿

际昌等，每人捐20元、梁漱溟等各捐50元、马叙伦等各捐20元、李四光等各捐10元，在上海的鲁迅，捐了50元。李大钊后来安葬在北京的万安公墓。事隔月余，李大钊先生的夫人赵纫兰，一病不起而撒手人世。李大钊生前的友人遂公推刘半农为其夫妇撰写碑文，时北大校长蒋梦麟亦出面责成刘半农承担此项工作。半农先生毅然命笔，替李大钊撰写了一篇碑文，"君讳大钊字守常河北乐亭县人。早岁入北洋法政专门学校，习政治经济之学，既卒业，东游日本入早稻田大学，所诣益精。归国后作为文章布之甲寅新青年诸报，理智谨严、思度闳远，见者称道。以民国七年一月主任国立北京大学图书馆事。九年九月改任政治史学两系教授，兼任北京高等师范学校女子高等师范学校教员。君温良长厚，处己以约，接物以诚，为学不疲，诲人不倦，是以从游日众，名满域中。会张作霖自称大元帅于北京，政出武夫，儒冠可溺，遂逮君及同游六十余众，而今何丰林按其狱。君与路友于、张伯华、邓文晖等二十人遂同罹于难。风凄雨横，摧此英贤，呜呼哀哉。"此碑文后因涉嫌"赤化宣传"未被采用，半农遂又

改用工整遒劲的唐人写经体书法分别给李大钊烈士与夫人写了仅有死者姓名、籍贯、生卒年月日和五个遗孤姓名的两块墓碑。

李大钊与周作人是北京大学的同仁，他们于 1918 年 1 月和 1917 年 4 月受聘于北大的。李大钊任图书馆主任，周作人任文科教授，主讲欧洲文学史，两人是相互熟悉的朋友，1933 年，北平学界和中共地下党公葬李大钊灵柩于万安公墓，周作人捐款 20 元，送花圈一个，奠礼 10 元，并参加了宣外下斜街的公祭活动，他与半农一样，同情李大钊，痛恨反动军阀的残酷杀戮。尽管如此，作为半农的挚友，周作人对于半农为李大钊书写

李大钊墓志铭

墓志铭一事，还是提出了自己的担忧和建议，他认为李大钊写墓志铭是一件善事，但亦是一件难事，写大篇的文章评价大可不必，只须正面书写某人之墓，背面将其生卒年及简单生平介绍即可，假如要用原来写好的志文，李大钊入狱之事不能不提，但提的话，措词实在太难。周作人给半农的这封信没有日期，查《周作人日记》，1933 年 5 月 28 日有李大钊夫人去世的记载，不久半农奉命为李大钊夫妇书写墓志铭，此信当写于 1933 年 6 月。1933 年，蒋介石部署军队在江西大肆"剿共"，北平城里也到处搜捕共产党人，形势相当严峻。刘半农为共产党先驱书写墓志看似平常，其实相当危险，墓志的措词及对李大钊的评价，特别是对李大钊遇难的描述都是极为敏感的。周作人看了半农的墓志初稿，觉得似有不妥，私下写信与半农商量，信中亦提及，这是他个人的意思，不要对外人提起，周作人对半农的关切之情跃然纸上。

信中涉及两个人物，一为"蒋校长"，当为时任北大校长蒋梦麟。1923 年任北京大学代理校长，1930 年 12 月，蒋梦麟在辞去教育部长职务后，正式出任北大校长，此后直到抗战胜利。15 年间，他始终是北大的行政负责人，是北大历史上掌校时间最长的一位校长。李大钊去世以后与大钊友人筹措安葬事宜，六年后发起为李大钊举行公葬活动，并为其选择墓地，大钊夫人去世后命半农为其夫妇书写墓志。

信中另一人物"吴老头子"，指吴稚晖。吴稚晖（1865～1953），中国近代资产阶级思想家，江苏武进人。1902 年加入上海爱国学社，曾参与《苏报》工作。1905 年在法国参加中国同盟会，出版《新世纪》报，鼓吹无政府主义。1924 年起任国民党中央监察委员、国民政府委员等职。1927 年蒋介石南京政府，吴稚晖领衔提出清党反共案，此后国民党大开杀戒，蹂躏法治，践踏人权，腥风血雨，人命有如草芥，这可能也是吴所未料到的。后来吴稚晖给胡适写信："到了二十世纪，还得仗杀人放火，烧杀出一个人类世界来——所以我是狂易了，也破产了，怂恿杀朋友，开口骂朋友，也同那班畜类是一丘之貉罢了，还敢在先生面前忏悔么？"吴稚晖对其提出的清党反共案是后悔

的，对因此而遭遇不测的李大钊也是有一份愧疚的，"此亦吴老头子之所谓苦矣之一也"。吴稚晖曾作杂文《苦矣》，周作人称此事亦为其苦矣之一。吴稚晖自称《何典》是他做嬉笑怒骂文章的范本，《何典》开场白中有："放屁放屁，真正岂有此理！"，鲁迅在《"言词争执"歌》，讽刺吴稚晖："吴老头子老益壮，放屁放屁来相嚷，……放屁放屁放狗屁，真真岂有之此理"。刘半农还考证过，他说细读《何典》，将它的"笔墨同吴文笔墨相比，真是一丝不差，驴头恰对马嘴。"

二 亲友之情——脚踝受伤尚不能出门

周作人受伤一事在《周作人日记》4月11日有载："至品古斋买砖砚二方一云元初六年作一云大吉无年号，当似汉代物，又砖三方，竹根章一方。午返，下午寄达夫看云集张孟同君讲演录各一册，捧大吉砖下阶失足，左踝稍痛，涂药——"之后很长一段时间，日记中记录一直是告假于北大 。手捧大吉砖却并未给他带来大吉之事，受伤至写信的日子已两月之久，足伤仍未痊愈，想周作人应是郁闷的，将此事写与半农，是将其视为家人，是对亲人的诉苦。

三 同好之喜——专斋小记

通览《周作人日记》，常见其在品古斋等古玩店购买文房四宝特别是砖砚的记录，可见周作人喜欢收集此类文物。《周作人日记》1933年4月7日载"下午/往后门外在品古斋买砖文/以三元得砖砚/文曰永明三年/永上略见笔尽盖是齐字也/笔势与永明年妙相寺佛铭相似/颇可喜"，4月8日又记"下午拓昨所得永明三年砖砚二纸"。7日刚买永明砖，11日又买大吉砖，可见其喜爱砖砚的程度。苦雨斋是周作人书房的名字，由于其喜爱砚台，每每得到一方好砚便以砚为其斋名。这封信中"近得一砖/砚文曰永明三年/南齐物颇可喜/故敝斋大有改名之意当称永明专斋也"周作人称要将斋名改为永明砖斋。1934年4月5日《人世间》创刊，半农为特约撰稿人，他在创刊号上发表《双凤凰砖斋小品文》一组，在《题记》中，半农写道："昔苦雨斋老人得一凤凰砖，甚自喜，即以此名其斋。今余所得砖乃有双凤凰，半农他事或不如岂明，此则信之矣"。可知周作人还得到过一凤凰砚，要将斋名改为凤凰砚斋之意。周作人对其收藏之砖砚喜爱之甚，其受伤之事亦与砖砚不无关联。

四 患难之情——砚兄砚弟

周作人与半农通信，多以曲庵砚兄或砚兄相称，而自称砚弟。曲庵为刘半农的号，砚兄砚弟则来自于半农与周作人两人的一段患难故事。刘半农《记砚兄之称》（原载于1934年11月20日《人间世》第1卷第16期）中有叙述："余与知堂老人每以砚兄相称，不知者或以为儿时同窗友也。其实余二人相识，余已二十七，岂明已三十三。时余穿鱼皮鞋，犹存上海少年滑头气；岂明则蓄浓髯，戴大绒帽，披马夫式大衣，俨然一俄国英雄也。

　　越十年，红胡入关主政，北新封，语丝停，李丹忧捕，余与岂明同避菜厂胡同一友人家。小厢三楹：中为膳食所；左为寝室，席地而卧；右为书室，室仅一桌，桌仅一砚。寝，食，相对枯坐而外，低头共砚写文而已；砚兄之称自此始。居停主人不许多友来看视，能来者余妻岂明妻而外，仅有徐耀辰兄传递外间消息，日或三四至也。时为民国十六年，以十月二十四日去，越一星期归，今日思之，亦如梦中矣。"

　　半农去世后，周作人写《半农纪念》，文中作诗一首，也写了这次患难经历："昔时笔祸同蒙难，菜厂幽居亦可怜。算到今日逢百日，寒泉一盏荐君前"。

　　刘半农与周作人的深情厚谊，体现在他们十七年交往中的点点滴滴，从他们的文章、日记和书信中均能找到很多的例证，正如周作人为半农写的挽联"十七年尔汝旧交，追忆还从卯字号"。本文所提及的信件中的每件事、每个字都凝聚着两人浓浓的兄弟之情，我们可以从中管窥两人真挚的友谊。

五四时期的嘉兴爱国运动二、三事

李　允（南湖革命纪念馆）

五四运动是中国近代史上发生的一次彻底的反帝反封建的爱国政治运动和思想解放运动，当时嘉兴作为浙江北部较发达地区，也爆发了的数件影响深刻的爱国运动。通过运动的洗礼，嘉兴人民有了新的觉醒，特别是一批先进知识青年思想上发生了急剧变化。他们成立学习和宣传新思想的社团，积极探索中国的前途，努力寻找改变中国苦难命运的革命出路，为两年后在此召开的中共一大会议奠定了一定的基础。

一　陆宗舆"卖国贼碑"的废立

中国在巴黎和会上外交失败的消息传来，嘉兴各界民众沉浸在悲愤之中。卖国贼陆宗舆（嘉兴海宁人）屈从于帝国主义列强的丑行，不仅给中国人民脸上抹了黑，也使海宁广大民众蒙受了极大的耻辱。一场雪耻讨贼斗争热潮迅速掀起。

5月13日，海宁县各界民众在硖石镇召开万人国民大会，各界代表纷纷登台痛斥卖国贼陆宗舆罪行。大会一致公决开除卖国贼陆宗舆乡籍，并发出通电，指出"青岛问题，交涉失败，推源祸始，良由陆宗舆等秘结条约，甘心卖国所致，义情愤慨，已于元日特开国民大会，到者万余人。公决以后，不认陆宗舆为海宁人，以为卖国者戒"。

在全国人民愤怒谴责卖国贼的讨伐声中，北洋军阀政府却违背民意，竟于6月初发布了表彰陆宗舆等人的命令。这更激起了海宁人民的极大义愤。海宁县商会、农会、教育会等通过《申报》向上海、南京等商会及各商号发出公开信，决心与沪、宁各地同胞一起，同北洋军阀政府"不顺民意，辱士养奸"逆行斗争到底。在全国人民的强烈谴责下，6月10日，北洋军阀政府被迫宣布罢免了曹汝霖、陆宗舆、章宗祥三个卖国贼的职务。

6月13日，海宁县长安镇教育会获悉陆宗舆秘密返回海宁，立即通过《申报》发出代电，呼吁上海、湖州等地"故里同人"，"与众共弃"曹、章、陆三个卖国贼。嗣后，海宁民众为了永远不忘海宁出了个卖国贼陆宗舆这一耻辱，以"海宁县公民团"的名义勒碑3块，碑高5尺余，上书"卖国贼陆宗舆"，碑的左右两旁分别刻记"民国八年六月"和"海宁公民团立"字样。3块石碑被当地民众分别竖立于县城邑庙前、北城门外和镇海塔下。前往观看者络绎不绝。

海宁人民的这一爱国举措使陆宗舆深感惊恐，急忙在北洋军阀政府内务部活动，恳求北京致电浙江省督军与省长，"转饬海宁县知事将石碑撤去"。7月23日，北洋军阀政府发文查办海宁竖立"陆宗舆石碑"一事。石碑被撤掉后，海宁民众强烈不满，通电北京，谴责北洋军阀政府内务部"竟甘为卖国贼作辩护"。不久，海宁人民再次树立石碑，此碑复制件现在南湖革命纪念馆内展出，将卖国贼陆宗舆钉在历史的耻辱柱上，为千夫所指责。

二 "抵制日货、倡用国货"运动

青年学生首先兴起了"抵制日货、倡导国货运动"。5月15日，由嘉兴秀州书院学生发起，嘉兴县各校学生代表汇聚在秀州书院，共商抵制日货措施。会上，秀州书院学生发出倡议，要求全城学生及其家属禁用日货。各校代表集体拟订了抵制日货简则，共九章十三条。会后，学生代表分路上街演讲，并将张贴在城内的各种日货广告全部撕掉。嘉兴商业学校学生在城内大街小巷到处张贴、散发写有不购用日货内容的油印通告和标语。

嘉兴县各商店统一行动，从5月23日起不再进日货。腌腊、绸布、广货、铜锡各业纷纷商议抵制日货方法和订立规约。绸布业各商店在立约上签字表明"将所购日货充分销毁，暗中出售者并罚，并缴卖违约罚金"。嘉兴南北货业"震泰"、"义昌"、"万泰"等12家商号也一致表示"凡东洋各货只出勿进，已进之货业经统一查缴"。

同时，嘉兴各地商界纷纷办起了国货公司，专门出售国货。7月，嘉善县西塘镇各界爱国人士集资创办了"中华国货商店"。9月间，嘉兴县的富商组建了国货公司。开幕时场面十分热闹、壮观。此外，各地学生还自己动手办起作场，制作国货。嘉兴县以董文彩为首的一批女学生，在南门河东街租赁民房，办起手工传习所，招收女工，传授制作方法。秀州书院等校的女学生还上街出售帽子、手帕等国货，受到市民欢迎。

三 筹备国货陈列所，迫县知事辞职

随着"抵制日货。倡用国货"运动的兴起。5月下旬，嘉兴商界顾绍钧、曹维庸等数十人发起组织了"中华国货倡导会"，在县城塘湾街设立事务所，张贴通告，号召当地同胞购用国货。7月初，平湖县城关镇举办国货陈列展览，进行抵制日货、倡用国货的宣传。7月中旬，嘉兴各校学生爱国会冲破重重困难，筹办国货陈列所。

7月18日，各校学生为筹措资金，举行义演。在演出过程中，县知事张昌庆、军警团长夏兆麟横加干涉、捣乱。秀州女校校长毛培之被枪柄击伤，省立二中学生朱培生等被打成重伤，学生印送的千余本国货调查录被"知事亲手抛入河中"，演出道具、服装和剧资被军警肆意破坏与掠夺。

张昌庆等人的野蛮行径激起了公愤。嘉兴各校联合在《申报》上发表《泣告国人书》，控告县知事、军警残害爱国学生，呼吁各地声援。海宁、嘉兴、嘉善、海盐、崇德等地教育会会员28人致电省督军、省长及教育厅，要求伸张正义。全国学生联合会得悉后，致电浙江省当局，强烈要求"伸国纪而障人权"。在社会舆论的强大压力下，县知事张昌庆被迫辞职。

在社会各界人士的帮助支持下，由嘉兴县各校学生爱国会联合筹款发起的"国货陈列所"排除干扰，终于在北门大街仓桥"广大祥"皮货庄原址开幕。国货陈列所中"备有各种国货和日货分别清楚，以供买者之观览"。继在嘉兴县展出后，国货陈列所又分别前往平湖、嘉善、海盐、崇德等地作巡回展览，每到一处，都吸引了无数观众。

除上述事件外，包括声援"闽案"和"一师风潮"、及三罢（工人罢工、学生罢课、商人罢市）联合斗争，都产生巨大影响。嘉兴一批先进知识青年思想上发生了急剧变化，"学生爱国会"、"救国实业团"和"嘉兴各界联合会"等一批进步团体相继成立，探索救国救民道路的各种思想得到广泛传播。

两年后，在嘉兴发生了中国近代史上"开天辟地"的大事件，中国共产党诞生于南湖的一条游船上。五四期间嘉兴爆发的爱国运动虽非唯一原因，但也奠定了重要的基础。

五四运动中的新民学会

赵丛玉（新民学会旧址管理处）

新民学会是中国五四时期发起最早、影响最大的革命社团之一。它成立于 1918 年 4 月，活跃在五四运动的反帝反封建的革命风暴中。它经过五四运动的洗礼，由一个小资产阶级知识分子要求向上、互助的团体，成长为一个立志"改造中国与世界"的革命团体。尽管它只存在三年多时间，却对中国革命产生了重大影响，正如毛泽东在《西行漫记》中谈到的新民学会"后来成为对中国的国事和命运产生广泛影响的一个学会。"新民学会直接影响了中国共产党长沙早期组织的建立，继而为中国共产党的创建作出了思想上和干部上重要准备。被后人誉为"建党先声"。

一 新民学会在五四运动中的活动和作用

（1）参与发动北京的五四运动

1919 年 4 月，从留法勤工俭学生中传来了在巴黎和会上中国丧权辱国的消息，北京学生义愤填膺，发动了五四爱国运动。在北京读书的新民学会会员罗章龙与湖南学生匡互生（后来加入了新民学会）参与策划了这次活动，匡互生等还组织了一个秘密行动小组，他们认为只有暴力行动才能制裁国贼，收回胶济铁路。匡互生还立下了遗书，准备牺牲。根据北京大学学生会于五月四日在天安门前召开北京各校学生联合大会并举行大规模游行的决定，秘密行动小组做了各项具体准备工作。五月四日下午，北京各校学生 3000 多人在天安门集会，提出"外御强权，内惩国贼"的爱国口号，整队行进，匡互生等走在最前列。后到曹汝霖住宅，痛击卖国贼章宗祥，匡又领头取出曹宅被褥等物，举火焚烧，演出了火烧赵家楼最壮烈的一幕，成为这一历史事件中的著名人物。

（2）领导、组织、发动了湖南的五四运动

北京学生的五四爱国大游行，震动全国各地。新民学会立即在长沙积极响应，声援北京的五四爱国运动。毛泽东等会员以湖南第一师范学校学生会的名义，写出号召人民起来斗争的传单秘密分发各校，同时通过新民学会会员加强同各界联络。5 月中旬，北京学生联合会派邓中夏等回湖南联络，与新民学会领导人毛泽东、何叔衡等商量，决定改组原有的湖南学生联合会、发动湖南学生响应北京的爱国运动。5 月 28 日，以新民学会会员为骨干的湖南学生联合会正式成立，并于 6 月 3 日举行全市各校学生总罢课，开展了一系列抵制日货、焚烧日货、爱国储金的活动。学联的领导成员大多是新民学会会员，学联的会长彭璜就是新民学会骨干成员。学联的指导思想也来自新民学会，新民学会是湖南学联的灵魂。

（3）创办《湘江评论》，由毛泽东任主编

《湘江评论》以宣传最新思潮为主旨，全系白话，文字通俗，生动。《湘江评论》从主编到组稿、编辑、发行，几乎都是新民学会的会员承担，除毛泽东外，彭璜、萧三、何叔衡、熊瑾玎、周世钊等是主要撰稿人，易礼容承担印刷、出版、财务等工作。毛泽东撰写的《创刊宣言》、《民众的大联合》等文章，文笔犀利、思想新颖，给人们以斗争的信心和勇气。该报在北京、上海等地得到高度评价，《民众的大联合》等文被多个报刊转载。《湘江评论》尽管只办了五期，就被反动军阀张敬尧以宣传"过激主义"而查封，但查封不了它对湖南的思想界、特别是青年学生的深刻影响。许多爱国青年在《湘江评论》的影响下，走上了革命的道路。《湘江评论》、《新湖南》等进步刊物直接推动了湖南五四运动的发展。

（4）掀起抵制日货高潮

在新民学会的领导下，湖南学生运动如火如荼，长沙20余所中等以上学校的学生总罢课，发起"爱国储金"活动，组织爱国演说团，掀起抵制日货爱国行动，并迅速扩展到郴州、湘潭、衡阳、邵阳、岳阳、常德等全省各地，使湖南学生运动成为全国学生爱国运动的重要组成部分。

新民学会会员还深入工人群众中，向他们宣传"巴黎和会"外交受辱真相，北京学生爱国游行实况，帮助他们提高觉悟，使工人运动成为湖南五四运动的重要方面军，尤其是在抵制日货的斗争中发挥了不可替代的作用。譬如，店员工人发现店内有日货，即在日货中暗中灌油灌水，使其腐败变质不能上市；或与学生一道，打毁卖日货商店的招牌；搬运工人则在暗中与学生通气，使奸商所运日货多被学生拿获。工人们还组成"锄奸团"，采用各种办法惩治奸商和日本商人。

（5）开展驱张运动

湖南人民对北洋军阀湖南督军兼省长张敬尧的残暴统治，早已愤恨已极；五四运动中他又镇压学生爱国行动，犹如火上加油，更加激怒了湖南人民。1919年9月，新民学会毛泽东等人联络湖南教育界和新闻界人士，给他列出十大罪状。12月，湖南学联举行全省各校大罢课，以一万三千名学生的名义发出宣言，提出"张毒一日不去，学生一日不返校"的斗争口号。新民学会还派代表团分赴北京、上海、衡阳等地，开展了声势浩大的驱张宣传，许多会员在控诉张敬尧罪行时声泪俱下，听众群情愤慨。新民学会同时利用军阀之间的矛盾，促使直系军阀吴佩孚，湘系军阀谭延凯对其施加压力。1920年6月张敬尧被迫退出湖南，驱张运动以胜利而告终。这是新民学会领导湖南人民反帝反封建取得的一个大胜利，是湖南五四运动的继续。新民学会在湖南五四运动中，实际成为反帝反封建革命运动的核心组织。

二 新民学会在五四运动后由"进步团体"转变为"革命团体"

五四运动孕育了爱国、进步、民主、科学的伟大精神，也促进了新民学会的成长，会员们在运动中得到了锻炼，进行了理论和实践相结合、知识分子与工人相结合的尝试，为他们参加社会变革积累了经验。五四运动促进了人民的觉醒，更使新民学会这些先进青年清楚地看到国家命运岌岌可危，更加感到腐朽黑暗的社会现状难以忍受，促使他们走出国门，勤工俭学，寻求新道路、传播新思想，促使他们选择了马克思列宁主义，走上马克思主义道路。1920 年 7 月 6 日至 10 日，旅法的新民学会会员在蒙达尼举行会议，将学会宗旨修改为"改造中国与世界"，这一意见得到国内会员的一致赞成。这是新民学会历史发展的一个重要里程碑，是新民学会由小资产阶级知识分子进步团体向革命团体转变的重要标志。

五四运动后，新民学会会员创办长沙文化书社、成立湖南俄罗斯研究会，发起湖南人民自治运动，组织社会主义青年团，创立中国共产党的长沙早期组织，为中国共产党的创立从思想上、干部上、组织上做出了重要贡献。在新民学会 78 个会员中，早期先后加入共产党的达 37 人，毛泽东、蔡和森、何叔衡、向警予、罗章龙、李维汉、易礼容、夏曦、郭亮等均担任过党的重要领导职务。毛泽东、何叔衡还作为长沙党的早期组织的代表出席了中国共产党的成立大会。还有 30 多人走上科学文化教育的成才之路。

总之，新民学会在五四运动时期，有力推动了湖南人民反帝反封建斗争，大力弘扬了爱国、进步、民主、科学的五四精神，为马克思主义在湖南的传播、为中国共产党的创立作出了不可磨灭的贡献。

红楼——五四运动的历史见证

秦素银（北京新文化运动纪念馆）

1918 年 9 月红楼建成于沙滩（当时称汉花园），这座建筑并没能依照其原建筑目的成为北大预科学生寄宿舍，而是成为北大文科、校部和图书馆所在地。1918 年也正是近代中国最伟大的教育家蔡元培入主北大的第二年，新文化主将们聚集在北大，实现了北大与《新青年》一校一刊的结合，从而使红楼成为新文化运动的策源地。1919 年 5 月 4 日，五四运动爆发，北大师生是这场运动的主要领导与参与人，红楼见证了五四运动从爆发到胜利结束的全过程，从而成为五四运动最重要的历史见证。

一 红楼的建成与投入使用

1916 年，当时的北大校长胡仁源、预科学长徐崇钦与比国仪品公司订立借款合同，借洋二十万元，在原汉花园学生宿舍东侧修建预科学生寄宿舍[1]。1917 年 9 月，一座主体用红砖砌成的五层大楼拔地而起，这就是我们要说的红楼。1918 年 2 月，学校将原拟做寄宿舍的新楼"改作文科教室及研究所、图书馆与其他各机关之用"[2]。这年 9 月，红楼正式落成。这座建筑平面呈"工"字形，地上四层地下一层，红瓦坡顶，体量高大，东西面宽一百米，主体部分进深十四米，东西两翼南北均长 34.34 米，总面积一万平方米，砖木结构，建筑造型为简化的西洋近代古典风格。底层青砖墙，水平腰线以下，以宽大的水平凹线强调其厚重感。二至四层为红砖墙，青砖窗套，角部以"五出五进"青砖作隅石处理。檐部以西式托檐石挑出。南立面中央部分墙体微向前凸，顶部上折成西式三角形山花，窗户改为一大二窄的三联窗。底部入口为塔司干柱式的门廊。门廊两侧坡道可供车停至门前。门厅北部为主楼梯。两翼各有一部楼梯，通往后院[3]。

1918 年 9 月 30 日，文科教务处及文科事务室[4]搬入红楼，随后北大校部各机构：校长、各科学长、庶务主任、校医陆续迁往红楼办公。10 月 2 日，北大文科开始在红楼上课[5]。从 10 月 12 日起，图书馆开始迁往红楼[6]，10 月 22 日图书主任发出公告"本馆办公室一概迁至新大楼第一层，各阅览室亦皆布置完竣，自今日起即在新舍照常办公。"[7]图书馆的搬迁工作结束，意味着红楼已经完全投入使用。

二 新文化运动的策源地

1917 年 1 月，蔡元培正式就职于北大，并开始对北大进行大刀阔斧的改革。蔡元培认为，大学是研究高深学问的地方，学生进入大学的目的应是求学，而不是升官发财。为改变北大腐败的状况，蔡元培从延聘"积学而热心的教员"入手，采取"兼容并包"的原则，许多不同观点的教授包括保皇党（刘师培）、守旧派（黄侃）和自由主义者（胡适）、激进派（陈独秀）都同时受聘任教于北京大学，努力营造思想自由的学术氛围，充实和提高北大的学术研究和教育水平。蔡元培能兼容新旧，但骨子里是"趋新"的，就任北大校长之初就聘请了新文化运动主将、《新青年》主编陈独秀为文科学长，又延聘胡适、周作人、刘半农、杨昌济、程演生、刘叔雅、高一涵、李大钊、王星拱等《新青年》杂志的重要作者进入北大。陈独秀掌北大文科，促使了北大原有革新力量如钱玄同、沈尹默、陶孟和、陈大齐等人成为《新青年》作者，实现了新文化力量的大结集。从此新文化运动形成了集团性的力量[8]，并在北大学生群里发挥了深远的影响。

在学生方面，蔡元培大力"扶植社团"，倡导学生组成具有积极意义的社团，并指派教员进行指导，开展各种有益的活动，把学生的课余兴趣吸引到学术研究和健康的文体活动上来。

随着北大文科、校部和图书馆相继搬入红楼，新文化运动诸子们的活动场所也逐渐从马神庙转移到汉花园，北大红楼在真正意义上成为新文化运动的大本营，红楼每个角落都可以追踪到他们的足迹。除教员在这里上课，学生在这里听讲外，不少人在红楼办公。蔡元培的校长室、"我国白话文的开山老祖"《白话日报》的创办人李辛白的庶务主任室都在红楼二层，陈独秀的文科学长室也位于红楼二层，1918年11月，《每周评论》就在这里诞生[9]。李大钊的图书馆主任室位于红楼一层的东南角，《新青年》同人常常在这里聚会[10]，学生们也喜欢这里，是师生间"互相问难"、搭击"旧社会制度和旧思想"的好地方，从而酝酿出五四新文化期间最有影响的学生杂志《新潮》[11]。

蔡元培校长对各种社团都予以大力支持，除亲自参加社团活动外，如出席社团会议，担任名誉会长，还设法为社团活动提供场所，红楼建成后就成为北大学生社团活动的重要场所。

1918年11月，傅斯年、罗家伦、徐彦之等创办了新潮杂志社，编辑出版具备"批评的精神、科学的主义、革新的文词"三要素的《新潮》杂志[12]，大力鼓吹新思想和文学革命，《新潮》就诞生在红楼一层二十二号。

以"昌明书法，陶养性情"为宗旨的书法研究社是由罗常培、俞士镇、薛祥绥、杨湜生等学生发起，1917年12月21日成立，其主要活动为"每周任写各体书呈教员评定"。书法社的成立得到了蔡元培校长的大力支持，他请来对书法颇有研究的文科教授马衡、沈尹默、刘季平做书法研究社的导师[13]。1918年12月，书法研究社觅定红楼一层第十三号为社址，并于社址内陈列各种碑帖，供社员临摹欣赏。其社员廖书仓写的一手好字，也是蔡元培先生发起成立的当年北大又一著名社团——"进德会"的会员。1919年3月，他与邓康（邓中夏）一起发起成立北京大学平民教育讲演团，并当选为总务干事[14]。

1919年1月,哲学研究会在红楼四层第四教室召开成立大会,以陶孟和、陈大齐为指导教师,并以设于红楼四层的哲学门研究所为社址[15],其主要活动为讨论哲学问题,讨论会每月一次公开演讲。

1919年1月26日,刘师培、黄侃、陈汉章及北大学生陈钟凡、张煊等数十人,在刘师培家里开会,"慨然于国学沦夷",成立国故月刊社。这年2月,国故月刊社觅定红楼三层三十三号为社址,接收该社编辑、社员函件、稿件[16]。3月20日,《国故》月刊出版,成为与《新潮》、《国民》并列的北大三大学生刊物。

北大新闻学会是中国第一个有组织的新闻学研究团体,成立于1918年10月。1919年2月19日,新闻研究会在红楼二层西的第34教室召开改组大会,修改、通过简章,更名为"北京大学新闻学研究会",并改选了职员。蔡元培亲临会场并当选为正会长,徐宝璜当选为副会长,黄杰、陈公博当选为干事。此次大会到会会员有毛泽东、谭植棠、区声白等24人。1919年3月,新闻学研究会觅定红楼二层十二号为会所,仍以34教室为研究地点。这年4月16日,新闻学研究会在第34教室召开会议,决定出版《新闻周刊》。

社团活动丰富了同学们的课余生活,拉近了学生与教员的距离,锻炼了学生们的能力,在新思潮的影响下,他们成为新文化运动新的生力军,并为他们在日后成为学生运动中的领袖打下了良好的基础。

三　见证五四爱国运动全进程

1919年5月4日,反对帝国主义列强在巴黎和会上损害中国主权、反对北京政府的卖国政策的五四爱国运动爆发,北大师生是运动的领导者和组织者和积极参与者,红楼和她北面的操场是这场爱国运动的主要活动场所,在此发生的一系列事件有力促进了五四运动的发展,红楼从而成为五四运动最重要的历史见证,是我们追寻五四运动当事人音容笑貌的最好媒介。

(1)《北京全体学界通告》的诞生地

五四当天散发的《北京全体学界通告》就是在红楼诞生的。1919年5月3日,中国外交失败的消息从巴黎和会传来,群情激奋,北大学生当晚与各高校学生代表在北大法科礼堂集会,决定把原定于5月7日国耻日举行的示威大游行提前到4日,并且当场在北大学生中推出二十名委员负责召集,新潮社社员罗家伦就是其中之一[17]。据罗家伦回忆,5月4日上午10时,罗家伦从城外高等师范学校回到位于红楼一层的新潮社,"同学狄福鼎(君武)[18]推门进来,说是今天的运动,不可没有宣言,北京八校同学推北大起草,北大同学命我执笔。我见时间迫促,不容推辞,乃站着靠在一张长桌旁边"[19]写成《北京全体学界通告》。宣言内容如下:

现在日本在万国和会要求吞并青岛,管理山东一切权利,就要成功了!他们的外交大胜利了!我们的外交大失败了!山东大势一去,就是破坏中国的领土!中国的领土破坏，中国就亡了！所以我们学界今天排队到各公使馆去要求各国出来维持公理。务望全国工商各界，一律起来，设法开国民大会，外争主权，内除国贼。中国存亡，就在此一举了！

今与全国同胞立两个信条道：

中国的土地，可以征服，而不可以断送！

中国的人民，可以杀戮，而不可以低头！

国亡了！同胞起来呀！[20]

这篇宣言只有一百多字，用的是极简洁的白话文，但慷慨激昂，极具号召力，尤其是"中国的土地，可以征服，而不可以断送！中国的人民，可以杀戮，而不可以低头！"两句，现在读起来也让人热血沸腾，充分反映了文学革命的成果。罗家伦后来说，他起草这篇宣言时，像面临紧急事件，心情万分紧张，但注意力却非常集中，虽然社里来来往往，很是嘈杂，他却好像完全没有留意。写成后也没修改过[21]。这与罗家伦平常白话文写作的训练是分不开的。宣言写成后，罗家伦交由狄福鼎送到李辛白所办的老百姓印刷所印刷。

到当天下午一点，北京大学和其他在京高校学生三千多人在天安门集会时，《北京全体学界通告》已印成二万份，在集会和随后的游行示威中，同学们把《通告》传单散分给市民。由于《通告》文字浅白、陈辞恳切，唤起人们心中积怨已久的国仇家恨，迅速流传开来。尤其值得一提的是，这是五四当天唯一的印刷品，对学生争取到市民的支持起到非常重要的作用。

（2）五四游行的起点

5月4日上午十一时左右，北大学生在红楼后面的操场集合排队。这时教育部派了一个职员随同几个军警长官，劝告他们不要参加游行，学生们与其理论多时，然后才浩浩荡荡走出学校，沿北池子大街向天安门行进，但由于耽搁了一些时间，等到北大学生赶到天安门的时候，其他学校的学生都已经先到了。

（3）迎接被捕获释同学胜利归来

同学们在天安门短暂集会后，游行队伍由天安门南出中华门，向东交民巷各国公使馆前进，准备通过使馆区，但遭到了军警的阻拦，愤怒的学生转而转向赵家楼曹汝霖宅，火烧赵家楼，并痛打亲日派官僚章宗祥。起火之后，大批军警前来镇压，当场逮捕学生32人，其中北大学生20人。学生被捕以后，5日上午，北京专科以上学校的学生举行总罢课，通电全国表示抗议。5日下午蔡元培召集北京14所大专学校校长在北京大学举行校长会议，决定向当局提出要求，如果不允许将被捕的学生全部保释出来，各校长就联名辞职。其他社会各界也纷纷电请北京政府释放被捕学生。在巨大的社会舆论压力下，北京政府终于同意在5月7日这天释放被捕学生。

5月7日上午，北京各高校备汽车前往警察厅，迎接被捕获释的同学。10时左右，一齐到达北大，然后各自回归本校。蔡元培校长和北大全体师生齐集红楼门外，迎接被捕同学返校。当师生们见到被捕同学们的时候，双方都非常激动，有记者是这样记载这一幕的："彼此初一见，那一种喜欢不尽的样子，自然教我难以描写，尤有那喜欢没完，将一执手，彼此又全都大哭起来，感慨激昂，静悄悄欲语无言的样子。"[22]

如此四五分钟，才由蔡校长把被捕同学领到红楼北面的操场上，同学们分别站在事先准备好的五张方桌上和大家见面，所有人还是非常激动，由于情绪紧张万分，被捕同学没有一人说话，在校同学也没有一人说话。当时大家只是用热泪交流[23]。等大家的心情平复些了以后，蔡元培校长又召集同学在操场上训话，据上海《国民日报》的记载，蔡元培的训话内容大概是：

"诸君今日于精神上，身体上必然有些困乏，自然当略为休息，况且今日又是国耻日，何必就急急的上课！诸君或者疑我不谅人情，实则此次举动，我居间有无数的苦衷，所以不得不望诸君稍为原谅，自己略受些委曲。并且还望诸君以后……坚持冷静态度……云云。"[24]

从蔡元培的训话中不难看出，劝学生们"略为休息"，是对学生入狱、游行奔波辛苦的体谅，反映出蔡元培对学生的关心及对其爱国热情的同情；"诸君或者疑为不谅人情"句，可能是蔡元培曾受到过学生方面压力，但介于政府与学生之间的他，难免有力不从心的地方；"望诸君坚持冷静态度"句，蔡元培还是希望同学们可以安心读书专研学术，不希望他们为救国运动而牺牲学业。

（4）挽蔡斗争的中心

虽然经过师生们的共同努力，被捕同学被释放，但北京政府拒绝接受曹汝霖和陆宗舆的辞职，教育总长和各大专学校校长都被军阀和旧官僚所严厉抨击，北京大学更是处在斗争的中心，内阁甚至考虑要解除蔡元培的校长职务，蔡元培于5月8日晚上收到他被解职，由马其昶接替的通知。于是他留下两封辞职信，5月9日清晨秘密离开了北京。蔡元培在教育界的名望本已无人能比，四处奔走营救学生的行为使他获得了更多的尊敬。

当晚8时，北大教职员并全体会，做出"如蔡不留，即一致总辞职"的决议，并推举马叙伦、马寅初、李大钊等8人为代表赴教育部，要求政府挽留蔡元培。11日，为进行挽蔡斗争，北京各校教职联合会正式成立，北京大学以红楼二层一个房间作为教职员联合会办事室[25]。

也就是在这个时候，那些原本反对或不支持新文化运动的教授和学生也因为挽蔡这个共同的目标加入到运动中来。6月5日，北大教授在红楼二层临街的一间教室里开临时会议，讨论通过什么方式挽留蔡元培，据周作人回忆："各人照例说了好些话，反正对于挽留是没有什么异议的，问题只是怎么办，打电报呢，还是派代表南下。辜鸿铭也走上讲台，赞成挽留校长，却有他自己的特别理由，他说道：'校长是我们的皇帝，所以非得挽留不可。'《新青年》的反帝反封建的朋友们有好些都在座，但是因为他是赞成挽留蔡校长的，所以也没有人再来和他抬杠。"[26]

学生们也坚决要求蔡元培回校，拒绝北京政府另派校长。北京政府继续采取了强硬的态度，命令用军力来镇压学生运动，迫使同情学生的教育总长傅增湘辞职，政府与教育界的战争进一步升级。

（5）被武装军警包围

5 月 19 日，北京 18 所大专学校的学生进行全体大罢课，要求总统拒签和约、惩办卖国贼曹、章、陆三人、挽留傅总长、蔡校长。罢课期间，学生组织讲演团四处演讲，向市民讲述当前形势，并大力提倡购买国货，号召市民抵制日货。5 月 13 日，北大学生便将该校消费公社储存的日货，集中在红楼北面大操场中焚毁[27]。

在日本政府的压力和亲日派官员的影响下，北京政府对学生运动开展了更大规模的镇压活动。6 月 1 日，总统徐世昌颁布两道命令，第一道称赞曹汝霖、陆宗舆和章宗祥，说他们为民国立下不少功劳，第二道归罪学生纠众滋事，扰乱公安，告诫他们立刻回去上课。6 月 3 日，军警开始大规模逮捕学生，到下午就逮捕了 400 余人，由于拘留所无法容纳，竟把北河沿北京大学法科的大房屋变成临时学生拘留所，大门前贴上"第一学生拘留所"字条。校舍四周，由保安队等支棚二十个露宿监视，断绝交通。到 6 月 4 日，局势更加紧张，政府竟囚禁了大约 1150 名学生。马神庙北京大学理科的房屋，已经成了第二临时拘留所。堂堂最高学府，竟成了囚禁学生的地方！！相较之下，红楼倒是北大校舍中最自由安全的，仅被武装军警包围，"驻兵五棚"[28]。

（6）等待蔡校长归来

北京政府的这种高压手段引起全国各地的愤怒。北京专门以上学校教职员通电全国，抗议大学教育的尊严为军警所破坏。北京专门以上学校教职员在 4 日的通电中说："等学生于匪徒，以校舍为囹圄，蹂躏教育，破坏司法，国家前途，何堪设想！"[29]从 6 月 5 日开始，上海将近二十万工人为支持学生举行大罢工，随后几天南京、苏州、杭州、武汉等全国许多城市都卷入罢市风潮，铁路工人也开始罢工。终于，北京政府撑不下去了，6 月 10 日下令接受曹汝霖、章宗祥和陆宗舆的辞职。6 月 28 日，巴黎和约签字的那一天，中国代表团拒绝在对德和约上签字，并向总统提出全体辞职。

7 月 22 日，全国学生联合会发布《终止罢课宣言》，宣告终止罢课。7 月 23 日，蔡元培发表《告北大学生暨全国学生书》，信中充分肯定了学生五四救国运动的意义，认为学生"唤醒国民之任务，至矣尽矣，无以复加矣"，同时着重指出学生得受高等教育之不易，要求学生应仍以"研究学问为第一责任"，"尽瘁学术，使大学为最高文化中心"[30]，并答应回北京重任北大校长。蔡元培 9 月 12 日回到北京，9 月 20 日正式到北大视事。

1919 年 9 月 20 日上午九时，北大全体学生及教职员在法科大礼堂举行欢迎蔡校长回校大会。学生先到就位，秩序井然。校长就席后，全体学生齐刷刷起立向蔡校长致敬。此于距离蔡元培出走，已经过去了整整四个多月，大家终于等到了这一天！

大会由张国焘主持，由北京学生联合会、全国学生联合会首任主席方豪致长篇欢迎词，情真意切地向校长表明，北大是多么需要他。"回忆（先生）返里之日，人争走相问曰'蔡校长返校乎？'生等叹大学前途，每悲不能答"，并诚挚地向蔡校长表明，学生们对校长"训学生以力学报国"是非常赞同的，牺牲研究学术之光阴从事爱国运动是"感于国难",是不得不为之举。如今运动结束,愿"破除一切顽固思想,浮嚣习气,以创造国家新文化、吾身新生命、大学新纪元"[31]。

　　至此,五四运动中学生提出的要求全部实现,五四运动圆满胜利。

　　红楼见证了新文化运动的蓬勃发展,见证了北大学子的拳拳爱国之心,见证了蔡元培校长谦冲和蔼背后的坚毅风骨,红楼从此名扬天下。随着五四运动的不断扩大,新文化运动的影响迅速波及全国,红楼逐渐成为"进步、民主"的象征,成为万千青年学子向往的地方。

注释:

[1]《北京大学日刊》1917 年 12 月 17 日第二版《新建筑记》。

[2]《北京大学日刊》1918 年 3 月 12 日第二版《新斋舍之用途》。

[3] 参考北京市东城区文化委员会编著《东华图志 北京东城史迹录》第 597 页,天津古籍出版社,2005 年。

[4]《北京大学日刊》1918 年 9 月 30 日第二版。

[5] 胡适在 9 月 27 日给母亲的信里说"大学因新屋一时不能搬好,故须至十月二日始上课。"见杜春和编《胡适家书》第 217 页,河北人民出版社,1996 年。

[6]《北京大学日刊》1918 年 10 月 14 日第二版《图书馆主任布告》。

[7]《北京大学日刊》1918 年 10 月 22 日第二版《图书馆主任布告》。

[8] 参考陈万雄著《五四新文化的源流》第 43 页,三联书店,1997 年。

[9] 1918 年 11 月 27 日,陈独秀在这间办公室召集李大钊、周作人、张申府、高一涵、高承元等开会,议定创刊《每周评论》。会上"公推陈(独秀)负书记及编辑之责,余人俱任撰述。"《每周评论》于 1918 年 12 月 22 日创刊,这是份四开四版的小型报纸,逢周日出版,编辑所就设在文科学长室内。

[10] 据周作人回忆,"(李大钊的)图书馆主任室设在第一层,东头靠南,……,那时我们在红楼上课,下课后有暇即去访他,为什么呢?《新青年》同人相当不少,除二三人时常见面之外,别的都不容易找,校长蔡子民很忙,文科学长陈独秀也有他的公事,不好去麻烦他们……。在第一院即红楼的,只有图书主任,而且他又勤快,在办公时间必定在那里,所以找他最适宜。"《知堂回想录》第 530 页,河北教育出版社,2002 年。

[11] 据罗家伦回忆,由于李大钊平素谦虚和蔼,待人诚恳,又有方便阅读新书的条件,当时不少教师和学生都喜欢到图书馆主任室聊天,图书馆被人称为"饱无堂",在这个地方"无师生之别,也没有客气及礼节等一套,大家到来大家就辩,大家提出问题来大家互相问难"。见罗家伦《蔡元培时代的北京大学与五四运动》,台湾《传记文学》第五十四卷第五期第 15 页。

[12] 傅斯年《新潮之回顾与前瞻》,《新潮》第二卷第一号。

[13]《北京大学日刊》1918 年 2 月 22 日第三版《书法研究社报告》。

[14]《北京大学日刊》1919 年 3 月 26 日第五版。

[15]《北京大学日刊》1919 年 1 月 28 日第三版《哲学会开会志略》。

[16]《北京大学日刊》1919 年 2 月 22 日第二版。

[17] 罗家伦:《蔡元培时代的北京大学与五四运动》,台湾《传记文学》第五十四卷第五期第 17 页。

[18] 狄福鼎(1895～1964 年),字君武,自号平常老人,江苏省太仓县娄东乡人。当时是北大社团

画法研究会、消费公社的会员，有资料说"五四"游行当天他曾与罗家伦、段锡朋、许德珩一起美国使馆递说帖，后为国民党要员。

[19] 罗家伦：《黑云暴雨到明霞》，转引自《罗家伦与张维桢——我的父亲母亲》第 30 页，百花文艺出版社，2006 年。

[20] 《晨报》1919 年 5 月 5 日第二版《山东问题中之学生界行动》。

[21] 见周策纵《五四运动史》第 151 页注释，岳麓书社，1999 年。

[22] 上海《民国日报》，1919 年 5 月 10 日：《释放学生之经过》，转引自彭明《五四运动史》（修订本）第 294 页，人民出版社，1998 年。

[23] 见孙伏园《回忆五四当年》，《五四运动回忆录》第 258 页，中国社会科学出版社，1979 年。据孙伏园回忆，被捕同学随后"向南走到红楼的休息室中去了。休息室中除被捕同学以外，有蔡元培先生，也许还有一、二学生会的工作人员。据说蔡先生当时还削了一个梨给一位被捕同学吃呢。"

[24] 上海《民国日报》，1919 年 5 月 10 日：《释放学生之经过》，转引自彭明《五四运动史》（修订本）第 294 页，人民出版社，1998 年。

[25] 周作人在《知堂回想录·每周论文（下）》中回忆当时教职员联合会办事室在北大新造的第一院二楼，河北教育出版社 2003 年版第 434 页。

[26] 《知堂回想录·北大感旧录一》第 542 页，河北教育出版社，2003 年。

[27] 转引自彭明《五四运动史》第 309 页，人民出版社，1998 年。

[28] 《知堂回想录·每周评论（下）》第 435 页，河北教育出版社，2003 年。

[29] 《军警压迫中的学生运动》，《每周评论》第二十五号，1919 年 8 月 6 日。

[30] 《北京大学日刊》1919 年 7 月 23 日第四版。

[31] 《学生欢迎蔡校长之词》，《北京大学日刊》1919 年 9 月 20 日第二版。

封面设计:张希广
责任印制:陆　联
责任编辑:李媛媛　唐　斌

图书在版编目(CIP)数据

纪念五四运动 90 周年学术研讨会论文集/北京新文化运动纪念
馆,北京鲁迅博物馆编 . —北京:文物出版社,2009.12
　ISBN 978 - 7 - 5010 - 2909 - 9

Ⅰ. ①纪…　Ⅱ. ①北…②北…　Ⅲ. ①五四运动(1919) - 学术会议
- 文集　Ⅳ. ①K261. 107 - 53

中国版本图书馆 CIP 数据核字(2009)第 226031 号

纪念五四运动 90 周年学术研讨会论文集

北京新文化运动纪念馆
　　　　　　　　　　　　　编
北 京 鲁 迅 博 物 馆

＊

文 物 出 版 社 出 版 发 行
(北京东直门内北小街 2 号楼)

http://www. wenwu. com
E-mail:web@ wenwu. com

北京美通印刷有限公司印刷
新 华 书 店 经 销

787×1092　1/16　印张:22.25　插页:1
2009 年 12 月第 1 版　2009 年 12 月第 1 版印刷
ISBN 978 - 7 - 5010 - 2909 - 9　定价:180.00 元

文 物 出 版 社